NIV 적용주석 시리즈 – 데살로니가전후서

2016년 6월 20일 초판 1쇄 인쇄
2016년 6월 28일 초판 1쇄 발행

지은이 | 마이클 홈즈
옮긴이 | 채천석
펴낸이 | 박영호
펴낸곳 | 도서출판 솔로몬

주소 | 서울시 동작구 사당로 155 신주빌딩 B1
화 | 599-1482
스 | 592-2104
영서점 | 596-5225

록일 | 1990년 7월 31일
록번호 | 제 16-24호

BN 978-89-8255-541-1 94230
N 978-89-8255-449-0(세트)

THE NIV APPLICATION COMMEN

NIV 적용주

마이클 홈즈 · 데살로니가전

ISB
ISB

The
Cop

Kore
by S

본서의
Zond
저작권
무단전

THE NIV APPLICATION COMMENTARY

MICHAEL W. HOLMES

NIV 1 & 2 THESSALONIANS

From biblical text... to contemporary life

이 시리즈는 성경의 영원한 메시지를 이 시대에 말하기를 추구하는 목사와 교사들을 위한 필수적인 도구가 될 것을 약속한다.

–빌리 그레이엄

NIV 적용주석 시리즈는 내가 바라는 사역의 열정과 동일한 목표–하나님의 말씀의 온전한 영향을 느낄 수 있도록, 메시지를 현대의 청중들에게 전하는 것–를 공유하고 있다.

–빌 하이벨스, 윌로우 크릭 교회

NIV 적용주석은 '하나님의 말씀을 행하는 자들'을 양육하는 데 헌신하고 있는 목사와 여타 사람들을 위한 탁월한 자료다.

–릭 워렌, 새들백 교회

이 주석 시리즈는 진부하지 않다. 그것은 새로운 시대의 신선함으로, 친구의 포옹처럼 직접적으로 들려지고 전달될 수 있도록, 오래된 강력한 하나님의 말씀을 현재로 가져오는 일을 제대로 해내고 있다.

–유진 피터슨, 리젠트 대학

해석의 실타래에서 제대로 된 적용을 얻기 원한다면, NIV 적용주석은 바로 당신을 위한 것이다! 이 시리즈는 원 의미와 현대적 의미에서 탁월하다. 나는 이 주석을 전적으로 추천한다.

–하워드 핸드릭슨, 달라스 신학교

NIV 적용주석 시리즈는 이전에 학자들이 다루지 않았던 것을 과감하게 다룬다–목사와 교사들이 매일 직면하는 성경적 적용의 실제적 세계로 나아간다. 이것이 바로 좋은 주석 시리즈가 가져야 하는 모든 것이다.

–레잇 앤더슨, 우드데일 교회 목사

이것은 21세기의 설교 주석이다.

–조지 브루샤바르, 베델 대학의 신학교 총장

성경의 세계에서 도시 중심가로 적절히 순회하는 주석이 드디어 나왔다.

–켄트 휴 박사, 일리노이주 휘튼 대학교회 목사

NIV 적용주석은 성경이 무엇을 의미하고, 그것을 어떻게 적용해야 하는지, 또 어떻게 반응해야 하는지를 알기 원하는 독자들에게 크게 봉사한다.

–스튜어트 브리스코, 엘름브룩 교회 목사

NIV 적용주석 시리즈는 하나님의 말씀을 설교하고 가르치는 모든 이들에게 매우 탁월한 도움이 될 것을 약속한다.

–J. I. 패커, 리젠트 대학

NIV 적용주석은 NIV 성경에 기반한 철저하고 권위 있는 주석의 긴급한 필요를 충족시킨다. 이 시리즈를 모든 복음주의 공동체의 도서관과 서재에서 곧 발견하게 될 것이다.

–제임스 케네디 박사, 코랄 리지 장로교회 담임목사

차례

시리즈 서문

NIV 적용주석 시리즈는 독특하다. 대부분의 주석들은 우리들이 사는 이 세상에서 성경의 세계로 거슬러 올라가는 여행을 한다. 이 주석들은 우리를 성경의 세계와 분리시키는 시간, 문화, 언어 그리고 지형의 장벽을 넘어설 수 있도록 한다. 하지만 이 시리즈는 과거로의 편도 티켓만을 제공할 뿐이고, 돌아오는 여행은 우리들 스스로의 몫이라고 전제한 이후, 기획되었다. 이런 주석들이 성경의 각 권이나 구절의 '원 의미'를 설명하지만 '현대적 의미'를 탐구하는 데는 우리에게 거의 아무런 도움을 주지 못한다. 이런 주석들이 제공하는 정보가 가치가 있기는 하지만, 단지 절반의 임무만 다하고 있을 뿐이다.

최근에 몇몇 주석들이 다소 현대적인 적용을 주석의 목표 중 하나로 포함시켰다. 하지만 대부분의 경우 그 적용이 너무 피상적이며 도덕적인 데서 그치고 있다. 또 다른 주석집들은 주석이라기보다는 인쇄된 설교처럼 들린다.

NIV 적용주석 시리즈의 주된 목표는 고대의 메시지를 현대의 정황으로 가져옴으로서 어려우면서도 중요한 임무를 통해 여러분을 돕는 것이다. 이 시리즈가 완성된 하나의 책으로서 적용에 초점을 맞추지만 저자들은 성경 구절의 원 의미에서 현대적 의미로 나아가는 '과정'을 통해서 독자들이 스스로 생각할 수 있도록 돕는다. 본 시리즈는 주석서이지 대중적인 강해서는 아니다. 또한 이것은 참고서적이지 경건 서적은 아니다.

본 주석은 '원 의미', '상황잇기' 그리고 '현대적 의미'라는 세 항목으로 시리즈의 목표를 이룰 수 있도록 구성되었다.

원 의미

이 항목은 원래의 배경에서 성경의 의미를 이해하도록 돕는다. 여기서는 간결한 형태로 전통적인 주해의 모든 요소들을 논한다. 성경 본문의 역사적, 문학적, 문화적 배경들이 여기에 포함된다. 주석 시리즈의 저자들은 문법과 구문론 그리고 성경 단어들의 의미와 관련한 문제들을 논한다. 시리즈 저자들은 성경구절들의 주요한 개념들을 탐구하고, 성경의 저자들이 이 개념을 어떻게 발전시키는가를 연구한다.

이 항목을 읽고 나면 '원 청중'이 갖고 있었던 문제와 의문, 그리고 관심을 이해하게 되고, 성경의 저자들이 어떻게 이런 이슈들에 대처했는지를 알게 될 것이다. 이런 이해가 오늘날 성경 본문의 합법적인 적용을 행할 수 있는 기초를 제공해준다.

상황잇기

이 항목은 성경의 세계와 오늘날의 세계를 잇는 다리를 놓는다. 즉 성경 본문의 시간적인 측면과 초시간적 측면에 초점을 맞춤으로써 원래의 배경과 현대의 배경을 서로 연결시켜 준다.

하나님의 말씀은 시간적이다. 성경의 저자들은 구체적인 상황과 문제 그리고 질문들에 대해 이야기하였다. 여호수아의 저자는 진노하시는 전사이신 하나님의 손을 힘입어 난공불락의 도성으로 보였던 여리고의 함락을 이야기함으로써 원 독자들의 용기를 북돋아 주었다(수 6장). 바울은 할례의 결과에 대해서 그리고 율법으로 의롭다함을 얻으려는 위험성을 갈라디아인들에게 경고하였다(갈 5:2-5). 히브리서의 저자는 그리스도가 모세, 아론계열의 제사장들, 그리고 구약성경의 희생제사보다도 우월하시다는 것을 독자들에게 확증하려고 애썼다. 요한은 초기 영지주의의 형태를 가르쳤던 자들의 "영을 시험해 볼" 것을 독자들에게 촉구했다(요일 4:1-6). 이와 같은 경우에 성경의 시간적인 본질이 추상적이 아니라 '구체적'인 상황에서 우리로 하여금 하나님의 말씀을 들을 수 있게 해준다.

하지만 성경의 시간적인 본질은 몇 가지 문제를 낳을 수 있다. 지금 우리의 상황과 난제와 의문들이 성경의 사람들이 직면했던 것들과 항상 직접적으로 연관이 있을 수는 없다. 따라서 성경 시대의 사람들에게 주어진 하나님의 말씀이 항상 우리와 연관이 있어 보이지는 않는다. 예를 들어, 최근 당신에게 어느 누가, 할례가 칭의의 필수적인 요소라고 주장하며, 당신에게 할례 받기를 권하였던 적이 있는가? 그리스도가 아론계열의 제사장보다 우월하다는 것에 오늘날 얼마나 많은 사람들이 관심을 쏟고 있는가? 초기 영지주의를 드러내도록 의도된 "실험"이 현대 문화에서 얼마나 가치가 있겠는가?

다행히도 성경은 시간적일 뿐만 아니라 '초시간적'이다. 하나님이 원 청중들에게 말씀하셨던 것처럼 성경 말씀을 통해서 지금 우리에게도 여전히 말씀하신다.

우리는 성경의 사람들과 공통된 인간성을 공유하고 있기 때문에 성경 시대의 사람들이 직면했던 문제들과 하나님이 그들에게 주셨던 해결책 속에서 '보편적인 특징'을 발견한다. 성경의 초시간적인 본질이 모든 문화의 모든 시간에 능력으로 말씀한다.

성경이 시간적이면서도 초시간적인 측면을 갖고 있음을 인식하지 못하는 사람들은 여러 가지 문제에 직면할 수 있다. 예를 들어, 히브리서와 갈라디아서 또는 신명기와 같은 시간적인 성경책으로 인해 지루함을 느낀 사람들은 오늘날 그런 책들이 의미 없어 보이기 때문에 다시는 그것을 읽지 않으려고 할 수 있다. 한편으로 성경의 초시간적인 본질을 확신하고 있지만 시간적인 요소를 분별하지 못하는 사람들은 멜기세덱의 반차를 좇은 제사장에 대해서 "열변을 토하지만" 청중들은 잠을 자고 있고, 설상가상으로 구약성경의 거룩한 전쟁을 오늘날의 하나님의 대적자들에게 물리적인 방식으로 적용하려고 시도할 것이다.

따라서 이 항목의 목적은 성경의 시간적인 본문에서 무엇이 초시간적인지(또는 무엇이 초시간적이 아닌지)를 여러분들이 식별하도록 돕는데 있다. 예를 들어, 구약의 거룩한 전쟁(성전, 聖戰)은 신약의 영적인 전쟁과 어떻게 관련이 있는가? 바울의 주요한 관심이 (그가 갈 5:6에서 말하고 있는 것처럼) 할례가 아니라면, 그는 무엇에 관심이 있는가? 아론계의 제자장직이나 멜기세덱에 대한 논의가 오늘날 우리와 관련이 없어 보인다면, 오늘날 이 구절에 담겨진 가치는 무엇인가? 1세기의 특정 이단을 분별하기 위해 맞추어진 실험으로 오늘날의 "영을 검증"하려면, 어떤 성경적 검증이 더 적합할 것인가?

하지만 이 항목은 성경 본문에서 어떤 것이 초시간적인지를 밝힐 뿐 아니라 초시간적인 것을 발견하는 방법을 알 수 있도록 돕는다. 주석 시리즈의 저자들은 본문에 함축되어 있는 것들을 명시적으로 밝힌다. 그들은 통상적으로 직관적인 과정을 취하여 논리적이고 정리된 방식으로 그것을 설명한다. 할례가 바울의 주요한 관심사가 아님을 우리는 어떻게 알 수 있는가? 성경 원문이나 배경의 어떤 단서가 바울의 진정한 관심이 더 깊은 차원에 속한 것임을 깨닫게 하는가?

물론 우리들과 원 독자들간의 역사적인 거리가 상당히 있는 구절들은 더 많은 취급을 요할 것이다. 하지만 역사적인 거리가 그리 길지 않거나 겉으로 보기에 거의 존재하지 않는 구절들은 덜 주의를 기울여도 될 것이다.

마지막으로 덧붙여 말하고 싶은 것은 이 항목이 성경 본문의 '현대적 의미'를 논의하기 위한 방식을 준비하고 있기 때문에 이 항목과 뒤이어지는 '현대적 의미'

항목간에는 분명한 단절이나 예리한 구분은 주어지지 않는다. 하지만 두 항목들을 종합해서 읽을 때, 여러분들은 성경의 세계에서 오늘의 세계로 이동하는 강력한 감정을 체험하게 될 것이다.

현대적 의미

이 항목은 성경이 처음 작성되었을 때에 그러했던 것처럼 오늘날에도 성경의 메시지가 권능으로 역사하도록 만들어 준다. 당신이 예루살렘, 에베소, 또는 고린도에 대해 배운 것을 시카고, 로스앤젤레스, 또는 런던에서 오늘날 필요한 것들에 어떻게 적용할 수 있는가? 본래 헬라어, 히브리어, 아람어로 전해진 메시지를 우리 자신의 언어로 어떻게 명료하게 전달할 수 있는가? 본래 다른 시대와 문화에 전해진 영원한 진리를 취하여, 유사하지만 다른 필요를 갖고 있는 문화의 사람들에게 어떻게 적용할 수 있는가?

이런 목표를 이루기 위해서 이 항목은 몇 가지 핵심적인 영역에서 도움을 준다.

(1) 이 항목은 원 청중들이 직면했던 상황과 문제 또는 의문들에 상응하는 현대적인 문제들을 식별하도록 돕는다. 현대의 상황이 원 청중들이 직면했던 상황과 좀처럼 일치하지 않기 때문에, 당신의 적용이 연관성이 있으려면 유추적인 상황들을 찾아야 한다.

(2) 이 항목은 성경 본문을 오늘날 적용할 수 있는 다양한 배경들을 탐구한다. 개인적인 적용을 살피기도 하지만, 개인적인 관심을 넘어서서 대체로 사회와 문화에 대해 생각하도록 고무시킨다.

(3) 이 항목은 성경 본문을 적용하는 데서 발생할 수 있는 문제나 난관들을 환기시킨다. 그리고 어떤 본문이 적용할 수 있는 다양한 합리적 방식들이 있다면(즉, 기독교인들이 서로 일치하지 않는 영역이 있다면), 본 시리즈의 저자들은 독자들이 이런 다양한 견해들에 관심을 갖고, 스스로 이런 이슈들에 참여하도록 돕는다.

이런 목표를 추구하는 본 시리즈의 기고자들은 두 가지 극단을 피하였다. 하나는 이 주석이 얼마 지나지 않아 구식이 되지 않도록 너무 구체적인 적용을 피하는 것이고, 다른 하나는 현대인의 삶과 문화와 연관짓지 못하는 아주 일반적인 방식으로 성경 본문의 의미를 논하는 것을 삼가는 것이다.

무엇보다도 본 주석 시리즈의 기고자들은 이 주석이 도덕책이나 설교집이 되지 않도록 상당한 노력을 기울였다. NIV 적용 주석 시리즈는 바로 써먹을 수 있는 설교 자료집을 제공하려 했다기보다는 당신이 하나님의 말씀을 능력으로 전달할 수 있도록 돕는 도구, 개념, 그리고 통찰을 제공하려 했다. 당신으로 하여금 이 목표를 이룰 수만 있게 한다면, 우리는 이 시리즈의 목적을 이룬 셈이다.

편집자 서문

데살로니가에 보내진 두 서신은 자주 바울의 종말론적인 서신—종말에 발생할 일들을 우리에게 가르쳐주는 것—이라 불려진다. 예를 들어, 우리는 그리스도가 언제 다시 오실 지, 누가 부활할지, 우리가 어디로 갈지, 그리고 이 모든 것이 어떻게 발생할지를 알기 원한다. 분명히 데살로니가인들은 이런 문제들에 대해서 호기심이 있었다. 첫 서신의 각 장들은 재림에 대한 언급으로 끝나고 있기 때문이다. 4장은 이 문제를 집중적으로 조명한다.

그러나 그러한 질문에 대한 바울은 안타깝게도 즉답은 피한다. 그는 그것들을 강조하기는 하지만 정확히 알려주지도 않는다. 그리스도는 분명 다시 오실 것이지만(4:15), 우리는 정확한 시간을 알지 못한다(5:1-3). 우리는 주님과 함께 있게 될 것이지만(4:17), 정확히 어디에서 인지는 알 수 없다. 신자들에게 보증이 있지만, 우리는 신자와 불신자 간에 차이를 확실히 알 수 없다. 바울은 소망을 전달하지만, 우리의 호기심을 만족시키지는 않는다. 아마도 소망—참된 소망—을 전달하기 위해서 바울은 우리의 호기심을 만족시키는 것을 삼간다고 말하는 것이 더 정확할 것이다. 오직 부분적인 대답만을 알 수 있는 문제에 대해서 너무 구체적인 대답은 사실상 소망을 약화시키고, 오히려 우리가 우리의 한계를 알게 되므로 좌절의 소용돌이에 빠질 수 있지 않은가?

우리는 지금 놀라울 정도의 과학적이고 전문적인 성취가 우리 삶에 대한 모든 종류의 질문—통상적으로 철학자와 종교인들이 보유하고 있는 질문들을 포함하여—에 보다 정확한 대답을 기대하게 만드는 시대에 살고 있다. 나의 삶에 무엇이 잘못되어 있는가? 나는 어떻게 살아야 하는가? 이런 모든 것은 어디에서 끝날 것인가? 어떤 차원에서 과학과 기술은 이런 질문들에 흥미로운 대답을 제공했다. 그러므로 우리의 반응은 더욱더 인간의 지혜에 의존한다.

우리는 천년의 끝을 향해 빠르게 나아가는 시대에 역시 살고 있다. 그러한 세기말 시기의 사람들은 삶의 의미있는 모습을 위해, 전통적으로는 하늘을 향해 바라

보고는 했다. 격변하는 시대에 변화에 대한 기대가 증가하고 있다. 매일의 삶에서 모호성이 더 발전하고, 태양 빛이 어두워지는 것으로 보인다. 나날이 존재를 혼란스럽게 하는 여행이 우리를 되풀이해서 다른 곳으로 데려가고, 우리는 자주 예외 없이 규범을 의미 없는 것으로 만드는 놀라운 이야기와 시 그리고 영적인 것들에 의뢰한다. 요컨대 우리는 전문적인 정확성이 오직 신비로움만으로만 만족시킬 수 있는 영적인 굶주림과 충돌하는 시대에 살고 있다.

마이클 홈즈가 이 능숙한 주석에서 요령 있게 드러내고 있는 것처럼, 우리의 현 시대의 임무는 사도 바울이 이 두 서신을 썼을 때 그가 직면했던 임무와 상당한 방식에서 유사하다. 데살로니가 사람들은 비교적 새로 세워진 믿음의 소망을 상실할 위험이 있는, 박해 받는, 크리스천들이었다. 바울은 그 도시를 갑자기 떠났고, 이 새로운 믿음의 공동체를 재확신시킬 필요를 느꼈다. 그는 그들에게 소망을 주기를 원했다. 실로 우리가 이 책을 읽을 때에 얻을 수 있는 가장 중요한 교훈 중에 하나는 소망을 주는 규범들을 이해하는 것이다.

소망은 인간의 공통된 욕구다. 삶의 의미를 얻기 위해서 우리는 더 밝은 미래가 놓여 있다는 확신을 가져야 한다. 우리는 인간의 어려움에 출구가 있음을 알 필요가 있다. 하지만 우리는 장래에 대해서 우리가 아는 것에 대한 한계도 매우 박약함을 분명히 알아야 한다(참조. 롬 8:24). 그리고 소망이 거하는 것은 이 두 진리—장래의 의미를 알고자 하는 우리의 바람과 우리가 알 수 있는 것의 한계—사이에 상호작용 속에서다. 소망을 제공하기 위해서 우리는 이 양자를 존중해야 한다. 우리가 장래의 의미에 대한 우리의 바람을 무시한다면, 좌절이 불가피하게 뒤따른다. 만약 우리가 우리의 한계를 무시한다면, 우리는 미래를 예견하고 그렇게 함으로써 실수를 하기 시작할 것이다. 이런 실수의 유혹은 우리의 문화가 이 양자를 위한 시장을 제공하고 있기 때문에 더 심각하다. 우리는 좌절하는 사람들에게 치료를 제공하는 전반적인 산업을 갖고 있다. 그리고 우리는 장래를 예견하는 일을 따라 세워진 또 다른 산업을 갖고 있다—예언, 접신 그리고 주술 등, 하지만 어느 부분을 의지하는 경우에도 참된 소망은 사라진다.

바울은 좌절의 위험만을 다루기를 거부하고, 또 우리가 참으로 알 수 없는 대답들을 제공하는 것도 거부한다. 그 대신에 그는 인간의 좌절과 한계를 몸소 체험하는 삶을 사신 예수 그리스도를 가리킨다. 하나님의 주권을 믿는 믿음이 소망의 유일한 근원임을 보여주면서 말이다.

테리 C. 머크

저자 서문

주석을 쓰는 작업은 많은 이들과의 협력이 매우 중요한 의미를 가진다. 그러므로 나는 이 기회에 이 책을 작업했을 때 나를 도와주었던 사람들을 인정할 수 있어서 감사하다. 이 시리즈의 형태가 나로 하여금 알릴 수 있게 허락하는 것보다 내가 이 두 서신을 연구했던 다른 사람들로부터 아주 많은 것을 배웠기 때문에, 나는 우선해서 내가 알지 못했던 부분을 알려주고 깨우쳐 준 모든 사람들에게 감사하기를 원한다.

나는 베델 대학교의 학장이신 제이 바네스 씨에게 감사한다. 그가 계속해서 나를 격려하고 수업 시간을 축소시켜 줌으로서 이 주석을 완간하는 일을 촉진시켰다. 아울러 수년간에 걸쳐서 나와 함께 데살로니가전서를 연구했던 세미나 학생들과 나의 헬라어와 주해 수업의 학도들에게 감사한다. 나는 크레기와 비키 달에게 감사를 표현한다—크레기는 이 프로젝트 전반을 통해서 나에게 용기를 불러일으켰고 비키는 초고 수준의 글을 읽어주고 조인을 해주었다. 그녀의 사려 깊은 관찰과 질문은 내가 말하려고 했던 많은 요지들을 명확히 하는데 도움을 주었다. 나의 아내 몰리와 함께 이 길을 가는 동안에 그녀는 전개의 다양한 단계에서 묵상과 아이디어를 통해서 나와 끊임없이 대화하는 시간을 가져주었다. 나의 낚시 파트너인 톰 와그너는 내가 글을 쓰는 과정에서 좌절할 수 있는 것들을 발산할 수 있도록 인내 있게 나의 이야기를 들어주었고, 머리를 식힐 수 있는 좋은 일로 인도함으로써 나의 기분을 새롭게 만들어주었다.

나는 나의 친구들과 트리니티 침례교회의 동료 신자들에게 특별히 감사의 빚을 지고 있다. 그 교회는 올해로 125주년을 맞았다. 지난 5년간에 걸쳐서 그들은 내가 데살로니가 서신들에 대한 일련의 설교와 교훈을 전달할 기회를 제공했고 격려해 주었다. 또한 나는 열정적인 논의와 피드백이 있었던 베타, 베코머스, 그리고 체류자 수업의 강의 시간을 언급하고 싶다. 끝으로 내가 임시목사로서 섬길 수 있는 특권을 부여해준 교인들에게 감사한다.

테리 머크는 나를 끊임없이 격려해주었고, 이 주석을 집필하는 일을 나에게 자주 물었을 때, 핵심적인 질문을 함으로써 환기를 불러일으켰다. 대학 시절부터 나의 친구인 스캇 맥나이트, 즉 이 시리즈물의 부편집자는 초고를 읽어 주고 가치 있는 제안을 해주었다. 또한 원고에 대한 베르린 베르브루거의 세심한 교정은 더 좋은 책으로 나올 수 있게 해주었다. 비버리 로버트 가벤타는 데살로니가서에 관한 자신의 최근의 주석에 관한 조판 교정지를 제공했고, 제프리 바이마는 데살로니가서에 관한 그의 작품을 나에게 알려주었다. 나의 이전 조교인 제니퍼 쉬미트는 참고 문헌들을 명확히 하는 일을 도와주었다. 그들은 내가 많은 실수와 잘못을 하지 못하게 막아주었다. (그렇게 되지 않기를 바라지만) 이외에 남아 있는 잘못들의 모든 책임은 물론 오직 나에게 있다.

내가 인정하기를 원하는 마지막 사람은 나의 동료 존 헤르조그이다. 그는 베델 신학교의 성경과 신학 부분의 학과장이다. 이 주석에서 직접적인 역할을 하지는 않았을지라도, 그럼에도 불구하고 존은 이 주석의 완성에서 결정적인 역할을 했다. 우리는 1981-82년에 베델에 왔다—그는 노련한 교사였고 나는 이제 갓 대학원을 졸업한 루키였다. 학과를 이끌었을 때—예를 들어, 우리 나머지 교수들의 행정적인 염려를 덜어주고, 우리의 수업에 책임을 다하고 다른 이들의 관심을 좇을 수 있게 하는 방식으로 스케줄과 다른 업무들을 계속해서 배려해줌으로써—존은 강의실 안팎에서 그의 학과를 격려하고 자극하며 발전케 하는 환경을 조성했다. 예를 들어, 그의 학과는 대학의 교수 업적상의 세 부분(교수, 봉사 그리고 학문—마지막 부문은 두 번이나)을 모두 석권한 유일한 과이다. 게다가 (오직 한 가지 활동만을 언급하면) 지난 10년간 성경과 신학과의 여섯 동료들이 17권의 책을 출간했다(그리고 여러 권이 진행 중이다). 조용하고 겸손한, 하지만 분명히 효과적인 방식으로 그는 교사와 학자로서 나의 성공에 매우 기여했다. 나의 감사와 인정의 증표로 나는 이 책을 존에게 헌정함으로써 그의 기여를 인정하기 원한다.

마이클 W. 홈즈
1998년 사순절 기간에

약어표

ABD	*Anchor Bible Dictionary*
ACNT	Augsburg Commentary on the New Testament
BAGD	Bauer, Arndt, Gingrich, Danker, *A Greek-English Lexicon of the New Testament*
BDF	Blass, Debrunner, Funk, *A Greek Grammar of the New Testament*
BETL	Bibliotheca ephemeridum theologicarum lovaniensium
BST	The Bible Speaks Today
CBQ	*Catholic Biblical Quarterly*
CEV	Contemporary English Version
CT	*Christianity Today*
DPL	*Dictionary of Paul and His Letters*
EDNT	*Exegetical Dictionary of the New Testament*
EKKNT	Evangelisch-katholischer Kommentar zum Neuen Testament
HNTC	Harper New Testemant Commentary
HTR	*Harvard Theological Review*
ICC	International Critical Commentary
JBL	*Journal of Biblical Literature*
JETS	*Journal of the Evangelical Theological Society*
JSNT	*Journal for the Study of the New Testament*
KJV	King James Version
LXX	Septuagint(Greek translation of the Old Testament)
NAC	New American Commentary
NASB	New American Standard Bible
NCB	New Century Bible
NIBC	New International Biblical Commentary
NICNT	New International Commentary on the New Testament
NIDNTT	*New International Dictionary of New Testament Theology*

NIGTC New International Greek Testament Commentary
NIV New International Version
NIV[ILE] New International Version, Inclusive Language Edition
NIVAC NIV Application Commentary
NovT *Novum Testamentum*
NRSV New Revised Standard Version
NTS *New Testament Studies*
REB Revised English Bible
RSV Revised Standard Version
TCGNT Bruce M. Metzger, *A Textual Commentary on the Greek New Testament*
TDNT *Theological Dictionary of the New Testament*
TNTC Tyndale New Testament Commentary
WBC Word Biblical Commentary

서론

첫 세기 중반 경에 바울은 데살로니가 마을에서 최근에 형성된 크리스천 회중에게 두 서신을 썼다. 우리가 지금 데살로니가전서와 후서라 불리는 이 두 서신을 받아서 읽은 사람들은 대체로 헬라 문화 환경에서 성장하여 철저히 사회화된 새로운 기독교 회심자들이었다. 바울의 주요한 도전 중에 하나는 '재사회화'(resocialization)—이 신자들이 초기 기독교의 매우 다른 사회적 윤리적 규칙을 배우고 이해하며 살아가게 하는 것—였다.

이 임무를 특히 도전적이게 만들었던 것은 역시 이 사람들이 주변 문화로부터 강력한 박해에 직면하고 있었다는 것이다. 예수에 대한 헌신의 결과로 그들은 사회적 배척과 소외를 경험하고 있었을 뿐 아니라 그들 주변에 사회로부터 물리적인 공격을 받고 있었다. 이것이 충분하지 않았던 것처럼, 나아가서 바울의 임무는 상당한 정도로 예수의 재림에 대한 염려, 오해 그리고 추측과 관련되어 있었다. 데살로니가인들은 예수가 재림하실 것을 알았지만, 그 일이 인제 발생할 것인지 또는 그것이 그들에게 무엇을 의미하는지를 확신할 수 없었다. 어떻게 생각할지를 알지 못한 그들은 소망을 가지기보다 오히려 당황했고, 예수의 재림 희망에 의해 굳건해지기보다 불안해했다.

바울이 살던 첫 세기의 상황과 현대의 시간 간에 유사성을 놓칠 수 없다. 다가오는 천년은 예수의 재림에 대한 이미 강렬한 관심과 추측을 신장시키는 것으로 기능했다. 때로 그것은 그 주제에 집중하는 책, 라디오와 텔레비전 쇼, 그리고 새로운 웹 페이지의 홍수가 그칠 날이 없는 것처럼 보인다. 더 우울한 논조로 말하자면 심지어 세상의 뉴스 미디어가 전세계 80여 개국 이상 되는 나라에서 크리스천들이 때로는 심각한 박해를 경험하고 있다는 것을 마침내 다루기 시작한 것이다. 또한 다른 크리스천들을 목양하고 가르치거나 훈련하는 일과 관련한 크리스천이 오늘날 거의 모든 곳에서 직면한 주요한 도전 중에 하나는 신자들로 하여금 세속적이고 자기중심적이며 자주 쾌락적인 사고방식의 족쇄에서 풀려날 수 있게 하는 것이다. 신자들이 참된 기독교에 대한 실재적 관점에 기초해서 생각하고 살아가기 시작하도록 말이다. 바울처럼 우리들은 재사회화(또는 당신이 선호한다면, "제자도")의 도전에 직면하고 있다. 즉 사람들이 현대의 사회적 행동에 대한 대안을 배우고, 또한 대안적인 라이프스타일로 끊임없이 살아가는 방법을 배우게 하는 것이다.

그때와 지금 사이에 의미심장한 유사성이 있다는 것을 인정한다면, 1900년 전에 작성된 서신들이 오늘날 우리에게 얼마나 유익할 수 있는가? 그리고 만약 그 서신들이 유익하다면(나는 확실히 그렇다고 생각한다), 그것들은 우리들에게 어떤 방식으로 어떻게 유익한가? 이런 것들이 내가 이어지는 주석에서 언급할 질문들이다. 이 고대 문서에 대한 현대적 의미를 추구할 때, 우리는 그 서신들을 원 상황과 환경에서 이해함으로써 시작할 필요가 있다.

데살로니가 도시

데살로니가(현대의 데살로니키)는 마게도냐에서 가장 크고 중요한 도시였다. 지방의 수도로서 데살로니가는 동전을 주조할 권리를 포함해서 많은 도시적이고 상업적인 특권을 누렸다. B.C. 42년에 데살로니가는 "행정관"(NIV의 "도성의 관리자"; 행 17:7, 8을 보라)으로 알려진 대여섯 명의 그룹들, 곧 지역의 통치자들에 의해 다스려지는 자유 도시가 되었다. 또한 데살로니가는 이그나티아 도로라 일컫는 빌립보의 서쪽에 또는 90마일(150킬로미터) 가량 떨어져서 위치해 있었다. 이 로마의 위대한 도로는 로마를 동방의 지방들 곧 테르마이크만의 천혜의 자연항 옆에 있는 지방들과 연결시켜주었다. 주요 북남부 무역 루트도 데살로니가를 통과했고, 얼마 지나지 않아 이 도시는 풍부한 상업적 중심지로서 그 위치를 확장시켰다.

종교적으로 데살로니가는 거의 모든 사람들의 것들을 제공했다.[1] 헬라 문화권의 도시라는 것이 무색할 정도로 다양한 신비 종교일지라도, 헬라 도시에서 전통적인 헬라 제의와 철학적 전통 안에서 역시 대변되었다. 로마 황제의 제의를 초기에 섬겼던 것으로 유명한 이 도시는 케사르를 신으로 선언하는 동전을 주조했다. 또한 애굽 신들의 성소로도 유명했는데, 그 중에는 이시스와 오시리스가 특별했

1. 데살로니가의 종교에 관한 주제에 대해서는 R. Jewett, *The Thessalonian Correspondence*, 126-33; K. P. Donfried, "The Cults of Thessalonica and the Thessalonian Correspondence," *NTS* 31(1985): 336-56을 보라.

다. (데살로니가에서 다른 헬라 도시들로 애굽의 제의에 대한 확산을 기록하고 있는 비문은 살전 1:8과 흥미로운 유사성을 보인다.) 빌립보와 대비되게(행 16:13), 데살로니가에는 회당을 지원할 만큼 커다란 유대 공동체가 있었다(17:1). 지역적으로 "최고의 신"과 카브리우스와 같은 지역적 제의들에 헌신했다는 고고학적 증거가 역시 있다. 1세기 동안에 그 제의는 그 도시의 주요한 제의가 되었다. 마지막으로 이 모든 것의 흐름은 종교적인 전통들이 혼재된 혼합주의(싱크리티즘)가 두드러지게 나타났다.

이 종교 활동의 핵심적인 요소들은 도시적이고 정치적인 관심과 깊이 연관되어 있었다. 고대 세계에서 종교는 항상 정치와 긴밀하게 연관되어 있었다. 이는 사회의 지배 그룹들이 종교가 자신들의 권세와 능력을 합법화하고 유지시키는 효과적인 수단을 제공해 준다는 것을 깨달았기 때문이다. 데살로니가 도시에서 지도자들은 로마와 좋은 관계를 강화시키기 위해서 제국의 제의에 대한 헌신을 촉진시켰다. 결과적으로 황제 숭배를 눈에 띄게 공격하는 것은 그 도시의 경제와 정치적 복리에 대한 심각한 위협으로 간주되었다. 지역 내의 카이르비우스의 제의는 그 도시의 부유한 귀족들에 의해 지원을 받았다. 그것이 그리스 로마 사회의 계급적인 본질을 그들이 이용할 수 있도록 강화시켰고, 또한 모든 시민들에게 정체성과 연합의 공통된 감정을 제공했기 때문이다. 따라서 그 제의를 공격하는 것—예를 들어, 다른 신에 대한 배타적인 주장을 선언함으로써—은 사실상 그 도시를 공격하는 의미를 지녔다. 그러한 환경에서 기독교를 전파하는 것은 반역에 상응하는 것이었다.

기독교가 데살로니가에 도달함

바울, 실라(실바누스, 참조. NIV 각주), 그리고 디모데는, "고통을 받고 모욕을 받았던"(살전 2:2; 참조. 행 16:16-40), 빌립보를 떠난 지 오래지 않아 A.D. 49년에 데살로니가에 이르렀다. 그들은 그곳에 규모가 있는 유대 공동체와 회당이 있었기 때문에 머물기로 했다. 다음 세 안식일 동안에 바울은 특히 회당에서 기독교 메시지를 나누었다. 그들은 성경에서 예수가 그들을 위해서 죽으시고 부활하신 예언된 메시아라는 것을 입증하기를 추구했다. 사도는 "일부 유대인들"(아마도 오직 소수), 다수의 "하나님을 경외하는 헬라인들"(회당 예배에 규칙적으로 참석했지만 충분히 개종하지 않았던, 유대교에 매력을 가졌던, 이방인들) 그리고 "적지 않은 귀부인들"(행 17:2-4)을 설득하는데 성공했다.

회당의 이 개종자들은 분명히 새 회중의 핵심을 형성했을지라도, 회심자들의 상당수가 "우상을 버리고 하나님께 왔던"(살전 1:9) 이교도 출신으로서 믿음을 가진 자들이었다. 바울이 자신의 생활을 지원하기 위해서 "밤낮"으로 작업했던 작업장(2:9)은 복음전도(궁극적으로는 제자화)의 핵심적인 장소가 되었을 것이다. 제이슨과 같은 개인 회심자의 집이 역시 복음전도와 가르침을 위한 배경을 제공했을 것이다. 결과적으로 새롭게 주도된 이방인 회중이 나타나게 되었다. 바울, 실라, 그리고 디모데는 그들의 새로운 믿음에 기초해서 최근에 회심한 사람들을 격려하고 가르치는데 헌신했고, 그 과정에서 그들과 깊은 유대관계를 갖게 되었다(2:8-12).

그러나 복음이 전파되었던 초기부터 복음을 받아들인 사람들은 바울과 그의 동료들의 복음전파에 설득되지 않았던 사람들로부터 반대와 적대를 경험했다(살전 1:6; 2:14). 당시의 종교와 정치의 긴장관계를 생각해 보면 이것은 놀랄 일도 아니다. 한편으로 회당은 새로운 제의에 의해 자신들의 구성원들을 상실한데 대해서 흥분했다. 다른 한편으로 공동체의 유력한 여인들의 회심은 그 제의(곧 기독교)가 불가피하게 도시의 지도자들의 눈에 띄게 되는 결과를 만들었다. 이 지도자들에게 들린 대안적인 황제(메시아 왕으로서의 예수)의 선포는 사실상 민란을 선동하는 것으로 들렸을 것이다.[2] 이 두 그룹들(회당의 지도자들과 도시의 지도자들–옮긴이)은 선교사들과 그들의 회심자들에 대항하는 공통된 전선을 확실히 구축하였고, 곧이어 시민의 고발이 그들에 대해 잇달아 발생하게 되었다.

누가는 사도행전 17:5-9에서 중요한 삽화를 묘사한다.[3] 동네(시장)에서 평판이 나쁜 사람들(KJV는 "비열한 종류의 어떤 음란한 놈들"이라고 화려하게 묘사한다)

2. 로마에서 A.D. 49년에 유대인과 크리스천간에 있었던 폭동의 발발은 글라우디오 황제가 수도에서 유대인들(물론 유대 크리스천들을 포함하여)을 축출하도록 이끌었고(행 18:2), 데살로니가 당국자들을 더욱 의심하게 했으며, 도시에서 유사한 문제의 가능성을 경각하게 만들었을 것이다. 양 경우에 문제의 선동자들은 동방에서 온 자들었기 때문에 더욱 그러했을 것이다.

3. 바울이 데살로니가에 온 지 얼마나 지나서 이 사건이 발생했는지 확실하지 않다. 바울은 그의 축출이 있기 전에 데살로니가에 얼마나 체류했는지를 데살로니가전서에서 알리지 않는다. 누가는 바울이 "세 안식일 날에"(행 17:2) 회당에서 전파한 방식을 묘사한 후에 즉시 이 사건을 언급한다. 그것은 그 도시에서 바울이 첫 달의 마지막 시기를 보내고 있었을 시에 그 일이 발생했음을 암시할 수 있었다. 그러나 누가는 중간에 있었던 사건들을 건너뜀으로써 이야기를 자주 "간소화시킨다"(바울이 18개월간을 거주했던 고린도로의 첫 번째 방문을 담고 있는 행 18:1-18이 비교적 간략하고 삽화적으로 되어 있는 것을 참조하라). 그러므로 한 달 또는 두 달(또는 심지어 세 달 또는 네 달)이 17:1-4과 17:5-9에 열거된 두 삽화 사이에 지속되었을 수 있다. 두 달에서 다섯 달 사이의 체류가 이 시기 동안에 그의 활동에 관한 데살로니가전서에서 바울의 묘사가 전달하는 인상에 잘 들어맞는다. 아울러 아마도(필연적이지는 않다) 한 번 이상 이 시기 동안에 빌립보인들이 바울을 지원하였다는 그의 언급에도 잘 들어맞는다(빌 4:15-16).

은 폭동을 시작하려고 선동한 후에 방문 중인 선교사들이 있는 곳으로 가서 도시 당국자들 앞에 그들을 끌어내려고 했다. 하지만 바울과 실라를 발견하지 못한[4] 이들은 그 대신에 야손과 일부 다른 형제들(분명히 새 운동의 일원들과 후원자들, 그리고 아마도 그 일의 지도자들일 것이다)을 사로잡고, 예수께 충성한 것으로 인해 그들을 반역자로 고소했다. 이에 도시의 관리들은 야손과 여타 사람들을 보석금을 내게 함으로써 발생한 소동을 다루었다. 그것은 선교사들에 의해 야기된 곤란한 문제에 그들이 책임이 있는 것으로 효과적으로 만들었다.

사건의 이런 전개로 보건데, 바울, 실라, 그리고 디모데는 그 도시를 떠날 수밖에 없었다. 바울이 원치 않게 의도했던 것보다 그 도시를 빨리 떠났던 것은 데살로니가전서 2:17에서 명확히 알 수 있다. 거기서 그는 그의 새 친구들과 동료 신자들로부터 "떨어질" 수밖에 없었던 것을 묘사한다. 선교사들의 급작스런 떠남은 회중들에게 말할 수 없는 충격적인 영향을 확실히 주었을 것이다. 그들은 예기치 못하게 그들의 믿음과 인내를 심각하게 시험하는 "박해와 시련"에 그대로 직면한 자신들의 현실을 발견하였을 것이다(살후 1:4; 참조. 살전 3:3).

데살로니가전서의 배경과 시기

데살로니가전서 2:17-3:5은 바울과 그의 동료들이 데살로니가에서 축출된 이후에 경험했던 감정적 소용돌이를 제공한다. 아마 바울에게는 다음 두 가지 걱정이 가장 먼저 떠올려 졌을 것이다. (1) 그는 어린 회중 공동체가 적대적인 외부 압력에 직면해서 무너질 수 있음을 깊이 염려했다. 그가 그러한 압력이 있게 될 것임을 경고했을지라도(3:4), 이론적으로 그런 일들에 대처하는 것과 실제로 그런 일들에 당면하는 것은 또 다른 문제인 것이다. 새로운 공동체가 직면하고 있는 난관들과 도전들에 대처할 수 있도록 충분히 교육했다고 확신하지 못한 바울은 이 새 회심자들이 기독교에 대한 그들의 헌신을 포기하게 될 것을 염려했던 것으로 보인다(3:5). 그것의 의미는 바울과 실라와 디모데가 투자했던 모든 시간과 노력들을 헛되게 한다는 뜻이기도 하다.

---

4. 데살로니가전서에서 디모데가 역시 이 시기에 같이 있었음이 분명하다. 바울과 실라만을 누가가 언급한 것은 디모데의 책임이 보다 개인적이었고, 다른 두 선교사보다 덜 공식적이었음을 보여준다. 따라서 그는 외부인들에게 덜 알려졌을 것이다. 그렇다면 이것은 바울이 데살로니가로 돌아갈 수 없었을 때 디모데가 어떻게 데살로니가로 돌아갈 수 있었는지를 설명해줄 것이다(살전 3:2).

(2) 바울은 역시 복음의 타당성과 고결성의 문제를 제기하는 방식으로 그와 그의 동료들의 행위를 오해할—또는 아마도 더 그럴듯하게는 잘못 해석할—것을 염려했다. 종교적인 협잡꾼과 사기꾼들은 고대 세계에서는 아주 흔하였고, 바울과 실라가 밤중에 도시를 빠져나간 방식은 그들을 마치 백성들을 속이는 사기꾼들로 몰아 세울 수 있는 환경을 아주 쉽게 만들었을 것이다. 여기서부터 이 선교사들과 (바울 일행) 마찬가지로 그들의 메시지도 진실하지 못하다는 결론으로 이어질 수 있었고, 그러므로 사람들은 그들과 더불어 그 메시지도 거부할 수 있었다.

이 선교사들의 첫 행선지는 데살로니가 지역으로 가능한 한 곧 되돌아가는 것이었다. 그들은 그렇게 하려고 시도했지만—바울의 경우에 반복해서(2:18)—언급하지 않은 어떤 이유(그는 그것을 사단의 방해로 돌렸다, 2:18)로 인해 그것이 불가능하였다. 데살로니가에서 발생하고 있는 것들을 알기를 바라고 염려했던 바울은 그들을 강건하게 하고 격려하기 위해서 그가 지정한 대리자로 디모데를 보낼 것을 결정했다(3:1-2). 그리고 디모데는 아덴에서 그 일을 했다(그는 베뢰아로 가던 길에 그곳에 들렀다, 행 17:10-15). 아덴에서의 짤막한 시간 후에(17:16-34), 바울은 고린도로 이동해서(아마도 A.D. 50년의 늦은 여름에 그곳에 도착했을 것이다) 아굴라와 브리스길라의 협력으로 그 도시에서 복음을 전하기를 시작했다(18:1-4).

디모데가 데살로니가에서 좋은 소식을 갖고 돌아왔던 것은 바울이 고린도에 있을 때였다. 그것은 데살로니가의 회중들이 박해에 직면해서도 강건하고 신실하게 견디고 있을 뿐 아니라, 믿음과 사랑에서 성장하고 있다는 소식을 담고 있었다(3:6-7). 그리하여 마게도냐와 아가야의 신자들에게 모범이 되고 있었다(1:7). 바울이 이 환영할 만한 소식을 접한 후에 느꼈던 안도, 기쁨, 그리고 격려는 데살로니가전서에 명확히 나타나 있다. 그는 디모데가 도착한 직후에 데살로니가의 크리스천들에게 서신을 써서 보냈다.

이 서신의 전반부(1:2-3:13)에서 바울은 데살로니가인들에게 용기를 주고 격려하기를 추구했다. 또한 복음 메시지의 고결성과 진리를 변호하고 형제와 자매들로서 그들과 그의 교우 됨을 확증하고 발전시키기를 추구했다. 또한 후반부에서(4:1-5:24), 바울은 크리스천의 삶의 구체적인 문제와 관련해서 그들을 격려하고 교훈하는 것에 집중했다: 거룩, 성적 윤리, 사회적 관계성, 신자의 죽음, 예수의 재림, 그리고 회중들의 행위. 이런 주제의 선택은 데살로니가에서의 상황에 관한 디모데의 평가를 확실히 반영한다. 또한 데살로니가인들이 제기하고 디모데를 통해 바울에게 전달된 한두 가지 이상의 질문들을 반영했을 것이다(4:9과 5:1에서 "이제…에 관해서는"이란 말과 4:13에서 유사한 어구를 유념하라).

데살로니가후서의 배경과 시기

데살로니가전서와 달리 데살로니가후서의 저작으로 이끌었던 구체적인 상황을 우리는 거의 알지 못한다. 데살로니가후서가 데살로니가전서처럼 동일한 세 사람에 의해 보내졌고 데살로니가전서의 용어와 구조를 아주 긴밀하게 반영하고 있다는 것은 데살로니가후서가 첫 번째 서신 이후에 오래지 않아 작성되었다는 것을 암시한다. 바울과 실라와 디모데가 여전히 고린도에 있는 동안에 말이다. 우리는 바울이 데살로니가에서 있었던 새로운 변화를 어떻게 알았는지를 알지 못한다. 데살로니가가 빌립보와 고린도 사이에 위치한 사실에 미루어 볼 때, 고린도의 바울에게 재정적인 선물을 전달하려고 위임 받은 빌립보 교회의 성도(빌 4:15-16을 보라)가 데살로니가로 지나는 동안에 얻었던 소식을 바울과 나누게 되었을 가능성이 있다. 이것은 바울이 서신을 작성하는 상황을 충분히 알았으면서도(살후 3:11, "우리가 듣다"를 참조하라), 그의 정보가 다소 모호한 것으로 보이는 이유를 설명해준다.

우리가 실로 살펴야 하는 모든 것은 바울이 이 서신에서 언급한 세 가지 주요한 주제다. (1) 교회가 경험하였던 강력한 박해(1:3-12), (2) 주의 날에 대한 오해(2:1-12), 그리고 (3) 회중의 일부 구성원들의 파괴적인 행동(3:6-15). 만약 이 주제들이 데살로니가의 상황에 관한 단서를 제공한다면, (1) 박해가 다시금 발생했거나 강화되었고, (2) 아마도 바울로부터 얻은 정보라고 주장하면서(상세한 것은 2:2의 주석을 보라) 또는 바울의 가르침을 잘못 해석한 것에 기초해서 그리스도의 재림에 대한 새로운 오해가 발생했다. 그리고 (3) 파괴적인 행동의 문제를 다루는 데 있어서 데살로니가전서에서 나타난 바울의 최초의 노력들이 성공적이지 못했고 아마도 심지어 흥분하게 했을 것이다. 이 두 번째 서신은 이 문제를 대처하는 바울의 노력을 보여주고 있으며, 첫 번째 서신에서 분명히 보여주었던 격려와 교훈을 계속 이어간다(특히 살후 2:13-3:5; 또한 1:3-12을 보라).

일부 기술적인 문제들

누가 이 서신들을 썼는가?

데살로니가전서와 후서는 한 사람이 아니라 세 사람 곧 바울, 실라, 그리고 디모데의 이름으로 보내졌다. 양 서신을 통해서 일인칭 복수 대명사를 일관되게 사용한 것("우리", "우리를")은 이 인사에서 실라와 디모데의 삽입이 단순히 인사치레 정도에 있지 않음을 명확히 해준다(서두에서 디모데를 포함하지만 나중에 일인칭 단수만을 사용하는 빌립보서와 비교해 보라). 이 모든 세 선교사들은 데살로니가 회중에게 주어진 격려, 교훈, 그리고 명령에서 함께 나타난다.[5]

동시에 이름들의 순서와 이따금씩 "나"란 말을 사용한 것(살전 2:18; 3:5; 5:27; 살후 2:5; 3:17)은 바울이 거의 확실히 이 서신들을 초안하거나 구술했던 사람임을 드러낸다. 데살로니가에 대한 세 명의 대표자로서 이전에 역할했던 디모데(살전 3:2, 5)는 이 서신들 중에 하나나 둘을 전달했을 것이다. 실라가 바울의 구술을 받아 적었던 사람일 가능성이 있기는 하지만 확정할 수는 없다.[6]

데살로니가전서 2:13-16의 문제

데살로니가전서가 진정한 바울의 서신으로 널리 인정될지라도, 적지 않은 학자들이 그 일부인 2:13-16을 후대에 그 서신에 삽입된 비바울적인 것이라고 주장했다.[7] 이런 견해를 지지하기 위해 제공하는 주장들은 다음과 같은 것들을 포함한다: (1) 여기서 표현된 "유대인들"의 정죄는 유대 백성들의 구원과 관련한 로마서 11장에서 바울의 소망스러운 태도와 모순된다고 제기된다; (2) 유대인들의 과거 심판에 대한 16절에서의 언급은 이 서신의 전통적인 작성연대 이후인 A.D. 70년에 예루살렘 성전의 파괴를 가리키는 것으로 제기된다; (3) 15-16절은 A.D. 70년 이후에 있었던 전통적인 반셈족적인 용어를 포함하고, 그러기에 그것은 바울에 의해 작성될 수 없었다; (4) 형태적 측면에서 13절은 두 번째 "감사"를 소개하는데, 모든 다른 바울 서신들은 오직 한 번의 감사 항목만을 갖는다; (5) 유대인들에 의한 크리스천들의 박해(14절)는 바울이 이 서신을 작성했던 시기에는 증거되지 않는다고 제기된다.

---

5. 유사하게는 E. J. Richard, *Thessalonians*, 40; BDF§460(3)을 보라, 그리고 "우리로 말미암아"가 "나와 실바누스와 디모데로 말미암아"를 의미하는 고후 1:19을 참조하라[NASB]). 또한 J. Murphy-O'Connor, *Paul the Letter-Writer His World, His Options, His Skills*(Good News Studies 41; Collegeville, Minn.: Liturgical Press, 1995), 19-20을 보라.
6. 가능성 있는 그의 영향에 관한 논의에 대해서는 E. Best, *Thessalonians*, 23-29; E. G. Selwyn, *The First Epistle of St Peter*, 2d ed(London: Macmillan, 1947), 9-17을 보라.
7. 2:13-16의 진정성에 대항하는 사례의 고전적인 진술은 B A. Pearson, "1 Thessalonians 2:13-16: A Deutero-Pauline Interpolation," *HTR* 64(1971): 79-94에 의해 주어졌다.

이런 주장들은 설득력이 없다.[8] (1) 바울은 모든 유대인들에 대해 말하고 있지 않다. 바울은 단지 반기독교적인 박해에 관한 사람들만을 말하고 있다(아래에 주석을 보라). (2) 바울이 여기서 오직 유대 백성들의 소수파만을 염두에 두고 있다는 것은 16절의 언급으로서 성전의 파괴를 배제한다. (3) 용어는 실로 전통적이지만 그 어근은 후대보다는 더 이르다. 그것은 예수의 가르침과 용어를 반영한다. (4) 형태에 근거한 논증들은 결론적이지 못하다. 저자들은 때로 상황적인 이유로 인해 그들의 형태를 바꾸었다. 예를 들어, 바울의 저작성이 전혀 의심되지 않는 갈라디아서는 서두에 감사가 없는 유일한 바울의 서신이다. (5) 크리스천들에 대한 유대인들의 박해는 매우 초기 교회로 거슬러 올라간다. 스데반의 죽음(행 7:57-8:1)과 바울 자신의 증거(갈 1:13, "하나님의 교회를 심히 박해하여 멸하고"; 참조. 빌 3:6)가 그것을 보여준다.

추가하자면, 데살로니가 2:13-16의 문제점으로 언급한 위의 내용은, 일부의 문제를 전체로 확대 해석함으로 나타나는 주장들로서, 다음의 두 가지 중요한 논증에 의해 그다지 신뢰할 수 없음을 알 수 있다. (1) 어떤 설득력 있는 설명도 후대의 어떤 사람이 서신의 이 지점에 왜 이 단락을 삽입해놓았는지를 설명하지 못했다. (2) 데살로니가전서의 모든 알려진 사본이 물음표를 표시하고 있는 단락을 포함하고 있다. 의심할 여지없는 문장의 흐름으로 이 단락의 진정성을 입증해주지는 못할지라도, 그것을 선호할 수 있는 의미심장한 전제를 창출해준다.[9] 요컨대, 2:13-16의 진정성을 반대하는 증거들의 결여로 이 단락은 이 서신의 일부로 우뚝 선다.

데살로니가후서는 위조문서인가?

데살로니가전서를 거의 보편적으로 진정한 바울서신으로 인정할지라도, 데살로니가후서와 관련해서는 동일하게 말하지는 않는다. 현재에[10] 학문적인 견해의 균형은 이 서신이 위조되었다는 견해로 기우는 경향이 있다(정중한 용어는 가필,

8. 이 문제에 관한 보다 상세한 논의에 대해서는 C A. Wanamaker, *Thessalonians*, 29-31을 보라.

9. 이 요지에 관해서는 M. W. Holmes, "Textual Criticism," *DPL*, 930(sec. 5)을 보라.

10. 1970년대 초 이전에 데살로니가후서는 의문이 없는 것은 아니었을지라도 바울의 작품으로 널리 용인되었고, 이 서신의 진정성을 도전했던 사람들은 그것을 증거하는 데 곤란함이 있었다. 그러나 1972년에 영향력 있는 책의 출판 이래로(W. Trilling, *Untersuchungen zum 2 Thessalonicherbrief* [Leipzig, 1972]) 학문적인 견해의 추이가 분명히 바뀌었다. 이제는 학문적인 논의에서 증거의 부담이 이 서신이 진정한 바울서신이라고 생각하는 사람들에게 있게 되었다. 견해의 이런 변화에서 흥미로운 것은 데살로니가후서의 새로 형성된 기류를 정당화하는데 있어서 진정으로 새로운 증거가 발생하지 않았다는 사실이다. 이것은 여론의 변화가 증거와 논증의 문제가 아니라 견해에 대한 분위기의 문제라는 것을 암시한다.

즉 어떤 사람에 의해 작성되었지만 다른 이가 쓴 서신으로 잘못 출판되었다는 뜻). 즉 바울이 죽은 후 5-50년 사이에 언젠가 알려지지 않은 다른 사람이 이 서신을 작성했다는 것이다. 데살로니가후서의 진정성을 의문하는 근거는 다음과 같은 것들을 포함한다: (1) 데살로니가후서의 형태와 구조가 데살로니가전서의 그것과 너무 유사하다고 제기된다; (2) 데살로니가후서의 어휘와 스타일이 데살로니가전서의 그것과 너무 유사하지만 다른 바울서신과는 너무 다르다고 제기된다; (3) 데살로니가전서는 온화하고 친근하며 개인적이지만, 데살로니가후서는 차갑고 거리가 있으며 형식적이라고 주장한다; (4) 특히 종말론과 관련해서 두 서신의 신학에서 상당한 차이가 있다고 주장한다.[11]

이런 주장들 중에 어느 것도 특별하게 강력하거나 설득력이 있지 못하다. 예를 들어, (1)과 (2)항목과 관련해서 데살로니가후서가 참된 문서라면, 우리는 동일한 저자에 의해 짧은 시간에 작성된 두 문서를 다루게 된다. 그러한 상황에서 참된 문서가 되기에는 전자가 후자와 "너무 유사하다"고 결정할 수 있는 어떤 근거와 방법을 결정하기가 어렵다. 게다가 (2)항목에서 언급된 차이는 문제가 되지 않는다(모든 바울 서신들이 어느 정도는 서로 다르다. 그 차이가 "너무 다를" 때를 어떻게 확신할 수 있는가?). 어쨌든 데살로니가후서와 다른 바울 서신들 사이의 차이에 대한 주장은 데살로니가후서만이 아니라 전서도 의문한다는 점에서 너무 지나치다.

(3)항목은 견해이지 논증이나 이유가 아니다. 핵심적인 질문은 두 서신이 왜 다른가 하는 것이다. 만약 우리가 차이들에 대한 상황적인 이유들을 미리 배제한다면—다른 바울 서신들을 해석함에 있어서 인식되고 인정되는 상황적인 차이와 같은 종류—이런 차이들이 가짜에 대한 논증으로 바뀔 수 있다.[12] (4)항목과 관련해서 로버트 제웨트는 "신학적인 강조에 대한 차이의 상술은 그러한 신학적 논쟁이 가지고 있는 논증의 본질적인 유약함을 대답하지 못한다.…차이와 관련한 많은 논증들이 데살로니가전서와 후서를 제외한 채 사람들이 바울 저작으로 신뢰성이 높은 다른 서신들을 비교할 때 역시, 상당한 차이들이 표면에 나타난다."[13] 요컨대,

---

11. 이 문제에 관한 보다 상세하고 광범위한 논의에 대해서는 I. H. Marshall, *1 and 2 Thessalonians*, 28-45(그는 트릴링의 논증에 특별한 관심을 주고 있다); C. A. Wanamaker, *Thessalonians*, 17-28; E. Best, *Thessalonians*, 50-58; 그리고 R. Jewett, *Thessalonian Correspondence*, 3-18을 보라(이 모든 이들은 이 서신의 진정성을 인정한다). 이 이슈에 관한 학문적인 간단한 역사와 진정성에 대항하는 논증의 탁월한 요약에 대해서는 Edgar M. Krentz, "Thessalonians, First and Second Epistles to the," *ABD*, 6:518-23을 보라.

12. R. Jewett, *Thessalonian Correspondence*, 12.

일련의 유약한 논증들은 데살로니가후서의 진정성에 대한 설득력 있는 사례를 추가시키지 못한다.

데살로니가후서의 진정성에 반대하는 논증이 결정적이지 못한 것 이외에도 위조적인 문서를 가정하는 무능력은 연대와 관련이 있다. 이 주장은 (1) 왜 위조된 서신이 작성되었는지, (2) 그것의 데살로니가전서와의 관계, (3) 그것이 어떻게 바울 문서의 일부로 받아들여지게 되었는지를 설명할 수 있는 역사적으로 신빙성 있는 상황이나 환경은 신뢰성이 떨어진다.[14] 설사 그러하더라도 위조문서가 발생해야 했던 시간적인 구조는 다소 촉박한 것으로 보인다: 60년대 중반의 바울의 죽음과 2세기 초에 바울 작품들의 형성. 주장하는 위조문서의 연대를 바울 시기에 더 가깝게 위치시킬수록 바울을 알았던 사람들이 왜 문제 제기를 하지 않았는지 설명해야 한다는 어려움이 있다. 또한 그것이 바울 작품의 형성에 가까울수록 그러한 서신이 왜 쓰여졌는지(데살로니가후서가 다루고 있는 종말론적인 이슈가 더 이상 "주 관심사"가 아니었기 때문에), 그리고 그것이 바울 서신에 어떻게 포함되었는지를 설명하기가 더 어려워진다. 요컨대 위조문서의 가정은 문제를 해결하려고 주장하는 것만큼이나 아주 많은 문제들을 창출시킨다—그것은 설득력 있는 이론의 특징이 아니다.

요약하자면, 세 가지 고려사항들이 이 서신을 진정한 것으로 나로 하여금 받아들이게 만든다. (1) 서신 자체가 진정한 바울 서신이라고 주장하고 있다. (2) 모든 바울 서신들의 상황적인 특징에 적절한 무게가 주어진다면, 용어, 형태, 또는 신학에서 어느 것도 다른 결론을 요구하지 않는다. (3) 그것이 위조문서라면, 이 서신의 기원에 관한 역사적으로 신빙성 있는 해석을 어느 누구도 제공할 수 없다. 그러므로 나는 데살로니가후서가 바울의 진정한 서신이라고 결론짓는다.

데살로니가후서가 먼저 작성되었는가?

데살로니가전후서의 역사적인 순서가 정경적인 순서에서 뒤바뀌었다는 주장이 가끔 제기되었다.[15] 즉 데살로니가후서가 사실상 바울이 썼던 첫 번째 서신이었다

13. Ibid., 16.

14. 이 요지에 관해서는 I. H. Marshall, *1 and 2 Thessalonians*, 40-45을 보라.

15. 아주 최근에 C. A. Wanamaker(*Thessalonians*, 37-45)는 그의 주석을 데살로니가후서의 우선성에 두고 그의 해석을 논증한다. 이런 주장을 선호하는 다양한 논증들(논의와 함께)의 충분한 목록에 대해서는 E. Best, *Thessalonians*, 42-45을 보라; 또한 R. Jewett, *Thessalonian Correspondence*, 24-30을 보라.

고 주장하는 것이다. 즉 데살로니가전서 3:1-6에서 묘사된 방문 동안에 디모데가 데살로니가후서를 전달했다는 것이다. 바울 서신들의 전통적인 순서가 연대보다는 서신의 길이에 기초했기 때문에 이런 주장이 본질적으로 불가능한 것은 아니다.

하지만 문제는 이런 데살로니가후서의 작성 기록이 앞선다는 주장을 지원하는 논증들이 그다지 결정적이지도 않고 설득력도 없음으로 인해, 순전히 가정의 영역에 들어간다는 것이 문제다. 예를 들어, 데살로니가후서 3:17("나 바울은 친필로 문안하노니 이는 편지마다 표시로서 이렇게 쓰노라")에서 진정성은 첫 번째 서신에서만 바울 서신의 친필로서의 의미를 갖는다고 주장된다. 하지만 그렇다면 바울의 다른 서신들의 어느 것도(그 대부분이 '첫 번째' 서신들이다) 그러한 표현을 하지 않고 있다는 부분은 설명하기 어렵다. 둘째로 더 중요한 점은, 3:17은 위조된 서신이 존재 할 수 있다는 것을 암시한다(친필의 의미는 정성을 들인다는 의미와 현대의 사인의 의미 두 가지 모두 가질 수 있다—편집자 주). 하지만 위조된 서신의 존재 가능성은 한편으로는 진본 서신의 존재를 암시한다. 요컨대 이 구절은 첫 번째 서신보다 두 번째 서신에서 훨씬 더 많은 의미를 만들어준다. 결정적이지 못한 논증의 사례들은 다음과 같은 것들을 포함한다: (1) 1:4-5에서 데살로니가인들은 박해를 경험하고 있는 반면에 데살로니가전서에서의 박해가 과거의 경험으로 언급되고 있다는 시각(박해는 잠시 동안의 유예 후에 다시 발생할 수도 있다); (2) 이전의 지침에 대한 데살로니가전서의 언급은 이미 작성된 지침이 있었다는 주장(그것들 역시 구두적인 지침을 가리키는 것일 수 있다).

데살로니가후서의 우선성을 선호하는 설득력 있는 어느 주장도 없기에, 세 가지 고려사항들이 나로 하여금 전통적인 순서를 받아들이도록 이끈다. (1) 특히 2:2과 2:15에 제기된 서신에 대한 언급에 비추어, 데살로니가후서 3:17은 첫 번째보다 두 번째 서신의 일부로서 더 좋은 의미를 갖는다. (2) 데살로니가로의 바울의 첫 번째 방문에 관한 데살로니가전서 1:4-2:12에서의 긴 묘사는 첫 서신의 일부로서 더 적절해 보인다. (3) 데살로니가전서 5:1-11와 데살로니가후서 2:1-12에서 그리스도의 재림에 관한 가르침은 데살로니가전서가 더 이른 서신일 경우에 더 좋은 의미를 만들어준다.[16]

16. 이 마지막 요지를 충분히 다룬 것으로는 F. F. Bruce, *1 & 2 Thessalonians*, xlii-xlii을 보라.

데살로니가전후서의 개요

데살로니가전서의 개요

I. 머리말(1:1)

II. 과거와 관련한 기억과 격려(1:2-3:13)

A. 서두의 감사(1:2-10)[데살로니가인들에게 초점을 맞춤]

1. 데살로니가인들에 대한 감사(1:2-3)
2. 데살로니가인들과 복음(1:4-10)

B. 같이 있는 동안에 데살로니가인들에 대한 사도의 태도(2:1-12)
[선교사들에게 초점을 맞춤]

1. 하나님에 대한 사도의 책임(2:1-4)
2. 사도의 사역, 관심, 그리고 양육(2:5-12)

C. 두 번째 감사(2:13-16)[데살로니가인들에게 초점을 맞춤]

1. 데살로니가인들에 대한 감사(2:13)
2. 데살로니가인들과 박해(2:14-16)

D. 같이 없는 동안에 데살로니가인들을 향한 사도의 태도(2:17-3:8)
[선교사들에게 초점을 맞춤]

1. 사도의 관심(2:17-20)
2. 사도의 행위(3:1-5)
3. 사도의 안심과 기쁨(3:6-8)

E. 세 번째 감사(3:9-13)[데살로니가인들에게 초점을 맞춤]

1. 데살로니가인들에 대한 감사(3:9)
2. 데살로니가인들에 대한 기도(3:10-13)

III. 장래와 관련한 권면과 격려(4:1-5:22)

A. 일반적인 소개(4:1-2)

B. 거룩과 성적인 윤리(4:3-8)

C. 상호적인 사랑('필라델피아', 4:9-12)

D. 예수의 '파루시아'(재림)과 관련한 질문들(4:13-5:11)

1. 죽은 신자들의 운명에 관한 질문들(4:13-18)

2. "시간과 날"에 대한 질문들(5:1-11)

E. 회중의 태도(5:12-22)

1. 지도자들에 대한 회중의 책임(5:12-13)

2. 개인에 대한 회중의 책임(5:14-15)

3. 하나님에 대한 회중의 책임(5:16-18)

4. 성령에 대한 회중의 책임(5:19-22)

IV. 서신의 마감(5:23-28)

A. 마감 기도(5:23-24)

B. 마감의 요청과 축원(5:25-28)

데살로니가후서의 개요

I. 머리말(1:1-2)

II. 박해에 직면해서 감사와 격려(1:3-12)

A. 감사의 적절함(1:3-4)

B. 지침과 격려(1:5-10)

C. 기도의 보고(1:11-12)

III. 예수의 재림과 무법한 사람(2:1-12)

A. 주제와 바울의 관심에 대한 소개(2:1-2)

B. 지침과 격려(2:3-12)

IV. 전환(2:13-3:5)

A. 감사(2:13-14)

B. 권면(2:15)

C. 기도(2:16-17)

D. 기도를 위한 요청(3:1-2)

E. 확신의 표현(3:3-4)

F. 추가적인 기도(3:5)

V. 무질서의 문제(3:6-15)

  A. 사도의 명령과 모범(3:6-10)

  B. 무질서한 자들에 대한 주문(3:11-12)

  C. 회중을 위한 지침들(3:13-15)

VI. 서신의 마감(3:16-18)

  A. 축원(3:16)

  B. 개인적인 인사(3:17)

  C. 두 번째 축원(3:18)

참고 문헌

최근의 주요한 주석들

Best, Ernest. *A Commentary on the First and Second Epistles to the Thessalonians.* HNTC. New York: Harper & Row, 1972; reprint, Peabody, Mass.: Hendrickson, 1987. 거의 모든 이슈들에 대해서 모든 해석적인 선택들을 사려 깊게 생각할 수 있도록 제시하며, 관련 문헌을 탁월한 시각으로 철저히 다룬다.

Bruce, F. F. *1 & 2 Thessalonians.* WBC 45. Waco, Tex.: Word, 1982. 본서는 브루스의 통찰력 있는 학문성과 바울의 여타 서신들에 대한 폭넓은 지식, 그리고 철저함과 세부적인 관심을 반영하고 있고, 헬라어 본문에 관한 상당한 수준까지의 많은 자료를 탁월하게 다루고 있다.

Elias, Jacob W. *1 and 2 Thessalonians. Believers Church Bible Commentary.* Scottdale, Pa., and Waterloo, Ont.: Herald, 1995. 오늘날의 교회를 위한 본문의 의미에 대해서 깊이 관심을 갖고 있다. 메노파적 관점에서 나온 확고하고 책임성 있는 기여를 하고 있다.

Holtz, Traugott. *Der erste Brief an die Thessalonicher.* EKKNT 13. Zürich: Benziger, 1986. 이 최근의 독일 주석은 영향력 있는 복음주의 - 가톨릭 주석 시리즈의 일부다.

Marshall, I. Howard. *1 and 2 Thessalonians.* NCB. Grand Rapids: Eerdmans, and London: Marshall Morgan & Scott, 1983. 트릴링(W. Trilling)의 영향력 있는 작품에 관한 광범위한 관심을 포함하여, 서론적이고 비평적인 이슈들에 관해서 특히 상세한 취급을 하고 있는 중간 정도 길이의 탄탄하고 신뢰할 만한 주석이다.

Morris, Leon. *The First and Second Epistles to the Thessalonians.* Rev. ed. NICNT. Grand Rapids: Eerdmans, 1991. 세심한 강해자에 의한 적당한 길이의 신중하고 전통적인 주석.

Richard, Earl J. *First and Second Thessalonians*. Sacra Pagina 11. Collegeville, Minn.: Liturgical Press, 1995. 신선하고 자주 독립적인 노선을 취하는 충분한 길이의 포괄적인 비평 주석. 헬라어 텍스트에 기초해 있지만 모든 헬라어를 음역하고 있다. 사전적이고 문법적인 문제들에 있어서 강력하다.

Rigaux, Béda. *Saint Paul: Les Épîtres aux Thessaloniciens*. Études biblique. Paris: Gabalda, 1956. 여전히 바울 서신들에 대한 가장 훌륭한 자료 중 하나다.

Trilling, Wolfgang. *Der zweite Brief an die Thessalonicher*. EKKNT 14. Zürich: Benziger, and Neukirchen-Vluyn: Neukirchener Verlag, 1980. 데살로니가후서의 진정성에 매혹된 트릴링의 논증에 기초한 탄탄한 주석(W. Trilling, *Untersuchungen zum zweiten Thessalonicherbrief*[Leipzig, 1972]; Introduction, fn. 10을 보라).

Wanamaker, Charles A. *The Epistles to the Thessalonians: A Commentary on the Greek Text*. NIGTC. Grand Rapids: Eerdmans, and Exeter: Paternoster, 1990. 서신의 수사적인 양상에 특별한(유익한) 관심을 갖는 헬라어 본문에 관한 충분한 길이의 탁월한 주석. 남아프리카의 배경에서 작성된 이 주석은 박해받는 소수파 운동으로서 데살로니가 회중의 상황에 민감함을 보인다. 아울러 회심자들을 순전히 기독교적 세계관으로 "재사회화"하려고 할 때에 바울이 직면했던 도전들에 민감함을 보여준다.

보다 오래된 주요한 주석들

Frame, James Everett. *A Critical and Exegetical Commentary on the Epistles of St. Paul to the Thessalonians*. ICC. Edinburgh: T. & T. Clark, 1912. 헬라어 본문을 충분할 정도로 다루고 있고, 사전적이고 특히 문법적인 문제에 세밀한 관심을 갖는 일에 여전히 유용하다. 이 주석은 교부적인 주석들(원언어로 인용됨)에 자주 의존하고, 초기 학계의 자주 포괄적인 개요를 제공한다.

Lightfoot, J. B. *Notes on Epistles of St. Paul From Unpublished Commentaries*. London and New York: Macmillan, 1895, pp. 1-136. 고대 세계에 관한 라이트풋의 박식한 지식을 반영하며 상대적으로 짧지만 헬라어 본문의 통찰력 있는 분석. 그의 사전적인 관찰들은 여전히 면밀한 연구를 보증한다.

Milligan, George. *St. Paul's Epistles to the Thessalonians: The Greek Text with Introduction and Notes*. London: Macmillan, 1908. 어떤 점에서는 아주 구시대적일지라도, 주해의 요지에 관해서 문의해볼 만한 가치가 여전히 있다. 그것의 훌륭한 요지들의 대부분은 후대의 주석자들에 의해 취해졌다.

다른 주석들

Aus, Roger. "II Thessalonians." pp. 191-221 in *I-II Timothy, Titus, II Thessalonians*, by A. J. Hultgren and R. Aus. ACNT. Minneapolis: Augsburg, 1984.

Calvin, John. *The Epistles of Paul the Apostle to the Romans and to the Thessalonians*. Trans. by R. Mackenzie. Grand Rapids: Eerdmans, 1961 [1540]. 일반적으로 알려진 것보다 훨씬 놀랍도록 주해적인 그의 신학을 통해 나타난 제네바 종교개혁자의 탁월한 결과물. 온전하게 다루는 일의 보충으로서 항상 읽을 만한 가치가 있다.

Gaventa, Beverly Roberts. *First and Second Thessalonians*. Interpretation: A Bible Commentary for Teaching and Preaching. Louisville: John Knox, 1998. 비교적 짧고(133페이지), 비전문적이며, 서신에 대한 항상 사려 깊은 취급을 하고 있다. 이 책은 현대인의 안목을 통해 고대의 문서를 읽을 때에 관련될 수 있는 난해함을 충분히 인식하고서 작성되었다. 적용과 설교를 위한 제시와 언급들은 짤막하지만 제시적이다. 특히 바울에게서 있는 모성적인 심상과 악의 지속성에 관한 "묵상"은 특히 주목할 만하다.

Hendricksen, William. *I and II Thessalonians*. Grand Rapids: Baker, 1955. 훌륭한 주해적 능력을 신학적인 논의가 뒷받침한다. 지금은 다소 오래되었고, 문제들을 다루는데 있어서 한결같지가 않다.

Hiebert, D. Edmond. *The Thessalonian Epistles: A Call to Readiness*. Chicago: Moody, 1971. 휴거적인 관점으로부터의 긴 취급.

Juel, Donald H. "I Thessalonians." pp. 211-55 in *Galatians, Philippians, Philemon, I Thessalonians*, by E. Krentz, J. Koenig, and D. H. Juel. ANCT. Minneapolis: Augsburg, 1985. 시리즈의 형태가 부과한 지면적인 제한으로 인해 상당히 방해를 받고 있지만, 통찰력 있는 관찰들(대로 경구적인 명쾌함으로 표현된다)은 이 책을 의뢰할 만한 가치가 있게 만든다.

Martin D. Michael. *1, 2 Thessalonians*. NAC 33. Nashville: Broadman & Holman, 1995. 유능하지만 그 취급에서는 단조롭고 한결같지가 않다.

Morris, Leon. *The Epistles of Paul to the Thessalonians: An Introduction and Commentary*. Revised ed. TNTC. Grand Rapids: Eerdmans, 1984. 그의 NICNT의 짤막한 판형.

Stott, John R. W. *The Gospel and the End of Time: The Message of 1 and 2 Thessalonians*. BST. Downers Grove, Ill.: InterVaristy, 1991. 훌륭한 학자이기도 한 대가적인 복음주의 설교자에 의한 데살로니가 서신들에 대한 비전문적인 취급 가운데 최고라고 할 수 있다. 그것은 성경과 교회에 대한 그의 깊은 헌신을 반영해준다.

Thomas, Robert L. "1 Thessalonianss" and "2 Thessalonians." pp. 227-337 in *The Expositor's Bible Commentary*, vol. 11. Ed. by F. E. Gaebelein. Grand Rapids: Zondervan, 1978. 세대주의적인 관점에서 NIV에 기초한 간단한 코멘트.

William, David J. *1 and 2 Thessalonians*. NIBC. Peabody, Mass.: Hendrickson, 1992. 거의 항상 핵심적인 해석적 문제들을 다루는 짤막하지만 유익한 논의.

특별한 연구서들

Collins, Raymond F., ed. *The Thessalonian Correspondence*. BETL 87. Leuven: Leuven Univ. Press and Peeters, 1990. (여러 용어로) 데살로니가서의 거의 모든 양상들에 대한 중요하고 폭넓은 학문적 에세이들을 집합하고 있다.

Donfried, Karl P. "The Theology of 1 Thessalonians" and "The Theology of 2 Thessalonians." pp. 1-113 in *The Theology of the Shorter Pauline Letters*, by K. P. Donfried and I. H. Marshall. New Testament Theology. Cambridge: Cambridge Univ. Press, 1993. 각 문서를 분리하여 공감적으로 다루고 있다.

Hock, Ronald F. *The Social Context of Paul's Ministry: Tentmaking and Apostleship*. Philadelphia: Fortress, 1980. 일(노동)과 순례 철학자들에 대한 그리스-로마의 태도에 비추어, 바울이 복음을 전하고 제자를 삼는 장소로서 일터를 사용한 것에 관한 흥미로운 탐구를 하고 있다.

Jewett, Robert. *The Thessalonian Correspondence: Pauline Rhetoric and*

Millenarian Piety. Foundations and Facets. Philadelphia : Fortress, 1986. 데살로니가 서신과 관련한 비평적인 문제들을 포괄적으로 연구하고 있고, 서신들의 수사적 분석에 주요한 기여를 하고 있다. 데살로니가의 상황을 해석하기 위한 "천년기 운동"의 현대 사회학적 범주에 관한 저자의 사용은 설득력이 있지는 않다.

Malherbe, Abraham J. *Paul and the Thessalonians : The Philosophical Tradition of Pastoral Care*. Philadelphia : Fortress, 1987. 고대 철학자들과 그들의 방법론에 비추어 바울과 그의 사역을 정교하게 연구하고 있다.

Plevnik, Joseph. *Paul and the Parousia : An Exegetical and Theological Investigation*. Peabody, Mass. : Hendrickson, 1997. 개별적인 이슈들이나 단락들을 분석할 뿐 아니라, 바울의 가르침을 유용하게 종합하는 최근의 철저한 연구서다.

Trilling, Wolfgang. *Untersuchungen zum zweiten Thessalonicherbrief*. Leipzig : St. Benno, 1972. 데살로니가후서를 가필적인 서신으로 이해하는 사례에 널리 영향을 미친 설명이 들어 있다.

Weima, Jeffrey A. D. "How You Must Walk to Please God' : Holiness and Discipleship in 1 Thessalonians." pp. 98-119 in *Patterns of Discipleship in the New Testament*, ed. Richard N. Longenecker. Grand Rapids : Eerdmans, 1996. 데살로니가전서의 중요한 주제에 관해서 통찰력 있는 기여를 하고 있다.

데살로니가전서 1:1

1 바울과 실루아노와 디모데는 하나님 아버지
와 주 예수 그리스도 안에 있는 데살로니가
인의 교회에 편지하노니 은혜와 평강이 너희
에게 있을지어다

원 의미

서신의 구조와 관련해서 1:1은 완전한 구조적 단위인 "머리말"을 형성하고, 1:2은 새 항목을 시작한다("감사"). 다른 머리말처럼 그것은 보내는 자와 받는 자를 확인해주고, 호의를 표현한다. 모든 바울 서신의 서두 중에서 이것은 가장 단순하고 당대 헬라 서신의 서두와 가장 유사하다(전형적으로 "A가 B에게, 인사"; 참조. 행 15:23, "너의 형제들인 사도와 장로들이 안디옥, 시리아, 그리고 길리기아의 이방인 형제들에게: 인사").[1]

보내는 자. 우리가 그 이유들을 오직 추측할 수 있을 뿐이지만, 데살로니가전서와 후서는 바울이 어떤 방식으로든 자기 자신이나 동료들을 특정 짓지 않는 유일한 서신들이다.[2] 두 번째 사람의 이름은 사실상 "실바누스"이다(참조. NIV의 각주). 바울은 다른 곳에서 그를 언급한다(고후 1:19; 살후 1:1). 그는 사도행전에서 언급된 "실라"와 동일한 사람이고(행 15:22-40; 16:19-29; 17:4-15; 18:5), 아마도 베드로전서 5:12에서도 언급되고 있는 사람일 것이다.[3] 그가 (바울처럼) 두 이

1. 더 자세한 것은 P. T. O'Brien, "Letters, Lettter Forms," *DPL*, 550-53; J. Murphy-O'Connor, *Paul the Letter-Writer: His World, His Options, His Skills*(Collegeville, Minn.: Liturgical Press, 1995)을 보라.

2. 다른 곳에서 바울은 자기 자신을 "종"(롬 1:1; 빌 1:1; 딛 1:1) 그리고 / 또는 "사도"(롬 1:1; 고전 1:1; 고후 1:1; 갈 1:1; 엡 1:1; 골 1:1; 딤전 1:1; 딤후 1:1; 딛 1:1), 또는 "죄수"(몬 1절)라고 묘사한다. 동료들이 머리말에 거명될 때(고린도후서, 빌립보서, 골로새서, 그리고 빌레몬서에서 디모데와 고린도전서에서 소스데네스), 그들은 "형제"나 "종"으로 지칭된다.

3. 그러므로 Peter H. Davids, *The First Epistles of Peter*(Grand Rapids: Eerdmans, 1990), 198; J. Ramsey Michaels, *1 Peter*(Waco, Tex.: Word, 1988), xlvi-xlvii, 306-7; 하지만 J. B. 라이트풋(*Notes on Epistles*, 7)이 관찰한 것처럼, 그 이름은 너무 흔하여 확실히 할 수가 없다.

름 즉 셈어와 라틴어 이름을 갖고 있었거나, "실바누스"와 "실라"가 셈어적인 이름의 라틴어와 헬라어 형태를 각기 대변할 수 있다.

사도행전은 실라를 예루살렘 공의회의 결과를 안디옥 교회에 전달하려고 보내졌던(유다 바르사바스) 예루살렘 선지자임을 보여준다. 바나바와 바울이 분리된 후에(행 15:36-39), 바울은 실라를 그의 협력자로 선택하였고, 이 둘은 갈라디아, 소아시아, 마게도냐, 그리고 그리스를 여행했다(바울의 두 번째 선교여행; 참조. 행 15:40-18:22). 바울은 그를 동료 사도로 간주했다(참조. 살전 2:6의 논의). 그는 데살로니가와 고린도에서 교회들을 세우는데 상당한 역할을 했다. 초기 여행에서 팀의 젊은이의 일원으로서 바울과 실라에게 합세했던 디모데가 그리했었던 것처럼 말이다(행 16:1-4). 디모데는 데살로니가전서 3:2에서 "하나님의 동료 일꾼"으로 묘사되고, 그에 대한 바울의 감정을 고린도전서 4:17("내가 사랑하는 나의 아들")과 빌립보서 2:22("자식이 아버지에게 함같이 나와 함께 복음을 위하여 수고하였느니라")에서 포착할 수 있다.

세 이름들의 연속(그것은 역시 살후 1:1에서도 나타난다)과 이 서신에서 일인칭 복수("우리")의 빈번한 사용은 이 세 사람이 모두 이 서신의 공동 발신자라는 것을 보여준다.[4] 이름들의 순서와 바울이 가끔 "나"란 말을 사용한 것(2:18; 3:5; 5:27)은 그가 사실상 이 서신을 작성했던 자였음을 나타낸다. 데살로니가로 보내진 바울의 대사로서 이전에 역할했던 디모데(3:2, 5)가 이 서신을 전달했을 것이다. 실라가 이 서신의 저작이나 받아쓰기의 역할을 했는지는 불확실하다.[5]

수령자들. 발신자들을 확인시켜 준 후에 바울은 수령자들을 거명한다: "데살로니가인의 교회." 헬라 세계에서 '에클레시아'(신약성경에서 통상적으로 "교회"로 번역됨)는 다른 것들 중에서 공적인 모임을 지칭할 수 있었거나(행 19:32, 39), 철학 학교, 즉 모임이나 운동을 일컬을 수 있었다. 유사하게 70인경에서(셉투아진트, 즉 히브리 성경의 헬라어 번역), '에클레시아'와 '시나고그'("회당")는 모인 회중과 하나님의 백성으로서 이스라엘을 지칭한다. '시나고그'가 지역의 유대 회중들에 대한 표준적인 용어였던 것처럼, '에클레시아'는 기독교 운동을 지칭하고 그것을

---

4. 유사하게 E. J. Richard, *Thessalonians*, 40; see BDF §460(3); "우리로 말미암아"가 "나와 실바누스와 디모데로 말미암아"를 의미하는 고후 1:19을 참조하라. 또한 J. Murphy-O'Connor, *Paul the Letter-Writer*, 19-20을 보라.
5. 가능성 있는 그의 영향에 관한 논의에 대해서는 E. Best, *Thessalonians*, 23-29; E. G. Selwyn, *The First Epistle of St. Peter*, 2d ed. (London: Macmillan, 1947), 9-17을 보라.

유대교와 구분 짓기 위한 분명한 선택이었다. 기독교 용법에서 '에클레시아'는 개별적인 가정 교회들(롬 16:5), 지역의 회중들(롬 16:1), 또는 전반적으로 기독교 운동(고전 12:28; 골 1:18, 24)을 가리킬 수 있었다. 여기서 그것은 "데살로니가인들"이란 어구가 분명히 보여주는 것처럼 데살로니가에서 지역의 회중을 의미한다. 이 어구는 역시 지역의 회중과 다른 곳에서의 하나님의 백성들 사이에 관계를 나타낸다: 근본적인 개념은 데살로니가인들이 그 지역의 대표자인 전체로서의 교회다.[6]

데살로니가인들의 지역 모임은 "하나님 아버지와 주 예수 그리스도 안에 있는"으로 확인된다. 이 어구의 의미는 결정하기가 어렵다.[7] "하나님 안에"는 바울 작품에서 드물지만, "그리스도 안에"는 흔하다.[8] 해석자들은 흔한 것에 비추어 흔치 않은 것을 해석하거나 그 역을 가지고 해석하는 일이 가능한 것인지 둘로 나뉜다. "그리스도 안에"란 어구는 대개 "'포괄적'인 의미를 갖는데, 그리스도의 부활하신 삶에 신자들의 참여나 그의 몸안에 신자들의 구성원됨을 가리킨다."[9] 만약 이 어구가 여기서 의미하는 바라면, "하나님 안에"란 평행적인 어구는 유사하게 이해되어야 한다. 다른 한편으로 바울서신들의 다른 곳에서 평행들의 부족에 비추어 볼 때, 어떤 해석자들(정확하게는 나의 평가)은 "안에"란 전치사를 "위치"보다는 "수단"을 가리키는 것으로 이해한다. 즉 그것은 하나님과 예수에 의해 "모여지거나" "생겨난" 공동체를 지칭한다.[10]

이 어구를 어떻게 취하든지 간에 하나님과 예수의 긴밀한 연관은 목적과 행동

---

6. 더 자세한 것은 J. Roloff, "εκκλησία," *EDNT*, 1:410-15; L. Coenen, "Church, Synagogue," *NIDNTT*, 1:291-307; P. T. O'Brien, "Church," *DPL*, 123-31을 보라.

7. 아울러 "하나님 아버지와 주 예수 그리스도 안에 있는" 앞에 관사가 없는 것은 이 진술이 어느 용어나 어구를 수식하는지를 약간 불확실하게 만든다. 그러나 2:14에서의 평행과 바울의 다른 머리말의 패턴은 그것이 선행하는 어구를 수식한다는 것을 보여준다. 또한 "으로부터"('아포')보다 "안에"('엔')란 전치사의 사용은 그것이 뒤이어지는 인사("은혜와 평강이 너희에게 있을지어다")와 함께 취하지 못하게 만든다.

8. 살전 1:1과 살후 1:1 외에 "하나님 안에"는 오직 다섯 번 나타나는데, 그 어느 것도 여기서의 용법과 일치하지 않는다(롬 2:17과 5:11, 하나님 안에서 자랑하는; 엡 3:9과 골 3:3, 하나님 안에 감추어진; 살전 2:2, 하나님 안에서 용기). 반면에 "그리스도 안에"는 약 170번 나타난다.

9. F. F. Bruce, *1 and 2 Thessalonians*, 7; "그리스도 안에"에 관해서 더 자세한 것은 B. Witherington III, "Christ," *DPL*, 98-99; C. F. D. Moule, *The Origin of Chrstology*(Cambridge: Cambridge Univ. Press, 1977), 54-69을 보라.

10. 그러므로 E. Best, *Thessalonians*, 62; E. J. Richard, *Thessalonians*, 41-42; 그것이 위치를 나타낸다는 견해에 대해서는 J. E. Frame, *Thessalonians*, 69-70; C. F. D. Moule, *Origin*, 56; J. R. W. Stott, *The Gospel and the End of Time*, 27-28을 보라.

에서 그들의 연합을 가리킨다(참조. 고후 5:18-21). 만약 그것이 없거나 그것에서 분리된다면, 크리스천의 '에클레시아'는 존재하지 않는다. 게다가 "주 예수 그리스도"란 완전한 기독론적인 형식어구는 교회를 존재하게 했던 그리스도 안에서 하나님의 구원하시는 행위의 핵심적인 양상들을 떠올리게 한다. "예수"란 이름은 그의 죽음을 강조하고, "그리스도"란 칭호는 그의 부활을 강조하며, 그리고 "주"는 예수 그리스도 안에서 신자들의 믿음의 고백을 표현한다.[11]

아울러 이 어구가 어떻게 '기능하는'지를 주목하는 것이 중요하다. '에클레시아'란 신학적 기초와 기독론적인 초점을 강조함으로써, 이 특별한 모임이 최근에 회심한 데살로니가인들이 잘 알고 있었던 어떤 다른 사람들(이교도나 유대인)과 예리하게 구분되는 것을 돕는다. "하나님 아버지"란 단일신론적인 고백[12]은 데살로니가인들의 이전에 신들에 대한 거부와 관련이 있는 반면에(참조. 1:9), 메시아("그리스도")와 주로서 예수에 대한 인식("그리스도")은 유대교와 기독교 운동을 구분지어 준다(참조. 1:10).

인사. "은혜와 평강이 너희에게 있을지어다"는 헬라 서신에 전형적인 단순한 "인사"('카이레인')를 대신하고, 유대 서신들에서 발견할 수 있는 인사와 유사하다(예. 마카비2서 1:1은 '카이레인'과 "평강"을 갖는다; 바룩2서 78:2은 "자비와 평강"이라고 표현한다). 그러나 형식적인 평행보다 더 중요한 것은 두 용어들의 신학적인 내용이다. 바울에게서 하나님은 그의 백성들을 위한 모든 하나님의 행동의 기초요 근간인 은혜의 궁극적인 근원이시다(살후 1:2, "하나님 아버지와 주 예수 그리스도로부터"). 실로 은혜는 하나님의 속성이라기보다 그리스도의 사역, 죽음, 부활에서 나타난 그의 구속적인 행위다. 다른 한편으로 평강은 하나님의 구원하시는 행위의 결과, 즉 하나님과의 회복된 관계를 나타낸다(롬 5:1; 또한 5:2-11을 보라). 여기서 "평강"의 문화적이고 성경적인 정의 간에 차이가 분명하다: 단순히 갈등의 부재가 아니라 건전하고 조화로운 관계의 임재(그리고 기쁨). 요컨대 "은혜와 평강"이란 어구(그것은 확증과 기도로서 기능한다)는 예수 그리스도 안에서 중심을 발견할 수 있는 하나님의 구원하시는 행위의 근간과 결과를 상기시킨다.[13]

---

11. E. J. Richard, *Thessalonians*, 43.
12. 이 어구는 살전 1:3; 3:11, 13("상황잇기"에서 논의됨); 살후 1:1-2; 2:16)에서도 나타난다.
13. J. B. 라이트풋이 관찰한 것처럼, "'카리스'[은혜]는 모든 참된 복들의 근원이고, '에이레네'[평강]는 이 복들의 목적과 이슈다"(J. B. Lightfoot, *Notes on Epistles*, 8). "평강"에 대해서 더 자세한 것은 이 책의 5:23의 논의를 보라.

상황잇기

데살로니가전서의 서두 구절은 적어도 세 가지 흥미로운 도전을 우리에게 제시하는데, 그것은 성경을 연구하고 적용할 때 자주 만나는 것들이다: (1) 역사적인 선례의 문제; (2) 침묵으로부터의 논증이나 추론의 문제; 그리고 (3) (빈약한 해석이나 과도한 해석에 동반되는 잠재적인 함정을 갖는) 환기적인 용어의 도전.

역사적인 선례의 문제. 역사적인 선례의 문제가 팀의 일부로서 일하는 바울의 일관된 관행에서 발생한다(이 부분은 실라와 디모데에 대한 그의 의도적인 언급과 데살로니가 교회의 형성에 기여했던 그들의 의미있는 역할로서 드러낸다). 아울러 그가 세웠던 교회들의 지도부로서 팀을 세웠던 것에서 발생한다. 당대의 순회 철학자들과 달리(바울은 2:1-12에서 그들과 자신을 비교할 것이다), 바울은 가능할 때마다 다른 이들을 동행시켰다.[14] 또한 그는 그와 그의 동료들이 세웠던 교회에 리더들의 팀을 뒤에 남겼다(행 14:23; 20:17; 빌 1:1; 살전 5:12; 딤전 4:14; 5:17). 비록 신약성경 시대에 교회의 세움과 관련한 증거가 충분치 않지만, 그럼에도 불구하고 그런 모습은 신약성경에 일관되게 나타난다. 이러한 팀 리더십은 기본적인 형식이다. 여기서 발생하는 질문 하나! 이런 일관된 패턴은 우연의 문제인가 아니면 우리가 따라야 하는 바울 사역의 방식의 중요한 특징인가? 그것은 심지어 오늘날 교회들을 위한 규범적인 가치가 있는가? 다시 말해서 이것은 바울이 어떤 식으로든 우리들을 위해 '처방한' 사역의 방식을 '묘사'하고 있는가?

고든 피와 더글라스 스튜어트는 역사적인 선례의 문제에 관한 탁월한 논의 가운데에서 유익한 지침(가이드라인)을 제공한다.[15] 그들은 일반적으로 "성경이 우리가 반드시 어떤 것을 해야 한다고 명백하게 말하지 않는다면, 서술되고 묘사된 것은 규범적인 방식으로 기능하지 않는다"고 올바르게 지적한다. 그들은 역시 "성경적인 선례들이 때로 반복되는 형태로 간주될 수 있음"을 인식한다—그것을 꼭 규범적으로 이해할 필요는 없다. 이런 특별한 경우에, 팀 리더십과 관련한 바울의 관행의 '일관성'—개별적인 도시들, 지역들, 그리고 문화들을 초월했던 일관성, 그

14. 바울은 첫 선교여행에서 그의 은사인 바나바를 동행했고, 실라와 디모데는 2차 선교여행에 바울을 동행했으며, 디모데와 에라스도(행 19:22; 고후 1:1)는 3차 선교여행에 바울을 동행했다.

15. Gordon D. Fee and Douglas Stuart, *How to Read the Bible for All Its Worth. A Guide to Understanding the Bible*, 2d ed. (Grand Rapids: Zondervan, 1993), 78-112, 특히 105-12를 보라. 이어지는 인용들은 pp. 106과 111에서 발췌한 것이다. 이탤릭체는 본래부터 있었다.

러므로 단순히 지역적인 관행의 문제가 아니었다—은 데살로니가전서와 후서에서 나타나는 모습이 오늘날도 반복할 가치가 있지만 규범적이지는 않다는 것을 말하는 것이라고 나는 주장할 것이다.

침묵으로부터의 추론. 데살로니가전서와 후서를 제외하고선 모든 바울서신의 머리말에서 그는 자신을 "종"과/또는 "사도" 또는 "죄수"로 표현한다. 두 서신들(로마서와 갈라디아서)에서 바울은 그의 머리말에 상당히 공을 들이는데, 학자들은 이런 확장들을 이 서신들의 의미와 정황을 해석하기 위한 중요한 의미를 갖는다는 것을 발견했다. 따라서 여기 1:1에서 어떤 특징도 '없는'데서 우리는 어떤 의미심장한 것을 발견할 수 있는가? 침묵이 때로 의미가 있을지라도(예를 들어, 미스터리를 푸는 단서가 짖지 '않았던' 개였다는 셜록 홈즈의 이야기를 우리는 안다), 일반적으로 침묵에 근거한 결론이나 논증은 기껏해야 한정된 곳에서만 가치를 가질 뿐이다. 특히 이 경우에는(가장 이른 서신들인 데살로니가전후서는 나중에 바울의 특징적인 머리말 형태로 더욱 발전하였을 것이다), 바울이 말하지 않았던 것에서 핵심 주제를 발견하려고 하지 않는 것이 가장 좋다.

환기적인 용어의 도전. 특히 이와 같은 서두 항목에서 "교회", "은혜" 그리고 "주 예수 그리스도"와 같은 어구들은 그것들이 명백하게 특정한 것을 진술하는 것보다 더 큰 의미를 자주 함축한다. 이것들은 바울의 깊은 사상으로 이어주는 용어들이다. 하지만 오늘날은 꼭 그렇게 필연적으로 기능한다고 볼 수는 없다. 때로는 그 용어들이 별다른 것을 환기시키지 못하거나 변화하는 단어의 의미 때문에 그것들이 바울 시대에 그러했던 것과는 꽤 다른 것을 불러 일으킨다(예를 들어, 맹세의 용어로서 "예수 그리스도"나 건물의 지칭으로서 "교회"). 여기서 과도하거나 빈약한 해석의 두 함정들이 명확해진다: 바울은 여기서 얼마나 많은 내용이나 개념들을 전달하기를 의도했는가?

예를 들어, "은혜"—바울에게서 근본적인 개념이자 바울 작품에서 일백 번이나 나타나는 용어—는 데살로니가전서에서 오직 두 번만 나타난다(1:1; 5:28). 분명히 이 서신에서 그것은 논증의 주요한 주제는 아니다. 하지만 그 용어가 나타나는 두 곳은 전체 문서의 틀을 형성한다. 게다가 그 용어는 바울의 용법에서 "은혜"의 근본적인 강조를 강화시키는 다른 어구들과 긴밀하게 연관되어 여기서 나타난다(예를 들어, "하나님 아버지 안에 있는").[16] 이것은 은혜가 어떤 점에서 전체 메시지의 기초가 되고 따라서 간과하지 않아야 한다는 것을 암시한다. 따라서 이 경우에서 도전은 그가 이 서신의 과정에서 언급하고 있는 구체적인 주제들에 부적절한 관심을 기울이지 않으면서 "은혜"와 같은 용어에 관한 바울 사상에서 근본적인 본질, 즉 당연한 것들을 명확히 해야 한다.

원 의미 항목에서 나는 명확하기 위해서 개별적으로 각 용어나 어구를 다루었다. 하지만 개별적인 것들이 전체와 어떻게 조합되는지를 아는 것은 역시 중요하다. 특히 의미에서 적용으로 연결을 시도할 때에 더욱 그러하다. 바울이 단순히 어떤 근본적인 용어들이나 어구들을 언급함으로써 그의 머리말에서 전달하기를 추구하는 주요한 인상이나 강조는 무엇인가? 나는 그가 그의 서신의 바로 처음부터 '교회의 생명을 위한 하나님의 중심성과 중요성'을 강조하고 있다고 주장한다. 바울이 함께 연결하고 있는 어구—"은혜", "하나님 아버지 안에서", "주 예수 그리스도", "평강"—는 교회가 그리스도 안에서 하나님의 구원하시는 행위, 하나님의 은혜에 근거한 행위, 그리고 성령의 은사가 증거인 하나님과의 "평강"(즉 회복된 관계)과 동떨어져서는 생명이 없다는 것을 우리에게 상기시킨다. 즉 바울의 복음(1:5을 보라)에 반응하여 데살로니가인들의 회중이 존재하게 되었고, 그 교회는 근본적으로 하나님으로부터 출원하고 인간을 위한 것이나 인간에 관한 것은 부차적이다.

'신학적'인 강조가 그의 복음에서 나타나는 우연한 특징이 아니라는 것은 사도가 로마서에서 그것을 보다 온전하고 명백하게 나중에 전개하는 방식을 통해 분명히 알 수 있다. 그는 로마서에서 복음이 근본적으로 "구원을 위한 '하나님'의 능력"(롬 1:16)이라는 것을 명확히 한다. 아울러 우리가(창조자보다 피조물을 경배하면서 하나님에게서 돌아선 사람들, 1:25) 여전히 죄인 되었을 때에(하나님이 존재하시는 것을 알았다할지라도 일말의 관심조차 기울이지 않았다), "그리스도께서 우리를 위하여 죽으심으로 하나님께서 우리에 대한 자기의 사랑을 확증하셨느니라"(롬 5:8). 그리스도는 "속죄의 희생으로서 하나님이 그를 드리셨기" 때문에 죽으셨다(3:25). "그[즉 하나님]는 의로우시고, 예수 안에서 믿음을 가진 사람들을 의롭다 여기시는" 것을 보이시기 위해서다(3:26 NRSV; 참조. 1:17). 바울이 로마서에서 설명한 것을 그는 여기서 데살로니가인들에 대한 그의 머리말에서 간단명료하게 함축하고 있다.

16. 은혜에 관한 훌륭한 논의에 대해서는 Philip Yancey, *What's So Amazing about Grace?*(Grand Rapids: Zondervan, 1997)을 보라.

현대적 의미

이 서두의 머리말은 적어도 세 가지 주제를 논의로 가져온다. 그들 중에 하나인 "데살로니가인들의 교회"는 다음 항목(1:2-10)의 주요한 초점이 될 것이므로, 거기서 다루어지게 것이다. 다른 두 주제는 팀 리더십에 관한 바울의 모델 그리고 머리말에서 중요한 용어와 어구들이 교회의 생명을 위한 하나님의 중심성을 강조하는 방식이다.

팀 리더십. 팀 리더십에 관한 바울의 패턴을 오늘날도 실로 반복할 만한 가치가 있는 것이라면(설사 그것이 규범은 아닐지라도 말이다), 우리는 그것을 어떻게 적용할 수 있는가? 어떤 한 관점에선, 팀 리더십의 문제는 교회 구조의 문제로 볼 수 있다. 하지만 그것이 생산적인 접근인지는 의문이 있다. 우리 중 대부분이 이미 개인과 교단으로서 다양한 이유로 인해(역사적, 신학적, 그리고 사회적) 수세기에 걸쳐서 발전된 교회 구조의 서로 다른 형태에 속하여 상당한 헌신을 이미 하고 있기 때문이다. 게다가 우리가 설사 이런 헌신을 되돌아보며 처음부터 다시 시작하는 것에 다소 동의한다 할지라도, 신약성경에는 우리를 인도할 교회 구조를 위한 확정적인 모델이 없다는 사실이다. 교회 구조에 대해서 우리의 생각을 인도하는 원리가 있기는 하지만(특히 구조가 회중의 필요를 섬기는 것이지 그 반대는 아니다), 명확한 모델은 없다. 그러므로 교회 구조의 문제로 이 문제를 접근하는 것이 살필 수 있는 가장 실제적인 방식은 아니다.

오히려 우리는 특별한 구조와 상관없이 바울의 모델이 어떻게 많은 교회들의 흔한 특징과 대조되는가 하는 측면에서 그것을 생각하는 것으로 시작할 수 있다. 그것의 형식적인 구조(회중적, 장로교적, 주교적 또는 비주교적)가 어떠하든지 간에 많은 개별적인 교회들은 한 사람의 손에 권력과 권위를 집중시키는 방식인 상하계급적으로 구성되어 있다. 이런 점에서 그것은 리더십과 관련한 지배적인 인상이 가정과 종됨의 이미지를 갖는 신약성경의 모델과는 달리 피라미드식으로 조직된 집합적 구조나 군대적 명령식 모델과 같다. 예를 들어, 담임목사가 본질적으로 CEO(최고경영자)처럼 기능하는 오늘날의 많은 교회들이 그에게 직원들과 교회 위원회가 복종하거나, 최근 유행되는 경영 전략이 아주 빈번하게(그리고 아주 빨리!) 교회로 흡수되거나 경영 용어들이 우리의 사고로 침투하고 있는 것을 생각해 보라(예를 들어, 돌보는 사역에서 "이익을 내는 곳"으로 바뀐 것을 자랑했던 교회의 "경영 매니저").

교회 리더십의 이런 패턴과 관련하여 상당한 위험성이 있다. 고든 피가 지적한 것처럼, "보다 눈에 보이는 종류의 리더십은 무분별한 경영일 수 있다. 단일한 리더십의 커다란 문제는 자리에 대한 자랑, 권위에 대한 사랑, 그리고 책임의 부재라는 세 가지 경향이다."[17] 여기서 마지막 세 번째의 책임의 부재는 도덕적 실패(특히 성적이거나 재정적인)에 대한 상당한 유혹, 즉 목사와 교회 지도자들의 상당수가 최근에 굴복했던 유혹에 비추어 보면 특히 중요하다.

여러 다른 공식적인 구조의 제한 속에서 비공식적으로 형성될 수 있는 팀 리더십은 이런 점에서 중요한 이득이 있다. 리더십 팀의 다른 구성원들에 대한 책임이 리더가 죄에 떨어질 수 있는 기회를 감소시키는 역할을 한다. 아울러 리더의 상당한 도덕적 실패가 있을 경우에도 지도부가 한 개인이 아니라 팀으로 존재하는 것은 그 실패가 회중에게 미칠 불화를 축소시킨다.

그러나 팀 리더십의 이득은 단순히 실용적인 것만이 아니다. 팀 리더십은 신약성경에서 중요한 문제란 직위나 공식적인 구조가 아니라 은사라는 것을 우리에게 상기시킨다. 이런 점에서 팀 리더십은 교회가 어떠해야 하는지에 관한 신약성경의 개념을 더 잘 모델화해 준다. 클라인 스노드글래스가 지적한 것처럼 "그리스도의 몸은 두 종류의 구성원들—목사와 평신도—이나 두 종류의 기대를 갖지 않는다. 그 책임은 다양할지라도, 모든 사람들이 몸을 세우는 동일한 임무를 가진다."[18] 팀 리더십은 회중의 나머지 사람들에게 이 요지를 모델화해주는 한 가지 구체적인 방식이다.

팀 리더십의 현대적인 모범은 처음부터 빌 하이벨스라는 이름과 같이 알려진 윌로우크릭 교회와 연관이 깊다. 그러나 처음부터 이 회중은 어떤 교회가 되어야 하느냐에 대한 비전을 실행하기 위해 함께 봉사했던 은사 있는 사람들의 '팀'에 의해 인도되었다. 이런 바울 선교팀 형식의 모델은 회중에게로 제한되어 있지 않다. 빌리 그래함이 명예훈장을 받았을 때 말했던 것으로 보고되는 첫 번째 일은 "이것은 처음부터 팀의 노력이었습니다"였고, 그 다음에 그는 수년을 통해 그와 함께 사역했던 사람들을 열거하였다. 끝으로 그는 "우리가 이것을 함께 했습니다"라고 말했다. 확실히 그래함은 복음전도의 특별한 은사를 가진 것으로 복을 받았다. 그러나 내가 생각하기에 그는 서로 다른 은사를 가졌지만 동등하게 헌신했던 사람들의 전체 팀의 지원과 행위가 없었다면, 자신의 사역이 이렇게 성공적이

---

17. Gordon D. Fee, *Gospel and Spirit: Issues in New Testament Hermeneutics* (Peabody, Mass.: Hendrickson, 1991), 143.
18. Klyne Snodgrass, *Ephesians* (NIVAC; Grand Rapids: Zondervan, 1996), 224.

지 못했을 것이라고 인정했던 첫 번째 사람일 것이다. 윌로우크릭 교회와 그래함의 팀은 바울이 데살로니가인들을 위해서 실천했고 모범을 보여주었던 것(사역에서 팀 리더십)의 현대적 사례이다.

교회 생활을 위한 하나님의 중심성. 지난 20년의 과정에 걸쳐서 상당한 변화가 많은 미국사람들이 교회를 바라보는 방식에서 발생했다. 예를 들어, 책이나 연사가 교회 구성원을 소비자로, 잠재적인 회심자나 구성원들을 유력 후보자로, 그리고 복음과 교회 활동과 프로그램을 판매할 상품으로 묘사하는 일을 접하는 것은 더 이상 이상한 일이 아니다. 예배가 오락으로, 선한 것이 좋은 감정으로, 그리고 신실한 것이 성공적이거나 "복 받은" 것으로 혼돈된다. 또한 "소비자의 필요를 충족시키는 것"이 교회 성장의 열쇠인 것으로 언급된다. 무슨 일이 유행할지를 예견할 수 있다. 예를 들어, 증가하는 많은 사람들이 "지역 교회들에서 그들의 '그룹'이 될 수 있는" 2-5개의 교회를 선택하고, "주어진 주말에 그들은 자신들의 가장 공감적인 필요에 따라서 자신이 출석할 교회를 결정할 것이다."[19] 오가는 사람들의 대화 중에서, 우리는 그들이 교회를 바꾼 이유를 설명하거나("나의 옛 교회는 나의 필요를 충족시키지 못했어요") 주일 아침 예배를 평가하는("그 예배는 참으로 나에게 복이 되었습니다"나 "나는 오늘날 그 예배에서 어느 것도 얻지 못했습니다") 것을 듣게 된다. 다시 말해서 더욱더 우리는 교회가 '우리'를 위해서 무엇을 할 수 있느냐는 측면에서 "교회"를 간주하는 모습을 보게 된다.

많은 사람들이 교회를 간주하는 방식에서 이런 변화—확실한 나르시즘(자기중심주의)과 현대 미국 문화의 "소비자 중심적인 사고방식"—는 깊은 오래된 문화적 변화의 증상이다. 한 세기 이상의 과정에 걸쳐서 미국 문화의 상당한 부류가 실재에 대해서 하나님 중심적인 관점에서 인간 중심적인 관점으로 바뀌었다. 즉 인간을 하나님의 피조물로 간주했던 신중심적인 관점이나 세계관이 "하나님"을 인간의 마음의 투사(니체나 프로이드와 같은 사람들의 개념의 영향으로)로 널리 간주하는 인간중심적인 세계관으로 바뀌었다. 요컨대, 고대의 프로타고라스의 진술과 같은 것("인간이 만물의 척도다")이 현대 세속적인 세계관의 근본 원리가 되었다. 옳고 그름, 법과 도덕, 그리고 선악의 논쟁은 하나님과 관련해서 더 이상 논의되지 않고, 근본적인 출발점이나 시금석으로서 인간 존재와 인간 사회와 관련하여 논의되고 있다.[20]

---

19. George Barna, *The Frog in the Kettle* (Ventura, Calif.: Regal Books 1990), 142.

이 인간론적인 관점에서 바라볼 때, "교회"는 인간의 필요를 충족시키기 위해서 인간이 만든 또 다른 하나의 인간 조직이 된다. 교회는 다른 그룹들과 형태에서 차이가 있지만, 본질적으로는 차이가 없다: 교회는 인간 존재가 그들의 삶에 질서와 구조를 가져오거나 개인의 필요를 충족시키기 위해 추구하는 사회적 조직의 또 다른 형태일 뿐이다. 많은 인간들이 교회를 자신들을 위해서 있다는 측면에서 간주하는 것은 사실상 놀라운 일이 아니다. 그것은 현대 미국 문화가 오늘날 교회에 침투하고 있는 미묘한(그러므로 사악한) 방식의 또 다른 사례일 뿐이다.

바울 서신의 이 서두 부분은 하나님과 예수 그리스도에 대한 철저한 강조와 더불어 이런 점차 증가하는 경향에 경고한다. 바울은 데살로니가에서든 다른 곳에서든 교회가 "하나님 아버지와 주 예수 그리스도 안에" 있다는 것을 우리에게 상기시킨다. 교회는 하나님과 그리스도 안에서 하나님의 구원하시는 행위를 떠나서는 존재할 수 없고, 확실히 생명력이 없다. 이것은 교회가 단순히 또 다른 사회적 조직이 아니라는 것을 의미한다. 교회는 예배와 영광을 위해 하나님에 의해 부름을 받고 복음 즉 하나님에 대한 좋은 소식을 전파하도록 위임을 받은 하나님의 백성들이다. 인간이 하나님을 따르고, 예배하며 섬기도록 부르신 것은 하나님이시다. 그 역이 아니다. 하나님이 교회를 위해서 존재하시는 것이 아니라 교회가 하나님에 대한 찬미와 영광을 위해 존재한다. 바울은 그의 서신의 서두에서 이런 요지를 우리에게 강조적으로 상기시킨다. 존 스토트가 지적한 것처럼, "바울의 교회의 비전에서 나타나는 것은 하나님 중심이다."[21]

이 요지를 이해하는 것은 우리가 교회에 대해서 생각하는 방식을 근본적으로 변화시킬 것이다. 예를 들어, 우리는 예배가 우리를 위해 있다는 측면에서 덜 생각하고, 우리가 하나님을 영화롭게 하고 찬미하며 경배하는 기회로서 더욱더 예배를 생각해야 할 것이다. 우리는 우리의 필요를 충족시키는 수단으로 교회의 사역을 덜 생각하고, 예수 그리스도의 제자와 봉사자로서 다른 이들을 섬기는 기회로 더욱더 생각해야 할 것이다. 우리는 예배를 위해 다른 신자들과 함께 모이는 것을 우리의 여가를 방해하는 것으로 간주하고 한 분 참된 하나님에 대한 우리의 충성을 선언하는(우리가 우리의 시간을 소비하는 방식에서) 기회로 삼아야 할 것이다. 이

20. 이 요지에 관해서 더 자세한 것은 Philip Yancey, "Nietzsche Was Right," *Books and Culture* 4(January/February 1998): 14-17을 보라.

21. J. R. W. Stott, *The Gospel and the End of Time*, 32.

런 식으로 교회에 대해서 인간중심적인 관점이 아니라 하나님 중심적인 관점으로 이해하고 가짐으로써, 우리는 참으로 "하나님 아버지와 주 예수 그리스도 안에" 있는 교회가 의미하는 바를 따라 살기를 시작할 수 있다.

데살로니가전서 1:2-10

2 우리가 너희 모두로 말미암아 항상 하나님께 감사하며 기도할 때에 너희를 기억함은
3 너희의 믿음의 역사와 사랑의 수고와 우리 주 예수 그리스도에 대한 소망의 인내를 우리 하나님 아버지 앞에서 끊임없이 기억함이니
4 하나님의 사랑하심을 받은 형제들아 너희를 택하심을 아노라
5 이는 우리 복음이 너희에게 말로만 이른 것이 아니라 또한 능력과 성령과 큰 확신으로 된 것임이라 우리가 너희 가운데서 너희를 위하여 어떤 사람이 된 것은 너희가 아는 바와 같으니라
6 또 너희는 많은 환난 가운데서 성령의 기쁨으로 말씀을 받아 우리와 주를 본받은 자가 되었으니
7 그러므로 너희가 마게도냐와 아가야에 있는 모든 믿는 자의 본이 되었느니라
8 주의 말씀이 너희에게로부터 마게도냐와 아가야에만 들릴 뿐 아니라 하나님을 향하는 너희 믿음의 소문이 각처에 퍼졌으므로 우리는 아무 말도 할 것이 없노라
9 그들이 우리에 대하여 스스로 말하기를 우리가 어떻게 너희 가운데에 들어갔는지와 너희가 어떻게 우상을 버리고 하나님께로 돌아와서 살아 계시고 참되신 하나님을 섬기는지와
10 또 죽은 자들 가운데서 다시 살리신 그의 아들이 하늘로부터 강림하실 것을 너희가 어떻게 기다리는지를 말하니 이는 장래의 노하심에서 우리를 건지시는 예수시니라

원 의미

교회에 수신된 바울 서신 중에서 하나(갈라디아서)를 제외하고는 모두 즉시 머리말에 이어서 감사/복 항목을 가질지라도, 데살로니가전서는 감사의 부가적인 표현이 2:13과 3:9에서도 나타난다는 점에서 구분된다. 게다가 1:2-3:13에는 분명히 구조적으로 연합적인 것이 있다. 이 두 요지들은 어떤 이들(서신적인 관점에서 작업한)이 이 전체 항목을 그 서신의 "감사 항목"으로 간주하도록 이끌었다. 그러나 1:2-3:13에서 감사가 아닌 다른 많은 자료가 있음을 설명하기 어렵다는 사실이 사람들로 하여금 이 서신에 대해 수사적인 분석을 하도록 이끌었다(예를 들어, 1:1-5을 이 서신의 주요한 주제로서 "감사"를 도입하는 서론이나 '서

두'로 취하고, 1:6-3:10은 감사에 대한 이유를 제공하는 '설명' 항목으로 취한다).[1] 하지만 이 두 가지 방식의 접근은 형식을 너무 많이 강조하고 바울이 말한 실제적인 내용을 충분히 강조하지 못한다. "감사"로부터 2:1에서 수령자들에게 직접적으로 말하는 것("너희가 안다", you know)으로 이동함은 1:2-10을 구분되는 단위로 분명히 특징짓는다. 즉 그것은 이 서신의 주요한 "감사" 항목으로 기능한다.

그러나 감사는 여기서 유일하게 전개되고 있는 것이 아니다. 기도의 과정에서 바울은 자신이 '왜' 감사하는지를 설명하고, 따라서 두 번째 차원에서 이 단락은 데살로니가 교회의 설립에 대한 중요한 설명을 우리에게 제공해준다. 나아가서 세 번째 차원에서 교회의 초기 역사에 관한 이 감사의 기억은 데살로니가인들을 칭찬하고 확증하는 것으로 역할하고 따라서 바울이 칭송하고 있는 그 행위들을 고무시키고 강화시킨다.[2] 분명히 이것은 복합적인 다기능(그러므로 전형적으로 바울적인) 기도 보고서이다.

이 서두의 감사에서 바울은 이 서신에서 나중에 발생하는 몇 가지 주제들을 특징적으로 다룬다. 예를 들어, 1:3에서 "사랑"은 '필라델피아'("형제와 자매를 위한 사랑")에 관한 논의를 희망하고, "소망"은 4:13-5:11에서 종말론의 주제를 말한다. 1:5에서 "능력"과 "성령"은 5:19-22에서 성령과 예언에 대한 조언을 이어 준다. 1:5-6에서 설립한 선교사들을 본받으라는 언급은 2:1-12과 5:12-13을 준비시킨다. 1:9-10에서 아들을 기다리면서 하나님을 섬기는 것에 관한 언급은 거룩(4:3-8), 깨어 있음(5:1-10), 그리고 상호적인 권면(5:11, 14-22)에 관한 언급을 예기한다.

그러나 이 서신에서 후대의 주제에 관한 이런 논조는 이 항목에서 바울의 주요한 초점을 흐리게 해서는 안 된다. 데살로니가의 신자들 특히 그는 그와 그의 동료들이 나누었던 복음 메시지에 그들이 성령의 능력으로 반응한 것에 초점을 맞춘다. 이 초점은 데살로니가인들에 대한 바울의 감사가 그들에 대한 묘사로 재빨리 바뀌는 방식을 관찰할 때 분명하게 나타난다.

---

1. R. Jewett, *The Thessalonian Correspondence*, 71-78; 참조. C. A. Wanamaker, *Thessalonians*, 72-73, 90.
2. 예를 들어, 5절에서 바울이 데살로니가인들을 직접적으로 언급하는 방식을 참조하라. 이것은 하나님에 대한 바울의 기도의 일부가 아닐 것이다! 분명히 그의 감사 기도에 관한 보고로서 시작했던 것은 다른 목적을 갖는다(찬미와 격려).

감사와 그 이유들(1:2-6)

데살로니가인들에게 감사하고 기도함으로써(1:2), 바울 스타일의 선교 모델의 행위는 후에 나오는 5:17-18의 모습대로 살아가도록 촉구할 것이다. 1:3에서 우리는 자신이 감사하는 첫 번째 이유를 발견한다("직접적인" 근거): 그는 "믿음의 역사"와 "사랑의 수고"와 "소망의 인내"(NRSV)를 "계속해서 기억한다." 바울에게서 믿음으로 생성된 "행위"와 사랑으로 촉발된 "수고"간에는 차이란 거의 없다. 갈라디아서 5:6에서 그는 "사랑으로 역사하는 믿음"이라고 말한다. 이는 각각의 용어들의 짝으로 된 강조가 아마도 첫 번째 용어보다 두 번째 용어에 있다는 것을 가리킨다. 두 번째 용어는 첫 번째의 기원임을 보여준다—NIV의 해석적인 의역("믿음으로 생성된 역사…사랑으로 촉발된 수고…소망으로 영감된 인내"[work produced by faith…labor promted by love…endurance inspired by hope], 우리말 번역에서는 첫 번째 용어가 두 번째의 기원임을 보여준다, 즉 강조가 믿음, 사랑, 소망에 있다-옮긴이)이 멋지게 포착하고 있는 요지. 동시에 첫 번째 용어는 두 번째의 특징에 관한 것을 보여준다. 바울은 역동적인 믿음, 수고로운 사랑, 그리고 인내하고 지속하는 소망에 대해 감사하고 있다.[3]

믿음, 소망, 사랑의 이런 익숙한 삼중주(참조. 5:8; 롬 5:1-5; 고전 13:13; 갈 5:5-6; 골 1:4-5; 히 10:22-24; 벧전 1:21-22)는 기독교의 본질에 관한 정수로서 거의 기능한다. '믿음'은 하나님이 그리스도 인에서 그의 백성들을 구원하기 위해서 행하셨던 보증이고, '사랑'("성령으로 우리의 마음에 부어진", 롬 5:5)은 하나님과 그의 백성들간에 회복된 관계에 관한 현재적인 표현과 경험이며, '소망'은 "선한 일을 시작하신 분이 그것을 완성으로 인도하실 것이며"(빌 1:6), 따라서 장래에는 진노가 아니라 주 예수 그리스도를 통한 구원이 있으리라고 확신하는 것이다(살전 5:9).

1:4에서(1:2에서 시작된 문장의 연속) 바울은 감사에 대한 두 번째 이유를 전달한다: 데살로니가의 신자들은 하나님에 의해 "사랑을 받았고" "선택되었다." 여기서 그 용어는 신명기 7:7-8을 생각나게 하며("여호와께서 너희를 기뻐하시고 너희를 택하심은 너희가 다른 민족보다 수효가 많기 때문이 아니니라…여호와께서 다만 너희를 사랑하심으로 말미암았음이라"), 바울은 개인의 선택보다 전체로서

3. "주 예수 그리스도"란 온전한 기독론적인 진술의 의미에 관해서는 1:1의 주석을 보라.

하나님의 백성들을 무게를 가지고 생각하고 있다.[4]

4절에서 그러한 것처럼 데살로니가인들에게 직접적으로 말할 때, 바울은 전통적으로 "형제들"이라고 번역되는 '아델포이'로 그들을 자주 언급한다. 그러나 이 용어는 전체 공동체 즉 남자와 여자를 사실상 포함한다. 현재의 영어 용법에 의하면 그것은 "형제와 자매들"(NRSV; NIVILE) 또는 "형제들"로 더 정확하게 번역된다. 그러한 번역은 이 용어가 "아버지"로 하나님을 이해하는데 기초한 강력한 가족의 비유(REB와 CEV의 "친애하는 친구들"에서는 상실된 요지)라는 것을 우리에게 상기시킨다.[5] 그러므로 하나님을 따르는 자들은 단일한 가족의 일원인 "형제와 자매들"로 간주된다. 이 용어의 사용은 이전에 거의 접촉이 없는 사람들의 공동체를 상징적으로 함께 연결하게 해주었으며, 이로 인해 공동체 내에 연합을 창출하는 것으로 기능했고 서로에 대한 행동의 표준을 함축했다.[6]

5절을 여는 접속사('호티', "이는 우리 복음이 너희에게 말로만 이른 것이 아니라 또한 능력과 성령과 큰 확신으로 된 것임이라"—개역개정)는 설명적인 의미로 취할 수 있지만("즉, 이는…"), 원인적일 가능성이 높다("왜냐하면", 참조. NIV, NRSV). 하지만 바울은 그들의 선택에 관해 "알고 있는" 주요한 이유들을 6절까지는 제기하지 않는다. 5절의 초점은 바울과 그의 동료들이 복음 메시지를 데살로니가인들에게 제시했던 방식에 관한 것이다: 그것은 단순히 세심하게 선별된 용어들의 문제가 아니라, (1) 하나님의 확증(즉, "능력으로"와 "성령으로")과 인간의 협력(즉 메시지를 듣는 사람들이 아니라 그것을 전파하는 사람들의 편에서 "깊은 확신")이 동반된[7] 사려 깊은 메시지와 (2) 전파된 메시지에 맞는 라이프스타일(1:5b, 그것은 2:1-12을 예기한다)의 문제다.

1:5a에서 "능력과 성령으로"(with power and with Holy Spirit)란 어구는 바울이 로마서 15:18-19에서 묘사한 것에 비추어 이해해야 할 것이다. 그 구절들에서 "능력"과 "성령" 앞에 있는 전치사(헬. '엔')는 "with"(으로, 함께)로 번역된 이 구절에서 반복된 전치사와 정확히 동일하다: "그리스도께서 이방인들을 순종하게

---

4. 더 자세한 것은 I. H. Marshall, *1 and 2 Thessalonians*, 52-53을 보라.
5. "하나님 아버지"라는 어구는 살전 1:1, 3; 3:11, 13(그곳의 상황잇기 항목에서 논의됨)와 살후 1:1, 2; 2:16에서 나타난다.
6. Wayne A. Meeks, *The First Urban Christians*(New Haven: Yale Univ. Press, 1983), 87-89; C. A. Wanamaker, *Thessalonians*, 147-48.
7. "단지…이 아니라…도"는 여기서 대조보다는 강조를 가리키고, 이 어구를 고린도전서 2장에 비추어 독법해서는 안 된다.

하기 위하여 나를 통하여 역사하신 것 외에는 내가 감히 말하지 아니하노라—표적과 기사의 능력으로 성령의 능력으로 이루어졌으며."[8]

1:6에서 바울은 데살로니가인들이 "하나님에 의해 선택되었음"을 "알고" 있는 두 가지 이유를 마침내 진술한다. (1) 그들은 "말씀을 환영했다"—즉 그들은 복음 전파를 수용했고 기독교로 회심했다(참조. 2:13). (2) 그때에 그들은 선교사들, 보다 중요하게는 주님을 "본받는 자가 되었다"(참조. 고전 11:1). "많은 환난 가운데서도" 그들은 초자연적인 "성령으로 주어지는 기쁨"을 경험했다[9](참조. 갈 5:22).

"환난"(헬. '들립시스'; NRSV. "박해"; 또한 3:3, 7; 살후 1:4, 6을 보라)은 그들이 새롭고 사회적으로 의심되는 종교로 전환함으로 말미암아 이 새로운 회심자들이 겪었던 사회 종교적인 분리, 갈등, 박해, 그리고 / 또는 차별을 가리킨다.[10] 새로운 기독교 회심자들이 "통상적"인 사회적 문화적 활동에 참여하기를 거부하고 오로지 "살아 계시고 참된 하나님"만을 섬기기를 주장한 것(1:9)은 그의 비기독교인 친구들이 그들에 대해 공격적이고 분개적이거나 배신적인 감정을 갖게 했을 것이다. 유사하게 그들의 가족의 구성원들도 그들이 조상의 전통들을 유지하기를 거부한 것을 가족의 책임에 대한 오싹한 무관심의 증거로 간주했을 것이다. 게다가 시민의 평화, 풍족한 농산물, 그리고 자연 재해로부터의 해방이 전통적인 신들의 손에 달려 있다고 생각했기 때문에, 그것들을 무시하거나 공격하는 것은 지극히 위험스러운 것으로 간주되었다.

그러므로 기독교로의 회심이 어떻게 갈등, 박해, 그리고 차별로 이어질 수 있었는지를 상상하는 것은 어렵지 않다. 바울은 이런 사회적 차별로 신자들이 "환난을 당할" 것임을 당연하게 여긴다(그가 3:2-4에서 전개할 요지, 또한 살후 1:4을 보라). 또한 그는 신자가 되는 혜택들이 단기적(성령의 현재적 경험, 하나님의 백성들의 일원)으로 또 장기적으로(변호, 구원, 주의 임재; 참조. 2:19; 4:13-18; 5:9-

---

8. 바울의 사역에서 "표적과 이적"에 대해서는 행 14:3; 15:12; 고후 12:12을 보라. 그밖에 다른 곳으로는 행 2:19, 22, 43; 4:30; 5:12; 6:8; 7:36과 특히 히 2:4을 보라. 사탄의 작업을 "위조된 이적, 표적, 기적"으로 특징짓는 살후 2:9을 참조하라.

9. 1:6에서 부정과거 분사 '덱사메노이'는 (1) "어떻게"(말씀을 "받음으로써")나 "어떤 환경에서"(너희들이 말씀을 "받을 때") 주를 "본받는 자"가 되었는지를 가리킬 수 있다. 아마도 예수가 "말씀을 받지" 않았기 때문에 비교의 요지는 어려운 환경에서 성령으로 영감된 기쁨일 것이다. 그러므로 선택 (2)가 선호된다.

10. J. M. G. Barclay, "Conflict in Thessalonica," *CBQ* 55(1993): 514-15; C. A. Wanamaker, *Thessalonians*, 81-82; E. J. Richard, *Thessalonians*, 69, 148-49; 다르게는 그것을 오직 정신적인 "마음의 낙심과 고뇌"로 보는 A. J. Malherbe, *Paul and the Thessalonians*, 48.

10; 살후 1:5-10; 2:13-14) 겪게 될 어느 고통보다도 훨씬 능가한다는 것을 당연하게 여긴다(참조. 롬 8:18, "생각하건대 현재의 고난은 장차 우리에게 나타날 영광과 비교할 수 없도다").

데살로니가인들에 대한 더 자세한 묘사 (7-10절)

데살로니가인들은 선교사와 주를 본받는 자가 됨으로써 그들은 나아가서 모든 곳의 신자들에게 "모델"이 되게 되었다. 단지 "마게도냐와 아가야"의 두 헬라 지방만이 아니라 "모든 곳에"(1:8) 알려지게 되었다. 데살로니가인들 또는 어떤 다른 이들의 노력으로 소식들이 "들렸는지"—그것은 소리의 이미지인데, 아마도 돌이 우물에 파장을 일으키는 것처럼 퍼져나가는 트럼펫 소리와 같았을 것이다—는 분명하지 않다. 어쨌든 바울과 그의 동료들이 "더 말할 필요가 없을" 정도로 데살로니가에서의 극적인 사건들에 관한 보고는 잘 알려져 있었다(이것이 약간의 수사적인 과장이라는 사실은 살후 1:4에서 알 수 있다).

"주의 메시지"(직역하면 "주의 말씀"; 참조. 살후 3:1)와 "하나님에 대한 너희 믿음"이란 두 평행어구는 뻗어나가는 소식이 복음의 메시지일 뿐 아니라 청자들에 대한 그것의 영향에 초점을 맞추고 있다는 것을 암시한다. 이 소식의 요소들이 1:9-10에 요약되어 있다: 그것은 (1:5-6에서처럼) 선교사들의 활동("우리가 너희와 함께 있었던 일종의 방문"[11])과 (더 중요하게는) 데살로니가인들이 하나님께로 "돌아오고" 그들이 이교 유산의 우상에서 돌이키는(행 9:35; 11:21; 15:19; 26:18, 20에서처럼 회심의 표준적인 용어) 것으로 반응했던 방식을 포함한다(참조. 14:15; 이고니온 사람들은 "쓸모없는 것에서 살아계신 하나님께로 돌아올" 것을 촉구받았다).

바울에게서는 특이한 용어로(아마도 그 용어는 빌려온 것이거나 다른 이가 보고한 것을 반영하고 있을 것이다), 그는 이 회심과 관련한 것을 설명한다. (1) 그것은 "살아계시고 참된 하나님을 섬기는" 헌신과 관련이 있었다[12](1:9b, 구약성경의

---

11. 필자의 개인적인 번역. NIV의 "너희가 우리에게 주었던 환영"은 오도하고 있다. 동사의 주어는 바울과 그의 동료이지 데살로니가인들이 아니다. "환영"으로 번역된 명사는 2:1에서 "방문"으로 번역된 것과 동일하다.
12. 하나님에 대한 전체적인 헌신을 말하는 70인경의 흔한 용어. 참조. E. J. Richard, *Thessalonians*, 55이 뒤

용어를 반영하는 묘사; 예. 렘 10:10). (2) 그것은 "하늘로부터 그의 아들을 기다리는" 헌신을 포함했다(1:10a)—즉 부활하시고 구원하시는 분으로서 여기서 묘사된 예수. ("하나님의 아들"과 부활을 연결시킨 것에 대해서는 롬 1:4을 참조하라. "건져내다"[바울의 용법에서 사실상 "구원하다"와 동의어다]에 대해서는 사 59:20을 인용하는 롬 11:26을 참조하라.)

그러므로 바울은 현재의 활동(전심어린 헌신과 하나님에 대한 활동적인 봉사를 표현하는 경건, 그것은 하나님을 단순히 인정하는 것만이 아니다)과 장래의 소망(부활하신 분이신 예수를 심판 날에 하나님의 구원의 대리자로 신뢰함)이란 측면에서 회심을 일컫는다. 이 요소들은 모두 이 서신의 후대의 항목을 예기한다(현재의 행위 4:1-12, 부활하신 분으로서의 예수 4:13-18, 그가 구원하신다 5:1-11). "참되고 살아계신 하나님"에 대한 언급은 그리스-로마 문화의 혼합적인 다신론과 대비되어 기독교의 유일신적인 본질(그것은 유대교와 공유하고 있었던 특징이다)을 강조한다. 반면에 "하늘로부터 그의 아들"이신 예수에 대한 언급은 다시 한 번 기독교를 유대교와 구분시킨다(참조. 1:1).

예수가 구원하시는 것은 "다가올 진노"이다. "진노"는 감정의 문제라기보다는 죄에 대한 하나님의 의로우신 심판의 표현이다(참조. 롬 2:5, 8). 이미 "하나님의 진노가 불의로 진리를 막는 사람들의 모든 경건하지 않음과 불의에 대하여 하늘로부터 나타"났을지라도(1:18), 여기서처럼 그것은 예수의 "오심"(헬. '파루시아')으로 알려진 사건인 주의 날(참조. 살선 5:2; 살후 2:2)에 나타날 장래 심판의 시간과 주로 연관되어 있다(참조. 살전 2:19; 3:13; 4:15; 5:23; 살후 2:1, 8-9). 이 요지가 여기서 발전되지는 않을지라도, 바울 사상에서 다가올 진노로부터 신자들의 "구조"나 구원은 그들을 위한 예수의 보속하시는 죽음에 특히 기초해 있다(살전 5:9-10; 참조. 롬 3:21-26; 5:9-10).[13]

요약: 이 항목은 데살로니가인들에 대한 감사의 기도로 시작한다. 그러나 감사의 과정에서 바울은 자신이 왜 감사하는지를 설명한다. 따라서 이 단락은 데살로니가인들에 대한 풍부한 묘사와 복음 메시지에 대한 그들의 반응까지도 제공해준다.

따르는 K. H. Rengstorff, "δοῦλος," *TDNT*, 2:265-68.

13. 더 자세한 것은 G. L. Borchert, "Wrath, Destruction," *DPL*, 991-93을 보라.

상황잇기

이 단락처럼 복잡한 구조와 만날 때, 기록 당시와 21세기를 이어주는 시도에 다가가는 방식은 몇 가지가 있다. 그중 한 가지 방식은 이 서신의 항목의 '형태'로 시작하는 것이다. 이 항목이 기도로 시작하고 있음을 관찰하고서 우리들은, 우리를 위한 패턴이나 모델로 기능할 수 있었던 바울의 기도가 가지는 독특한 특징들을 확인하는 것도 한 가지라고 할 수 있다(예. 한 저자는 여기서 바울의 기도가 네 가지 특성으로 "구분되어"진다고 주장한다: 보편성, 빈번성, 구체성 그리고 상호성"[14]). 하지만 여기서 데살로니가인들을 위한 기도는 이 항목의 작은 부분을 형성하기 때문에 형태에 기초한 접근은 이 항목의 많은 부분을 설명할 수 없게 만든다. 나는 기도에 보다 완전하게 할애하고 있는 항목을 가지고서 형태에 기초한 접근을 활용하기를 선호한다(예. 3:9-13).

두 번째 방식은 바울이 그의 서신의 이 항목에서 이루거나 성취하고자 했던 것을 탐구하는 것이다. 원 의미 항목은 본질적으로 그런 질문에 대답하는 시도다. 즉 "바울은 무엇을 말했는가?" 여기서 우리는 두 가지 부가적인 질문을 할 수 있다: "그는 왜 그것을 말했는가"와 "그는 무엇을 행하거나 이루기를 시도하였는가?" 예를 들어, 서신의 이 항목에서 바울은 적어도 세 가지를 행한 것으로 볼 수 있다.

(1) 그는 데살로니가인들이 행한 것에 대해서 그들을 '칭찬한다.'
(2) 그들이 행한 것을 칭찬함으로써 그는 그들이 그 일을 계속할 수 있도록 '격려한다.'
(3) 그는 데살로니가 회중을 특징적인 그룹으로 정의하는 범주를 '강화시킨다.'

이런 관찰들은 현대적인 적용이나 관계성에 대한 더 진전된 묵상을 위한 근거나 오늘날 교회에 적용할 수 있는 일반적인 원리를 형성하기 위한 근거로서 활용할 수 있을 것이다.[15]

이와 같은 복잡한 단락을 연결하는 세 번째 접근—그리고 내가 여기서 전개하고 있는 접근—은 서신의 이 항목이 데살로니가 회중들을 위한 기도로서 시작하고 있을지라도, 그것은 곧 많은 점에서 그 기원에 관한 자세한 설명이 되고 있는 시각

14. E. J. Richard, *Thessalonians*, 60.
15. 예를 들어, "크리스천의 목회적 돌봄은 하나님이 개인이나 회중의 삶에서 이미 행하신 것에 기초해서 세워진다"(I. H. Marshall, *1 and 2 Thessalonians*, 60).

을 출발점으로 취한다. 내러티브적인 자료를 다룰 때에 문맥을 연결하는데 있어서 한 가지 어려움은 내러티브로 제시되고 있는 순서가 항상 자료를 활용하거나 적용하는데 가장 유용하거나 기능적인 순서가 아니라는 것이다. 따라서 우리는 내러티브의 순서에서 그 자료를 보다 주제적이거나 논리적인 순서로 재조직하는 것을 필요로 할 것이다. 만약 우리가 1:2-10로 이 일을 하려면, (우리가 이전에 지적했던 것처럼 이 항목의 주요한 초점과 주제인) 바울의 묘사에서 나타나는 데살로니가 회중에 대한 많은 관찰들을 구성할 수 있다.

데살로니가 회중은 하나님의 은혜, 사랑, 그리고 선택에 뿌리내린 공동체였다. 바울은 이 요지를 ("하나님 아버지 안에"란 어구를 사용함으로써) 1:1에서 설정했다. 여기서 그는 하나님의 사랑(참조. 롬 5:8)과 선택과 관련한 요지를 제기한다. 클라인 스노드글래스가 우리에게 상기시키는 것처럼 선택은 주로 하나님에 대한 것이다.[16] 선택은 하나님의 은혜, 사랑, 그리고 행동하시는 자비다. 선택은 어떤 임의적인 무시간적인 결정(흔한 풍자)이 아니라 궁극적인 수단의 문제다(참조. 롬 11:32, "하나님이 모든 사람을 순종하지 아니하는 가운데 가두어 두심은 모든 사람에게 긍휼을 베풀려 하심이로다"[NIVILE]). 그것은 하나님이 인간을 얼마나 소중이 여기시는가를 보여주고, 하나님이 통제하시고 있음을 우리에게 상기시킨다. 교회는 하나님이 원하시기 때문에 존재한다.

데살로니가 회중은 예수 그리스도에게 헌신하는 공동체였다. 예수의 죽음과 부활(1:10; 참조. 4:14; 5:10)은 교회가 기초한 근거이다(참조. 고전 3:11); 그는 우리의 믿음의 초점이시다(살전 1:3); 그의 삶은 교회가 지금 살아가는 모델이다(1:6); 그리고 하늘로부터 그의 오심(1:10)은 교회가 기다리고 있는 미래를 정의한다.

데살로니가 회중은 성령이 능력을 주시는 공동체였다. 복음이 인간의 말이 아니라 사실상 "하나님의 말씀"(2:13)이라는 것을 데살로니가인들이 확신했던 것은 선교사들의 전파와 삶에서 나타나는 성령의 확실한 증거 때문이었다(1:5). 나아가서 동일하신 성령(그리고 말씀, 2:13)이 데살로니가인들에게 역사하여 그들에게 기쁨(심지어 어려운 환경 가운데서도)을 주시고(1:6), 다른 이들에게 복음을 증거하는 능력을 주신다(참조. 1:7-8).

---

16. Klyne Snodgrass, *Ephesians* (NIVAC; Grand Rapids: Zondervan, 1996), 58-59, 64. 이어지는 언급은 그의 책에 상당히 의존한다.

데살로니가 회중은 복음을 증거하는 공동체였다. 데살로니가 회중이 자신들이 받았던 복음을 열심히 증거하였음이 분명하다(1:8). 주목할 필요가 있는 중요한 것은 그들이 '무엇'을 증거하고 그것을 '어떻게' 행하였는가 하는 것이다. "주의 메시지"—즉, 예수에 대한 좋은 소식—가 들려졌을 뿐 아니라 데살로니가인들의 "하나님에 대한 믿음"—즉, 복된 소식에 대한 그들의 반응—이 들려졌다고 바울은 지적한다. 요컨대 그들은 예수에 대한 좋은 소식과 그들의 삶에서 이 좋은 소식의 영향을 나누었다.

"어떻게"에 대해서 바울은 다른 이들이 데살로니가인들이 행했던 것을 이야기했던 것을 지적한다(1:9): 그들은 우상숭배에서 돌아서서 참된 하나님을 섬겼다. 즉 그들의 행위는 말씀과 일치하고 그 실재를 증거했다. 예수와 선교사들의 모범을 따른(1:5-6; 참조. 2:3-10) 그들은 전파된 말씀을 실천했다.

데살로니가 회중은 믿음, 사랑 그리고 소망으로 특징지어지는 공동체였다. 바울은 데살로니가인들의 행동하는 믿음(하나님이 행하셨던 것에 대한 신뢰를 표현하는), 수고하는 사랑(성령이 행하셨던 것에 반응하는), 그리고 인내하고 참아내는 소망(예수가 행하실 것을 고대하는)(1:3)에 깊은 인상을 받은 유일한 사람은 아니었다. 그는 다른 이들(1:9)이 하나님에 대한 그들의 믿음과 예수의 오심에 대한 그들의 기대(1:8-10)에 대해서 말하였던 것을 특히 언급하고 있고, 그것은 마게도냐 전역을 통해서 형제와 자매들에 대한 그들의 사랑이 역시 논의되었던 것으로 보인다(4:10).

데살로니가 회중은 다른 종교와는 분명히 구분되는 공동체였다. 우상에게서 돌아섬으로써(1:9), 데살로니가 교회는 이교도와는 구분되었다. 예수를 부활하신 메시아, 주 그리고 하나님의 아들로서 충성스럽게 선포함으로써(1:3, 6, 10; 참조. 1:1), 데살로니가 교회는 유대교와 구분되었다.

데살로니가 회중에 대한 이런 관찰은 그 교회에 대한 바울의 묘사에서 나타난다. 이런 특징 중에 어느 것도 한 특별한 회중에게만 있거나 제한되는 방식으로 나타나지 않는다. 이는 데살로니가 교회가 오늘날 우리의 교회를 평가하는 가이드라인이나 지침을 제공한다는 것을 암시한다. 실로 바울은 데살로니가인들이 다른 이들을 위한 모델이 되었던 것을 1:7에서 주목한다.

현대적 의미

이 단락을 현대적인 상황에 적용하는 한 가지 방식은 데살로니가 회중에 대한 여섯 가지 관찰을 취하여 그것을 우리 교회(그리고 그 문제에 대해서 우리 자신)에 대해서 물어보는 일련의 질문으로 전환하는 것이다.

우리는 하나님의 은혜, 사랑, 그리고 선택에 뿌리내린 공동체인가? 이 질문은 두 가지 방향의 함축적인 의미를 갖는다. 첫째로 우리가 죄인되었을 때 그리스도가 우리를 위해 죽으실 정도로 하나님이 우리를 아주 많이 사랑하셨다는 사실(롬 5:8)은 우리의 죄와 실패에도 불구하고 하나님이 그의 교회와 그 교회에 속한 신자들을 얼마나 많이 사랑하시고 소중히 여기셨는지를 우리에게 상기시킨다. 이것은 예를 들어 회중적인 차원에서 패배주의적인 태도와 개인적인 차원에서 자기기만을 배제시킨다. 우리는 하나님이 우리를 사랑하시기 때문에 가치와 소중성을 갖는다. 둘째로 교회가 하나님의 은혜에 뿌리내려 있다는 사실은 교회가 하나님과 그리스도의 구원하시는 역사를 떠나서는 존재할 수 없고, 생명력을 갖지 못한다는 것을 우리에게 상기시킨다. 이는 승리주의나 교만과 오만에 대한 여지를 남기지 않는다. 은혜는 전적으로 하나님의 행위이기 때문이다. 우리는 이와 관련해서 아무 한 것이 없고, 신임이나 자랑할 만한 것이 없다. 우리가 할 수 있는 모든 것은 하나님이 행하신 것에 대해서 그에게 찬양과 영광과 감사를 드리는 것뿐이다.

우리는 예수 그리스도에게 헌신하는 공동체인가? 우리는 예수를 따르는 대가를 지불하고, 예수의 제자가 되기 위해서 십자가(즉, 고난)를 짊어질 가치가 있음을 결정했는가?(눅 14:25-33) 우리는 우리의 구원의 유일한 근거로서 그의 죽음과 부활을 인정하는가? 그의 삶과 가르침이 우리가 살아가는 모델인가? 아니면 (의식적으로 무의식적으로) 우리의 삶과 사고에서 다른 모델이나 가치를 수용하였는가? 우리는 그의 제자로서 봉사하기를 추구하는가? 우리는 장래가 그가 영광중에 다시 오심으로 결정된다는 것을 진정으로 믿는가? 그는 모든 만물의 주이신가(빌 2:10-11), 또는 우리는 그를 단순히 한 사람의 선지자나 고양된 스승 또는 일종의 영적 인도자로 보고 있는가?

우리는 성령으로 능력을 부여받은 공동체인가? 우리의 설교와 복음 전도와 사역에서 성령의 능력과 은사가 나타나고 있는가? 성령의 기쁨과 여타 열매들이 우리의 교제에서 나타나 보이는가? 우리는 성령의 인도에 열려 있는가? 이런 질문에 대한 대답은 은사 대 비은사처럼 단순하지 않다는 것을 주목하는 것이 중요하다. 아주 특별한 영적인 은사, 또는 은사의 부재가 우리가 성령의 능력과 인도에 열려 있는지를 가늠할 수는 없다. 2세기에 모든 "표적"의 은사가 중단되었다고 생각하는 것만큼이나 방언과 예언으로 말하는 것을 높이는 교회 역시 성령의 인도를 놓치고 있다고 할 수 있다. 보다 신뢰할 수 있는 지침은 성령의 열매와 그리스도의 몸을 세우는 일에 의도된 영적인 은사의 실천이 있느냐 하는 것이다.[17]

우리는 복음을 증거하는 공동체인가? 어떤 회중은 복음을 일관되게 선포하는 방식을 스스로 자랑하지만, 그것을 따라 살지 못함으로써 그들의 증거를 반감시킨다. 또 다른 이들은 복음을 따라 살아가는 방식으로 복음을 증거하지만 그들이 무엇을 믿고 살아가는 지를 확인하지 못함으로써 그들의 증거를 반감시킨다. 여기서 중요한 문제는 이것이냐 저것이냐가 아니라 이 둘을 동시에 갖고 있느냐 하는 것이다. 데살로니가인들은 이와 관련해서 우리의 모델이 된다. 그들은 예수에 대한 좋은 소식을 공유하고 있을 뿐 아니라 그들의 삶에서 좋은 소식의 영향을 보여주었다. 존 스토트가 지적한 것처럼, "어느 교회도 전파하는 복음으로 생생하게 변화되지 않는다면 신뢰는 고사하고 고결하게 복음을 전파할 수 없다."[18] 동시에 복음을 따라 살아가고 있다면 언어적으로 그것을 선포하는 일은 상관할 필요가 없다고 주장하는 회중은 유사한 라이프스타일을 갖는 다른 비기독교 그룹과 혼돈될 위험성이 있다(예. 몰몬교).

1997년 부활절에 집단으로 자살한 헤븐즈 게이트 이단이 보여주었던 것처럼, 우리의 이웃들—일반적인 배경과 상태에서 미국으로 건너온 이 사람들의 모습을 보여주기 위해서—은 소망을 위해 결사적이다. 심지어 그 소망을 위해서는 그 무엇이라도 믿으려고 할 정도로 필사적이다. 예수 안에서 참된 소망을 발견한 우리는 말하는 것과 살아가는 방식에서 결사적으로 추구하는 이웃들과 그 소망을 나누어야 한다. 만약 우리의 교회에서 그런 일이 일어나고 있지 않다면, 우리는 왜 그러한지를 반성할 필요가 있다.

우리는 믿음, 소망, 사랑으로 특징지어지는 공동체인가? 바울이 고린도전서 13:13에서 지적한 것처럼, 그것은 오랫동안 참아내는 것이다. 정치적 전쟁과 문화적 전쟁에서 이기는 것에 집중하는 현재의 정치적 문화적 기후에 비추어, 가장 관심을 가질 필요가 있는 것은 사랑이다. 존 오토버그가 지적한 것처럼, 문화 전쟁의 첫번째 희생자는 진리가 아니라 사랑이다.[19] 소위 문화 전쟁에서 성경적인 가치를

17. 성령의 주제에 관해서는 5.19-21의 주석을 보라.
18. J. R. W. Stott, *The Gospel and the End of Time*, 44.
19. John Ortberg, "Do They Know Us by Our Love?" *CT* 41(May 19, 1997): 25-26.

촉진하거나 주장하는 일이 중요할지라도, 그것을 따라 살아가는 것은 더 중요하다. 예수가 말씀하셨던 것처럼, "너희가 서로 사랑하면 이로써 모든 사람이 너희가 내 제자인 줄 알리라"(요 13:35, 개역개정). 이 요지와 이전의 요지는 명확하고 밀접한 관계성이 있다. "내가 사람의 방언과 천사의 말을 할지라도 사랑이 없으면 소리 나는 구리와 울리는 꽹과리가 되고"(고전 13:1).

우리는 다른 종교와 명확히 구분되는 공동체인가? 뉴에이지 종교(많은 면에서 고대 영지주의의 현대적인 형태이다)와 다양한 다른 이단과 운동에 대한 만연된 현대인의 관심은 잘 알려져 있다. 이 "종교들"의 많은 것들은 기독교의 요소들을 그들의 가르침에 복속시키는 것을 아주 좋아하다. 자주 이것은 좀 느슨하게 정의된 예수에 대한 개념, 곧 일종의 "고양된 스승"이나 "그리스도 의식"이란 일종의 모호한 개념의 형태를 취한다. 최소한 이런 종류의 절충적인 혼합주의는 "명석한 마케팅"의 문제이고, 때로 그들은 기독교를 속이는 일에 성공한다. 그러나 이런 운동들은 예수를 부활하신 메시아, 하나님의 아들, 주로서 인정하지 않는다. 그것이 바로 그들과 참된 기독교 간에 결정적인 차이 중 하나다.

복음을 위해서 우리는 기독교가 어떤 다른 종교나 종교적 운동과 다르다는 것을 서로 확증하고 유지하며 가르치는 것이 중요하다. 우리가 권력, 이념, 그리고 물질주의의 우상숭배를 확인하고 회개하는 것도 역시 중요하다. 우리가 예수를 대신해서 이런 것들을 숭배하는 한, 우리가 사회의 다른 것들과 거의 구분되지 않는 또 다른 정치적 운동에 빠져서 어떤 소식이나 소비자 그룹을 촉진할 위험성이 있다.

데살로니가전서 2:1-12

1 형제들아 우리가 너희 가운데 들어간 것이 헛되지 않은 줄을 너희가 친히 아나니
2 너희가 아는 바와 같이 우리가 먼저 빌립보에서 고난과 능욕을 당하였으나 우리 하나님을 힘입어 많은 싸움 중에 하나님의 복음을 너희에게 전하였노라
3 우리의 권면은 간사함이나 부정에서 난 것이 아니요 속임수로 하는 것도 아니라
4 오직 하나님께 옳게 여기심을 입어 복음을 위탁 받았으니 우리가 이와 같이 말함은 사람을 기쁘게 하려 함이 아니요 오직 우리 마음을 감찰하시는 하나님을 기쁘시게 하려 함이라
5 너희도 알거니와 우리가 아무 때에도 아첨하는 말이나 탐심의 탈을 쓰지 아니한 것을 하나님이 증언하시느니라
6 또한 우리는 너희에게서든지 다른 이에게서든지 사람에게서는 영광을 구하지 아니하였노라
7 우리는 그리스도의 사도로서 마땅히 권위를 주장할 수 있으나 도리어 너희 가운데서 유순한 자가 되어 유모가 자기 자녀를 기름과 같이 하였으니
8 우리가 이같이 너희를 사모하여 하나님의 복음뿐 아니라 우리의 목숨까지도 너희에게 주기를 기뻐함은 너희가 우리의 사랑하는 자 됨이라
9 형제들아 우리의 수고와 애쓴 것을 너희가 기억하리니 너희 아무에게도 폐를 끼치지 아니하려고 밤낮으로 일하면서 너희에게 하나님의 복음을 전하였노라
10 우리가 너희 믿는 자들을 향하여 어떻게 거룩하고 옳고 흠 없이 행하였는지에 대하여 너희가 증인이요 하나님도 그러하시도다
11 너희도 아는 바와 같이 우리가 너희 각 사람에게 아버지가 자기 자녀에게 하듯 권면하고 위로하고 경계하노니
12 이는 너희를 부르사 자기 나라와 영광에 이르게 하시는 하나님께 합당히 행하게 하려 함이라

원 의미

2:1에서 '가르'란 말("for", NIV와 개역개정에서는 생략됨)이 이 항목을 도입한다. 그것은 주로 감사의 항목(1:2-10)에서 서신의 본론이나 중심적인 부분(2:1-5:22)으로 전환을 이룬다. 이 항목에서 1장에서 제기된 두 요지들—데살로니가인들이 모방했던 사도들의 행위(1:5b-6)와 데살로니가인들에 대한 그들의

방문의 특징(1:9)—이 약간 더 상세하게 전개된다. 이 두 문제들을 데살로니가인들이 알고 있음을 반복해서 호소한(2:1-2, 5, 9-11) 것은 바울과 데살로니가인들 사이에 거리감을 축소하고 이 둘 사이에 관계를 강화한다—고대의 "우정의 서신"에 특징적인 요소들(더 자세한 것은 2:17-3:8을 보라).[1]

이 항목에서 몇 가지 대조적인 진술들("x가 아니라 y다")이 있다. 이 진술들은 바울이 여기서 일종의 비난이나 참소에 대해서 자신을 변호하고 있다고 많은 사람들이 주장하도록 이끌었다.[2] 하지만 대조적인 진술은 ⓐ 비논증적인 상황과 ⓑ 도덕적인 사례들을 묘사하는데도 역시 자주 사용된다.[3] 바울이 데살로인가인들에게 거룩한 삶을 살도록 권면하는 방식을 상기시키는 이 단락의 마지막 부분에서, 직접적인 호소들이 집중적으로 모여 있는 것(2:9-12)은 이 항목의 주요한 기능이 변호나 변증이 아니라 권면이라는 것을 확증해준다. 바울과 그의 동료들이 데살로니가에 있는 동안에 모범이 되었던 행위(종교적인 협잡꾼들이나 사기꾼들로 잘 알려진 전형적인 인물들의 행위와는 매우 대조되는 행위)를 그들에게 상기시킴으로써, 바울은 그들이 그러한 행위를 채택하고 계속 실천할 것을 암묵적으로 격려하고 있다—필요하다면(1:6; 2:14; 3:4) 선교사들이 그러했던 것처럼(예. 2:1-2) 적대와 박해에 직면해서도 말이다.

그럼에도 불구하고 이 단락에서 "for"('가르')의 반복된 사용(헬라어에서는 1, 3, 5, 9절의 시작에 있음)에도 불구하고, 최근의 영어 번역들에서 널리 다양한 의역이 보여주는 것처럼[4] 2:1-12의 명확한 구조는 없다. NIV가 세 단락(1-6a, 6b-9, 10-12절)을 갖고, NRSV는 두 단락을 가지며(1-8, 9-12절), NAB는 오직 한 단락을

---

1. 친교의 서신에 관해서 더 자세한 것은 Stanley K. Stowers, *Letter Writing in Greco-Roman Antiquity*(Philadelphia: Westminster, 1986), 58-70; A. J. Malherbe, *Paul and the Thessalonians*, 68-74을 보라.
2. Jeffrey A. D. Weima, "An Apology for the Apologetic Function of 1 Thessalonians 2.1-12," *JSNT* 68(1997): 73-99을 보라.
3. George Lyons, *Pauline Autobiography: Toward a New Understanding*(Atlanta: Scholars, 1985), 182-84; S. K. Stowers, *Letter Writing*, 25-26, 또한 C. A. Wanamaker, *Thessalonians*, 60-63, 91; E. J. Richard, *Thessalonians*, 87-89; B. R. Gaventa, *Thessalonians*, 5-6, 25-26. (가상적인) 대적과 관련한 다양한 제안들에 관한 개관은 C. A. Wanamaker, *Thessalonians*, 53-57을 보라.
4. 그러나 G. Lyons(*Pauline Autobiography*, 192-199)은 바울이 이 항목에서 네 주제를 다루는 지침으로 '가르'(gar)를 반복해서 사용하는 것으로 취한다: ⓐ하나님에게 기초한 담대함(2:1-2), ⓑ하나님에 대한 책임(2:3-4), ⓒ하나님에 의해 영감을 받아서 자기를 내어줌(2:5-8), 그리고 하나님에게 합당한 삶의 양식(2:9-12). 이것은 선교사들의 동기를 잘 포착하고 있지만, 이 항목에서 주요한 주제가 하나님이 아니라 선교사들의 행동이라는 사실을 모호하게 만든다.

갖는다. 내용과 관련해서 2:1-4에서는 하나님에 대한 선교사들의 의존과 책임이 초점이고, 2:5-8과 2:9-12에서는 데살로니가인들에 대한 행위와 관심이 초점이다.

하나님에 대한 선교사들의 의존과 책임 (2:1-4)

2:1은 1:9a에서의 "방문"을 언급한다: 데살로니가인들은[5] 바울과 그의 동료들의 방문이 "실패"('케네', 즉 "결과가 없는"[6])가 아니었음을 알고 있을 뿐 아니라(서두의 "너희"[you] 다음에 "너희 스스로"[yourselves]는 강조적이다), 그들의 회심에 비추어 볼 때, 그들 스스로가 성공의 증거다. 그러나 이 항목의 나머지 부분은 결과보다는 바울과 그의 동료들이 그 방문 동안에 수행했던 방식에 초점을 맞춘다.

빌립보에서 경험했던 "고난"과 "모욕"(2:2)에 대해서는 사도행전 16:12-40을 보라. 빌립보에서 선교사들의 경험에도 불구하고, 그리고 데살로니가에서 "강력한 반대"(1:6에 비추어, 여기서 가능한 의미는 "시행" 또는 "근심"보다는 "강력한 반대"가 옳다)를 경험했음에도 불구하고, "하나님의 도우심으로" 그들은 자유로이 담대하게 말씀을 증거하는 위험을 용기 있게("과감하게") 취했다.[7]

2:3에서 바울은 데살로니가인들에 대한 그의 "호소"가 기만(즉 바울의 편에서 "실수"), "불순한 동기"('아카다르시아', 성적인 비행이란 어떤 특별한 의미를 담고 있지 않고, 일반적인 의미에서 롬 6:19에서처럼 여기서 사용됨)나 속임수(그가 전파했던 방식을 다루는 용어)—다양한 종류의 순회하는 협잡꾼들에 대한 전통적인 비난을 반영하는 세 용어들—와 관련이 없다는 것을 상기시킨다.[8] 반면에 그는 2:4에서 어떤 종류의 것도—특히 그러한 냉혹한 반대에 직면해서도—바울과 그의

---

5. 단지 "형제들"만이 아니라 전체 공동체를 포함하는 '아델포이'의 의미에 대해서는 1:4의 주석을 보라.
6. 대안적으로 어떤 이들(예를 들어, E. J. Richard, *Thessalonians*, 89-90)은 그것을 "텅 빈" 즉, 능력이나 내용이 없는 것으로 번역한다. "능력으로"라는 1:5의 언급을 보라. 하지만 "결과가 없는"이 바울 서신에서 이 용어의 통상적인 의미를 반영해준다(참조. 3:5; 또한 고전 15:10, 58; 고후 6:1; 갈 2:2; 빌 2:16). 그것은 수단보다는 결과를 강조하는 살전 1:9-10과 잘 어울린다(참조. C. A. Wanamaker, *Thessalonians*, 92).
7. 참조. 행 9:28; 13:46; 관련된 명사인 '파르레시아', "담대함"이나 "솔직함"(참조. 28:31)은 그리스-로마의 연사들의 소중한 특징이었다.
8. Abraham J. Malherbe, "'Gentle as a Nurse': The Cynic Background to 1 Thess ii," *NovT* 12(1970): 206-7.

동료들의 솔직한 행위를 자극할 수 없었다. 오직 하나님의 인정과 신뢰에서 발생하는 선교와 목표에 대한 인식만이 그러한 담력을 촉진할 수 있었다. 이는 그들이 추구한 것이 인간의 인정이 아니라 하나님의 인정이라는 것을 의미한다. 하나님은 궁극적으로 "마음을 검증하시는" 분이시다. 즉 하나님은 그들을 심사하시고 인정하시는 분이시고, 그들은 말씀을 전하고 있는 무리들에게 책임이 있는 것이 아니라(의례적인 예상과는 다르다) 하나님에게 책임이 있다(2:6a에서 다시금 강조되는 요지).

데살로니가인들을 향한 선교사들의 행위와 돌봄(2:5-8)

2:5-8에서 바울은 2:4에서 언급한 요지를 확장하고 발전시킨다. 이 구절들을 접근함에 있어서 그가 전체 단락을 지배하는 근본적인 대조를 형성하고 있음을 주목하는 것이 중요하다: (2:5) "우리가…되지 않고 (2:7) 우리가…되었다"(NIV, "우리는 하지 않았고…이 되었다"). 즉 이 구절들의 근본적인 구조는 2:5-6a에서 열거된 (바울이 삼갔던) 세 부정적인 특징들(아첨, 탐욕, 칭찬)과 2:7-8에서 묘사된 세 긍정적인 특징들(온유한, 돌보는, 사랑하는)간에 대조와 관련이 있다.

바울은 2:5을 다시 한 번 더 데살로니가인들에게 선교사들의 요청을 확증하도록 요청하는 것으로 시작한다. 그들은 인간의 인정을 추구하고 있지 않았다. (1) 그들은 아첨하는 것을 삼갔으며('콜라케이아', "담력"을 소중하게 여겼던 것처럼 경멸적인 행위로 잘 알려진 용어), (2) 자신의 재정적인 이득을 촉진하는 일을 하지 않았으며("탐욕", '플레오넥시아', 골 3:5은 그것을 우상숭배로 낙인찍는다), (3) 그들은 명성이나 영예("칭찬", '독사', 2:6a)를 "바라지 않았다."[9] 이 모든 세 용어의 상황은 수사적으로 잘 알려져 있었고, 그것은 특히 자신의 이득을 추구하는 행상인이나 유흥업자의 행위에 해당하였다. 반면에 참된 철학자들은 청중들의 도덕적 향상을 추구하였다. 수단과 동기에 대한 관심의 배후에는 말씀의 고결성에 대한 바울의 분명한 관심이 있었다. 그는 그의 전파의 신실함이나 말씀의 고결함을 의심하게 하는 만드는 행위나 행동을 의도적으로 삼갔다.

9. 2:6a에 '제토'에 대해서 가끔 제기되는 의미는 "구하는"(보다 통상적인 용법)보다는 "주장하는"이나 "요구하는"이다(예. C. A. Wanamaker, *Thessalonians*, 98). NIV의 "찾다"는 아주 모호하다.

사실상 바울이 재정적인 자기 이득을 피하는데 아주 관심이 있었던 것은 더욱 더 관심을 가질 필요가 있는 복음을 상쇄시킬 수 있다는 것 때문이었다. 사도로서 그는 그의 사역을 지원 받을 수 있는 권리를 갖고 있었다(고전 9:3-18). 하지만 말씀의 고결함을 위해서, 그리고 데살로니가인들을 위해서, 그는 그 권리를 자발적으로 포기했다. 이것이 2:6b의 요지다("그리스도의 사도로서 우리는 너희에게 짐이 될 수 있었다").[10] "짐이 되다"로 번역된 어구(NRSV는 "요구하다")는 재정적인 문제들(참조. 2:5, "탐욕")이나 권위나 인정과 관련한 문제들(참조. 2:6a, "칭송")을 가리킬 수 있다. 재정적인 지원을 받는 것은 사도적인 위상에 대한 인정을 함축하기 때문에, 바울이 두 뉘앙스를 염두에 두었을 가능성이 있다. 그의 근본적인 요지는 분명하다. 사도들로서[11] 그들은 지원을 요구할 수 있었거나 권위를 강요할 수 있었을지라도, 그리 하지 않을 것을 선택했다.

2:5-6에서 그와 그의 동료들이 삼갔던 행위들을 열거했던 바울은 그들이 행동했던 방식을 2:7-8에서 묘사하는 것으로 나아간다. 그들은 온유했고, 돌보았고, 사랑했다. 2:5-6a의 용어가 흔한 수사적 용어법을 반영하는 것처럼 2:7-8도 역시 그러하다. 예를 들어, 바울 시대의 뛰어난 견유학파들은 "담대하게" 말했던 사람들이 역시 "온유함"을 행사할 필요가 있음을 강조했고,[12] 철학자들도 가르침 받는 사람들을 돌보아야 하는 방식을 암시하는 '유모'(nurse) 비유를 사용했다.[13] 그러므

---

10. 최근의 번역들 중에 2:6b, "그리스도의 사도로서 우리가 너희에게 짐이 될 수 있었다"(2:5에서 2:8로 흐르는 단일한 사상 단위의 일부인 양보분사절)의 마침표(그리고 작시법)에서 상당한 변화가 있다. NIV는 2:6b(그것은 어떤 번역본들에서는 새로운 단락의 시작으로서 첫 부분이다)을 새 단락의 시작으로 취하고, "너희" 다음에 콤마를 둠으로써 그것을 이어지는 것과 연결시킨다. 다른 한편으로 NRSV(다른 사람들 중에)는 그 어구 다음에 마침표를 둠으로써 그 어구를 이전의 것과 연결시킨다(6절…"다른 사람들, '우리가 그리스도의 사도로서 요구할 것을 가질 수 있었다.' 하지만…"). 사실상 이 어구는 이어지는 것(내용과 관련해서)과 이전의 것(문법과 관련해서)을 동시에 연결시킨다. 그러므로 그것은 바울의 논증에서 전환으로서 기능한다.
11. 바울이 "주를 본 것"과 사도권(고전 15:7) 사이에 강력한 연관을 만든 것을 볼 때, 복수의 "사도들"이 자기 자신과 실라를 포함하지만 디모데는 포함되지 않을 수도 있다(하지만 그렇지 않을 수도 있다)(참조. I. H. Marshall, *1 and 2 Thessalonians*, 69-70; F. F. Bruce, *1 and 2 Thessalonians*, 31; 확장된 논의를 위해서는 E. J. Richard, *Thessalonians*, 109-10을 보라. 그는 그것을 B. R. Gaventa, *Thessalonians*, 26처럼 세 사람 모두를 지칭하는 것으로 취한다).
12. 더 자세한 것은 C. A. Wanamaker, *Thessalonians*, 101, F. F. Bruce, *1 and 2 Thessalonians*, 32을 보라.
13. Abraham J. Malherbe, "Gentle as a Nurse," 203-17. 말허브의 제안을 거부하는 Beverly Roberts Gaventa는 "오히려 바울이 고대 세계에 잘 알려진 사람, 즉 유아의 양육뿐만 아니라 성인으로 커가기까지 계속된 애정을 줄 책임이 있는 자를 그리고 있다"고 주장한다. 자기 자신을 유모로서 바울이 언급한 것은 모세(민 11:12)와 쿰란의 의의 교사(1QH 7:19-23, 25)가 유모의 은유를 자신들에게 적용한 것과 유사하다("Apostles As Babes and Nurses in 1 Thessalonians 2:7," in *Faith and History. Essays in*

로 바울은 당대에 유명한 수사학을 잘 알고 있었던 사람들에게 익숙했던 용어로 그의 부정적인 요지만이 아니라 긍정적인 요지도 역시 투사한다.

바울과 그의 동료들이 데살로니가인들을 향해 취했던 다른 어떤 방식보다도 바울은 자신들이 "온유"했다고 말한다.[14] 그때에 그는 모성적인 비유, 즉 유모의 비유를 사용하여 이것이 의미하는 바를 나타낸다(참조. 4:19). 이것은 강력한 긍정적 뉘앙스를 갖는 비유였다. 약간의 경우를 제외하고서 고대의 저자들은 유모를 친절하고 관대한 것으로 묘사했다. "이는 유모에 대한 바울의 비유적인 사용이 그의 청중들의 마음속에 중요하고 사랑 받는 인물을 불러일으켰다는 것을 암시한다. 데살로니가 크리스천들의 사회적 위상이 어떠하든지 간에, 그들은 이 언급을 중요한 사회적 관계—친족 관계와 유사한 것—에 대한 것으로 이해할 수 있었다.[15] 이 경우에 바울은 또한 어머니이기도 한 유모와 자신을 비교한다: 다른 이들의 자손을 열심히 돌보는 반면에 어머니는 자신의 자녀들을 양육하고 소중히 여긴다.[16]

나아가서 8절은 사랑과 온유한 관심의 이미지를 발전시킨다. 데살로니가인들에 대한 바울의(그리고 그의 동료들의) 애정(드문 용어인 '호메이로메토이', 참조. 욥 3:21 LXX)이 너무도 강력해서 바울과 그의 동료들은 그들이 전달하려고 위임받은 메시지만이 아니라 그들 자신을 데살로니가인들과 자유로이 나눌 것을 선택했다—드러난 것처럼, 데살로니가인들은 하나님(참조. 1:4)과 바울, 실라, 그리고 디모데에게 "아주 사랑스럽게"(즉 '아가페토이', "사랑 받는") 되었기 때문이다.

Honor of Paul W. Meyer, ed. John T. Carroll et al. [Atlanta: Scholars, 1990], 203). 나는 이것이 이것이냐 저것이냐의 경우를 확신할 수 없다. 그 말을 누구에게 들었느냐에 따라서 전자냐 후자냐, 아니면 둘 다냐를 결정할 것이다.

14. 2:7에는 많은 논쟁적인 텍스트적 변이가 있다. 소수의 사본들은 "온유한"('에피오이')으로 발음할지라도, 상당수가 "유아들"('네피오이')이라고 발음한다. 그러나 두 발음들 사이에 문자 하나의 차이는 헬라어에서 아주 사소해서(그것은 단어들 사이에 공간이 없는 대문자로 모두 되어 있었다: **HMENHTIIOI** vs. **HMENNHTIIOI**) 어느 발음도 다른 것을 서기적인 실수로 설명할 수 있었다. 그러므로 사본상의 증거는 이 경우에 거의 도움이 되지 않는다. 결정은 다른 근거 위에서 이르러야 한다. 가장 결정적인 고려사항은 2:5-8의 기본적인 구조, 특히 2:5-6a에서 열거된 부정적인 행동들과 2:7-8에서 열거된 긍정적인 행동들 사이에 기본적인 대조다. 2:5-6a에서 세 부정적인 것들(아첨하지 않고, 탐욕을 갖지 않고, 칭찬을 바라지 않는 것)은 수단("어떻게")과 동기("왜")와 관련이 있다. 그것은 2:7-8에서 세 긍정적인 것들의 마지막 두 가지와 동등하다(유모처럼 2:7; 그들이 그들을 사랑했기 때문에 2:8). 이것은 2:7-8의 첫 항목이 역시 수단이나 동기를 다룰 것임을 강력하게 암시한다. 그러한 고려사항은 "유아들"보다 "온유한"(NIV, NRSV)을 분명히 선호하게 만든다.

15. B. R. Gaventa, "Apostles As Babes and Nurses in 1 Thessalonians 2:7," 201-2; B. R. Gaventa, *Thessalonians*, 27-28, 31-34.

16. E. J. Richard, *Thessalonians*, 82-83; C. A. Wanamaker, *Thessalonians*, 101.

2:7-9 사이에 명백한 평행(유모가 다른 이들을 돌봄으로써 자신의 의무를 감당하였을 뿐 아니라, 아울러 그 의무를 넘어서 자신을 소중히 여기는 것처럼, 선교사들은 복음을 나눔으로써 그들의 의무를 감당했을 뿐 아니라 그 의무를 넘어서 그들 자신을 나누는 것으로 나아갔다[17])은 그러한 깊은 애정의 발전을, 확실히 환영할 수 있는 것일지라도, 아마도 예상하지 못했음을 암시한다. 즉 그러한 '깊은' 개인적 친구 됨의 형성은 선교사들의 본래 정책의 일부였는지를 확실하지 않다. 그렇다면 우리는 복음을 전파하는 것이 듣는 자들만이 아니라 전파하는 자도 변화시킨 방식을 여기서 엿볼 수 있다.

2:5-8을 요약하면, 어떤 식으로든 자신의 주머니를 채우고 대중적인 명성을 확장하려는 사기꾼들과 연예인들과는 대비되게, 그리스도의 사도로서 데살로니가인들의 인정을 주장할 수 있었던 어떤 "권리"를 가졌음에도 불구하고(참조. 고전 9:3-18), 바울은 데살로니가에서 사역의 다른 정책을 의도적으로 택했다. 복음을 위해서 그는 복음의 고결성을 의문하게 할 수 있었던 행동들을 삼갔다. 한편으로 그들의 연설은 담대하고 강력했다. 다른 한편으로 그들의 행위는 온유함과 관심으로 특징지어졌고 사랑에 의해 동기부여가 되었다.

데살로니가인들에 대한 행위와 돌봄: 더 자세한 숙고(2:9-12)

2:9을 여는 '가르'("for", NIV와 개역개정에는 생략됨)는 바울이 2:9-12를 통해 2:7b-8에서 만들었던 요지를 발전시키려 하고 있음을 보여준다. 다시금 데살로니가인들(9절에 "너희가 기억한다"; 10절에 "너희가 증인이다"; 11절의 "너희가 안다")에게 호소함으로써(2:1, 5에서처럼) 말이다. 특히 이 선교사들이 재정적인 부담을 주지 않고 자기 자신을 주었다는 그의 주장은 그들의 행동과 삶의 방식을 확증해준다.

2:9a에서 바울은 "수고와 애쓴 것"(즉, 다른 상황들에서 힘든 노력; 참조. 고후 11:27; 살후 3:8)이란 잠언적인 어구를 사용한다. 이것이 의미하는 바는 2:9에 의해 나타난다. 그와 그의 동료들은 "복음을 전파하였을" 뿐 아니라(이 어구의 용어에 대해서는 예수의 행위를 묘사하는 막 1:14을 참조하라), 아마도(행 18:3에 비

17. E. J. Richard, *Thessalonians*, 101.

추어) 장막을 만드는 자나 더 일반적으로는 가죽을 만드는 자로서 "수고했다."[18] 바울과 동료들은 특히 어느 누구에게도 재정적으로 "부담을 주지 않기 위해서"(신약성경에서 여기와 살후 3:8에서만 사용되는 동사) 재정적인 지원을 얻는 사도적 권리를 포기했다(고전 9:3-18; 갈 6:6).

일을 하는 이런 결정은 일부 헬라 철학자들이 보인 관행과 유사할 것이다. 그들은 사회에 나타내 보일 수 있는 혜택으로 그것을 간주했고, 그들은 곤란 가운데서 그런 관행을 실천했다. 아마도 그것은 바울이 복음을 전하고 제자를 삼았던 한 가지(유일하지는 않을지라도) 배경에 대한 단서를 제공한다. 그와 그의 동료들이 행했던 장인들의 상점은 논의와 교훈을 위한 인정된 배경을 형성했다. 낮은 품삯으로 인해 바울은 많은 시간 일을 했을 것이고, 필연적으로 바울은 일하는 동안에 선교 활동을 했을 것이다.[19]

일할 때의 가장 중요한 결정은 바울의 중심적인 선교 원리 중 하나를 반영하고 있다: "그리스도의 복음의 길에 장애"를 갖는 것을 피하기 위해서 그가 복음을 전파했던 사람들로부터 재정적인 기여를 취하지 않은 것(고전 9:12, NRSV). 한편으로 잠재적인 회심자들이 자신들의 결정으로 인해 재정적으로 선교사들이 이득을 취하는 것처럼 보인다면, 복음을 받아들이는 것을 재고하였을 수 있었다. 다른 한편으로 "예수의 사랑과 자기희생으로 나타난 복음은 권리를 주장하고 권위를 행사하는 것을 기뻐하며 복음전도를 행한 것에서 어떤 이득을 가지는 설교자들에 의해서는 적절히 제시될 수 없었다."[20]

10-12절은 문법적으로 간단한(그리고 몇 가지 점에서 모호한) 하나의 긴 문장을 형성한다. 그럼에도 불구하고 이 문장의 주요한 구조와 요지들은 분명하다: 10-12a절은 선교사들의 행위에 관한 논의를 계속하고, 12b절은 그 목표를 보여준다. 10절에서 데살로니가인들과 하나님에 대한 호소는 이 서신에서 이미 지적한 이중적인 초점을 반영해준다(참조. 2:5, "너희…하나님"): 하나님과 데살로니가인들에 대한 책임과 사랑의 의미. 일반적인 일종의 요약처럼 유사한 의미의 흔치 않는 부사들을 세 가지나 사용한 것은 선교사들의 행위의 특징을 강조해준다. 첫 둘('호

---

18. P. W. Barnett, "Tentmaking," *DPL*, 925-26을 보라.

19. Ronald F. Hock, *The Social Context of Paul's Ministry: Tentmaking and Apostleship* (Philadelphia: Fortress, 1980), 26-49, 52-59; 참조. E. J. Richard, *Thessalonians*, 102-3.

20. C. K. Barrett, *The First Epistle to the Corinthians* (New York: Harper & Row, 1968), 27. 이전의 요지는 그에게 역시 빚지고 있다. 재정적인 지원에 관한 주제에 대해서는 J. M. Everts, "Financial Support," *DPL*, 295-300을 보라.

시오스', "경건하게" 또는 "순전하게", 신약성경에서는 여기서만; '디카이오스', "정당하게"나 "올바르게", 바울에게서 다른 곳으로는 고전 15:3에서만)은 흔히 형용사적인 형태로 함께 사용되었고, 자주 인간과 하나님의 법령[21]을 지키는 것과 관련해서 또는 하나님에 대한 신자들의 봉사와 관련해서 사용되었다(눅 1:75). 바울은 그의 행위가 하나님과 인간이 보기에 적절하였기 때문에, 자신이 "흠없이" ('아멤프토스; 또한 살전 5:23에서; 3:13에서 형용사적인 형태로, 둘 다 예수의 재림에 관한 문맥에서 사용되었다) 행동했다고 말할 수 있다. 즉 하나님이 그를 심사하실 때 어떤 비난도 그에게 제기될 수 없었다(2:4).

11-12a절에서 바울은 두 번째 부모의 비유를 사용하는데. 이번에는 부성적인 것이다(참조. 고전 4:14-16, 21; 고후 6:11-13; 빌 2:22; 몬 10절). 동사가 없는 것("다루다", "취급하다", "조언하다", 또는 "양육하다"가 동사를 포함하는 것으로 제기된다)은 이 진술을 무시간적인 투사를 제공하게 한다. 바울은 과거에 데살로니가인들과 관련한 방식(최초의 선교 방문 동안에)만이 아니라, 그가 그들과 계속해서 관련하고 있는 방식을 지적하고 있다. 몸소, 그리고 지금은 서신으로 그는 그들을 "격려하고"('파라칼레오', 또한 3:2, 7; 4:1, 10, 18; 5:11, 14; 살후 2:17; 3:12) 그들을 "위로하기"('파라미데오마이', 바울에게서 여기서와 5:14에서만)—이 동의어 사이에는 중대한 구분은 없다—를 추구했고 또한 추구하고 있으며, 크리스천의 삶을 살도록 그들에게 "촉구하고"('마르티로마이', 권위적인 뉘앙스를 갖는 용어; 참조. 갈 5:3; 엡 4:17) 있나.

12b절에서 바울은 이 모든 "부성적"인 활동의 목표를 언급한다: 데살로니가인들은 "하나님에게 가치 있는" "삶을 살 것이다"('페리파테오', 직역하면 "걸음"; 참조. 4:1, 12; 살후 3:6, 11)—즉 그들이 헌신하고 있는 하나님의 성품을 반영하고 영광을 가져오는 삶을 살 것이다. 바울은 그의 회심자들 속에 하나님의 성품을 관찰할 수 있는 (태도와 행동을 포괄하는) "삶"을 일깨우기를 추구한다.

두 요지들을 여기서 지적할 수 있다. (1) 바울은 회심자들의 관심을 처방된 행동의 계명이나 지시 목록이 아니라 하나님의 성품에 맞춘다. 이것은 바울에게서 외적인 행위만이 아니라 내적인 동기가 아주 중요하다는 것을 우리에게 상기시킨다. (2) 바울은 이런 활동의 어느 것도 하나님의 사랑이나 관심을 얻거나 발생시키는 것과 관련이 있다고 간주하지 않는다. 오히려 그것은 하나님의 주도하심으로 그들

21. F. Hauck, "ὅσιος, etc." *TDNT*, 5:490.

을 "그의 나라와 영광"으로 "부르시는"[22] 하나님에 대한 '반응'에 있다. 바울이 데살로니가인들에게 촉구하고 있는 삶은 감사의 삶(참조. 1:2), 즉 성품과 행동이 예수를 통해서 하나님(참조. 1:1, 4)이 이미 우리를 위해서 이미 이룩하신 것을 감사함으로 인식하고 수용하는 삶이다.

"나라"에 관한 바울의 견해는 예수의 가르침을 긴밀하게 따른다. 그 나라는 하나님의 의로우신 "규칙"과 "지배"가 있음을 나타낸다. 이 나라는 ("영역"과는 대조되어) 정적인 개념보다 동적인 개념이 있다. 그 나라는 예수의 사역 속에서 이미 시작되었고, 따라서 우리는 어떤 한도에서 현재에 지금 그것을 경험하고 있다(롬 14:17; 고전 4:20). 하지만 그 나라의 충만한 현현적 경험은 장래에 있게 될 것이다. 하나님이 그의 백성들을 변호하시고 모든 피조물에 대한 그의 통치를 완전하게 세우실 때에 말이다(살후 1:5). 따라서 그 나라는 바울에게서는 근본적으로 종말론적인 용어다. 그 나라는 바울의 신학에서 아주 중심적인 "이미와 아직" 사이의 긴장을 구현한다.[23]

또한 성격상 그 못지않게 종말론적인 것이 "영광"이다. 그것은 하나님의 임재의 광휘나 찬란함을 고려한 용어다. 하나님은 그와 관련한 사람들과 대상에게 그것을 수여하신다. 영광은 인간이 죄로 인해 상실된 것이지만(롬 3:23), 하나님의 자녀들이 드러나고 피조물이 죄의 속박에서 풀어질 때 회복될 것이다(8:18-21). 반면에 영광은 예수 안에서 아주 분명하게 보이고(고후 4:4-6; 3:14-18), 그리스도가 신자들을 영접하셨던 것처럼, 그들이 서로를 용납할 때에 나타난다(롬 15:7).[24]

바울은 "영광"을 "나라"와 밀접하게 연관시킨다(그것들은 단일한 전치사와 관사를 공유하고 있고 "그의"라는 한 단어가 두 용어들을 통제한다). 두 용어들은 신자의 궁극적인 목표를 나타낸다: 하나님의 임재 속에서 그의 지배 하에서 사는 것.

2:1-12을 요약하면, 바울은 데살로니가에 있는 동안에 선교사들의 행위와 태도에 초점을 맞춘다. 하나님과 데살로니가인들을 증인으로 요청한 그는 먼저 하나님에 대한 선교사들의 의존과 책임을 강조한다(1-4절). 그러고 나서 그는 선교사들이 하나님에게 합당한 삶을 살도록 데살로니가인들을 격려하였을 때, 그들을 향해

---

22. 그러므로 대부분의 증거들; 소수의 증거들은 1:4의 영향을 반영하는 독법인 "부르셨다"로 읽는다. 더 자세한 것은 Metzer, *TCGNT*, 562을 보라.
23. 더 자세한 것은 L. J. Kreitzer, "Kingdom of God/Christ," *DPL*, 524-26을 보라.
24. 더 자세한 것은 R. B. Gaffin, Jr., "Glory, Glorification," *DPL*, 348-50을 보라.

가졌던 흠없고, 온유한, 사랑스런 방법을 묘사한다(5-12절).

상황잇기

모범이 되는 원리. 이 서신 그리고 다른 서신에서 바울은 회심자들에게 자신을 닮을 것으로 요청하거나(참조. 고전 4:16; 11:1; 빌 3:17; 살후 3:7), 그렇게 한 것에 대해서 그들을 칭찬한다(살전 1:6). 특히 그는 데살로니가에 있을 때, "너희가 따를 모범을 우리가 만들기 위해서" 어떤 방식으로 행동하고 살 것을 의도적으로 선택했다는 것을 인식한다(살후 3:9). 이 단락(살전 2:1-12)은 바울이 이 도시에서 행동하고 살아갈 것을 선택했던 방식을 묘사하고 있다. 따라서 데살로니가후서 3:9에 비추어 볼 때, 그것은 그가 그의 새로운 데살로니가 회심자들이 따르기를 원하거나 닮기를 원했던 구체적인 행동과 태도를 묘사하고 있다. 아울러 그의 모범은 데살로니가인들만을 위해 의도되었거나 제한된다는 암시가 없다. 그는 본질적으로 어느 곳에서도 동일한 행동과 태도에 모범이 되고 있다(예. 고전 9:3-18). 그러므로 우리는 그가 이 단락에서 모범이 되고 있는 것은 데살로니가인들만이 아니라 우리를 포함하는 다른 크리스천들에게 적용된다는 분명한 지침을 갖는다.

당대의 문화적 측면에서 바울이 회심자들이 따를 수 있는 모범을 제공하는 것은 중요했다. 비벌리 가벤타가 지적한 것처럼,

> 바울의 시대에 아주 다양한 교사들이 개인적인 모범을 사용했고, 그들의 학도들에게 이런 모범들을 확증할 것을 촉구했다.…바울이 모범과 모방을 사용하는 것을 피했다면, 그는 당대의 사람들에게 자기 자신을 교사로서 부적합한 것으로 알고 있는 사람으로 나타내 보였을 것이다.[25]

이런 문제에 비추어 볼 때, 바울이 데살로니가인들이 닮기를 원했던 그의 라이프스타일의 양상들이나 요소들을 살피는 것은 중요하다.

그는 예수가 입으셨던 것을 입거나 바울이 먹었던 것을 먹을 것을 데살로니가인들에

25. B. R. Gaventa, *Thessalonians*, 16. Benjamin Fiore, *The Function of Personal Example in the Socratic and Pastoral Epistles*(Rome: Biblical Institute, 1986)을 보라.

게 칭찬하지 않는다. 그는 예수의 신실하심과 교사들이 믿음에 일치하는 복음에 대한 반응을 구현한 것으로 인해 그들을 칭찬한다.[26]

다시 말해서 데살로니가인들이 행하기를 바울이 원한 것은 예수가 행하셨던 것처럼(참조. 빌 2:5, "너희의 태도는 그리스도 예수의 태도와 동일해야 한다"), 그리고 바울이 예수의 제자로서 행하려고 했던 것처럼, 하나님과 다른 사람들에게 반응해야 한다.

그렇다면 바울이 데살로니가인들을 위해 모범이 되었던 것은 정확히 무엇인가? 그는 어떤 태도와 행위를 그들이 닮기를 원했는가? 나는 적어도 다음 네 가지가 나타난다고 주장한다.

(1) **바울은 우선성에 대한 분명한 인식에 모범을 보여주었다.** 하나님을 신실하게 섬기는 것이 분명히 바울의 가장 중요한 우선순위였다. 그가 2:4에서 말한 것처럼, "우리는 사람을 기쁘게 하는 것이 아니라 하나님을 기쁘시게 하려고 한다." 그는 "어느 종도 두 주인을 섬길 수 없다"(눅 16:13)는 것을 알았다. 복음을 선포하도록 바울을 부르신 분은 하나님이시지 다른 이가 아니었다(갈 1:15-16). 그러므로 그가 그의 충성을 하나님께 빚지고 있고, 무엇보다도 그의 우선순위는 하나님이셨다.

그리스도의 사도로서 이런 소명의식(살전 2:6; 참조. 고전 1:1; 갈 1:1)은 바울이 "강력한 박해"에도 불구하고 복음을 전파하기를 계속했던 이유(적어도 부분적으로)를 설명해준다. 복음을 선포하는 것은 하나님이 그에게 위탁하였던 임무였고(살전 2:4a), "맡겨진 자는 신실함을 입증하는 것이 요구된다"(고전 4:2). 게다가 하나님이 "우리의 마음을 검증하시지"(살전 2:4b; 참조. 고전 4:3-5; 고후 5:10), 어떤 이가 그리하지 않는다. 즉 바울은 그리스도의 종(갈 1:10)으로서 하나님을 기쁘시게 하는 것을 그의 우선순위로 만들었다(살전 2:4; 참조. 고후 5:9).

(2) **바울은 복음의 고결성을 위한 분명한 관심에 모범을 보여주었다.** 고대 세계에서 사람들은 순회하는 행상인들, 이적을 행한다고 주장하는 자들, 그리고 속이는 예술가들을 잘 알고 있었다. 부드럽고 설득력 있는 이 이야기꾼들의 웅변은 그들의 주요한 목표(무리들의 찬사를 얻음으로써 그들의 평판을 확장하고 그들의 주머니를 채우는 것)를 숨긴다. 종교적이거나 철학적인 용어들의 얄팍한 치장은 "탐욕을

26. B. R. Gaventa, *Thessalonians*, 17.

위한 구실"이었다(2:5). 그러한 상황에서 대중적인 연설은 자주 사기, 아첨, 불순한 동기, 그리고 속임수로 특징지어지는 쇼에 지나지 않았다.[27]

엄밀히 말해서 순회 설교자들에 대한 폭넓은 부정적인 인식과 깊은 의심 때문에 바울은 ⓐ 믿을 수 없는 행상인처럼 그를 바라보는 어떤 이유도 관찰자들에게 주지 않고 ⓑ 더 중요하게는 그가 전파했던 복음의 진리를 어떤 식으로든 의문하지 않게 하는 방식으로 의도적으로 행동하기를 추구했다.

바울은 두 가지 방식으로 이 일을 했다. ⓐ그는 복음을 제시하는 방법에 대해 조심했다. 고린도인들에 대한 그의 진술—"이에 숨은 부끄러움의 일을 버리고 속임으로 행하지 아니하며 하나님의 말씀을 혼잡하게 하지 아니하고 오직 진리를 나타냄으로 하나님 앞에서 각 사람의 양심에 대하여 스스로 추천하노라"(고후 4:2)—은 이런 면에서 그의 목표를 잘 요약해준다. 요컨대 그는 진실하게 복음의 진리를 선포하기를 추구했다.

ⓑ 바울은 재정적인 문제에 관해서 지극히 조심했다. 첫째로 바울은 그가 복음을 전파했던 것에서 어떤 이득을 얻었다고 사람들이 생각하지 않도록 그가 전파했던 사람들로부터 돈을 취하지 않았다. "아주 많은 사람들과 달리 우리는 이득을 위해 하나님의 말씀을 전하지 않았노라"(고후 2:17). 그 대신에 이 단락에서 분명히 하고 있는 것처럼, 그는 "하나님의 복음을 전파하는 동안에 사람들에게 짐이 되지 않도록" 스스로 부양하기 위해서 일을 했다(살전 2:9). 둘째로 그가 나중에 유대의 신자들을 돕기 위해서 마게도냐와 아가야로부터 헌금을 받은 것과 관련해서(고전 16:1-4; 고후 8-9장), 그는 회중으로부터 돈을 전달할 사람이 예루살렘으로 그와 함께 동행할 것을 요구했다(고전 16:3; 고후 8:19; 데살로니가로부터의 두 사람인 아리스다고와 순두게를 포함했던 위임자들, 행 20:4). 당연하지만 바울은 "이것을 조심함은 우리가 맡은 이 거액의 연보에 대하여 아무도 우리를 비방하지 못하게 하려 함이니 이는 우리가 주 앞에서 뿐 아니라 사람 앞에서도 선한 일에 조심하려 함이라"(고후 8:20-21)고 말했다.

바울이 복음의 고결성을 유념하였기에 데살로니가인들과 하나님을 자신이 데살로니가에 있는 동안에 "얼마나 거룩하고 의로우며 비난할 것이 없었는지"에 관한 증인으로 요청할 수 있었다(2:10). 더욱 중요하게는 데살로니가인들이 "하나님

27. 그러한 사람의 두 고전적인 사례에 대해서는 거짓 선지자 알렉산더와 페레그리누스에 관해 마이크 월레스와 비슷한 스타일인 2세기의 루시안이 언급한 이야기들을 보라(the Loeb Classical Library edition of Lucian, 4:173-253; 5:1-51에서).

의 말씀으로" 복음을 받아들였다(2:13). 바울의 행위와 행동은 그가 선포했던 말씀을 손상시키거나 의문하게 하지 않았다.

(3) **바울은 그가 사역했던 사람들에게 사랑과 헌신의 명백한 의식에 모범이 되었다.** 데살로니가인들에 대한 바울의 사랑의 깊이는 그가 그들을 격려하고 위로했던 돌봄과 온유함에 관한 묘사에서 뿐 아니라(2:7-12), 그가 그들로부터 예기치 않게 분리되었을 때 느꼈던 상실의 감정에서(2:17-3:5), 그리고 행복에 대한 그의 감정이 그들과 함께 엮여 있었던 상황에서도(2:19-20; 3:7-8) 명확하게 나타나 있다. 그들이 마치 그의 자녀였던 것처럼—어떤 의미에서 그가 그리스도에게로 그들을 소개했기 때문에(참조. 고전 4:15)—그들을 사랑하고 그들을 위해 행했던 것이 부모적인 이미지의 그의 광범위한 사용에서 분명하게 나타나 있다.

고대 세계에서 전형적으로 어머니는 자녀를 양육했지만 아버지는 자녀의 행동과 도덕적 교훈과 사회화에 대한 책임이 있었다. 바울은 이 두 규칙을 자기 자신에게 적용한다: 어머니처럼 그는 낳았고(참조. 갈 4:19, "나의 자녀들아 너희 속에 그리스도의 형상을 이루기까지 다시 너희를 위하여 해산하는 수고를 하노니") 양육했으며, 아버지처럼 그는 그들을 훈육하고 사회화하기를 추구한다(사실상 그는 그들이 자라났던 사회적 관행을 더 이상 따르지 않도록 그들을 재사회화하고, 하나님이 그들을 부르신 기독교 공동체의 기준을 따라 살게 하기를 촉구한다.)

데살로니가인들에 대한 바울의 헌신의 의미는 어쩔 수 없이 조기에 그곳을 떠날 수밖에 없었던 상황에 이어서, 다시 데살로니가로 돌아가려는 그의 반복된 노력에서 알 수 있다(2:17-3:1). 실로 그가 그들에게 상기시킨 것처럼, 그는 그들에게로 다시 돌아가기를 반복해서 추구했다. 그렇게 하는 일에 그가 성공하지 못한 것은 그의 편에서 어떤 노력이 부족하였기 때문이 아니라 사탄의 방해 때문이었다(2:18).

어떤 차원에서 사랑의 삶을 살도록 사람들에게 요청하시는(4:9-11) 사랑하는 하나님에 의해 보냄 받은 전도자(1:4)가 그의 회심자들을 향한 사랑과 돌봄의 태도에 모범이 된다는 것은 놀랄 일이 아니다. 그러나 2:8에서 데살로니가인들에 대한 바울의 감정은 그가 예기했던 것보다 더 확실하게 발전했다는 암시가 있다: "우리가 이같이 너희를 사모하여…너희가 우리의 사랑하는 자 됨이라." 청자들만이 아니라 설교자의 마음도 변화되었던 것으로 보인다. 어쨌든 바울은 그가 사역했던 사람들에 대한 깊고 참된 사랑을 가졌음이 분명하다.

(4) **바울은 그가 수고했던 목표에 관한 분명한 감정에 모범이 되었다.** 데살로니가인들

에게 봉사하는 사도의 목표는 칭찬이나 인정을 얻음으로써 자신의 평판이나 자아를 높이거나(2:4, 6), 그들에게 자신의 권위를 과시하려는 것이 아니었다(2:6b). 오히려 "그의 나라와 영광으로 [그들을] 부르신 하나님에게 가치 있는 삶을 그들이 살게" 하려는 것이었다(2:12; 참조. 3:13; 4:1; 4:7). 요컨대 그의 목표는 자신의 위상, 평판, 또는 돈의 확장보다는 다른 이들과 같이 누리는 행복, 공리에 있었다.

가족의 심상. 이 항목을 떠나기 전에 우리는 바울이 가족이란 이미지를 사용한 것에 대해서 해야 할 말이 있다. 어떤 신자들에게서는 복음을 수용한 대가가 가족관계의 상실이었다(마 10:34-36; 막 10:29; 13:12-13; 눅 12:51-53; 고전 7:12-15). 이에 비추어 부모와 가족의 이미지에 대한 바울의 광범위한 사용은 의미심장하다. 그러한 용어의 사용을 통해서 그는 회중을 본질적으로 새로운 가정으로 묘사한다. 이 새 가족의 관계가 깨어졌거나 상실되었던 기존의 관계를 대신한다.[28]

오늘날 교회에 나아오는 적지 않은 사람들—교회의 사람들 가운데 혼란스러운 퍼센트를 차지하는—이 천상의 가족 관계답게 진정으로 자기를 내어주는 사랑의 특징을 경험하지 못했거나 상실했다. 바울이 데살로니가인들에게 보여준 사랑과 헌신의 종류와 결합될 때, 오늘날 가족의 이미지의 사려 깊은 사용(남용적인 상황을 경험했던 사람들에게는 아버지나 어머니의 심상이 긍정적인 함축을 갖고 있지 못할 것임을 물론 기억하면서)은 이 단락을 적용할 수 있는 또 다른 방향을 열어준다.

현대적 의미

바울이 데살로니가인들에게 사역했을 때 그들에게 모범이 되었던 네 가지 요지는 일반적으로 개인 신자들만이 아니라 사역과 관련한 사람이나 어느 그룹에도 중요한 모델과 지침을 제공해준다.

목표와 우선순위. "목표와 우선순위"에 대한 필요는 기독교 서적과 세속 서적 그리고 모든 종류의 세미나에서 오늘날 널리 논의되고 있다. 예를 들어, 그것은 스티븐 코비의 베스트 셀러 책인 『성공하는 사람들의 일곱 가지 습관』에서 논의되는 두 번째, 세 번째 항목이다.[29] 비록 이 용어들이 진부한 유행어가 되었다는 것은

28. 이런 개념의 탐구에 대해서는 Wayne A. Meeks, *The First Urban Christians. The Social World of the Apostle Paul*(New Haven: Yale Univ. Press, 1983), 86-88을 보라.

29. Stephen R. Covey, *The Seven Habits of Highly Effective People: Restoring the Character Ethic*(New York: Simon and Schuster, 1989).

사실이나, 그점이 그것의 중요성을 축소시키지는 못한다. 우리 대부분은 인생이 일련의 선택임을 일찍이 배운다. 그 선택 중에 어떤 것들은 돌이킬 수 없을 정도로 우리의 삶의 나머지 부분의 과정을 형성시킨다. "우리는 그 모든 것을 가질 수 있습니다"라고 주장하는 광고와 달리, 우리 대부분은 인생이 더욱더 1960대의 히트송인 "당신은 마음을 정하셨습니까?"와 같다는 것을 발견한다. 이 노래의 첫 소절은 다음과 같다.

당신은 결정을 해 보신 적이 있나요?
하나를 선택하고 다른 하나를 남겨둔 적이 있나요?
그것은 자주 쉽지 않고 곤란하지요,
당신은 결정을 해 보신 적이 있나요?

이 노래가 표현하는 것처럼 성장의 핵심적인 부분은 인생이 선택을 요구한다는 사실을 배우는 것이다.

어떤 사람들에게서 선택하는 일은 쉬어 보일지 모르나, 또 어떤 사람들에게는 선택하기 전에 큰 고통이 발생한다. 주로 그 차이(물론 항상 그렇지는 않지만) 목표와 우선순위를 분명히 인식하는 문제이다. 대학 교수로서 나의 책임 중 하나는 학생들을 조언하는 것이다. 나는 많은 학생들, 특히 신입생들을 크게 좌절시키는 것 중에 하나가 선택의 문제라는 것을 발견한다. 대학에 들어갈 때, 그들이 직면하는 많은 선택들에 단순히 압도되기도 하지만, 이 많은 학생들은 단순히 아직 그들의 목표와 삶의 우선순위를 분류하지 않았기 때문에 선택하는 일이 어렵다는 것을 발견한다. 대체로 상급반이 되면, 학문적인 결정들은 꽤 일상적이다. 그들이 중요한 것에 초점을 맞추고 있고 선택을 할 수 있는 분명한 기준을 갖고 있기 때문이다.

목표와 우선순위가 선택을 하는데 도움이 될 수 있을 뿐 아니라, 평가할 수 있는 기준을 제공한다. 우리가 관여하고 있는 교회가 제공하는 많은 프로그램과 관련해서, 우리는 이렇게 물을 필요가 있다. 우리는 왜 이 프로그램을 제공하고 있는가? 우리는 무엇을 이루거나 성취하고자 하는가? 언젠가 분명한 목표를 가지고 시작했던 프로그램들이 너무나 자주 타성 때문에 계속하고 있거나 "단지 항상 그런 방식으로 일을 해왔기 때문에" 계속하고 있다. 분명한 목표는 우리를 평가하게 하고, 우리의 노력의 방향을 올바르게 맞추게 한다.

내가 신학교에 있는 동안에 출석했던 한 교회는 넓은 지역에서 오는 교인들을 두고 있었다. 주일에 참여율은 높았지만 전통적인 수요일 밤 기도 모임의 참여율은 매우 낮았다. 한 가지 이유는 교회에서 멀리 살고 있는 사람들이 주중 이른 저녁 모임에 참여하기가 어려웠다. 교회의 지도부가 그 상황을 평가하기 시작하였을 때, 그들이 물었던 첫 번째 질문 중 하나는 수요일 밤 모임의 활동의 목표는 무엇이었는가였다. 그 대답은 주간의 기도, 교제, 영적인 재충전을 위한 기회를 제공하는 것이었다. 교회 모임에서의 빈약한 출석률과 활동은 분명히 이 목표를 성취하지 못하고 있었다. 그러므로 그들은 교회의 모든 수요 모임의 활동들을 취소하는 "극단적"인 단계를 취했다. 그리고 그 대신에 전략적으로 위치한 네 가정에서 기도와 성경 연구의 기회를 제공했다. 그 결과 수요일 밤 프로그램에 관련된 사람들의 출석이 거의 세배로 증가했다.

요컨대 바울의 모범(참조. 상황잇기의 첫 번째 요지와 네 번째 요지)은 우리의 목표와 우선순위가 높은 것에 집중할 수 있도록 역량을 집중해야 한다는 것이다. 예를 들어, 나는 내 인생과 관련해서 진정으로 무엇을 원하는가? 나는 내 삶에서 무엇을 하고 있는가? 내가 인생에서 참으로 소중히 여기고 있는 것은 무엇인가? 예수를 섬기고, 복음을 따라서 나에게 가장 중요한 것을 신실하게 행하고 있는가? 그렇지 않으면 어떤 나이에 은퇴하여 편하게 살기에 충분한 돈을 축적하는데 가장 헌신하고 있는가? 나는 동시에 두 주인(그것을 실현할 수 없을지라도)을 섬길 수 있는가? 나의 활동이 나의 우선순위에 대해 무엇을 말해주고 있는가? 바로 이런 것들이 바울의 모범이 우리가 묻도록 촉진하는 종류의 질문들이다.

고결성. 기독교 토크 쇼의 사회자가 구체적인 목적을 위해서 돈을 모금하지만 그것을 다른 데로 유용한다. 성적인 도덕성에 대해 자주 설교하던 유명한 복음전도자가 오랫동안 창녀와 관계를 가진 것으로 발각된다. 자신의 사업의 일부가 팔린다면 모든 사람들이 동등하게 이득을 볼 수 있는 커뮤니케이션 재단에 투자를 약속했던 기독교 기업가(이전에 고위 공직의 후보자)가 다른 투자자들보다 자신의 주식에 대해 더 높은 가치를 얻는 옵션 거래를 협상하고 있다는 것이 세속적인 언론에서 보고된다. 비영리 그룹에 의한 투자에 높은 보상을 약속하던 기독교 기금 단체가 붕괴되고 손실을 입을 때, 그 단체는 수직적인 피라미드 구조인 것으로 판명된다. 하나님으로부터 청중들 속에 있는 사람들에 대한 메시지를 받았다고 주장하는 복음전도자/치유자가 전파를 통해 제어실에서 동료가 전해진 정보를 이용하고 있음이 드러난다. 기타 등등.

이런 사례들이 흔한 것은 고결성의 부족 때문이다. 이런 사건에 관여된 사람들은 어떤 말을 하고는 다른 것을 행했다. "당신이 설교한 것을 실천하라"는 익숙한 말과 달리, 이런 사람들은 어떤 것을 "설교하고"는 다른 것을 "행한다." 그들은 "말"은 하지만, "행하지는" 않는다. 그들은 주장과 행함에 일치가 없다. 요컨대 그들은 고결성이 부족했다.

이런 종류의 "고결하지 않은" 행위의 부정적인 결과는 거의 설명할 필요가 없다. 우리는 돈, 성, 그리고 권세의 우상과 관련한 스캔들로 인해 그리스도의 대의에 가해진 손상들을 너무도 잘 알고 있다. TV 복음전도자들에 관한 문제가 늦은 밤 토크 쇼의 유머와 조롱거리가 되고 있는 것은 이 문제가 심각함을 드러내준다. 그러나 우리는 믿음과 훈련으로 복음을 위해 고결함으로 열심히 살아가는 사람들이 획득한 선의를 역시 잘 알고 있다. 우리는 빌리 그래함이나 마더 테레사, 또는 이전에 대통령이었던 지미 카터와 로잘린 카터의 긍정적인 영향과 이미지를 같은 문장에서 언급할 가치조차 없는 사람들의 잘 알려진 스캔들이 미친 영향과 대조시킬 필요가 있다.

빌리 그래함이 고결함의 평판을 지킬 수 있었던 핵심적인 요지는 그것이 우연히 발생하지 않았다는 것이다. 그래함과 그의 팀이 사역의 초기부터 의도적인 행동을 취하였고 그에 대한 비난을 차단할 수 있는 확고한 지침을 설정했던 이야기(그의 아내 이외에 다른 여성과 방에 홀로 남아 있지 않는 것과 같은)는 잘 알려져 있다. 의도적인 노력과 관련한 고결함에 관한 이런 개념은 스티븐 카터가 제기한 고결함에 관한 정의와 잘 맞아떨어진다.

> 고결함은 내가 그 용어를 사용할 때 세 단계를 요구한다. (1) 옳고 그른 것을 '식별하기', (2) 개인적인 희생이 따르더라도, 식별한 것을 '행하기', (3) 옳은 것과 그른 것에 대한 당신의 이해에 따라 행동한 것을 '공개적으로 말하기.' 첫 번째 기준은 도덕적인 숙고를 함으로써 고결함의 개념을 포착하는 것이다. 두 번째 기준은 헌신을 유지하는 감정을 포함하는 고결한 사람의 개념을 확고부동하게 가져오는 것이다. 세 번째 기준은 고결한 사람은 옳은 것을 행한 것을 당당하게 여길 것을 우리에게 상기시킨다.[30]

다시 말해서 고결함은 우연히 발생하는 것이 아니다. 그것은 옳은 것을 식별하

30. Stephen L. Carter, *Integrity* (New York: Basic Books, 1996), 7.

고 그른 것과 옳은 것을 배우며, 나아가서 식별한 것을 따라서 끊임없이 살아가는 수고를 먹으며 성장하는 것이다. 달리 설명하면 고결함은 윤리적인 통찰이나 가르침의 문제만이 아니라 훈련의 문제다. 『돈, 성, 그리고 권력』에 관한 리차드 포스터의 유명한 책의 부제목은 그것을 정확히 올바르게 포착한다. 고결함으로 살아가는 일을 추구함에 있어서 우리는 "훈련된 삶의 도전"에 직면한다.[31] 그리고 때로 고결함과 관련한 비용을 지불하기를 개인적으로 기꺼워하지 않는 것 외에도 아주 많은 사람들이 고결함은 이루기 어려운 일임을 발견하는 것은 바로 그 때문일 것이다. 즉 우리는 말한 대로 살아가는 훈련이 부족하다. 우리는 어떤 것을 말하기는 쉽지만 행하기는 어렵다는 것을 잘 알고 있다.

고결함으로 살아가는 일의 어려움은 사회인으로서 우리가 그것의 중요성을 경시하는 경향이 있음을 설명해준다. 스티븐 카터는 현대 문화에서 "중요한 것은 진실이 아니라 진실한 것으로 보이는 것이라고 주장하기까지 한다. 즉 참되게 보이는 것이 더 중요하고, 참된 것은 덜 중요하다는 것이다."[32] 하지만 그러한 접근은 단기적으로는 작용할 수 있지만, 장기적으로는 실패에 빠질 위험이 큰 접근이다. 실제 삶에서 메시지를 메신저와 분리시키기는 (바울이 잘 알았던 것처럼) 현실적으로 어렵다. 우리가 메신저를 신뢰하지 않는다면, 그의 메시지 역시 믿지 않을 것이기 때문이다. 바울의 모범은 하나님에 의해 예수 그리스도의 복음을 맡은 우리 모든 사람들의 편에서 고결함의 근본적인 중요성을 상기시킨다(참조. 2:4).

사랑과 헌신. 사역에 참여하고 있는 사람들이 직면하는 보다 교묘한 방해 중 하나는 다른 사람들에게 봉사함으로써 개인적인 필요를 채우거나, 사람들의 인정을 얻기 위해서 어떤 일을 하거나, 자신을 좋아하게 하려는 (자주 무의식적인) 유혹이다. 우리는 어떤 이득이 있는 한, 다른 사람들을 섬기거나 봉사하는 것을 기뻐한다. 또는 우리의 소중한 시간과 에너지와 돈에 큰 부담을 주지 않는 한, 그 일을 하기를 기뻐한다. 우리는 마더 테레사와 같은 사람들을 상당히 존경하고 높이지만, 그녀의 모범을 따르는 것을 가급적 피하려고 한다. 인간의 마음이 어떠하든지 간에 (사실상 "만물보다 더 부패하다", 렘 17:9), 어떤 이들을 위해 진정으로 돕거나 사랑하는 일을 행할 때조차도 우리는 단지 평판의 측면에서라도 개인적으로 이득이 있는지를 인식한다(나는 나를 보는 사람들이 있음을 은밀히 알기 때문에 도서관

31. Richard J. Foster, *Money, Sex and Power. The Challenge of the Disciplined Life*(San Francisco: Harper & Row, 1985).

32. S. L. Carter, *Integrity*, 121.

에 있는 어떤 학생을 돕지 않았는가?). 게다가 우리는 "좋은 날씨의 친구들"이란 개념을 경험적으로 잘 알고 있고, 또 우리는 그렇게 되고 있지 않은가? 요컨대 진정 우리에게 손해가 닥칠 때, 우리의 "설교"는 우리의 "실천"보다 자주 못하다.

여기에는 확실히 넓은 범주의 예외들이 있다—예를 들어, 가족과 친한 친구들. 부모들이 기꺼이 후손들을 위해 희생하기, 나이든 자녀가 부모를 돌보는 인내와 온유, 또는 주저하거나 의문함이 없이 기꺼이 돕는 친구는 우리 많은 사람들에게 잘 알려져 있다. 하지만 그러한 경우조차도 확실한 보증은 없다. 문화로서 점증하는 많은 수가 자기를 내어주는 사랑을 경험하지 못하거나 그것을 행동 속에서 관찰할 수가 없다.

왜 그러한가? 우리 시대가 자기중심적인 시대이고, 참된 사랑은 희생적이기 때문이다. 빌 하이벨스가 지적한 것처럼, "시간, 정력, 또는 돈을 소비하지 않고 사랑을 보이는 방법을 나에게 말해주시오, 그러면 나는 기쁘게 사인할 것입니다. 그러나 사랑이 희생을 의미하는 것임을 나에게 말한다면, 나는 나 자신을 기꺼이 헌신하지 못하게 될 것입니다."[33] 우리의 타락한 인간 본성의 특징은 자기중심주의 이외에도 우리의 이득을 우선해서 찾고 우리의 행복을 먼저 추구하는 문화적인 메시지에 압도된다. 따라서 미리 지불해야 하는 대가나 제한을 충분히 알지 못한다면 다른 이들을 도우려는 것을 마지못해 한다. 우리는 이와 다르게 행한다면 우리의 이득에 위험이 너무 크다고 설득을 당한다. 우리는 우리가 행복할 때만이 다른 이들도 행복하게 할 수 있다고 스스로 합리화한다. 하지만 스티븐 카터가 지적한 것처럼, "우리가 행복할 때만 다른 이들을 행복하게 할 수 있다는 유행하는 현대 철학은 '너무나도' 자주 쓰이는 자기 이득을 추구하기 위한 연막이다."[34]

자기 유익에 아주 헌신하는 시대에, 다른 사람들을 위한 헌신적이고 가치 있는 사랑에 대한 바울의 모범은 아주 반문화적이다. 시간을 소비하는 방식을 결정함에 있어서 바울은 자신의 필요나 권리를 먼저 생각하지 않고 데살로니가인들의 것을 생각했다. 그들을 위해서 그들을 위한 사랑 때문에 바울은 "수고와 고난"(2:9)을 감수했고 복음만이 아니라 그의 삶을 기꺼이 나누었다(2:8). 이 일을 함에 있어서 그는 물론 예수의 모델을 단지 따르고 있었다. 이 예수는 얻기보다 주는 것을, 섬김을 받기보다 섬기기를, 사랑받는 것보다 사랑하기를 우선하셨다.

---

33. Bill Hybels, *Who You Are When No One's Looking* (Downers Grove, Ill.: InterVarsity, 1987), 83.
34. S. L. Carter, *Integrity*, 143.

이에 대한 아이러니는 다른 이들을 위해서 자기 자신을 줌으로써 바울은 자신을 위한 행복과 만족을 발견했다는 것이다. 실로 2:8이 어떤 지침이 된다면, 바울은 데살로니가인들과의 관계가 발전하는 정도에 따라서 거기에 압도되었다. 다른 이들을 사랑함으로써 그는 그가 생각했던 것보다 훨씬 더 많은 보상을 받았던 것으로 보인다. 그렇게 함으로써 그는 예수가 "누구든지 제 목숨을 구원하고자 하면 잃을 것이요 누구든지 나를 위하여 제 목숨을 잃으면 구원하리라"(눅 9:24, 개역개정)고 말씀하셨을 때 가르치셨던 진리를 입증했다. 어떤 치료사들은 바울이 모범이 되었던 원리를 인식했다. 유명한 심리학자인 칼 메닝거는 우울증으로 고통을 당하는 사람들을 위한 조언을 해달라는 질문에서 "당신의 집을 잠그고, 철도길을 건너서 궁핍한 중에 있는 사람을 발견하시오, 그리고 그 사람을 돕기 위한 일을 하시오"라고 대답한 것으로 알려져 있다. 우리가 다른 사람들의 필요를 더욱 충족시키고 우리 자신의 필요를 충족시키는 일에 덜 초점을 맞춘다면, 우리 교회는 얼마나 달라질 것인가?[35]

35. 그들 자신을 다른 사람들에게 줌으로써 모범적인 삶을 산 사람들에 대한 열두 영감적인 프로필에 대해서는 Jim Langford, *Happy Are They Living the Beatitudes in America*(Linguori, Mo.: Triumph Books, 1997)을 보라.

데살로니가전서 2:13-16

13 이러므로 우리가 하나님께 끊임없이 감사함
은 너희가 우리에게 들은 바 하나님의 말씀
을 받을 때에 사람의 말로 받지 아니하고 하
나님의 말씀으로 받음이니 진실로 그러하도
다 이 말씀이 또한 너희 믿는 자 가운데에서
역사하느니라
14 형제들아 너희가 그리스도 예수 안에서 유대
에 있는 하나님의 교회들을 본받은 자 되었
으니 그들이 유대인들에게 고난을 받음과 같
이 너희도 너희 동족에게서 동일한 고난을
받았느니라
15 유대인은 주 예수와 선지자들을 죽이고 우리
를 쫓아내고 하나님을 기쁘시게 하지 아니하
고 모든 사람에게 대적이 되어
16 우리가 이방인에게 말하여 구원받게 함을 그
들이 금하여 자기 죄를 항상 채우매 노하심
이 끝까지 그들에게 임하였느니라

원 의미

두 번째 "감사" 항목(첫 번째 항목에 대해서는 1:2-10을 보라)으로 보이는 이 구절의 출현은 순전히 서신적인 용어로 이 서신을 이해하려는 시도에 어려움을 추가하였다(대부분의 서신들은 하나의 감사항목을 갖고 있다). 하지만 사실상 이것이 바울이 감사를 전하고 있는 서신의 세 곳 가운데서 두 번째라는 것을 인식한다면, "감사"가 서신의 형식적인 특징이며 서신의 첫 번째 주요한 부분을 통해서 반복되는 주제임이 분명해 보인다. 1:2에서 바울의 감사는 궁극적으로 데살로니가인들에 대한 하나님의 선택에 근거하고 있고(1:4), 여기서는 말씀을 데살로니가인들이 수용한 것을 그가 감사하고 있으며, 3:9에서는 그들의 계속된 인내에 대해서 감사할 것이다(3:8).[1]

1. 참조. George Lyons, *Pauline Autobiography. Toward a New Understanding*(Atlanta: Scholars, 1985), 189.

이 단락은 서신의 구조에서 전환적인 역할을 한다.[2] 2:12에서 바울의 초점은 선교사들의 행위에서(2:1-12의 주요한 주제) 데살로니가인들의 행위로 전환된다. 이제 여전히 데살로니가인들에 대한 초점을 두고 있는 바울은 1:6에서 다룬 요지를 선택하여 더 발전시킨다. 심각한 고난에도 불구하고 복음을 데살로니가인들이 수용한 것(2:13-14). 나아가서 고난에 대한 이 언급은 그가 2:17-20에서 언급할 것을 설정한다(그 구절들에서 그의 초점은 다시 한 번 데살로니가에서 선교사들에게도 전환시킨다). 15-16절(그의 거친 논조는 그것이 이 서신의 일부가 아니라고 일부 사람들이 주장하게 했다[3])은 (2:14의 말미에) "유대인들"이란 언급에 의해 촉발되는 삽입구적인 편집적 언급의 특징을 일부 갖는다.

이 항목을 통해서 바울이 계속해서 그의 독자들을 격려하는 목표는 역시 분명하다. 바울은 (1) 데살로니가인들이 현재의 행위의 패턴을 유지하도록 격려하기 위해 칭찬할 가치가 있는 그들의 과거 행위를 상기시키고(13절), (2) "그들이 동족들에 의해 고난을 받는 것이 하나님의 백성들의 핍박의 폭넓은 묵시적 구조의 일부였다는 것을 보임으로써 그들의 결의와 정체성의 의미를 강화시키기를 추구한다"[4](14-16절).

데살로니가인들에 대한 감사(2:13)

감사의 말씀을 시작한 후에 바울(그가 1:2에서 그랬던 것처럼)은 재빨리 왜 감사하는지 이유를 밝힌다(참조. '호티', "왜냐하면").[5] 데살로니가인들은 선교사들이 전한 말씀을 인간의 말이 아니라 그것의 진정한 본질에 따라서 "하나님의 말씀"으로 "받고" "수용하였다."[6] 데살로니가인들이 복음을 하나님의 말씀으로 수

2. 참조. C. A. Wanamaker, *Thessalonians*, 109.
3. 2:13-16의 진정성에 관한 논의에 대해서는 서론을 보라.
4. C. A. Wanamaker, *Thessalonians*, 109.
5. 2:13을 여는 "그리고 이 때문에"(NIV는 오직 "그리고"만을 갖는다, 개역개정은 "이러므로")는 앞이나 뒤를 가리킬 수 있었을지라도, 이어지는 "때문에"가 그것이 앞을 가리키는 것임을 보여준다. "또한"(also, 헬라어에서 두 번째 '카이')에 대해서 많은 해석이 주어질지라도, 그것을 1:2로부터 이어진 감사의 주제를 재개하는 것으로 간주하는 것이 가장 좋아 보인다(고로 Peter T. O'Brien, *Introductory Thanksgivings in the Letters of Paul* [Leiden: Brill, 1977], 153-54; 대안들의 요약에 대해서는 C. A. Wanamaker, *Thessalonians*, 110)을 보라.
6. "받다"와 "수용하다"는 각기 '파랄람바노'와 '데코마이'를 번역하고 있다. 전자는 권위적인 전통을 수용하는 것에 사용되는 전문적인 용어(참조. 고전 11:23; 또한 15:1, 3; 갈 1:9, 12; 살전 4:1)인 반면에 후자(또한 살전 1:6에서도 사용됨)는 아마도 받는 자에게 더 많은 강조가 두어지고 있다.

용하였다는 가장 분명한 증거는 그들이 기꺼이 그 말씀을 위해 고난을 받으려했다는 것이다(2:14)[7] 그들이 결과적으로 겪었던 "심각한 고난"에도 불구하고, 복음을 수용했다는 사실—그들이 그 말씀이 단순히 인간에게서 기원된 것으로 생각했다면 그것을 위해서 아마도 그리 행하지 않았던 일—은 바울이 그들의 헌신을 믿을 수 있게 된 증거였다. 또한 바울은 하나님의 말씀이 데살로니가인들 속에 현재에 "역사하고" 있다는 것을 확신했다. 그가 이 사실을 어떻게 알게 되었는지는 말하고 있지 않을지라도 말이다. 1:5에 비추어 "말씀"의 역사는 아마도 성령의 사역과 관련되어 있을 것이다.

데살로니가인들이 "하나님의 말씀"을 수용한 직접적인 결과는 그들이 "동족"(인종적인 의미보다는 정치적이거나 지역적인 의미에서 이해되는)들로부터의 적대를 당하게 되었다는 사실이다. 사도행전 17:5-9은 이 일이 왜 일어났는지에 관한 단서를 제공해준다. 데살로니가인들이 "주 예수"를 받아들임으로써 그들은 "주 가이사"의 주권에 대한 주장과 제국의 제의를 시민 종교로 받아들이지 않았음을 함축한다. 그러므로 그들은 기존의 사회적 질서와 정부에 대한 위협으로 인식되었다.

데살로니가인들과 박해:
고난을 마다하지 않음(2:14-16)

데살로니가인들이 겪었던 고난은[8] 주 예수와 선교사들만이 아니라(1:6) 다른 신자들과 회중들과도 공동체적 공감대(solidarity)를 갖게 했다(2:14). 헬라어 '에클레시아'("교회")가 아직 전문적인 용어가 아니었지만, 헬라 또는 유대(Jewish) 그룹들의 넓은 범주를 가리킬 수 있었기 때문에 바울은 보다 정확하게 어느 그룹을 염두에 두었는지를 정의하는 일이 필요했다. 그것은 "예수 그리스도 안에 있는 하나님의 교회"(참조. 1:1)이다. 이 어구는 데살로니가인들이 다른 회중들—여기서는 특히 "유대의 회중들"(즉, 로마 유대의 제한된 지역만이 아니라, 사마리아와 갈릴리를 포함하는 팔레스타인; 참조. 눅 1:5; 23:5; 행 10:37)—과 공유하고 있

7. 단지 "형제들"만이 아니라 전체 공동체를 포함하는 2:14에 '아델포이'의 의미에 대해서는 이전의 1:4의 주석을 보라.

8. "본받는 자가 되었다"란 어구(참조. 1:6)는 고난이 데살로니가인들이 추구했던 것이 아니라 복음을 수용한 결과로 고난이 발생했다는 것을 암시한다.

는 그리스도 안에서 하나됨을 그들에게 상기시킨다. 우리는 바울이 모범으로서 왜 유대교회를 선택하고 있는지 또는 그가 과거나 현재에 어떤 환경을 염두에 두었는지를 알 수 있는 정보가 없다.[9]

그러나 바울은 유대 신자들이 겪고 있는 박해의 근원을 분명히 한다. 그것은 "유대인들"이었다(2:14b). 그러나 바울이 말하는 "유대인들"로는 누구를 의미하였는가? "유대에 있는 교회들"이란 언급에 비추어 볼 때, 이 "유대인들"은 유대의 유대인 거주자들임이 틀림없다. 보다 구체적으로는 그들은 "…를 죽였던 유대의 유대인 거주자들"이다. 즉 많은 번역들(예. NIV, NRSV, NAB, NASB)이 "유대인들" 다음에 두고 있는 콤마—그것은 그 언급을 "모든 유대인들"을 포함하는 것으로 일반화시키는 효과를 갖는다—는 삭제되어야 한다.[10] 요컨대 바울이 지칭하고 있는 것은 유대에 있는 모든 유대인들이 아니라, 15-16절에서 언급된 어떤 방식으로든 구체적인 활동에 참여하거나 취했던 사람들을 가리킨다.[11] 이 활동들은 유대회중들의 박해와 더불어 (1) 메시아와 선지자를 죽였던, (2) "우리를" 쫓아내었던, (3) 하나님을 기쁘시게 하지 못하고 (4) 인간에 대한 일반적인 적대로 인해 선교적인 노력을 방해하던 것을 포함한다.[12]

---

9. 바울이 왜 유대교회를 선택했는 지와 관련한 주장들의 목록에 대해서는 E. Best, *Thessalonians*, 113을 보라; 그가 가리키는 가능성 있는 정황에 대해서는 F. F. Bruce, *1 and 2 Thessalonians*, 46, and C. A. Wanamaker, *Thessalonians*, 113을 보라.

10. Frank D. Gilliard, "The Problem of the Antisemitic Comma Between 1 Thessalonians 2.14 and 15," *NTS* 35(1989): 481-502; 참조. C. F. D. Moule, *An Idiom Book of New Testament Greek*(2nd ed.; Cambridge: Cambridge Univ. Press, 1959), 106-7. 그는 이어지는 어절(2:14a에 교회를 정의하는 어구의 일부와 형태상으로 유사한 분사어구)이 일반적이 아니라 제한적이다. 게다가 논리적인 관점에서 그것은 바울이 문자적으로 "모든 유대인들"을 의미했었을 것 같지 않다. 바울을 포함하여 예수를 메시아로 인식했던 사람들의 상당수가 사실상 유대인들이었기 때문이다(참조. 롬 11:1).

11. W. D. Davies, "Paul and the People of Israel," *NTS* 24(1977-78): 8은 바울이 유대 백성들을 집합적으로 말할 때, 그가 그들을 "히브리인들"이나 "이스라엘/이스라엘 백성들"이라고 부르는 것을 주목한다. 또한 W. Marxsen, *Der erste Brief an die Thessalonicher*(Zürich: Theologischer Verlag, 1979), 48-51; L. Morris, *The First and Second Epistles to the Thessalonians*, 83을 보라. 그러나 이것은 주석가들 사이에 소수적인 견해라는 것을 인식해야 한다.

12. 이런 비난들은 2:15-16a의 네 분사들을 반영해준다. 이 번역들은 2:15-16a에서 반복되는 '카이'와 이 분사들을 취급하는 일에서 상당히 다양하다. "주 예수와 선지자들을 죽이고('카이') 우리를 쫓아내고('카이') 하나님을 기쁘시게 하지 아니하고('카이') 모든 사람에게 대적이 되어('카이')…" 2:15a에서 NRSV("주 예수와 선지자들을 죽였다")는 첫 번째 '카이'를 "죽였다" 이전이 아니라 이후에 오는 것처럼 다루는 반면에, NIV("주 예수와 선지자들을 죽였고, 우리를 쫓아내었다")는 첫 번째 '카이'를 무시하고 세 번째 '카이'를 마치 더 긴 어구이었던 것처럼 번역한다. 선호되는 것은 (1) "주 예수와 선지자를 죽였고 우리를 몰아내었다"(NASB)이며 그것은 동사들인 "죽였다"와 "몰아내었다"와 긴밀하게 연결된다. 또는 (2) "역시 주 예수와 선지자를 죽였고 우리를 몰아내었다"(개인적인 번역)이며, 그것은 비난의 논조의

2:15-16에서 비난의 목록은 크리스천, 유대인, 그리고 이교 불평 자들이 묘하게 혼합되어 있다. 메시아의 죽음에 대한 유대인의 책임을 비난한 것(참조. 요 11:45-53; 18:28-31; 또한 행 2:23, 36; 3:13-15; 4:10; 7:52; 10:39; 13:28)은 실제적인 처형이 본디오 빌라도의 명령으로 로마 병사들에 의해 시행되었을지라도 빌라도가 유대 지도자들의 소수 그룹에 의해 그렇게 하도록 선동을 받았다는 점에서는 정확하다. 신약성경의 다른 곳(마 23:29-37//눅 11:47-51; 13:34; 행 7:52; 참조. 마 5:12)과 현대의 유대 문헌(Mart. Isa. 5:1-14)에서도 나타나는 "선지자들을 죽였다"는 비난은 구약성경에 뿌리내려 있다(왕상 19:9-18; 대하 36:15-16; 렘 2:30). 그 구절들에서 모든 유대인들이 아니라, "신실한 남은 자들"이 아닌 다른 사람들에 대한 비난이 분명히 의도되어 있다(바울이 롬 11:2-5에서 왕상 19:10, 18과 관련하여 만들고 있는 요지; 참조. 1QM 13.8-9).

이것은 분명히 동료 유대인들에 대해서 유대인들이 전형적으로 만든 "내부자의 비난"이다. "우리를" "쫓아낸"(여기서 꽤 적절한데, '에크디오코'의 근본적인 의미) 유대인들을 비난함에 있어서, 바울은 자기 자신을 영향을 받은 유대 크리스천들 가운데 분명히 포함시킨다(행 8:1, 4; 8:23-25, 29-30). "우리를"이 오직 바울과 그의 동료들만을 가리킬 수 있음이 가능하기는 할지라도, 이어지는 바울의 선교적인 노력에 대한 구체적인 언급에 비추어 이것은 더욱더 일반적인 언급일 가능성이 높아 보인다. (메시아를 예견한) 선지자, 메시아, 그리고 (메시아를 선포한) 기독교 선교사들에 대한 배척을 묘사하면서 바울은 "구약성경 시대에서 그 자신의 시대에 이르기까지 하나님의 대리자들에 대한 유대인들의 배척의 형태가 계속되고 있음"을 함축한다.[13]

"하나님을 기쁘시게 하지 아니하고"(2:15; 참조. 2:4)는 본질적으로 언급된 다

특징을 취한다. 2:15b-16a에서 경쟁하는 구조적인 패턴들이 있다. 15-16절의 첫 세 어절들이 분사가 뒤따르는 명사나 대명사구로 구성되어있을지라도, 네 번째 어절에서 명사어구를 형용사("적대적인")와 그 다음에 분사("방해하는")가 뒤따르른다. NIV("그들은 우리가 하지 못하게 모든 사람에게 적대적이 되어…")와 NRSV("그들은 우리를 방해함으로서 모든 사람들을 적대하고…")는 형용사가 즉시 명사절을 뒤따라 나올 때 그것을 강조한다. 그들은 처음 세 분사와 유사한 분사인 것처럼 그 형용사를 다루고, 뒤이어 나오는 분사를 그것에 종속시킨다. 대안적으로 네 분사들의 분명한 평행을 강조할 수 있다. NASB("우리를 방행하여 하나님을 기쁘시게 하지 않고 모든 사람들에게 적대적인")처럼 말이다. 하지만 그것은 '카이'를 대조되는 것이었던 것처럼 연결구문으로 다룬다("하지만", '데' 또는 '알라'). 오히려 그것을 "그들이 하나님을 기쁘시게 하지 않고 인간에게 적대적이 되어 우리를 방해하고 있다…"로 번역해야 한다(참조. E. J. Richard, *Thessalonians*, 121-22).

13. C. A. Wanamaker, *Thessalonians*, 115.

른 활동들에 기초한 결론이다. 바울은 하나님의 메시아와 그의 지정된 선교사들을 반대하는 사람들은 하나님을 기쁘시게 하지 못한다는 것을 당연하게 여긴다.[14] "모든 사람에게 대적이 되어"(NIV "적대적인")는 그리스 로마 세계에 폭넓은 반유대 감정을 반영하고 있는데, 그것은 유대의 인종적 종교적 배타주의(사실 그 점은 유대인들의 하나님에 대한 신실함의 문제였다)를 다른 이들에 대한 관심의 부족이나 증오의 증거로 해석했다.[15] 바울은 일부 유대인들의 편에서의 이런 적대를 비판 목록들, 즉 이방인들의 구원을 목표로 한 그의 선교를 방해하거나 가로막는(동사에 대해서는 행 16:6; 롬 1:13; 고전 14:39를 참조하라) 노력의 마지막 항목에 대한 동기로서 간주한다.[16]

이런 활동들은 "자기 죄를 채우는" 것과 관련이 있다(2:16, NRSV). 이 어구는 창세기 15:16을 반영하고(참조. 단 8:3; 마카비2서 6:14-15; 마 23:32), 그 시대에 유대인과 크리스천들의 문서에 흔하였던 개념을 표현한다.[17] 여기서 사용된 문법적인 구조('에이스 토'+부정사)는 바울에게서 목적으로 보통 나타낸다.[18] 하지만 그것은 역시 결과를 나타낼 수 있고(참조. NASB, "그 결과로"), 그것은 "항상"이란 말에 비추어 여기서 좋은 의미를 만들어준다. 다시 말해서 불순종함으로 "하나님을 기쁘시게 하지 못하고" 심판을 자신들에게로 가져왔던 이전 시기의 조상들이건 바울 시대의 유대인들이건 간에, 이스라엘의 일부 사람들이 거의 항상 그래왔던 것으로 보인다.[19]

심판은 사실상 이 항목에서 바울의 마지막 진술의 주제다: "하지만 하나님의

---

14. E. Best, *Thessalonians*, 117이 지적하는 것처럼 "하나님을 기쁘시게 하는 것은 참된 행위를 표현하기 위해 바울이 즐겨 사용하는 표현이다(롬 8:8; 고전 7:32-4; 갈 1:10; 살전 2.4, 15; 4.1; 참조. 고후 5:9); 그는 예수에게 조차도 그 표현을 사용한다(롬 15:3)."

15. 예를 들어, 로마의 역사가 타키투스는 "그들 사이에 흔들림 없는 충성과 적극적인 긍휼이 있지만, 모든 사람들에 대한 적대와 미움이 있다"고 비난한다(*Annals* 5.5.2). 더 자세한 것은 M. Whittaker, *Jews and Christians Graeco-Roman Views*(Cambridge: Cambridge Univ. Press, 1984), 14-130을 참조하라.

16. 이방인들에게 설교하는 일에 대한 이런 반대는 유대인들에게만 제한되지 않았다. 기독교 운동의 초기 시절에 적지 않은 크리스천들이 이방인들을 복음화하려는 노력을 적극적으로 비판했다(참조. 11:2).

17. E. J. RIchard, *Thessalonians*, 122의 언급.

18. 참조. N. Turner, *Syntax*, 143; BDF, §402.2; 그렇다면 바울이 염두에 둔 것은 하나님의 목적이다(참조. Rom. 11:7-10, 28-32).

19. 참조. 대하 36:15-17: "그 조상들의 하나님 여호와께서 그의 백성과 그 거하시는 곳을 아끼사 부지런히 그의 사신들을 그 백성에게 보내어 이르셨으나 그의 백성이 하나님의 사신들을 비웃고 그의 말씀을 멸시하며 그의 선지자를 욕하여 여호와의 진노를 그의 백성에게 미치게 하여 회복할 수 없게 하였으므로 하나님이 갈대아 왕의 손에 그들을 다 넘기시매 그가 와서 그들의 성전에서 칼로 청년들을 죽이며 청년 남녀와 노인과 병약한 사람을 긍휼히 여기지 아니하였으며"(개역개정).

진노가 마지막에 그들에게 임하였느니라"(2:16, NRSV).[20] 예수가 이 "진노"에서 신자들을 구하시는 반면에(1:10), 하나님에게 대적했던 사람들은 그 진노를 피하지 못할 것이다(참조. 5:3)—실로 바울은 그것이 이미 "그들에게 임했다"라고 말한다. 나는 이 마지막 어구를 요한복음 3:18에서 표현된 개념의 흐름을 따라 해석한다: "그를 믿는 자는 심판을 받지 아니하는 것이요 믿지 아니하는 자는 하나님의 독생자의 이름을 믿지 아니하므로 벌써 심판을 받은 것이니라."[21] 즉 하나님의 메시아에 대한 배척은 하나님이 모든 사람들에게 구원을 가져오게 하신 분에 대한 배척을 의미한다는 점에서 심판에 이른다.[22]

상황잇기

관찰들. 데살로니가전서의 이 항목에서 관심의 주요한 주제는 "유대인들"에 대한 바울의 진술이다.[23] 바울이 이 단락에서 "받아들일 수 없는 반셈적 입장"을 유지하고 있다고 말하는 것이 정확한가?[24] 특히 홀로코스트 이후 시대에 우리는 이 단락에 대해서 무엇을 말할 수 있는가? 이 항목을 이해하는 과정에서 몇 가지 관찰들을 시도할 수 있다.

(1) 이전의 결론을 재진술하면, 바울은 여기서 "모든 유대인들"에 대해서 말하고 있지 않았다. 그의 주요한 초점은 예수를 하나님의 메시아로 인식하지 않았을 뿐 아니라 그를 메시아로 인식했던 사람들을 적극적으로 반대하였던 당대의 사람

20. 이 어구(그것은 레 6:11과 거의 동일한 형태로 나타난다)는 전문적인 해석적 난해함으로 가득하다—이 동사는 부정과거시제인데 사람들은 그곳에서 완료나 현재를 예상했을 것이다. 그것은 적어도 두 가지 다른 방식으로 취할 수 있다. 적어도 네 의미들이 마지막 두 용어들인 '에이스 텔로스'에 제기되었다(NIV는 "마침내")—우리는 지면상의 한계로 여기서는 충분히 논의할 수 없다. E. Best, *Thessalonians*, 119-23; E. J. Richard, *Thessalonians*, 122-23, 125-27; C. A. Wanamaker, *Thessalonians*, 116-18; I. H. Marshall, *1 and 2 Thessalonians*, 80-83을 보라.

21. 이 구절에 관해서는 D. A. Carson, *The Gospel According to John*(Grand Rapids: Eerdmans, 1991), 207; R. Bultmann, *The Gospel of John. A Commentary*(Oxford: Blackwell, 1971), 155을 보라. 바울의 어구에 대한 유사한 해석에 대해서는 D. A. Hagner, "Paul's Quarrel with Judaism," in *Anti-Semitism and Early Christianity: Issues of Polemic and Faith*, ed. C. A. Evans and D. A. Hagner(Minneapolis: Fortress, 1993), 132-33; C. A. Wanamaker, *Thessalonians*, 117을 보라.

22. 이런 견해에 함축되어 있는 것은 심판의 역전에 관한 가능성이다. 만약 복음을 반대하던 자들이 하나님과 그의 메시아에 대한 적대를 중단한다면 말이다.

23. 여기서 부상하고 있는 다른 중요한 주제는 다른 곳에서도 역시 나타나고, 다음과 같은 곳에서 다루어진다: 감사하는 것(3:9), 하나님의 말씀으로 복음을 수용하는 것(참조. 1:6), 그리고 복음을 위해 고난을 당하고 박해를 받는 것(3:3-4; 참조. 또한 1:6).

24. E. Best, *Thessalonians*, 122.

들이다.

(2) 바울은 기독교가 유대교와 분명히 구분되지 않았을 때, 역사의 한 시기에 유대인으로써 이 글을 썼다(참조. 갈 2:15; 빌 3:4-6). 즉 그는 "인사이더"(내부자)로서 이 글을 썼고, 그의 언급들은 다른 "내부자들"과 내부 논쟁에 참여하고 있는 사람의 말이다.

(3) 바울은 정체성과 생존을 위해 싸우는 소수파 운동의 일원으로서 이 글을 썼다.[25]

(4) 바울은 과장법을 대중적인 강화의 요소로 인식하고 인정했던 수사적인 문화의 상황에서 이 글을 썼다. 게다가 과장법에 대한 그의 사용은 당대 그리스로마와 유대의 수사학적 문화만이 아니라, 그의 서신의 다른 곳에서 볼 수 있는 것처럼, 그가 과장법을 사용한 맥락 속에서 살펴야 한다(예를 들어, 고후 11장을 보라). 기독교 반대자들에 대한 그의 과장법의 진술들은 어떤 시기의 한 시점에서 그들에 대한 그의 감정을 반영했던 것과 동일한 방식으로, 여기서 데살로니가전서에서 "유대인들"에 대한 그의 언급도 역시 그러해야 한다.[26]

(5) 바울의 목적은 근본적으로 목회적이다. 그는 데살로니가인들을 격려하고 강화시키는 일을 추구하고 있었다. 박해에 대한 그들의 경험과 박해자들의 활동은 오랜 기간에 있었던 행동의 일부였다는 사실을 그들에게 보임으로써 말이다. 이것은 "유대인들"에 대한 그의 언급이 "유대인들"에 대한 그의 견해의 주요한 우선되는 차원의 또는 완전하게 발전된 표현이 아니라 구체적인 목표, 즉 데살로니가인들을 격려하기 위해 만들어진 부차적인 특별한 묘사였음을 의미한다.

의미. 몇 가지 의미를 이런 관찰들에서 이끌어낼 수 있다. (1) 바울이 모든 유대인들에 대해서 말하고 있지 않았다는 관찰은 이 단락이 오늘날의 크리스천들에게 일반적으로 "유대인들"에 대한 진술이나 태도를 형성할 수 있는 근거를 절대적으로 제공하지 않는다는 것을 의미한다.

(2) 바울의 언급은 하나님의 메시아의 정체성에 대하여 일부 유대인들과 신학

25. 요지 2와 3과 관련해서 여기서 바울의 언급과 가장 유사한 것이 다른 1세기 유대 소수파 운동, 즉 쿰란의 유대 공동체의 글들에서 발견되는 것은 의미심장하다. 참조. 1QM 3.6-9; 11:10-11; 13.1-12; 1QS 2.4-17; 3.1-6; 4.9-14; CD 1.16-2.1; 5.12-17; 8.1-13.

26. Carol J. Schlueter, *Filling Up the Measure: Polemical Hyperbole in 1 Thesssalonians 2.14-16*(Sheffield: JSOT, 1994); L. T. Johnson, "The New Testament's Anti-Jewish Slander and the Conventions of Ancient Polemic," *JBL* 108(1989): 419-41을 보라. 또한 C. A. Wanamaker, *Thessalonians*, 118-19을 참조하라.

적인 불일치를 표명한다. 그것은 전체 유대 백성들의 범주에 대한 묘사나 공격이 아니다. 그러므로 바울의 언급은 "반셈족주의적"(즉, 인종차별적인 것에 기초한 것)이지 않다.[27]

(3) 바울의 환경과 오늘날 크리스천의 환경 사이의 대조는 이보다 더 클 수가 없다. 바울과 기독교 운동에 참여하고 있는 사람들은 폭넓게 법적으로 사회적으로 인정된 종교(유대교)의 구성원들에 의해 핍박을 받고 있었던 반면에, 수세기 동안 이제 기독교는 지배적이고 또 일반적으로 인정되는 종교가 되었고 유대교는 박해받는 소수파 종교가 되었다(어떤 면에서는 여전히 그러한 상태에 있다). 아울러 크리스천들이 오늘날 유대교에 대해서 말할 때, 그들은 분명히 "아웃사이더"(외부자)로서 말한다. 따라서 바울이 박해받는 소수파 운동의 정황에서 "내부자"로서 말했을 때에 적절했던 언급들은 크리스천들이 유대교와 관련해서 ⓐ"아웃사이더"가 되고 ⓑ 아울러 유대교를 박해한 길고 부끄러운 역사를 가진 지배적인 사회 그룹의 구성원이라는 맥락에는 적용되지 않을 것이다.[28]

(4) 관찰 4와 5의 의미는 바울의 언급이 여기서 그가 보다 자로 잰 듯한 의도적인 용어로 "유대인들"에 관한 견해를 표현한 다른 언급들에 비추어서 함께 취해야 한다는 것이다. 즉 여기서 유대교 내에서 구체적인 소집단을 묘사하는 그의 언급은 하나님의 백성들('라오스', 참조. 11:1a) 즉, 이스라엘의 장래를 보다 일반적인 용어로 논하는 로마서 9-11장과 같은 단락들을 따라서 독법해야 한다.

(5) 이 단락은 특별한 시점에서 어떤 반대자들에 관한 바울의 묘사이지, 다른 상황에서 크리스천들이 그들의 대적자나 적들을 간주해야 하는 규범이 아니다.

이런 의미를 염두에 두고서 우리는 오늘날 신자들을 위한 이 단락의 현대적 관계성을 상고하는 것으로 나아가보자.

---

27. "반셈족주의"는 "인종차별"에 기초한 현대적 개념이다(그 자체로 문제가 있는 현대적 구성). 그것은 신학적으로 기초한 "반유대주의"와 상당히 다르다. 반유대주의는 개인의 종교적 헌신에 기초하고 있다. 그것은 바뀔 수 있는 것이다(예를 들어, 개종을 통해). 즉 유대교에서 기독교로 개종한 사람은 더 이상 "유대인"이 아니라 "기독교인"으로 간주될 것이다(어쨌든 종교적인 관점에서). 그러나 반셈족주의는 바뀔 수 없는 특징에 근거하고 있다(즉, 그 사람의 "인종"). 즉 유대교에서 기독교로 전향한 유대인은 반셈족주의의 관점에서는 여전히 유대인이다.

28. 기독교인의 반셈족주의의 간단한 개관에 대해서는 Sidney G. Hall III, *Christian Anti-Semitism and Paul's Theology*(Minneapolis: Fortress, 1993), 23-51을 보라. 20세기의 보수적인 기독교인들 가운데 반셈족주의에 관해서(그리고 그 반대자들)는 David A. Rausch, *Fundamentalist Evanglicals and Anti-Semitism*(Valley Forge, Pa.: Tritinity Press International, 1993)을 보라.

현대적 의미

이전의 관찰에 비추어, 이 본문의 책임 있는 적용은 최소한 이 어려운 단락이 제기하는 세 가지 기회를 충실하게 활용하는 것이라고 나는 생각한다.[29]

반셈족주의 문제를 대처하기. 이 단락은 반셈족주의의 이슈를 대면할 기회를 우리에게 제기한다. 2차 세계대전 동안에 반셈족주의 이념이 보여준 끔찍함에도 불구하고, 20세기 말은 반셈족주의적인 견해와 활동의 재출현을 목격했다. 특히 유럽과 미국에서 말이다. 유럽에서 이런 재출현은 자주 신(新)나치 그룹과 연관되었고, 미국에서 많은 논쟁을 일으켰던 것은 소위 "시민군 운동"(militia movement)이다. 특히 곤란한 것은 이 그룹의 많은 사람들이 자신을 반셈족주의자이자 동시에 크리스천(예를 들어, 기독교 정체성 운동)이라고 명백히 주장하고 있다는 사실이다.[30]

그러한 상황에서, 특히 유대인을 박해한 우리의 길고 비극적인 역사 때문에 크리스천들은 인종차별적인 어느 형태와 같은 반셈족주의를 잘못된 것으로 주장하는데 있어서 적극적으로 솔직할 필요가 있다. 단순히 공통된 사회적, 문화적, 종교적, 또는 인종적 특징을 공유하고 있기 때문에 어떤 그룹을 차별하고, 적대하고 또는 공격하는 것은 기독교적이 아니다. 그것은 죄다. 실로 반셈족주의나 인종차별적인 어떤 다른 형태를 주창하는 기독교 그룹은 나의 견해로서는 "크리스천"이라 불릴 권리를 빼앗겼다고 생각한다.

현재의 단락을 너무 쉽게 오해하고 반셈족적 편견을 지원하는 것으로 왜곡할 수 있기 때문에 이 단락에서는 바울이 반셈족적이지 않다는 것을 강조하는 것이 중요하다. 기독교와 유대교 사이에는 근본적인 신학적 차이가 있다—기독교는 예수를 메시아로 인정하지만, 유대교는 그렇지 않다—종교로서 유대교에 대한 이 '기독론적으로 기초한' 적대는 신약성경을 통해 표현된다. 학자들은 이것을 "반유대교"라 명명했다. 유감스럽게 이 신학적인 차이는 유대인에 대한 인종적인 이유에 기초한 차별을 자주 불러일으켰다—즉, 반셈족주의. 어느 종류의 반셈족주의든지 간에 신약성경에서 그 근거를 찾을 수 없음을 우리는 강력하게 강조해야 한다.

---

29. 진정으로 이와 비교되는 상황(즉, 사회적으로 지배적인 그룹에 의해 공격이나 반대를 당하고 있는 박해받는 소수파의 사람들)에 있는 자신을 발견하는 오늘날의 기독교인들에게서 이 단락이 갖는 의미에 대해서는 이전에 3:1-5의 논의를 보라.

30. Richard Abanes, *American Militias. Rebellio, Racism, and Religion* (Downers Grove, Ill.: InterVarsity, 1996), 특히 131-88을 보라.

바울은 반셈족주의자가 아닐 뿐 아니라, 여기서 그의 언급은 당대 유대의 구체적인 그룹에게 적용될 뿐이다. 그러므로 오늘날 유대인들을 향한 부정적인 태도에 절대적으로 근거를 제공하지 않는다. 우리가 전반적으로 유대인들에 대한 바울의 사상을 보게 되는 것은 데살로니가전서 2:14-16에서가 아니라 로마서 9-11장에서다. 이 로마서 9-11장에서 그는 하나님이 그의 백성(롬 11:1)들을 배격하지 않으셨음을 분명히 하고, 하나님 앞에서 자신의 신분의 우월함을 자랑하는 경향이 있는 비유대인들을 강력하게 경고한다. 만약 그들이 그렇게 한다면, 하나님의 심판의 위험성에 놓이게 될 것이다(11:17-22).

"내부자"와 과장법 용어를 사용하는 일의 위험성. 바울이 쉽게 오해되었던 것은 "내부자"(인사이더)와 과장법 용어를 부적절한 상황에서 사용한 일의 본질적인 위험성을 우리가 묵상할 기회를 제공해준다. 바울이 "내부자"로서 글을 쓰고 그의 가까운 친구들과 공유했던 것은 이 문맥에서 그들에게서 의미가 있었고 또 이해가 되었다. 그러나 독자들이 본래의 정황과 다른 상황에 놓이게 되자마자, 바울의 의도적인 과장법적 진술은 그들에게 다르게 들려졌고, 수세기에 걸쳐서 그것들은 심각하게 오해되었다.[31]

바울의 말로 인해 겪게 된 문제는 말하는 것과 말하는 방법에 대해서 세심한 관심을 기울이도록 오늘날 크리스천들에 대한 경고로 역할할 수 있다. 그들이 말한 것이 다른 상황들에서 반복되거나 전달될 수 있다면 더욱 그러하다. 우리의 목표는 (1) 복음과 기독교인의 확신과 기독교적 경험을 분명하게 전달할 수 있어야 하고, (2) 효과적인 커뮤니케이션에 불필요한 장애나 방해를 가져오지 않게 하는 방식으로 그리하는 것이다. "내부자" 용어와 과장법은 현 단락의 사례가 보여주는 것처럼 복음의 분명하고 효과적인 전달에 대한 장애가 될 수 있다. 그러므로 크리스천들은 그것들을 사용함에 있어서 조심하고 세심해야 한다.

프로미스 키퍼 운동이 초기에 부딪혔던 부정적인 반응과 오해의 일부가 보여주는 것처럼, "내부자"에게 의미했던 말, 개념, 사상은 동일한 가설이나 내부자적인

31. W. D. Davies가 지적하는 것처럼, "바울의 서신이 유대교를 거의 이해하지 못했던 이방인들에 의해 읽혀졌을 때, 바울에 대한 오해는 거의 불가피했다.…공통된 유대교 전승의 해석에 대한 바울과 그의 동족들 사이에 분쟁은 언젠가 이 상황에서 제거되었고, 더 이상 공통된 전승의 재해석에 관한 시도로서가 아니라 적대에 대한 시초로서 나타났다.…유대인들 사이에서 분열은 전체로서의 이스라엘 백성과 유대교에 대한 비난과 거부로 나타나게 되었다"—바울이 맞서 싸웠던 경향(W. D. Davies, "Paul and the People of Israel," *NTS* 24[1977-78]: 22).

관점을 공유하지 않는 사람들에게 꽤 다르게 들릴 것이다. 예를 들어, 일부 화자들이 "집에 책임이 있다"와 같은 어구에서 의미하는 바가 다른 일부 보고자들과 외부 관찰자들이 생각하는 의미와 전혀 달랐다. 또는 공직을 위한 일부 크리스천 정치 후보자들이 깨달았던 것처럼, 동료 크리스천들에 의해서는 쉽게 이해되는 어구와 개념들이 비크리스천들에게는 자주 전혀 의사소통이 되지 않거나 심각하게 오해를 불러일으킨다.

이런 상황에 비추어—그리고 말들이 글자 그대로 수 초만에 우주를 돌고 우리가 좀처럼 상상할 수 없는 상황에 들려질 수 있는 현재의 커뮤니케이션 기술의 상태에 비추어—우리는 우리가 말하는 것과 말하는 방법에 대해 세심한 상고를 하는 것이 좋을 것이다. 특히 그것이 논쟁적이거나 논증적인 용어의 종류와 관련이 있다면 더욱 그러하다. 크리스천들은 이슈나 차이에 관한 솔직한 논쟁에 참여하는 것을 주저하지 않아야 하지만, 복음과 또 그 복음이 제시하는 가치와 일치되는 방식으로 그리하기를 추구해야 한다. 불필요하게 나누고 분열시키는 방식으로, 또는 참된 이해에 장애를 일으키는 방식으로 그리하지 않아야 한다.[32]

박해자들에 대한 반응. 이 어구는 크리스천들이 자신들을 박해하거나 공격하는 사람들에게 반응해야 하는 방식을 재확인할 수 있는 기회를 제공해준다. 5:15("삼가 누가 누구에게든지 악으로 악을 갚지 말게 하고 서로 대하든지 모든 사람을 대하든지 항상 선을 따르라"—개역개정; 참조. 롬 12:17-19)에서 바울은 보복이 아니라 선한 일을 하는 것이 박해에 대한 적절한 반응임을 데살로니가인들에게 상기시킬 것이다(참조. 롬 12:20-21). H. 마샬이 지적한 것처럼, "바울이 썼던 것에서 어느 것도 데살로니가인들이 그들의 박해자들을 증오하거나 폭력적으로 반응해야 한다고 제기하지 않는다. 그들의 임무는 대적자들조차도 사랑함으로써 크리스천의 새로운 삶을 살고, 하나님께 복수를 맡기는 것이다."[33]

다시 말해서, 어떤 방식으로도 현재의 단락에서는 예수가 마태복음 5:44("너희 원수를 사랑하며 너희를 박해하는 자를 위하여 기도하라")과 누가복음 6:27-28("너희 원수를 사랑하며 너희를 미워하는 자를 선대하며 너희를 저주하는 자를 위하여 축복하며 너희를 모욕하는 자를 위하여 기도하라")에서 가르치셨던 것을 취소시

32. 이 문제에 관한 우수한 논의에 대해서는 Richard J. Mouw, *Uncommon Decency: Christian Civility in an Uncivil World*(Downers Grove, Ill.: InterVarsity, 1992)을 보라.

33. I H. Marshall, *1 and 2 Thessalonians*, 83.

키지 않는다. 또한 신자들이 박해나 공격에 반응하는 방법에 대해서 바울이 로마서 12:14에서 반영한 것("너희를 박해하는 자를 축복하라 축복하고 저주하지 말라")을 취소시키지 않는다. 대적들이나 박해자들에 반응하여 폭력을 행사하는 것은 복음의 방식이 아니다.

이것은 일부 크리스천들이 사회적인 압력에 대한 반응과 사회적 이슈에 접근하는 방식에서 점차적으로 폭력적이 되어가고 있는 시대에 재확증해주는 중요한 요지다. 예를 들어, 내가 염두에 두고 있는 종류의 폭력의 사례들은 유산(流産)을 행하는 병원에 대한 폭력적인 공격과 유산을 제공하는 자들을 죽이는 일, 또는 자칭 크리스천 운동들(비느하스 제사장과 같은 것들[34])이라 주장하는 자들에 의한 강도와 폭력과 살인에 대한 지지를 포함한다. 게다가 우리 시대는 대량학살의 보고와 명목적으로 기독교 사회 속에서의 잔악 행위가 흔하다(예. 이전 유고슬라비아에서의 "인종 청소").

다시 말해서 점차적으로 많은 크리스천들에게서, 어떤 이나 어떤 운동을 "적"으로 단순히 인식한다면, 그들에게 폭력을 사용하는 것이 충분히 정당화될 수 있다고 간주하는 것으로 보인다. 그러한 태도는 복음의 가르침을 간과하는 것일 뿐 아니라(이전에 지적했음), 역사의 교훈을 간과하는 것이다. 무력으로 "기독교" 사회를 부과하고, 만들거나 유지하려는 시도들은 일반적으로 순전한 재앙으로 인도되었다. 17세기의 30년 전쟁 동안에 유럽이나 오늘날 아일랜드나 르완다(인구의 90퍼센트나 기독교인이라고 고백하는 나라들)에서든, 크리스천 사이에 벌어진 폭력은 복음의 대의에 말할 수 없는 손상을 입혔다. 로마서 5:8-10에서 바울은 우리가 하나님의 모든 대적이었을 때조차도 하나님의 반응은 우리들을 위한 사랑을 보이셨음을 지적한다. 하나님을 믿는 신자들은 대적들에 대해서도 다르게 행동해야 한다.

34. *The CBS Evening News*, October 15, 1996이 보고하는 것처럼 군사적 무리들에 의한 폭력의 주창에 관해서는 Richard Abanes, *American Militias: Rebellion, Racism, and Religion*(Downers Grove, Ill.: InterVarsity, 1996), 209-21을 보라.

데살로니가전서 2:17-3:8

17 형제들아 우리가 잠시 너희를 떠난 것은 얼
굴이요 마음은 아니니 너희 얼굴 보기를 열
정으로 더욱 힘썼노라
18 그러므로 나 바울은 한번 두번 너희에게 가
고자 하였으나 사탄이 우리를 막았도다
19 우리의 소망이나 기쁨이나 자랑의 면류관이
무엇이냐 그가 강림하실 때 우리 주 예수 앞
에 너희가 아니냐
20 너희는 우리의 영광이요 기쁨이니라

3:1 이러므로 우리가 참다 못하여 우리만 아덴에
머물기를 좋게 생각하고
2 우리 형제 곧 그리스도의 복음을 전하는 하
나님의 일꾼인 디모데를 보내노니 이는 너희
를 굳건하게 하고 너희 믿음에 대하여 위로
함으로
3 아무도 이 여러 환난 중에 흔들리지 않게 하
려 함이라 우리가 이것을 위하여 세움 받은
줄을 너희가 친히 알리라
4 우리가 너희와 함께 있을 때에 장차 받을 환
난을 너희에게 미리 말하였는데 과연 그렇게
된 것을 너희가 아느니라
5 이러므로 나도 참다 못하여 너희 믿음을 알
기 위하여 그를 보내었노니 이는 혹 시험하
는 자가 너희를 시험하여 우리 수고를 헛되
게 할까 함이니
6 지금은 디모데가 너희에게로부터 와서 너희
믿음과 사랑의 기쁜 소식을 우리에게 전하고
또 너희가 항상 우리를 잘 생각하여 우리가
너희를 간절히 보고자 함과 같이 너희도 우
리를 간절히 보고자 한다 하니
7 이러므로 형제들아 우리가 모든 궁핍과 환난
가운데서 너희 믿음으로 말미암아 너희에게
위로를 받았노라
8 그러므로 너희가 주 안에 굳게 선즉 우리가
이제는 살리라

원 의미

2:13에서 바울의 초점은 선교사들의 행동에서 데살로니가인들의 행동으로 전환되었다. 그는 이전에 (1:6에서) 제기했던 요지, 즉 심각한 고난에도 불구하고 복음을 수용한 일을 선택하여 좀 더 발전시켰다(2:13-14). 이제 바울의 초점은 선교사들(재개적인 "하지만…우리는"을 참조하라)과 데살로니가인들에 대한 그들의 태도로 전환된다. 2:1-12에서 바울은 그와 그의 동료들이 데살로니가에 있

을 동안에 데살로니가인들에게 관심을 보여주었던 방식을 강조했다. 여기선 그들이 그 도성을 어쩔 수 없이 떠나게 된 이래로 데살로니가인들에 대한 그들의 관심을 보여주기를 계속했던 방식을 그는 강조한다.

2:17-3:8에서 특히 명백한, 이 서신에서 흐르는 의미심장한 요소는 우정이란 주제다. 이 단락에서 그것은 두 가지 의미를 담고 있다. 첫째는 이 항목에서 아주 명백한 데살로니가인들에 대한 바울의 깊은 감정과 관심을 정확하게 반영한다. 둘째는 4-5장에서 이어지는 권면을 역시 설정한다: 어떤 요청의 근거를 놓기 위해서 손위 사람이 손아래 사람에게 우정의 편지를 쓸 수 있었다.[1] 그러므로 (고대 세계에서 우정과 관련한 전통적인 주제를 사용하여) 바울이 여기서 글을 쓴 것은 데살로니가인들에 대한 그의 진정한 감정을 그들에게 표명하고 서신의 나머지 부분을 위한 길을 준비하는 것이다.[2]

전체 항목은 세 가지 항목으로 분명히 나뉜다. 데살로니가를 재방문하고자 하는 일을 성공하지 못하였다는 바울의 보고(2:17-20), 바울이 박해 중에 있는 신자들을 격려하기 위해서 자신을 대신해서 디모데를 보냄(3:1-5), 그리고 디모데가 돌아왔을 때 좋은 소식에 대한 바울의 반응(3:6-9, 그것은 이 서신에서 세 번째 감사인 3:9로 넘어간다).

사도의 관심: 데살로니가를 재방문하려는 시도들(2:17-20)

바울은 여기서 데살로니가로 돌아가려는 (지금까지 성공하지 못한) 그의 시도와 데살로니가인들에 대한 그의 깊은 감정을 여기서 전달한다. 2:17에서 첫 번째 동사의 주요한 의미는 "어떤 이를 고아로 만드는"('아포르파니조')이지만, 자녀를 빼앗긴 부모나 보다 일반적으로는 "빼앗기거나" "분리된"을 역시 가리킬 수도 있다.[3] 부모의 비유를 바울이 이전에 사용한 것(2:7, 11)은 여기서도 역시 부모적인

---

1. Stanley K. Stowers, *Letter Writing in Greco-Roman Antiquity*(Philadelphia: Westminster, 1986), 58-70을 보라.
2. C. A. Wanamaker, *Thessalonians*, 119-20, 113; 참조. Abraham J. Malherbe, "Exhortation in First Thessalonians," *NovT* 25(1983): 241.
3. E. J. Richard, *Thessalonians*, 128-29; Johannes P. Louw and Eugene A. Nida, *Greek-English Lexicon of the New Testament Based on Semantic Domains*(2 vols,; New York: United Bible Societies, 1988), 1:726.

심상을 사용한 것으로 기울게 하는 경향이 있다. 하지만 바울이 다시 한 번 비유를 전환했다는 것이 불가능하지는 않다(그 경우에 주요한 의미가 지배적이 될 것이다; 참조. NRSV, "고아가 되었다"). 이 두 경우의 어떤 경우에도 바울은 분리의 비자발적인 본질과 그것이 그에게 야기한 감정적인 고통을 전달한다. 분리가 오직 잠정적이고(그는 그렇게 희망했다) 데살로니가인들이 그의 마음에서 결코 떠나지 않았다는 것이 그의 고뇌를 해소하지는 못했다.

그들에 대한 그의 감정의 강렬함은 그가 데살로니가로 돌아가고자 했던 반복된 시도에 관한 묘사에서 분명히 알 수 있다(17b-18a절). 하지만 이런 시도들이 바울의 편에서 노력이나 의지의 부족 때문이 아니라 "사탄이 우리를 막았기"(18b절) 때문에 실패했다고 그는 보고한다. "사탄"(바울에게서 "마귀"와 다른 어구들로 호환적으로 사용되던 용어)은 하나님을 반대하는 자로 지칭되고(롬 16:20), 복음의 진보를 방해하기를 추구하며(고후 2:11; 4:4), 그리스도를 따르는 자들을 유혹한다(고전 7:5; 살전 3:5). 십자가에서 패배를 당하였고(골 2:14-15), 종말에 완전히 사라질 운명에 있는(고전 15:24-25) 사탄은 그럼에도 불구하고 하나님의 백성들을 공격하기를 계속한다. 바울은 개인적인 경험에서 이 사실을 잘 알고 있고, 그러한 공격에 대해서 "하나님의 전신갑주"를 입을 것을 신자들에게 권면한다(엡 6:11-17).[4]

바울이 어떻게 방해를 받았는지는 설명하지 않는다.[5] 사도행전 17:9에 비추어 볼 때, 그가 데살로니가로 다시 돌아가는데 법적인 장애가 있었을 가능성이 있다. 한편으로 고린도후서 12:7의 "육체의 가시"가 병을 가리키는 것이었다면, 빈약한 건강이 바울로 하여금 그곳으로 재차 여행하지 못하게 하였을 수 있다.[6] 디모데는 바울로 하여금 그들을 방문하지 못하게 했던 환경에 대해서 데살로니가인들에게

4. 더 자세한 것은 D. G. Reid, "Satan, Devil," *DPL*, 862-67; J. S. Wright, "Satan," etc., *NIDNTT*, 3:468-77; E. Best, *Thessalonians*, 126-27을 보라.

5. 동일한 동사('엔코프토', 자르다, 막다, 방해하다)가 롬 15:22에서 유사한 어구로 나타나지만, 그곳에서는 방해가 있었던 것은 다른 지역을 먼저 복음화할 (분명히 더 큰) 필요 때문이었다(참조. 15:19-21, 23). 즉 그 방해하는 하나님으로부터 온 것이었지(롬 1:13의 "신적인 수동태"를 참조하라) 사탄으로부터 온 것이 아니었다. 우리는 데살로니가와 관련한 이 경우에 바울은 "그를 방해했던 것이 사탄이었지 다른 방식으로 그를 인도하는 하나님의 영이 아니었다"고 인식했다.…시간이 지났을 때, 그가 여기서 하나님의 계획이 방해를 받고 있다고 보았던 반면에, 다른 곳에서는 하나님의 계획이 더 진전되고 있다고 그가 보았다고 우리는 가정할 수 있다(E. Best, *Thessalonians*, 127).

6. I. H. Marshall, *1 and 2 Thessalonians*, 86; 고후 12:7에 관해서는 R. P. Martin, *2 Corinthinans*(WBC 40; Waco, Tex.: Word, 1986), 412-17을 보라.

알렸을 것이지만, 바울의 서신은 아무런 단서를 남기지 않고 있음을 우리는 인정해야 한다.

2:19-20에서 바울은 자신이 다시금 데살로니가인들을 보기를 아주 강력하게 바라고 있었던 이유를 설명한다(2:19을 시작시키고 있는 "왜냐하면"을 참조하라): 그에게서 그들은 하나님의 주신 사역의 열매와 증거를 대변했다(참조. 고전 9:1).[7] 2:19에서 바울은 고린도전서 3:8, 13-15; 4:5에서 명백하게 언급하고 있는 믿음을 당연하게 여긴다(참조. 롬 14:12): 장래의 어떤 지점에서 신자들은 하나님이 그들에게 맡기신 사역의 청지기 직분과 관련하여 평가를 받게 될 것이다(참조. 살전 2:4). 바울이 그것을 이해하고 있는 것처럼, 그에게서 평가의 기준은 그가 얼마나 열심히 일하였는가가 아니라 그가 생산한 열매다. 그러므로 데살로니가 회중의 건강함과 행복감은 바울에게서 적지 않은 관심사였다. 그것은 하나님의 선교사로서 그의 성공의 공개적인 증거를 제공하기 때문이다. "그러므로 바울을 통한 회심자들로서 그리스도에 대한 데살로니가인들의 끊임없는 충성은 바울 자신의 삶이 어떤 일을 위해 적합했음을 의미하는 것이기 때문에 부분적으로 그는 그들에 대한 바람을 가졌다."[8]

2:19에 "면류관"은 승리의 상징인 월계관일 것이다(참조. 고전 9:24-27; 빌 3:12-14에서 운동의 심상). 2:20에서 동의어는 "영광"('독사')이다. 그것은 헬라의 독자들에게 "평판"이나 "영예"를 나타낼 것이다.[9] 바울이 "우리가 영광일 것이요"("우리의 영광이요"—개역개정, 직역하면 "자랑의"; 거의 동일한 어구가 고후 1:14과 빌 2:16에서 나타난다. 그 구절들에서 자랑이 공통적으로 나온다)란 어구로 의미하는 바는 로마서 15:17-18의 그의 진술에서 명확해진다: "그러므로 내가 그리스도 예수 안에서 하나님의 일에 대하여 자랑하는 것이 있거니와 그리스도께서 이방인들을 순종하게 하기 위하여 나를 통하여 역사하신 것 외에는 내가 감히 말하지 아니하노라…"(NRSV). 즉 그의 자랑은 자기 지향적이 아니라 타자 지향적이고 다른 이가 행하거나 이룩한 것을 자랑하는 것이다.

---

7. …"그것은 너희가 아니냐"(Is it not you?)란 어색하게 위치한 어구(그것은 헬라어에서 2:19의 중간에 나타난다)의 문법적인 난해함과 관련해서는 C. A. Wanamaker, *Thessalonians*, 123-24; F. F. Bruce, *1 and 2 Thessalonians*, 53; E. J. Richard, *Thessalonians*, 131-32을 보라.

8. G. D. Fee, *Philippians*(NICNT; Grand Rapids: Eerdmans, 1995), 249는 빌 2:16을 논한다; 참조. C. A. Wanamaker, *Thessalonians*, 124; W. Grundmann, "στέφανος," *TDNT*, 7:630.

9. E. J. Richard, *Thessalonians*, 134.

바울이 언급하는 자랑과 평가는 종말론적이다. 그것은 "[예수가] 오실 때"(2:19)에 발생할 것이다. 이것은 4:15에서 논의되는 개념인 예수의 "오심"('파루시아')에 관한 데살로니가전서의 네 번의 언급 중에 첫 번째다(2:19; 3:13; 4:15; 5:23; 또한 살후 2:1, 8; 살전 1:10에서도 그 개념이 언급된다).

바울의 성공이나 실패를 나타내는 것으로서 데살로니가에 대한 명백한 관심과 더불어, 그가 "기쁨"을 두 번 언급한 것은 역시 데살로니가인들에 대한 그의 강력한 감정을 드러낸다. 부모들이 자녀들의 성취를 기뻐하고 자랑하는 것처럼, 바울과 그의 데살로니가 회심자들/친구들도 역시 그러하다.[10] "실로"(Indeed, 그것은 2:20에서 강력하게 확증적이다), 그들의 계속된 신실함은 바울에게서 깊은 개인적 기쁨의 근원이다. 하지만 그 기쁨은 다음 단락이 보여주는 것처럼 근심과 섞여 있다.

사도의 행위:
디모데가 데살로니가로 보내지다(3:1-5)

데살로니가인들이 바울을 대변하는 것으로 볼 수 있었기 때문에, 그는 그들에 대해서 더 많은 관심을 가졌고, 또 그럴 만한 좋은 이유가 있었다. 그는 비교적 새로운 회심자들을 외부의 돕는 자 없이 홀로 남겨두고 그의 동료들과 그 도성을 빠져나올 수밖에 없었다. 적절히 실천되는 종교는 긍정적인 결과를 가져오는 것으로 예상되었던 문화에서 데살로니가인들이 "시련"을 겪었다. 그들은 기독교를 품기 위해서 의례적인 종교를 포기하는 커다란 실수를 했다고 확신할 수도 있었다. 그러한 상황이 바울은 매우 염려스러워서, 그 스스로는 그곳으로 돌아갈 수 없을지라도, 데살로니가인들을 도움 없이 그대로 남겨두는 것은 불편할 수밖에 없었다. 그러므로 그는 디모데를 그의 권위를 대변하는 대리자로[11] 데살로니가로 돌아가게 하는 결정을 했던 것이다.[12]

10. F. F. Bruce, *1 and 2 Thessalonians*, 56.

11. 3:2에서 "형제"는 바울의 공식적인 협력자로 디모데를 지칭한다(고로 E. E. Ellis, "Coworkers, Paul and His," DPL, 183-85; C. A. Wanamaker, *Thessalonians*, 128; I. H. Marshalll, *1 and 2 Thessalonians*, 90은 이것이 증거가 없다고 생각한다). 더 의미심장하게는 그가 바울처럼(참조. 고전 3:9) "하나님의 동료 사역자"로 지칭된다(NIV의 각주에 텍스트적인 변이는 이런 대담한 지칭을 완화시키기 위한 서기의 노력을 반영한다).

12. "홀로 남아 있는 것이 가장 좋다고 우리는 생각했다"란 어구는 어색하다: "우리"는 누구를 대변하고,

디모데의 임무는 데살로니가의 회심자들을 "굳건하게 하고"(또는 아마도 "확고하게 세우다") "위로하는" 것이었다(2절; 동일한 조합이 살후 2:17에 나타난다; 참조. 행 14:22; 15:32; 롬 1:11-12). 첫 번째 동사('스테리조'; 또한 살전 3:13; 살후 2:17; 3:3)는 영적인 상태에 더욱 초점을 맞추고 있을 것이고, 두 번째 동사('파라칼레오'; 또한 살전 2:12; 3:7; 4:1, 10, 18; 5:11, 14; 살후 2:17; 3:12)는 아마도 그들의 태도에 더 초점을 맞추고 있을 것이다. 본질적으로 디모데는 바울이 시작했던 사회화의 과정을 계속하는 역할을 맡았다(이전의 2:11-12의 논의와 거기서 "아버지"의 비유를 사용한 것을 참조하라)—즉, 그들이 하나님의 사람들의 구성원이 되는 것이 무엇을 의미하는지를 이해하게 하고 그것을 따라 살도록 돕는 것.

디모데의 사명이 급박했던 것은 데살로니가인들이 당시에 겪고 있었던 "박해"(NRSV)나 "시련"(NIV, 그것은 1:6에서 동일한 헬라어를 "고난"으로 번역하고 있다) 때문이었다. 이 사건들의 정확한 본질이 무엇이었든지 간에(1:6의 언급을 보라), 이 사건들은 최근에 채택한 믿음을 포기하게 만드는 지점으로까지 새로운 신자들을 "흔들거나"[13] "해체하는" 잠재력을 갖고 있었다. 또는 바울이 3:5에서 제기한 것처럼, "이러므로 나도 참다 못하여 너희 믿음을 알기 위하여 그를 보내었노니 이는 혹 시험하는 자(즉, 사탄; 이전에 2:18에 관한 주석을 보라)가 너희를 시험하여 우리 수고를 헛되게" 할 것을 두려워하였기 때문이다.

바울의 관심을 파생시켰던 것은 "시련"[14]이란 사실이라기보다는 분명히 그 세력이나 정도였다. 시련들은 데살로니가인들에게 거의 놀라운 것이 아니었다. 선교사

디모데를 보내는 것이 바울을 홀로 있게 한다면, 실라는 어디에 있는가?(행 18:5에 따르면, 디모데와 함께 실라는 고린도에서 바울에게 합세했다) "우리"는 단순히 서신적인 복수일 수 있지만(참조. 3:5에서 "나는 보냈다"), 이 서신의 다른 곳에서 복수는 실제 사실이다(F. F. Bruce, *1 and 2 Thessalonians*, 61). 실라는 베뢰아에서 남았었을 수 있을지라도, 디모데는 아덴에서 바울에게 합세하기 위해서 갔고, 디모데는 그곳에서 데살로니가로 갔다. 그때에 실라는 남쪽에서 돌아오는 여행에서 디모데에게 합세했을 수 있다. 또는 베뢰아에 머문 후에(행 17:14) 그는 디모데와 함께 아덴으로 여행했고, 그 다음에 디모데가 데살로니가로 간 동안에 다른 심부름(아마도 베뢰아)으로 마게도냐로 돌아갔을 수 있다(J. B. Lightfoot, *Notes on Epistles*, 40). 또는 여기서의 사상은 "우리가 홀로 남아 있어야 한다고 결정했다"처럼 단순히 어떤 것을 의도하고 있다는 의미를 갖는 불완전한 것일 수 있다(I. H. Marshall, *1 and 2 Thessalonians*, 90).

13. 드문 용어인(오직 헬라어 성경에서 여기서만) '사이네스타이'의 의미는 많이 논쟁이 된다. 이 문맥에서 그것은 살후 2:2의 '살류데나이'("흔들리다")와 동의어이고, 여기서 살전 3:2의 "강화시키다"나 "확고하게 세우다"의 반의어에 거의 가깝다(참조. C. A. Wanamaker, *Thessalonians*, 129-30).

14. 헬라어는 명사 '들립시스'다. NIV는 그것을 "고난"(3:3; 살후 1:4), "박해"(살전 3:7), "환난"(1:6; 살후 1:6)으로 다양하게 번역한다.

들이 미리 그들에게 한번 이상 그것을 그들에게 말하였기 때문에(3:4), 그들이 기독교 운동에 가담한다면, 그러한 "시련들"—사회 종교적 분리, 갈등(박해를 포함하여), 그리고/또는 추방—을 겪을 것을[15] 잘 알고 있었다(3:3b). 크리스천들은 그러한 일(참조. 행 14:22)을 "당하게 될"(3:3b에서 '케이마이'; 참조. 눅 2:34; 빌 1:16) 것이기 때문이다. 즉 데살로니가인들이 경험했던 "시련들"은 기회, 운명, 인과응보, 또는 나쁜 운의 문제도 아니고 데살로니가인들에게만 유일한 것도 아니다. 오히려 시련들은 하나님의 선택(살전 1:4-6의 언급을 보라)과 모든 곳에서 크리스천들의 공통된 경험의 일부이다(3:4에서 "우리"를 참조하라; 또한 2:13에서 유대의 신자들을 참조하라). 게다가 시련들은 바울에게서 하나님의 선택(1:6; 참조. 롬 8:33-39)과 하나님 나라의 증거이며(참조. 살후 1:4-10), 신자들이 참으로 하나님의 편에 서있다는 표지다.[16] 바울의 요지는 분명하다: 적절히 이해한다면, "시련들"의 경험은 예수에 대한 헌신을 약화시키는 것이 아니라 오히려 강화시킨다.

하지만 바울은 데살로니가인들이 그들의 고난을 바라보아야 하는 방법을 적절히 이해했는지를 분명히 확신할 수 없었다. 3:5에서(그것은 1-2절의 본질의 많은 부분을 반복하고, 3-4절에서 만든 요지를 세워준다), 바울은 마지막으로 그의 관심의 근원을 보여준다. 그것은 데살로니가 공동체가 그들이 겪었던 박해와 사회적 압력—바울은 여기서 사탄(유혹자)이 그들을 시험했던 수단으로 그들이 겪었던 시련을 특징짓는다—에 굴복할 수도 있었고, 선교사들이 아주 최근에 그들을 설득하였던 하나님에 대한 헌신을 포기할 수도 있다는 두려움이었다. 또 바울이 더 이상 참을 수 없었던 것은 그가 전혀 소식을 들을 수 없었기 때문이다. 그런 상황이 그가 디모데를 데살로니가의 상황을 살펴볼 수 있도록 보내는 일을 촉진시켰다. 3:2에서 언급된 디모데에 대한 책임은 바울이 최선을 희망했음을 나타내지만, 3:5은 그가 최악을 두려워했음도 보여준다. 그것은 선교사들이 데살로니가에 투자했던 모든 시간, 사랑, 정력, 그리고 돈이 아무런 소용이 없었다는 사실을 의미할 것이다.[17]

15. NIV의 "박해를 받다"는 '들립베스다이'를 번역하고 있고, 그것은 명사 '들립시스'의 동사형이다.

16. 더 자세한 것은 S. J. Hafemann, "Suffering," *DPL*, 919-21; C. G. Krruse, "Afflictions, Trials, Hardships," *DPL*, 18-20; C. A. Wanamaker, *Thessalonians*, 130-31; I. H. Marshall, *1 and 2 Thessalonians*, 92을 보라.

17. 소용없는 노력(또는 헛수고)이란 개념에 대해서는 갈 4:11; 빌 2:16을 참조하고, 구약성경의 배경에 대해서는 사 49:4; 65:23을 보라.

사도의 안심과 기쁨:
디모데가 좋은 소식을 갖고 돌아오다(3:6-8)

데살로니가인들이 사탄의 시험에 성공적으로 저항했다는 좋은 소식을 디모데가 가지고 돌아왔을 때, 바울이 느꼈던 안도의 감정을 우리는 3:6에서 거의 들을 수 있다. 디모데가 그들의 "믿음"을 살피기 위해서 보내졌을 때, 그는 그들의 "믿음과 사랑"에 대해서 보고했다. 이것은 하나님에 대한 확신(이 확신이 그들이 겪었던 환난으로 인해 심각하게 시험을 받았을 것이다)으로 그들이 인내하고 있을 뿐 아니라, 주변 사람들에 대하여 크리스천 행동의 적절한 기준(즉, 사랑[18])—확실히 이런 상황에서는 행하기가 어려운 것—을 유지했다는 것이 드러나는 것을 말한다(참조. 1:6-7; 4:9). 하지만 바울에게서 그것은 성령의 역사와 믿음의 실제로서의 증거였다(살전 1:5-6; 참조. 갈 5:6: "그리스도 예수 안에서…중요한 것은 사랑으로써 역사하는 믿음뿐이니라").

더욱이 디모데는 데살로니가인들이 바울과 그의 동료 선교사들에 대한 긍정적인 기억을 가졌고, 또한 다시 방문하기를 몹시 바라고 있다는 사실을 역시 보고했다(3:6b). "사도는 데살로니가인들이 그와 그의 동료들에 대한… '온유하고 애정어린 기억'을 갖고 있음을 알게 되어 특히 기뻐했다는 인상을 준다. 이는 아마도 바울이 떠난 뒤에 데살로니가인들이 그를 어떻게 생각하였는지에 대해서 바울이 계속해서 염려했었음을 함축한다."[19] 분명히 그들은 그러한 불안한 상황에서 바울이 왜 갑자기 떠났는지를 이해했고, 그에 대해서 반감을 갖지 않았다.

3:7에서 바울은 데살로니가로부터의 이 좋은 소식의 직접적인 결과를 보여준다. 그들의 "낙심과 박해" 가운데서('아난케 카이 들렙세이'; 참조. 고후 6:4),[20] 바울과 그의 동료들은 데살로니가인들로 인해 위로를 받았다.[21] 요컨대 위로를 받

---

18. R. Mohrlang, "Love," *DPL*, 575-78을 보라; 예를 들어, "바울에게서 다른 사람을 사랑하는 것은 크리스천의 삶의 가장 중요한 특징이자 크리스천의 삶의 핵심이다"(576).
19. C. A. Wanamaker, *Thessalonians*, 134.
20. 두 용어들은 모든 종류의 사도적인 어려움과 고난을 망라하는 일반적인 표현을 형성한다(참조. E. J. Richard, *Thessalonians*, 160; C. A. Wanamaker, *Thessalonians*, 135). 바울은 아덴에서 상심케 하는 경험을 가졌고(행 17:16-34), 그가 나중에 썼던 것에 따르면(고전 2:2; 참조. 행 18:6-17), 그가 어려운 상황에서 지금 고린도에서 사역하고 있었음을 상기하라.
21. 베스트가 지적한 것처럼(*Thessalonians*, 141), "감정의 동사 다음에" '에피'는 "자주 원인적인 의미를 갖는다"; 참조. BDF, §235.2; I. H. Marshall, *1 and 2 Thessalonians*, 95; J. E. Frame, *Thessalonians*, 133; C. A. Wanamaker, *Thessalonians*, 135; 다르게는("당신에 대해서") E. J. Richard, *Thessalonians*, 160;

던 자(참조. 3:2)가 위로하는 자가 되었다(참조. 고후 7:4, 13; 몬 7절). (남자) "형제들"이 아니라 전체 공동체를 포함하는 '아델포이'의 의미에 대해서는 1:4의 주석을 보라.

8a절의 "우리가 이제는 살리라"는 안도(6절)와 위로(7절)에 관한 바울의 감정을 강화시킨다. 데살로니가전서 2:19-20은 여기서 "살리라"로 이해할 수 있는 배경을 제공해준다. 그것은 단지 "근심 해소"의 문제가 아니라, 바울과 그의 동료들에게 힘을 주는 방식으로 데살로니가인들의 신실함이 가져다주는 기쁨의 문제다.[23]

8b절에서 NIV("너희가 확고하게 섰기 때문에", "너희가 주 안에 굳게 선즉"—개역개정)는 사실상 조건절("너희가 확고하게 서기를 계속한다면", NRSV)을 가리고 있다. 그것은 확증—그것은 분명히 그들이 현재에 "확고히 서있다"(이 관용구에 대해서는 빌 4:1; 참조. 고전 16:13; 갈 5:1; 빌 1:27)는 것을 인식하고 있다—과 암묵적인 권면("너희가 계속한다면")으로 기능한다.[24] "그리스도(예수) 안에"(참조. 2:14)와 "주안에" 사이에 어떤 차이가 있다면, 전자는 "하나님의 구원하시는 '역사'를 '기정사실화'하는 것과 관련이 있고", 후자는 "인간의 행동 속에서 그것의 시행과 실천과 관련이 있다."[25] 끝으로 2:19-20처럼 3:8은 바울이 그의 행복에 관한 감정이 회심자들의 변함없는 신실함에 기초하고 있는 정도를 드러내준다.[26]

상황잇기

이전 항목에서, 우리는 바울이 데살로니가에 있는 동안에(2:1-12) 그리고 어쩔 수 없이 그 도시를 갑자기 떠나게 된 이래로(2:17-3:8), 데살로니가인들에 대한 그의 태도와 행위에 관한 논의를 이 단락이 재개하고 전개하고 있음을 지적함으로써 시작했다. 이 항목의 주요한 주제인 데살로니가인들에 대한 바울의

F. F. Bruce, *1 and 2 Thessalonians*.

22. E. J. Richard, *Thessalonians*, 155; 참조. F. F. Bruce, *1 and 2 Thessalonians*, 67("그들은 지금 자유로이 숨쉴 수 있었다).
23. 참조. C. A. Wanamaker, *Thessalonians*, 136; 더 자세한 것은(그러나 항상 설득력이 있지는 않다) E. Best, *Thessalonians*, 142; I. H. Marshall, *1 and 2 Thessalonians*, 95-96을 보라.
24. 참조. W. Grundmann, "στήκω," TDNT 7:637을 따르는 C. A. Wanamaker, *Thessalonians*, 136.
25. C. F. D. Moule, *The Origin of Christology* (Cambridge: Cambridge Univ. Press, 1977), 59; 참조. 58-62.
26. 참조. C. A. Wanamaker, *Thessalonians*, 136; I. H. Marshall, *1 and 2 Thessalonians*, 96.

계속된 사랑과 헌신은 2:1-12의 취급에서 다루어졌으므로 여기서는 다시 그것을 논할 필요는 없다.

그러나 여기서 논의를 필요로 하는 또 다른 주요한 주제는 "시련"(환난, 3:3)이나 "박해"(3:4, 7)의 주제다. 바울이 데살로니가에 도착한 시간부터 거의 신자들은 기독교로의 회심으로 인해 "환난"을 겪었다. 실로 바울은 그들이 그리스도에 대한 충성을 선언함으로 이런 저런 고난을 겪을 것을 당연하게 여겼다(그는 그 사실을 미리 예언했다, 3:4). "환난"이 예수를 따르는 일의 예상된 결과라는 확신을 우리는 바울에게서만이 아니라(롬 8:17; 빌 1:29-30), 신약성경 전반, 곧 예수의 가르침(마 5:11-12; 10:17-23; 23:34; 24:9-10)과 사도들의 가르침(행 9:16; 벧전 1:6; 3:13-17; 계 2:10)에서 발견할 수 있다.

데살로니가인들이 겪고 있었던 "환난"(3:3; 살후 1:4), "박해"(살전 3:7), "고난"(1:6), 또는 "곤란"(살후 1:6)—NIV는 이 용어들을 동일한 헬라어인 '들립시스'를 번역하여 사용하고 있다—은 그리스도에 대한 충성을 유지하고, 다른 가치체계를 주장하였던 이교 문화 가운데서 바울이 대변했던 가치를 유지한 것 때문이었다. 우리가 1:6에 대한 언급에서 지적했던 것처럼, "환난"으로 바울은 새롭고 사회적으로 의심되는 종교로 회심함으로써 새 회심자들이 겪었던 사회적 종교적 변화, 갈등, 박해, 소외, 그리고 압력(형식적이거나 공식적인 것만이 아니라 비공식적인 것을 포함하여)을 의미한다.[27]

"통상적"인 사회적·제의적 활동에 참여하기를 데살로니가 신자들이 거부한 것과 "살아계신 참된 하나님"을 예배한다는 그들만의 독점적인 주장(1:9)은 비그리스도인 친구들에게 공격적이고 분개적인 감정이나 배신의 감정을 남기게 했을 것이다. 반면에 가족 구성원들도 조상의 전통을 유지하기를 거부한 것을 가족의 책임에 대한 관심의 부족을 보여주는 것으로 간주했을 것이다. 아울러 시민의 평화, 풍족한 농산물 그리고 자연 재해로부터의 해방이 전통적인 신들의 손에 달려 있다고 생각하였기 때문에 그런 것들을 간과하거나 거스르는 것은 위험스러운 것으로 생각되었다.[28] 그러한 상황에서 기독교로의 회심은 보통 "환난", 즉 갈등, 박해, 소

27. 다시 말해서 나는 반대와 적대로부터 오는 "시련"이나 "고난"을 신자들에 대한 하나님의 징계로 인한 "고난"이나 "시련"과 구분한다. 이 후자의 주제에 관한 사려 깊고 세심한 논의에 대해서는 D. A. Carson, *How Long, O Lord? Reflections on Suffering and Evil*(Grand Rapids: Baker, 1990), 70-81을 보라.

28. 그가 한 세기 뒤에 썼을지라도, 셀수스(Celsus)에 대한 언급과 관찰은 보수적이고 잘 교육을 받은 상류

외, 그리고 사회적 압력을 낳을 것을 상상하는 것은 그리 어렵지 않다.[29]

바울은 그리스도와 복음을 위한 그러한 "환난"이나 고난이 크리스천의 공통된 경험의 일부일 것임을 단순히 가정했다(참조. 딤후 3:12, "무릇 그리스도 예수 안에서 경건하게 살고자 하는 자는 박해를 받으리라"). 이런 예상은 오늘날도 여전히 가능한가? 내 견해로 그 대답은 그렇다이다. 이는 그 사람이 마음 중심에 두고 살아가고 있는 복음의 가치가 주변 문화의 가치와 역행하는 정도에 따라 달려 있다. 만약 우리가 지배적인 가치가 복음의 가치와 대조되는 문화에서 소수파로서 복음을 위해 살아가고 있다면, 우리의 환경은 데살로니가의 환경과 아주 유사할 것이고, 우리는 데살로니가인들이 겪었던 것과 동일한 유형의 고난을 겪을 것을 예상할 수 있다. 그러나 만약 우리가 그 가치들이 복음의 가치들과 아주 일치하는 사회에서 문화적인 다수파의 일원으로서 살아가고 있다면, 우리의 환경은 바울과 데살로니가인들의 환경과 아주 다를 것이다. 우리는 데살로니가인들이 겪었던 것과 동일한 종류의 사회적 소외를 예상할 이유가 거의 없다.

1세기와 꽤 다른 환경—기독교가 자유, 보호, 혹은 심지어 존경의 척도인 것처럼 누리고 있는 서방 민주주의 국가와 같은(특히 미국)—에서 살아가고 있는 크리스천들에게 시련이나 박해에 대한 바울의 말을 적용하는 일은 복잡한 문제다. 크리스천에 대한 박해나 시련이 만연했던 시대의 인식은 당대의 사회적 상황을 분석하고 평가하는 차원과 방식에따라 상당히 차이가 있다. 예를 들어, 순전히 통계적인 관점에서는 크리스천들(넓게 정의해서)은 최소한 미국에서 지배적인 다수를 차지하고, 박해받는 자보다 박해자가 되는 것을 염려해야 하는 상황에 있다(유대교, 무슬림, 또는 다른 소수파 종교인들과 관련해서[30]). 한편으로 일부 크리스천들이 "박해"로 간주하는 것들의 일부는 상당히 참여민주주의에서 정치의 "주고받

층 로마인들이 이 "새로운 미신"(즉, 기독교)의 고수자들을 어떻게 간주하였는지를 보여준다. 그에게서 보이시지 않는 하나님과 십자가에 못박히신 구세주에 관한 개념은 난센스이며, 로마 제국의 질서와 안위를 심각하게 위협하는 것으로 보였다. Origen, *Contra Celsum*이 인용한 것처럼 Celsus, *The True Word*을 보라.

29. 박해가 순교를 낳았는가? 예수가 다시 오시기 전에 죽었던 사람들의 운명에 관한 데살로니가인들의 관심(4:13-18)은 회중의 한두 구성원들이 박해로 인해 죽임을 당한 것에 대한 반응이었다고 제기된다. 하지만 데살로니가인들 가운데 어느 누구도 스데반의 운명(행 7:54-60)을 공유했음을 보여주는 증거가 없다. 그 주장은 입증되지 않은 가정으로만 남아 있다.

30. 예를 들어, '종교 뉴스 서비스'가 배포한 자료에 따르면(Minneapolis *Star Tribune*, Saturday, June 28, 1997, 페이지 B7), "남부 캐롤라이나주 교육위원회 소속"의 한 의사는 최근에 "남부 캐롤라이나의 공립학교에서 십계명을 지키기 위해서 불교도들을 고문하고 무슬림을 죽여라"고 최근에 말했다.

는" 문제이며, 아울러 근시안적인 시각이나 어리석음으로 인해 자주 스스로 자초한 것이다. 게다가 미국에서 크리스천들은 박해를 받기보다 비기독교 문화의 가치에 의해 '유혹'을 당할 위험성이 더 크다.

그럼에도 불구하고 크리스천들(넓게 정의해서)이 문화적 다수를 형성하고 있다는 단순한 통계치는 몇 가지 이유로 인해 오도된 것이다. 첫째로 "거듭난" 크리스천(미국에서 기독교의 실제적인 힘의 진정한 지표를 제공해주는 좁은 의미의 정의)이라 칭하는 사람들이 인구의 소수파가 되고 있음이 보고된다. 둘째로 인구의 다수가 널리 "크리스천"이라고 주장할지라도, 우리 문화의 가장 지배적이고 영향력이 있으며 깊이 간직된 가치들의 일부는 그렇지 않다는 것이다. 더욱이 학계, 뉴스와 연예 산업, 또는 예술과 같은 널리 영향력 있는 하부구조들에서(전반적으로 문화에 심오하게 영향을 미치며 형성하게 하는 영역들), 크리스천들은 분명히 소수파로 있다. 게다가 불균형적인 문제가 있다. 이 나라의 어떤 지역에선 "거듭난" 크리스천이 눈에 띄게 소수인 반면에 다른 지역에서는 인구의 다수를 형성한다.

요컨대 오늘날 미국의 상황은 복잡하고, 우리의 상황은 바울과 데살로니가의 상황과 얼마나 다르거나 유사한지를 일반화시키기가 불가능하다. 어떤 도시와 지역에서는 하루나 주간의 활동을 시작하여 크리스천임을 부정하는 사람들과 대화를 나누지 않는 것이 전적으로 가능하다(나는 바울조차도 이런 경험을 꿈꾸었다는 것을 의심한다). 동시에 대학의 배경에서 살거나 심지어 어떤 산업에서 일하는 신자들은 규칙적인 근거 위에서 기독교에 대한 적대와 대립을 자주 경험하고, 따라서 1세기 신자들의 상황에 대체로 비슷한 정황 속에 있는 자신을 발견한다. 상황잇기를 할 때 염두에 두어야 하는 핵심적인 요지는 바울이 신자들과 주변 문화 사이의 가치적 갈등에서 발생하는 "환난"을 염두에 두고 있다는 것이다.

실족하지 않기. 일부 독자들에게서 3:5("나는 혹 시험하는 자가 너희를 시험하여 우리 수고를 헛되게 할까 두려워함이니")과 3:8("너희가 주 안에 굳게 선다면", NRSV)이란 말씀은 고전적인 신학적 난제를 제기한다: 신자가 실족하기, 즉 구원을 상실하는 것이 가능한가? 물론 이것은 칼빈주의자들과 알미니안주의자들 간에 많이 논쟁되는 차이점 중에 하나다. 알미니안주의자들은 신자가 실족하거나 배교하는 것이 실로 가능하다고 일반적으로 주장하지만, 칼빈주의자들은 실족하는 신자는 처음부터 사실상 믿지 않았다고 주장한다.

이런 질문에 주어진 대답은 전반적인 신학적 작업이나 헌신에 따라서 보통 형성되는데, 성경의 특별한 단락의 주해도 마찬가지다.[31] 그럼에도 불구하고 3:5, 8과 관련해서 바울은 진정으로 그의 회심자들의 운명에 대해서 염려했다: "그들이 사탄에게 굴복할 위험성이 실존했다. 그들이 믿음을 갖고 있었고, 그가 그들을 위해서 기도했을지라도 말이다."[32] 고든 피가 빌립보서 2:16의 관련된 단락에 대해 말한 것은 역시 여기서도 역시 관계가 있다.

> 물론 [바울의 수고]가 헛되게 될 수 있었는지에 관한 문제는 많이 논쟁이 된다.… 그 대답은 두 가지인 것으로 보인다. 우선 이와 같은 표현은 그러한 잠재성이 실제로 존재해야 의미가 있다. 한편으로 바울은 그의 회심자들과 관련하여 잠재적인 것들이 실현될 수 있다고 생각할 수 없는 하나님에 대한 확신을 갖고 있다.[33]

사탄. 이전에 2:18의 의미를 논하면서 나는 그의 서신에서 '사탄'에 대해 말하고 있는 것을 간략하게 스케치했다. 사탄이란 용어는 바울에게서 의인화된 악만이 아니라 악한 인격적 존재를 지칭한다. 하지만 "성경의 현대 독자들이 직면하는 중요한 문제는 그러한 믿음을 신뢰할 만하고 또 오늘날 의미가 있느냐는 것이다. 우리는 인격적인 마귀와 다른 악한 영들의 존재에 대한 순전한 믿음을 여전히 승인할 수 있는가?"[34] 이 문제를 제기하는 것은 세계관의 문제를 제기하는 것이다. 실로 이 문제의 진정한 형태는 특별한 세계관의 영향을 드러낸다. 과학과 자연에 관한 계몽주의적 관점이 형성시킨 서방의 세계관은 영적인 존재의 개념과 매우 공감을 이루지 못한다. 하지만 영적인 존재의 자리를 부인하는 우주(기계적인 원인과 결과로 실재를 이해함으로 형성된)의 그러한 자연주의적인 견해는 하나님에 대한

---

31. 이 질문에 대한 탁월하고 주해적으로 기초한 접근에 대해서는 (칼빈주의의 관점에서) Judith M. Gundry Volf, *Paul and Perseverance Staying In and Falling Away*(Louisville, Ky.: Westminster/John Knox, 1990), 261-71(J. M. Gundry Volf, "Apostasy, Falling Away, Perseverance," *DPL*, 39-45에서 요약됨)과 (알미니안의 관점에서) I. Howard Marshall, "Electiona nd Calling to Salvation in 1 and 2 Thessalonians," in *The Thessalonians Correspondence*, ed. Raymond F. Collins(Leuven: Leuven Univ. Press, 1990), 261-62에 의한 Gundry Volf에 대한 반응을 보라. 또한 I. H. Marshall, *Kept by the Power of God A Study of Perseverance and Falling Away*(Minneapolis: Bethany, 1975)을 보라.
32. I. Howard Marshall, "Election and Calling to Salvation in 1 and 2 Thessalonians," 262; 참조. James D. G. Dunn: "배교는 종말론적인 긴장의 지속을 위해서 바울의 신자들에게 실제적인 가능성으로 남아 있다"(*The Theology of Paul the Apostle*[Grand Rapods: Eerdmans, 1998], 497).
33. G. D. Free, *Philippians*(NICNT; Grand Rapids: Eerdmans, 1995), 250.
34. Sidney H. T. Page, *Powers of Evil A Biblical Study of Satan and Demons*(Grand Rapids: Baker, 1995), 267.

자리도 부인한다.

이 문제를 추적하는 것은 우리의 논의 범주를 벗어난다. 여기서 나의 목표는 이 논의를 안내하는 차원을 지적하는 것뿐이다.[35] 이런 점에서 "참소자"와의 싸움과 관련하여 예수가 그의 사역에 대해 이해한 것과 관련한 N. T. 라이트의 관찰은 적절하다. 예수의 시험 기사(마 4:1-11)와 바알세불 논쟁(눅 11:14-23)과 관련하여 N. T. 라이트는 이렇게 말한다.

> 20세기가 그러한 기사들을 분석하고, 고찰하고, 설명하고, 축소하거나 또는 달리 번역할 것을 선택하는 방식은 큰 문제가 아니다. 주류 계몽주의 이후의 세계관이 옳다면, 모든 그러한 용어를 종교적인 신경증의 증거로 간주해야 하는 것일 수 있다. 그러나 소명을 가진 것으로 자기 자신을 인식하는 사람들—흔히 말하는 경험론자들—은 많은 문화들에서 적대적인 세력과의 싸움이란 측면에서 아주 자주 묘사되는 내적인 투쟁을 겪을 수 있다고 사람들이 주장하기를 또한 바랄 것이다. 20세기나 여타 다른 세기에서 우리가 할 수 없는 것은 그러한 자기 인식은, 넓게 말해서, 우리가 예수를 발견하고 있는 종류의 사람임을 특징짓고 여전히 특징짓는다는 것을 부정하는 것이다. 형태적이고 도식적일지라도 그러한 전투에 관한 묘사를 발견하는 것은 놀랍지 않다. 사실상 우리가 그렇지 않았다면 사실상 놀라울 것이다.[36]

라이트가 예수에 대해 말한 것은 그것 못지않게 바울과 관계가 있다. 바울은 한 번 이상 그의 사역에 대한 방해와 반대에 직면해서 사탄의 역사를 확인했다.

---

35. 세계관 문제에 관한 좋은 개론적 논의에 대해서는 James W. Sire, *Chris Chrisman Goes to College-and Faces the Challenges of Relativism, Individualism, and Pluralism*(Downers Grove, Ill.: InterVarsity, 1993); Brian J. Walsh and J. Richard Middleton, *The Transforming Vision: Shaping a Christian World View*(Downers Grove, Ill.: InterVarsity, 1984)을 보라. 성경연구의 구체적인 언급과 함께 세계관에 대한 보다 전문적인 논의에 대해서는 N. T. Wright, *The New Testament and the People of God*(Christian Origins and the Question of God, vol. 1; Minneapolis: Fortress, 1992), 31-144을 보라. 타문화적인 관점에 대해서는 Charles H. Kraft, *Christianity with Power. Your Worldview and Your Experience of the Supernatural*(Ann Arbor, Mich.: Vine, 1989)을 보라.
36. N. T. Wright, *Jesus and the Victory of God*(Christian Origins and the Question of God, vol. 2; Minneapolis: Fortress, 1996), 457-58.

현대적 의미

내가 상황잇기 항목의 시작에서 언급했던 것처럼, 서신의 이 항목을 통해 흐르는 두 주요한 주제 중에 하나(데살로니가인들에 대한 바울의 계속된 사랑과 헌신)는 이전에 2:1-12의 논의에서 다루었다. 그러므로 나는 이 항목에서 다른 주요한 주제에 집중할 것이다: "환난"이나 "박해." 우리가 지금 그리하고 있는 것처럼, 바울이 이 단락에서 경건한 훈련의 수단으로서의 고난이 아니라 신자들과 주변 문화간에 믿음, 가치 그리고 행위의 갈등에서 발생하는 적대나 박해를 고려하고 있음을 유념하는 것이 중요할 것이다.

박해. 나는 혼란한 60년대 기간에 세상에 나왔던 "부머"(boomer) 시대의 일원이다. 거의 모든 시민들(크리스천이든 아니든)이 유대 기독교의 도덕적 전통에 기초한 가치와 윤리적 규범을 수용했던 사회로부터 사회의 점증하는(역시 영향력과 힘을 갖추고 있는) 비율이 전통적인 기독교 윤리적 교훈과 가치들을 점차적으로 무시하고 명백하게 거부하는 사회로 미국이 변화되는 것을 나는 직접 목격했다. 미국 사회가 기독교에서 기독교 이후 문화로 계속 변화가 지속되면서, 예수 그리스도의 복음을 따라서 살아가기를 추구하는 사람들은 바울과 데살로니가인들이 경험한 환난이나 박해의 종류와는 차원이 다른 저항에 부딪힐 수 있음을 예상할 수 있다. 이는 (미국의) 문화가 기독교적 색채와 거리가 있기 때문이다. 만약 예수의 가르침과 사도의 말을 순종하는 것에 진지하게 접근한다면 거의 모든 순간에서 반대, 적대, 배제, 손실 등등—바울이 "환난"이라 칭한 것—을 경험하는 우리 자신을 발견하게 될 것을 예상할 수 있다. 단순하지만, 이는 우리가 신자들이기 때문이다.

이 "환난"은 어떤 형태를 취할 수 있는가? 이어지는 목록은 신자가 겪을 수 있는 것들을 단순히 제기한 것이다.

- 정직한 고용인이 소비자를 속이려는 회사의 계획을 가로막거나 회사의 부패와 사기를 폭로한 것으로 인해 해고된다.
- 법을 시행하는 관리가 동료 관리에 의해 승진에서 제외되거나 밀려난다. 그녀가 다른 관리의 비행을 덮기 위한 거짓말을 거부했기 때문이다.
- 그녀의 가정에서 유일한 크리스천인 한 학도가 가족의 활동에서 배제된다. 그녀가 졸업 후에 "좋은 직업"을 갖기보다 "빈민가에서 일하는 선교단체에 합류함으로써 (적어도 그들의 관점에서) 그녀의 가정을 실망시키고 당혹스럽게 했기 때문이다.

- 한 고등학생이 사회적 위상과 위치가 술과 약이나 성(性)적으로 활발한 정도에 상당히 의존하는 환경에서 자기 자리를 지킨 것으로 인해 적대를 경험한다.
- 우리 문화의 소비자 정신을 수용하기를 거부하고, 그리 행하고 있는 사람들을 암묵적으로 도전한 가정들이 이웃과 친구들에 의해 배척을 받는다.
- 단순히 법적인 것이나 이득보다는 한 사회로서 옳고 그른 것을 행할 것을 주장하는 사람들이나 그룹이 사회로부터의 적대를 경험한다.
- 학업 능력으로 인해 취득한 것보다 자기 자녀에게 더 좋은 성적을 주어야 한다고 요구하는 부모들의 말을 거부한 교사가 혹독한 비판을 받는다.
- 임신중절 반대의 윤리에 유산(流産)만이 아니라 그안에 사형제도를 포함시킨 사람 역시, "박해받는 소수파"가 된 자기 자신을 발견하게 된다.

기독교가 어느 정도의 자유, 보호, 심지어 가끔 존경을 누리는 나라들에서 우리가 경험하는 것과 상관없이, 많은 다른 나라들에서는 환경이 매우 다르다. 오늘날 데살로니가의 상황—사회적으로 지배적인 그룹에 의한 반대나 공격에 직면한 박해받는 소수파의 상황—에 사실상 거의 차이 없는 상황에 있는 세상의 아주 많은 크리스천들이 있다. 이런 자매들과 형제들은 복음을 위해 겪고 있는 "환난"의 실제를 역시 잘 알고 있다. 라오스, 사우디아라비아, 이라크, 수단, 파키스탄, 인도네시아, 그리고 중국(오직 몇몇 나라만을 언급하면)과 같은 나라들에서 기독교를 실천하는 것은 허용된 것 외에는 매우 위험하고, 바울과 데살로니가인들이 경험한 것과 동일한 수준의 환난—교회를 불태우고 문을 닫게 하며, 또한 조롱과 징벌, 체포, 구금을 포함한다—이 끊임없는 현재에 살고 있다.[37]

실로 적지 않은 경우에 그것은 박해만이 아니라 순교의 문제다. 그러한 문제들을 추적한 사람들은 더 많은 크리스천들이 이전의 19세기보다 20세기에 믿음을 위해서 죽었음을 보고한다.[38] 살려면 그리스도를 부인해야 하는 상황에서 그들은

37. Kim A. Lawton, "The Suffering Church," *CT* 40(July 15, 1996): 54-64; Paul Marshall with Lela Gilbert, *Their Blood Cries Out. The Untold Story of Persecution Against Christians in the Modern World*(Dallas: Word, 1997)을 보라.

38. 20세기에 세계 주변의 순교들에 관한 기사는 James and Marti Hefley, *By Their Blood: Christian Martyrs of the Twentieth Century*, 2d ed. (Grand Rapids: Baker, 1996); Nina Shea, *In the Lion's Den: A Shocking Account of Persecution and Martyrdom of Christian Today, and How We Should Respond*(Nashville: Broadman & Holman, 1997)을 보라.

예수를 구주로 고백하기를 선택하고 죽는다. 십자가에서 죽으신 메시아와 부활하신 주로서의 예수와 다가올 삶의 소망을 증거함으로써 말이다. 그들은 디트리히 본회퍼가 썼던 것을 증언한다.

> 우리가 십자가를 지지 않고 사람들에 의한 고난과 배척에 굴복한다면, 우리는 그리스도와의 교제를 상실하고 그를 따르는 것을 멈추게 된다. 하지만 우리가 그리스도를 봉사하는 삶으로 우리의 생명을 상실하고 십자가를 진다면, 우리는 그리스도와의 십자가의 교제 속에서 다시금 우리의 생명을 발견할 것이다.…십자가를 짊어지는 것은 고난에 대한 승리의 유일한 방식이다. 이것은 그리스도를 따르는 모든 사람들에게 해당된다. 그리스도에게서도 그러했기 때문이다.[39]

어디에 살고 있든 그리스도 안에서 모든 박해받는 형제들과 자매들을 위해서 우리는 확증과 격려란 바울의 말을 강조할 필요가 있다. 바울에게서 그리스도와 복음을 위한 고난은 하나님의 사랑과 구원의 증거이며(1:4-7; 2:13; 살후 1:5; 참조. 롬 8:17; 빌 1:28), 하나님이 사랑과 소망을 쏟아 부으시면서 그들의 신실한 인내와 소망을 강화시키는(살후 1:3-4, 11)는 상황이다.

> 우리가 환난 중에도 즐거워하나니 이는 환난은 인내를, 인내는 연단을, 연단은 소망을 이루는 줄 앎이로다 소망이 우리를 부끄럽게 하지 아니함은 우리에게 주신 성령으로 말미암아 하나님의 사랑이 우리 마음에 부은 바 됨이니(롬 5:3b-5).

아울러 그것은 "그리스도의 진리를 다른 사람에게 증거하는" 것이 된다. "특히 고난을 경험할 때조차도 다른 사람을 사랑하는 능력을 보일 때에 그러하다"(살전 1:2-7; 살후 1:3-5).[40] 요컨대 의도적으로 추구해야 하는 일은 아닐지라도,[41] 그럼

---

39. Dietrich Bonhoeffer, *The Cost of Discipleship*, rev. ed. (New York: Macmillan, 1963), 101; 참조. p. 98: "십자가를 참아내는 것은 비극이 아니다. 예수 그리스도에 대한 전적인 충성의 열매가 고난이다. 고난이 올 때, 그것은 우연이 아니라 필연이다. 고난은 이 죽을 운명의 삶과 분리할 수 없는 것이 아니라, 고난은 특별히 크리스천의 삶의 본질적인 부분이다. 그것은 고난 자체가 아니라 고난과 배척이며, 우리 자신의 대의나 확증을 위한 배척이 아니라 그리스도를 위한 배척이다.
40. S. J. Hafemann, "Suffering," *DPL*, 920.
41. 박해는 때로 교회를 위해 "선한" 것으로(또는 심지어 낭만적으로) 나타난다. 박해가 교회를 정결케 하고, 연합하게 하고, 강화시키며, 성장하게 하는 것으로 언급된다(예를 들어, David H. Adeney, "The

에도 불구하고 고난이 닥칠 때, 그것은 그리스도와 복음을 위해 참아낼 가치가 있는 것이다.

3:2에서 바울은 인내하는 시련과 관련한 중요한 요소를 간략하게 다룬다: 환난 가운데서 서로를 격려하고 강화시키라. 그는 이 주제에 대해서 여기서 간단하게 다룬다. 사실상 전체 서신이 데살로니가인들을 강화시키고 격려하는 것으로 의도되어 있기 때문이다. 그가 이 일을 하기 위해 추구했던 한 가지 방식은 복음의 가치를 가르치고 확증하고 강화시키는 공동체 내에서 반문화나 대안적인 공동체를 창출하는 것이었다. 어떤 점에서 그는 "사회적 압력"을 동료의 지지를 가지고서 싸우기를 추구했다. 주변의 문화에 의해 배척을 당한 데살로니가의 신자들은 교회에서 유사한 목표를 추구하고 있었던 같은 마음을 가진 동료 신자들로부터 지원과 위로를 기대할 수 있었다. 신자들이 예수에 대한 믿음으로 인해 적대와 반대를 받는 것을 확인할 때마다, 바로 여기에 오늘날 교회를 위한 중요한 사역이 있다.

우리의 환경으로 인해 그리스도 안에 우리의 형제와 자매들이 겪고 있는 박해의 종류에서는 면제된 우리들은 "고난 받는 형제와 자매들이 필요로 하는 것들을 인식하고, 하나님이 그들에게 예수 그리스도의 영의 특이한 풍성함을 제공하실 것을 기도하며, 우리가 살든지 죽든지, 어느 시간 어느 곳에 있든지 복음을 위해 살아가야 하는 방법을 복음에 대한 단일한 마음의 헌신으로부터 배울 필요가 있다."[42] 기도함으로 그들을 지원하는 것과 더불어 그들을 지원하고 격려하기 위해 사용할 다른 방법들에 대해서, 공적이든 사적이든, 우리는 생각해 보아야 한다(구체적인 제안에 대해서는 살후 1:1-12의 현대적 의미 항목을 보라).

마지막으로 왜 바울이 여기서 신자들의 경험이 될 것으로 가정하고 있는 "환난"을 우리는 겪고 있지 않는가를 스스로 물어보아야 할 것이다. 세 가지 가능한 이유가 떠오른다. (1) 우리는 일종의 기독교 소(小)문화(감히 나는 그것을 "게토"라고 말한다)로 우리를 분리시키고 있다. (2) 우리는 운 좋은 환경의 혜택의 소유

Church and Persecution," in *The Church in the Bible and the World*, ed. D. A. Carson [Grand Rapids: Baker, 1987], 275-302을 보라. 그는 오직 박해의 "긍정적"인 영향만을 열거한다). 하지만 때로 지속적인 사회적이고 정치적인 압박은 교회의 성장이 아니라 지역적인 영역에서 교회의 사라짐을 낳는다. 그러한 상황에 대한 냉정한 평가와 신학적인 분석에 대해서는 Mark Galli, "Is Persecution Good for the Church?" *CT* 41(May 19, 1997): 16-19을 보라.

42. Frank Thielman, *Philippians* (NIVAC: Grand Rapids: Zondervan, 1995), 89.

자다. 또한 (3) 그 이유가 무엇이든 간에, 우리는 복음과 그 가치에 대한 헌신에 대해 그다지 진지하지가 않다. 그리고 그리스도의 고백에 관한 고결성을 시험하는 시간을 맞이할 때의 우리의 자세는 기도와 묵상이어야 한다. 그 희생이 무엇이든지 간에, 무엇을 더 가치 있는 것으로 여길 것인가? 사회적 수용이나 확증인가, 복음에 대한 신실함인가?

사탄. 바울이 사탄을 이해한 일에 대한 현대의 모티브로 이해하면서 우리는 두 가지 함정을 피해야 한다. (1) 우리는 사탄의 활동을 간과하거나 무시하는 것을 삼가야 한다. 사탄은 개인적인 차원의 악만이 아니라 사회적 차원의 악에도 적용된다. 라인홀드 니버의 유명한 책의 제목인 『도덕적인 사람과 부도덕한 사회』가 암시하는 것처럼, 도덕적인 개인들로 구성될지라도, 인간의 조직, 제도, 또는 사회 구조 자체가 죄와 압력의 도구가 되는 것이 가능하다.[43] 그러나 사탄이 궁극적으로 악의 모습의 배후에 있다는 인식은 "그 악과 싸우는 강력한 자극을 제공한다." 또 "세상의 악 속에 사탄적인 차원을 식별하는 사람은 현 상태에 거의 만족을 두지 않는다. 게다가 "성경에서 마귀에 관한 가르침을 진지하게 취하는 크리스천은 그리스도가 악의 세력들을 이미 패배시켰고, 그들의 궁극적인 운명이 확실하다는 것을 알고 있기에, 확신있게 유혹과 악에 대항하여 싸울 수 있다.[44]

(2) 피해야 할 다른 함정—그리고 인기 있는 책과 잡지들에서 나타나는 현대의 과도한 집착에 비추어 볼 때, 아마도 더 큰 위협—은 사탄과 마귀에 관한 주제에 대해 너무 많은 관심을 기울이는 것이다. 성경의 초점은 바로 하나님이다. 그럼에도 불구하고 그가 패배시킨 대적자에게 너무 많은 관심을 기울이는 것은 여러 가지로 위험하다.[45] "우선, 마귀의 능력을 과장함으로써 두려움과 편집증을 양산할 위험성이 있다." "아울러 자신의 실패를 변명하려고 사탄에게 책임을 전가할 위험성이 있다."

이런 점에서, 바울이 사탄에 대해서 말하고 있지 '않음'을 주목하는 것이 중요하다. 예를 들어, 그는 하나님 앞에서 인간 존재의 위상, 구원, 심판, 그리고 사탄을 언급하지 않는 죄의 본질을 논한다. "다시 말해서 바울은 사탄에 대한 조직적인 이해나 죽음이나 죄를 설명하기 위해서 사탄을 사용하는 명확히 적용된 사탄에 관

43. Reinhold Niebuhr, *Moral Man and Immoral Society. A Study in Ethics and Politics*(New York and London: Scribner's, 1932).

44. S. H. T. Page, *Powers of Evil*, 269.

45. 나는 위의 같은 책 269-70에 다음의 요지를 빚지고 있다.

한 교리를 제공하지 않는다."[46] 즉 어떤 식으로든, 바울이 사탄에 대해서 말하고 있는 것은 죄와 악에 대한 인간의 책임에 관한 그의 이해를 축소시키지 않는다. "마귀가 내게 그것을 하게 했습니다"란 유명한 어구는 바울 신학의 일부가 아니다.

S. H. T. 페이지(Page)의 세 번째와 네 번째 요지는 아주 긴밀하게 관계가 있다. 미신이나 비기독교인의 관습과 신념을 생각없이 받아들일 위험성과 제한 없는 추측의 위험성.

> 보이지 않는 영역과 관련하여 성경을 추측할 수는 없다. 성경에는 단순히 대답하지 않는 많은 질문들이 있다. 성경 본문의 특징들이 그러한 추측을 하지 못하게 할 때조차도, 유감스럽게도 많은 이들이 성경의 침묵에 대해 받아들이는 것을 어렵게 여기고 성경의 가르침이 없는 문제들에 대해서 추측하곤 한다. 악령의 이름과 위치에 대한 추측과 그것들이 통치하는 영역들은 성경적인 근거가 없을 뿐 아니라, 성경의 정신에도 낯설다.[47]

요컨대, 이 주제를 다룰 때 필요로 하는 것은 사탄의 실재를 부인하지 않으면서 사탄의 활동에 부적절한 관심을 기울이지도 않는 균형적인 사고다. 결국에 사탄은 패배한 세력이고, 그것에 대해서 바울은 "마귀의 간계를 능히 대적하기 위하여 하나님의 전신 갑주를 입으라"(엡 6:11)고 우리에게 요청하고 있다.[48]

46. C. A. Wanamaker, *Thessalonians*, 122.
47. S. H. T. Page, *Powers of Evil*, 270.
48. 이전 단락에서 제기된 이슈들에 관해서 더 자세한 것은 Klyne Snodgrass, *Ephesians* (NIVAC: Grand Rapids: Zondervan, 1996), 347-61, 또한 109-10에서 탁월하게 확장된 논의를 보라.

데살로니가전서 3:9-13

9 우리가 우리 하나님 앞에서 너희로 말미암아
모든 기쁨으로 기뻐하니 너희를 위하여 능히
어떠한 감사로 하나님께 보답할까
10 주야로 심히 간구함은 너희 얼굴을 보고 너희
믿음이 부족한 것을 보충하게 하려 함이라
11 하나님 우리 아버지와 우리 주 예수는 우리
길을 너희에게로 갈 수 있게 하시오며
12 또 주께서 우리가 너희를 사랑함과 같이 너
희도 피차간과 모든 사람에 대한 사랑이 더
욱 많아 넘치게 하사
13 너희 마음을 굳건하게 하시고 우리 주 예수
께서 그의 모든 성도와 함께 강림하실 때에
하나님 우리 아버지 앞에서 거룩함에 흠이
없게 하시기를 원하노라

원 의미

이 구절들과 이전의 구절들은 분명히 상당한 연관이 있다. 3:9-10을 포괄하는 단일한 문장은 접속사 '가르'로 3:8과 긴밀하게 연합되어 있고("for", NIV와 NRSV에는 생략됨), 3:11-13은 이 서신의 전체적인 첫 부분(1:2-3:13)을 마감하는 "축원"을 형성한다. 그럼에도 불구하고 나는 이 구절들을 따로 단일한 단락(NAB가 그리하는 것처럼)으로 취급할 것을 선택했는데, 대체로 실용적인 이유 때문이다: (1) 이 구절들이 이 서신의 전반적인 구조에서 역할하는 중요한 전환적 역할 때문에, (2) 기도의 주제가 이 구절들을 함께 묶어주는 방식 때문에.[1]

9절은 수사적인 질문의 형태로 1:2-10에서 시작해서 2:13에서 연속된 감사의 주제를 마감한다. 이 감사는 얼마 전에 있었던 과거의 사건과 지금 현재의 사건에 근거하고 있다. 그러나 3:10에서 바울의 기도는 이 서신의 전환점을 표시해주면서 미래를 바라보고 있다. 유사하게 3:11-13의 축원은 1:2-3:8의 핵심적인 요지를 함

---

1. 대부분의 번역들(NIV를 포함하여)과 주석들이 단락들로 3:6-10과 3:11-13을 취할지라도, E. J. Richard, *Thessalonians*, 163-78; Peter T. O'Brien, *Introductory Thanksgivings in the Letters of Paul*(Leiden: Brill, 1977), 156-64; Gordon P. Wiles, *Paul's Intercessory Prayers*(Cambridge: Cambridge Univ. Press, 1974), 52, 59, 64은 3:9-13을 한 단위로 취급한다.

께 가져오고 이어지는 구체적인 권면을 예조한다. 특히 바울은 (1) 데살로니가를 방문하고자 하는 그의 바람(3:11; 참조. 2:17-18; 3:6, 10)과 (2) 그들의 사랑(3:6에서 그것은 기독교인의 행동의 적절한 표준을 지칭했다; 참조. 2:12, "하나님께 합당한 삶")이 "더욱 많이 넘치게 하시고"(3:12; 참조. 1:3; 3:6), (3) 그리스도가 다시 오실 때까지 그들이 인내할 것에 대한 그의 관심(3:13; 참조. 1:10; 3:1-5; 또한 2:19)을 반복한다.[2]

그러나 이 마지막 두 요지들은 바울이 이 서신의 이 시점까지 말했던 것을 단순히 요약하는 것만이 아니라 이어지는 항목의 주요한 주제들을 미리 보여준다. 적절한 그리스도인의 윤리적 행위나 거룩(4:1-12; 5:12-22) 그리고 그리스도의 재림(4:13-5:11). 따라서 3:11-13은 3:9-10에서 언급한 전환을 강화시키고, 이 서신에서 중요한 전환으로서 이 항목의 의미를 확증해준다.

데살로니가인들에 대한 감사(3:9)

시편 116:12을 반영하고 있는 3:9의 동사('안타포디도미')는 "어떤 '충분한' 감사"(라이트 풋; NIV, "하나님께 '충분히' 감사한다")를 암시한다. 이 개념은 바울의 감사의 부족함에 관한 것이 아니라 데살로니가에서 하나님의 은혜로운 역사로 말미암아 그가 경험하고 있는 기쁨의 광대함을 일컫는다(참조. 3:7). 이 기쁨이 "우리의 하나님 앞에서" 있다는 것은 기도의 맥락 속에서 그것이 발생하고 있음을 함축한다.

데살로니가인들을 위한 기도(3:10-13)

3:10에서(헬라어에서는 3:9과 곧바로 연결된다), 바울은 감사에서 두 가지 간구로 이동한다. 그가 (1) 데살로니가를 몸소 방문하는 것(참조. 2:17; 3:7; 이 간구는 그들을 다시 한 번 보기를 바라는 그의 강렬함과 진정성을 강조한다)과 (2) "[그들의] 믿음에서 부족한 것을 공급하는" 것. 디모데의 열렬한 보고에 비추어 볼 때(참조. 3:6), "부족한 것"은 아마도 영적이거나 윤리적인 부족함의 종류보다는 "여전히 필요로 하는 것들"을 지칭할 것이다. 이 "필요로 하는 것들"은 교리와 행

---

2. 이전 문장은 긴밀하게 C. A. Wanamaker, *Thessalonians*, 140을 따른다.

위의 구체적인 요지들에 대한 부가적인 지침을 포함할 것이다—그들의 결함으로 인한 것이라기보다 바울이 최초의 방문을 신속하게 종료할 수밖에 없었기 때문에 발생할 수 있었던 부족한 것들. 디모데가 필요한 교훈들의 일부를 아마도 전달했을지라도, 바울은 직접 그 일을 마칠 수 있기를 분명히 소원했다. 그러나 반면에 이 서신이 방문의 대체용으로 역할했을 것이고, 4:1-5:22의 내용은 그가 전달하기 원했던 주제를 일부나마 드러내고 있다.

그러나 구체적인 이슈로 돌아가기 전에 바울은 간략한 축원으로 첫 항목을 결론짓는다(3:11-13). 기도의 형태는 전통적인 유대교와 특히 기독교적인 요소들의 융합을 반영해주고 있다. 서두의 말("하나님 우리 아버지와 우리 주 예수"; 참조. 5:23; 살후 2:16; 3:16)은 시락서(23:4, "오 주, 나의 생명의 아버지 하나님"(참조. 시락서 23:1)와 비견된다. 시락서에서 하나님께 적용된 용어들(즉 "주"와 "아버지")이 여기서 하나님과 예수에게로 배분된다.[3]

첫 번째 간구의 내용(3:11)은 10절 부분의 본질을 반복한다. 두 번째 반복(3:12)은 데살로니가인들의 성취(디모데에 의해 보고된 것처럼, 참조. 3:6)를 확증해주고, 이전에 3:6의 논의에서 지적했던 것처럼, 바울에게서 적절한 크리스천의 행위의 충분한 내용을 포괄하는 용어인 "사랑" 안에서 "넘쳐 흐를 수 있도록"[4] 그들을 격려한다. 그의 기도가 공동체 안에 있는 사람들만이 아니라("서로") 공동체 바깥의 사람들도 역시("다른 모든 사람들") 염두에 두고 있음을 유념하라. 데살로니가의 기독교 공동체가 외부인들과 관련한 방식은 그들이 서로와 관련시켰던(참조. 빌 2:15) 방식에 못지않게 바울에게서 중요하다. "우리가 너희를 위해 행한 것처럼"(as ours does for you)이란 어구로 바울은 다시금(참조. 2:1-12) 자기 자신과 그의 동료들을 데살로니가인들이 따라야 할 모범으로 제공한다.

NIV와 NRSV에서 분리된 문장으로서 3:13의 구두점은 이 구절이 부가적인 간구보다 3:12의 간구의 목표나 목적을 나타낸다('에이스 토'+부정사, 3:2에서 사용

---

3. 3:11에서 하나님과 예수간의 관계와 관련해서(거기서 복수의 주어가 단수동사를 선행한다), 문법(정관사가 소유대명사 "우리의"처럼 반복된다)은 둘 사이를 구분한다. 그럼에도 불구하고 하나님과 예수는 협력하여 행사하신다. 바울은 하나님과 예수 사이에 아주 긴밀한 연관을 보고 있음이 분명하다(더 자세한 것은 L. Morris, *The First and Second Epistles to the Thessalonians*, 1078; I. H. Marshall, *1 and 2 Thessalonians*, 100을 보라). "이것이 삼위일체나 이위일체 신학을 바울이 견지했음을 함축하지 않는다"는 주장(E. Best, *Thessalonians*, 147)은 아주 어림잡아 하는 말이다.

4. 요한 크리소스톰에 의한 관찰을 참조하라. "당신은 말로 나타나는 사랑의 제한되지 않는 열광을 아는가? 그는 '성장하는' 것 대신에 '증가하다' '넘쳐나다'를 언급한다"(J. E. Frame, *Thessalonians*, 138에서 개작함).

된 것과 동일한 어구)는 사실을 모호하게 만든다: "너희 마음을 굳건하게 하시고"("개역개정", 참조. NAB, NASB). 즉 바울은 주님이 데살로니가인들의 사랑이 증가하게 하실 것을 기도한다. "주 예수가 오실 때에"[5](NRSV; 아래 4:3을 참조하라) "우리 하나님 앞에서"("우리의 마음을 검증하시는", 2:4) 그들이 나타날 때, 그들이 하나님께 온전히 받아들여지게 "거룩함에 흠이 없을"(직역하면 그렇다, 참조. 5:23) 수 있도록 말이다.

첫 번째 용어('아멤프투스'; 참조. 2:10)는 "하나님이 정죄하실 만한 것을 행하지 않은 것으로 인정되는 어떤 이에게서 발견되는 흠 없는 상태"를 가리킨다. 두 번째 용어('하기오쉬네')는 "하나님의 순전한 성품과의 도덕적 일치"(참조. 레 19:2; 마 5:48)를 가리킨다.[6] 요컨대 바울은 믿음의 행위와 인식적 양상을 서로 긴밀하게 연결시킨다. 상태나 조건을 가리키는 '하기오쉬네'("거룩")의 사용—거룩의 상태로 이끄는 과정을 나타내는 '하기아스모스("성화")와는 다름—은 여기서 특히 적절하다. 바울이 현재의 성취가 아니라 데살로니가인들이 진력하도록 요청하는(4:1-3; 참조. 5:1-11) 종말론적 결과를 염두에 두고 있기 때문이다.

상황잇기

이 단락에서 우리는 이 서신의 두 도고기도의 첫 번째 부분을 발견한다(다른 하나는 5:23이며; 1:2-3은 기도에 '대한' 보고였다). 분명히 바울은 구체적인 문제를 다루는 독특한 회중의 특별한 필요와 관심을 위해 기도하고 있다. 그 기도가 특별한 역사적 상황에 철저히 뿌리내려 있기 때문에 우리가 단순히 그의 기도의 용어들을 반복하는 것은 가능하지 않다(반면에 예를 들어, 주기도문과 엡 3:16-21의 기도는 기도의 모델로서 우리에게 주어졌다).[7] 우리가 할 수 있는 것은 그의 기도의 패턴과 바닥에 깔려있는 신학적 전제들을 주의 깊게 살펴보고 이것을

---

5. 예수를 수반한 "거룩한 자들"은 천사들(E. Best, *Thessalonians*, 153; I. H. Marshall, *1 and 2 Thessalonians*, 102-3; C. A. Wanamaker, *Thessalonians*, 145; E. J. Richard, *Thessalonians*, 177), "성도들"(NRSV, NASB), 즉 인간들이나 더 그럴듯하게는 둘 다일 수 있었다(J. B. Lightfoot, *Notes on Epistles*, 50; L. Morris, *The First and Second Epistles to the Thessalonians*, 112; 참조. F. F. Bruce, *1 & 2 Thessalonians*, 74).
6. C. A. Wanamaker, *Thessalonians*, 144; 더 자세한 것은 S. E. Porter, "Holiness, Sanctification," *DPL*, 397-402; D. Guthrie and R. P. Martin, "God," *DPL*, 363을 보라.
7. 주기도에 관해서는 Darrell L. Bock, *Luke*(NIVAC; Grand Rapids: Zondervan, 1996), 307-15을 보라; 에베소서에서의 기도에 관해서는 Klyne Snodgrass, *Ephesians*(NIVAC; Grand Rapids: Zondervan, 1996), 183을 보라.

우리의 기도의 형태로 만드는 것이다. 이는 바울의 기도가 우리가 그대로 모방해야하는 엄중한 모형이라는 것을 의미하지 않는다. 우리의 기도는 바울에게서 그러했던 것처럼 우리의 시간 속에서 구체적으로 자리하고 있기 때문이다. 단지 그의 기도는 우리의 기도 생활을 유형화하는 지침으로 역할할 수 있음을 의미한다.

신학. 근원적인 신학과 관련해서 바울의 기도는 실재에 관한 이해에서 '신'중심적인 특징을 우리에게 환기시킨다. 바울은 매번 하나님께 기도했다. 하나님이 다른 모든 것보다 우선됨을 인식했고, "우리가 살고 움직이고, 존재를 갖는 것은 하나님 안에" 있음을 늘 기억했다(행 17:28). 이런 점에서 기도는 우리의 비전과 소망을 하나님의 뜻에 맞추는(그 반대가 아니다) 수단이 된다.

심지어 이것은 우리가 하나님께 다른 이들과 우리 자신을 위한 간청을 허락해달라고 간구하는 도고기도와 간구의 기도의 경우에도 역시 그러하다. 간청의 바로 그 행위는 "하나님이 모든 선한 것의 근원이시고 인간은 전적으로 의존적이며 모든 것을 필요로 한다는 것을 신자에게 상기시킨다."[8] 바울의 서신은 열렬한 도고와 다른 이들과 자기 자신을 위한 간청으로 가득하다. 하지만 하나님께 그의 간청을 알릴 때조차도, 바울은 "하나님의 선한 목적에 따라서 뜻하시고 행동하도록"(빌 2:13) 그 안에서 역사하시는 분이 하나님이시라는 것을 인식한다. 그러므로 예를 들어, "육체의 가시"의 경우에(고후 12:7-10), 바울은 그것을 제거해달라고 열렬히 기도했지만, 결국에 그는 그리스도를 위해서 그리고 그의 능력과 은혜의 증거로서 그것이 그대로 남아 있게 하신 하나님의 결정을 수용한다.

형태. 바울의 기도의 형태와 관련해서, 두 가지 요지가 두드러진다. 하나는 내용과 관련이 있고, 다른 하나는 시간과 관련이 있다. (1) '내용'의 측면에서, 바울은 그의 간구를 감사에 근거하고 있음을 유념하라. 이 감사는 데살로니가인들이 경험했던 복과 성장에 궁극적으로 책임이 있는 분으로서 하나님을 칭송하고 인식하는 것에 상응한다. 게다가 그의 실제적인 간구에는 흥미로운 대조가 있다. 데살로니가인들을 위한 그의 간청(3:12-13)은 그들이 영적인 성장을 경험하는 것인 반면에 자기 자신을 위한 간청(3:10-11)은 그가 그들에게 봉사하는 일을 잘할 수 있는 것이다. 즉 2:1-3:5에서 묘사된 그의 행위처럼 그의 기도는 주로 타자 지향적이다. 이는 바울이 자신의 관심을 위해 결코 기도하지 않았다고 말하는 것이 아니다. 우리는 그가 자신을 위해 기도했던 것을 알고 있다(예. 고후 12:7-10). 그러나 이 서

8. Stanley J. Grenz, *Prayer. The Cry for the Kingdom* (Peabody, Mass.: Hendrickson, 1988), 37.

신에서 자기 자신을 위한 기도조차도, 그는 데살로니가인들이 실천할 수 있도록 격려하는 다른 사람들을 위한 관심으로 모범을 보이고 있다(4:9-12).

(2) '시간'의 측면에서 우리는 이 서신의 다른 곳에서도 나타나는 동일한 "과거-현재-미래"의 패턴을 발견한다(예. 1:4-10; 4:13-18; 5:8-11). 즉 바울은 하나님이 과거에 행하신 것을 찬양하고 감사하며(3:9), 하나님이 현재에 계속 행하실 것을 기도하며(3:10-13a), 하나님이 미래에 행하실 것에 비추어 현재를 위해 기도한다(3:13b). 다시 한 번 그는 현재가 하나님이 행하셨고 행하실 일에 의해 심오하게 형성된다는 사실을 우리에게 상기시킨다.

다른 두 문제들. 이 항목을 마무리하기 전에 진전된 두 문제를 언급할 필요가 있다. (1) 바울의 기도에 나타나는 하나님 중심적인 강조는 이 서신을 통해 흐르는 '하나님의 행위와 인간의 책임 간에 긴장'을 생각하게 하는 적절한 문맥을 우리에게 떠올리게 한다. 여기서 우리가 3:12("주께서 우리가 너희를 사랑함과 같이 너희도 피차간과 모든 사람에 대한 사랑이 더욱 많아 넘치게 하사")과 4:10("너희가 온 마게도냐 모든 형제에 대하여 과연 이것을 행하도다 형제들아 권하노니 더욱 그렇게 행하고")을 비교한다면, 이 문제가 발생한다. 한편으로 바울은 하나님의 은혜와 주도하심을 일관되게 강조한다(참조. 3:12). 다른 한편으로 바울은 그가 글을 쓰고 있는 사람들에게 권면하고 명하는 것을 중단하지 않는다. 심지어 명령에 명령을 더하기까지 한다(예를 들어, 17번의 명령이 있는 5:12-22이나 롬 12:9-21의 지극한 사례를 보라).

그러나 데살로니가전서 3:12과 데살로니가후서 1:11과 같은 본문들은 "바울의 강조가 하나님의 우선하는 행위에 있고, 바울에게서 모든 그러한 명령의 배후에 있는 전제는 믿음 공동체의 삶에서 성령의 역사라는" 것을 우리에게 상기시킨다.[9] 동시에 "'도덕적인 노력은 믿음과 대조되지 않는다.' 오히려 도덕적 노력은 믿음의 외면에 나타나는 표현이다." 이것은 하나님의 은사와 주도하심에 반응해서 "신자들은 은혜의 능력이 그들의 삶에서 표현되게 하는 '책임'이 있음"을 의미한다.[10] 요컨대, "하나님에 대한 의존은 인간의 노력과 충분히 양립한다. 크리스천은 수동적이 아니라 하나님의 목적을 이루기 위해서 하나님과 충분히 협력한다."[11]

---

9. G. D. Fee, *God's Empowering Presence*, 70; 참조. I. H. Marshall, *1 and 2 Thessalonians*, 97. 또한 D. A. Carson, *Divine Sovereignty and Human Responsibility: Biblical Perspectives in Tension*(Atlanta: John Knox, 1981)을 보라.

10. James D. G. Dunn, *Romans 1-8*(WBC; Dallas: Word, 1988), 350(저자의 강조).

(2) 아버지로서의 하나님을 바울이 묘사한 것(3:11, 13; 참조. 1:1, 3; 살후 1:1-2; 2:16)은 이 개념을 우리의 시대로 가져오는데 있어서 잠재적인 곤란함을 발생시킨다. 전반적으로 "아버지 이외에 하나님에 대한 다른 묘사는 신약성경에서 그렇게 자주 사용되지 않는다."[12] 바울만 보더라도 그는 하나님을 "아버지"로 42번을 언급한다. 바울에게서 이 심상은 근본적으로 그리고 압도적으로 긍정적이다. 어떤 사람들에게서 이 심상은 문제가 있을 수 있다. 예를 들어, 나의 수업에서, 전부는 아닐지라도 부분적으로, 하나님에 대한 심상이 그들의 아버지와의 부적절하거나 심지어 파괴적인 관계에 의해 형성된 학생들을 만나는 것은 이제는 사실 흔한 일이다.[13] 그러한 환경에서, 신약성경의 저자들이 그 어구로 의미하는 것을 정의하고자 할 때(예수의 가르침은 이와 관련해서 특히 풍부한 자료를 제공해준다), 민감하고 세심하게 그 이미지를 사용하는 것이 중요하다. 이런 식으로, 우리를 너무도 사랑하셔서 우리가 여전히 죄인되었을 때조차도 사랑을 표현하시는 방식으로 우리를 위해 아들을 죽게 하신 아버지로서의 하나님에 대한 바울의 견해(참조. 롬 5:8)가 우리에게서 자랄 수 있는 부적절한 이미지로 재형성되거나 대신하기를 시작할 수 있다.

현대적 의미

나는 3:9-13의 바울의 기도가 반복될 용어들이라기보다는 따라야할 모범을 제공하고 있다고 이전에 제기했다. 바울이 우리에게 모범을 보이는 것은 무엇인가? '기도를 다른 이들을 위한 도고와 감사를 중심으로 했다.' 다른 이들을 위한 감사나 도고가 적어도 42번의 사례를 바울의 서신에서 발견할 수 있기 때문에 이는 외람되거나 특이한 현상은 아니다.[14] 확실히 그것은 바울의 시도에서 유일한 주제나 강조가 아니지만, 분명히 바울이 기도에 할애하는 지면에 비례해서 상당한 부분을 차지하는 중요한 사실이다.

이런 관찰에서 한 가지 적용할 수 있는 것은 확실하다. 우리가 바울의 모범을

11. J. Knox, Chamblin, *Paul and the Self Apostoli Teaching for Personal Wholeness*(Grand Rapids: Baker, 1993), 156.
12. Klyne Snodgrass, *Ephesians*(NIVAC; Grand Rapids: Zondervan 1996), 179.
13. 그 문제와 치유와 변화의 가능성에 관한 뚜렷한 사례에 대해서는 Keith Anderson, "What You Get is What You See," *What They Don't Always Teach You at a Christian College*(Downers Grove, Ill.: InterVarsity, 1995), 74-78을 보라.
14. 이 단락들의 목록에 대해서는 D. A. Carason, *A Call to Spiritual Reformation: Priorities from Paul and his Prayers*(Grand Rapids: Baker, 1992), 67-74을 보라.

따르는 것에 진지하다면,

> 우리는 '다른 이들을 위해' 기도하는 일의 중요성을 간과하지 않을 것이다. 찬미의 노래 또는 하나님과의 신비한 교제, 또는 전능하신 분께 우리의 근심을 쏟아놓는 안도를 통해서이든지 간에, 기도는 우리 자신을 위한 힘을 발견할 수 있는 은둔처로 단지 내려가는 차원이 아니다. 기도는 이런 모든 요소들을 포함하지만 그 이상이다. 우리가 바울에게서 기도하는 것을 배운다면, 다른 이들을 위해 기도하는 것을 배울 것이다. 다른 이들을 위해 감사함으로 그리고 다른 이들을 위해 기도함으로 하나님께 나아가는 것은 우리가 해야 할 일이다. 요컨대 우리의 기도는 하나님의 백성들을 위해 최선인 것을 추구하는 심오한 바람에 의해 형성될 것이다.[15]

우리는 다른 이들을 위한 기도를 어떻게 시작할 것인가? 바울의 기도는 적어도 네 방식을 암시한다. 내가 바울이 묘사한 진술("바울이…기도한다"[Paul prays…])로 이 네 방식을 구성할지라도, 각기 동일한 일을 우리가 행하도록 암묵적으로 도전한다.

바울은 감사함으로 기도한다(3:9). 한 차원에서 이것은 우리를 향한 하나님의 은혜를 인식하는 근본적인 감사의 문제다. 하지만 하나님께 감사함으로써 우리는 역시 우리를 위한 하나님의 사랑과 관심의 실재를 다른 사람들과 나누게 된다(적어도 간접적으로). 따라서 하나님께 대한 감사는 하나님에 대한 증거의 형태가 될 수 있다.

아울러 감사는 하나님이 행하신 것을 기억하는 것과 관련이 있다(참조. 1:2-3). 하나님의 신실하심의 이야기를 기억하고 말하는 것은 적어도 두 가지 이유로 인해 중요하다. (1) 일이 잘 될 때, 그것이 왜 잘되고 있는지를 우리에게 상기시킨다: 그것은 하나님의 은혜와 선하심 때문이지 우리의 노력 때문이 아니다(참조. 신 6:10-13; 8:10-18; 9:4-6). (2) 일이 잘되지 않고 있을 때, 과거에 신실하셨던 하나님이 장래에도 신실하실 것임을 기억하는 것은 우리에게 소망을 준다. 이것이 세대간의 "기억의 공동체"를 창출하는 것이 주요한 이유이고(참조. 신 6:20-25), 감사는 이 일을 할 수 있는 한 가지 방법이다.[16]

하나님께 감사하는 것은 우리가 감사하는 사람들에게 중요한 영향을 가질 수

15. Ibid., 74-75.
16. 기억에 관한 더 자세한 것은 Daniel Taylor, *The Myth of Certainty: The Reflective Christian and the Risk of Commitment*(Waco, Tex.: Wrod, 1986), 100-107을 보라.

있다. 바울은 데살로니가인들에 대해 하나님께 감사하지만 하나님이 그 일을 행하시고 있다고 그들에게 말한다. "그러므로 데살로니가인들을 격려하면서 그들의 영적 성장에 관심을 끌었고, 동시에 감사를 받으실 분이 하나님이심을 주장했다."[17] 요컨대 바울은 교만이나 자기 중요성의 감정을 부양시킬 수 없는 방식으로 그들을 격려하고 확신을 갖게 한다. 우리는 동일한 일을 하고 있는가?

바울은 데살로니가인들이 다른 이들에 대한 사랑의 봉사를 통해서 강화되기를 기도한다(3:12-13a). 내가 이전에 원 의미에 관한 논의에서 지적했던 것처럼, 바울은 이 항목에서 유일하게 한 가지 간구를 한다(3:12, "주님이 너희 사랑을 넘치게 하시기를"). 그의 목표와 목적이 3:13에 서술되고 있다("너희 마음을 굳건하게 하시고"). 13절은 바울의 실제적인 간구("데살로니가인들을 굳건하게 하시기를")를 보여주고, 12절은 그 굳건함이 발생할 수 있기를 소망하는 수단들(다른 사람들을 위한 사랑이 넘치는 것)을 보여준다. 즉 바울은 데살로니가인들이 강화되는 가장 좋은 방법은 교회 안팎에서 다른 이들을 위한 사랑으로 넘치는 것이다.

이 사랑은 단순히 감정이나 느낌의 문제가 아니다. 1:3에서 바울은 이미 "사랑에 의해 촉발된 데살로니가인들의 수고"를 감사했다. 요컨대, 비교적 이 새로운 교회의 구성원들은 곤란과 도전에 직면해서 어떻게 그들의 깊은 필요를 강화시킬 수 있는가? 사랑으로 다른 사람들을 섬김을 통해서라고 바울은 함축한다—그것은 많은 현대 문화의 자기 중심성과 나르시즘의 직면해서 중요한 조언이다. "나는 다른 사람들을 염려하기 전에 나 자신의 행동을 세울 필요가 있습니다"나 "나는 다른 사람들의 필요를 다루기 전에 나 자신의 필요를 돌볼 필요가 있습니다"와 같은 말을 듣는 것이 흔하다. 아마도 삶에서 심각한 감정적 트라우마의 결과를 겪고 있는 이들에게선, 우리 자신의 필요를 우선 다루는 것이 참으로 필요할 수도 있다. 하지만 우리 대부분의 사람들에게서 우리의 상황에 대한 어떤 관점을 얻기 위한 가장 확실한 방법 중 하나는 다른 사람들을 섬기는 것이다. 발이 없는 장애인들을 만날 때까지 신발 없음을 불평했던 사람에 대한 잘 알려진 비유는 한 번 정도는 생각해 볼 진리가 담겨 있다.

바울은 장래에 비추어 데살로니가인들을 위해 기도한다(3:13c). 예수의 '파루시아'(재림)에 대한 언급은 바울이 장래에 비추어서 현재를 살았던 것을 우리에게 상기

17. John Calvin, *The Epistles of Paul the Apostle to the Romans and to the Thessalonians*, 333-34을 반영한 D. A. Carson, *A Call to Spiritual Reformation*, 87.

시킨다. 그는 예수의 오심이 구원만이 아니라 심판의 시간이라는 것을 알았고(참조. 살후 1:5-10), 심지어 신자들은 어떤 시점에서 인생의 청지기 직을 계수하기 위해서(참조. 고전 3:10-15) "우리의 마음을 검증하시는"(살전 2:4) 하나님 앞에 서게 된다는 것을 알았다. 바울은 이런 실재에 비추어 그의 삶을 살았고, 그는 데살로니가인들이 동일한 일을 행할 것을 촉구했다(예. 살전 5:4-11). 따라서 그는 장기적인 결과에 비추어 단기적인 결정을 했다. 그는 다음 세대에서 생명을 상실하는 것을 의미한다면, 이 세대에서 생명을 구하는 것은 가치가 없다는 것을 알았다(참조. 눅 9:24-26). 여기서 바울의 기도는 동일한 관점으로 형성되어 있다. 현대 문화에서 직접적인 만족과 결과로 압도되어 있는 때, 다른 사람들이 현재보다 영원에 비추어 살 것을 기도하는 것은 작은 일에 불과한 것이다—특히 이런 식으로 다른 사람들을 위해 기도하는 것은 동일한 일을 행할 필요를 우리에게 상기시키기 때문이다.

바울은 다른 사람들을 위한 그의 깊고 신실한 사랑으로부터 기도한다. 바울에게서 데살로니가인들의 성공은 그의 기쁨의 근원이었다(3:9; 참조. 2:19-20). 게다가 바울 자신을 위한 간구는 그들에게 봉사할 수 있는 또 다른 기회를 얻는 것이었다(3:10-11; 참조. 2:17-18). 그는 왜 그들 안에 그렇게 많이 자기 자신을 투자할 수 있었는가? 간단하게 말해서, 그가 그들을 진정으로 깊이 사랑했기 때문이다. 그는 2:8에서 이렇게 말했다. "우리가 이같이 너희를 사모하여 하나님의 복음뿐 아니라 우리의 목숨까지도 너희에게 주기를 기뻐함은 너희가 우리의 사랑하는 자 됨이라."

이전에 첫 세 요지는 무엇을 행할 것인지에 대한 지침을 제공해주고, 이 마지막 요지는 우리가 누구인지를 살피게 만든다. 만약 우리가 참된 사랑으로부터 다른 이들을 위해 기도하고 있지 않다면, 왜 그러한가? 우리가 그들을 속으로 미워하고, 그들에 대한 반대를 견지하며, 쓰리고 비통한 마음을 갖고 있기 때문인가? 또는 일종의 위협으로 그들을 간주하고 있기 때문인가? 또는 우리는 너무 자기중심적이어서 그들을 살필 수가 없는가? 그 이유가 무엇이든지 간에, 그것은 우리에게 개인적인 회개를 요청한다. "서서 기도할 때에 아무에게나 혐의가 있거든 용서하라 그리하여야 하늘에 계신 너희 아버지께서도 너희 허물을 사하여 주시리라"(막 11:25). 그리고 우리가 요청을 받고 있는 용서의 기준을 하나님이 예시해주신다. "서로 친절하게 하며 불쌍히 여기며 서로 용서하기를 하나님이 그리스도 안에서 너희를 용서하심과 같이 하라"(엡 4:32). 다른 이들을 위한 진지한 기도는 우리 자신을 진지하게 만든다.

데살로니가전서 4:1-8

1 그러므로 형제들아 우리가 끝으로 주 예수
안에서 너희에게 구하고 권면하노니 너희가
마땅히 어떻게 행하며 하나님을 기쁘시게 할
수 있는지를 우리에게 배웠으니 곧 너희가
행하는 바라 더욱 많이 힘쓰라
2 우리가 주 예수로 말미암아 너희에게 무슨
명령으로 준 것을 너희가 아느니라
3 하나님의 뜻은 이것이니 너희의 거룩함이라
곧 음란을 버리고
4 각각 거룩함과 존귀함으로 자기의 아내 대할
줄을 알고
5 하나님을 모르는 이방인과 같이 색욕을 따르
지 말고
6 이 일에 분수를 넘어서 형제를 해하지 말라
이는 우리가 너희에게 미리 말하고 증언한
것과 같이 이 모든 일에 주께서 신원하여 주
심이라
7 하나님이 우리를 부르심은 부정하게 하심이
아니요 거룩하게 하심이니
8 그러므로 저버리는 자는 사람을 저버림이 아
니요 너희에게 그의 성령을 주신 하나님을
저버림이니라

원 의미

4:1-5:22에서 바울은 그때에 자신이 데살로니가를 재차 방문하였다면, 분명히 그들에게 친히 말하기를 원했던 것을 글로 전달하고 있다. 바울이 여기서 요구사항을 바꾸기보다(고전 4:14-5:13과는 대비된다) 그들의 현재 행위와 실천(그는 새로운 활기로 그것들을 추구하도록 가르친다, 4:1, 10)을 확증하고 있는 것이 두드러진다. 그가 그들에게 전달하는 새로운 정보는 행위가 아니라 주 예수의 강림에 대한 설명인 믿음의 문제이다(4:13-18). 그러므로 '워너메이커'(Wanamaker, 그리고 다른 사람들)가 여기서 (설득하려고 의도하였던 '심의적'인 수사학과 대비되어) 확증하고 칭찬하려고 의도한 '과시적'이거나 '명시적'인 수사학의 사례를 보는 것은 옳다.[1]

1. C. A. Wanamaker, *Thessalonians*, 146, 46-48.

이어지는 것들의 일반적인 서론으로 기능하는 4:1-2에서 바울은 성적인 도덕성에 관한 구체적인 초점을 갖는 첫 번째 주제인 거룩(4:3-8)으로 즉시 이동하고 있다. 다음 세 항목들은 '페리'('데', "지금 관련해서" 또는 "지금 관해서")란 어구에 의해 각기 도입되고 있다: 4:9-12(다른 사람들을 위한 사랑), 4:13-18("잠자는 자들"), 그리고 5:1-11("시간과 날짜"). 요청의 형식("이제 우리가 너희에게 요구하노니")이 마지막 항목인 5:12-22(회중적인 문제에 관해서)을 도입한다.

일반적인 소개(4:1-2)

4:1에서 통상적으로(그리고 다소 기계적으로) "마지막으로"로 번역되는 부사 '로이폰'은 전환적인 분사로 기능한다; "그리고 이제"("and now", REB)는 그 요지를 멋지게 포착한다. 강력한 접속사인 '운'("그러므로", NIV에서는 생략됨)은 이 서신의 두 주요한 부분들을 긴밀하게 연결시킨다(1:2-3:13; 4:1-5:22). 남성 구성원들만이 아니라 전체 공동체를 포괄하는 '아델포이'("형제들")의 의미에 대해서는 1:4의 주석을 보라.

1절에서 바울은 세 가지 일을 행한다.[2] (1) 그는 데살로니가에 있을 동안에 데살로니가인들에게 말했던[3] 교훈('토 포스 데이'; 아마도 "개념들"이나 "지침들")을 그들에게 상기시킨다(권위적인 근원을 강조하는 4:2에서 그가 반복하고 있는 요지). (2) 그는 이 교훈들을 따를 수 있도록 확신을 갖게 하며 그들에게 명령한다. (3) 그는 그들이 "더욱더 이 일을 행할"(참조. 살전 4:10) 수 있도록 권면한다('파라칼레오'; 참조. 2:12; 3:2, 7; 4:10, 18; 5:11, 14; 살후 2:17; 3:12). 다시 말해서 그것은 그들이 잘했다는 것을 바울이 확증하고 있음을 보이면서, 반면에 그들이 해야 할 더 많은 것들이 있음을 분명히 한다. "어떻게 행하며"('페리파테오', 직역하면, 걸으며) "하나님을 기쁘시게"에 대해서는 2:12의 주석을 보라.

---

2. NIV는 바울의 문장을 상당히 어색하게 그린다. 여기에 보다 문자적인 번역이 있다: "우리가 주 예수 안에서 너희에게 구하고 권면하노니—너희가 마땅히 어떻게 행하며 하나님께 기쁘시게 할 것을 우리에게 받았으니 곧 너희 행하는 바라—더욱 많이 힘쓰라"

3. 직역하면, "너희가 우리로부터 받았다"; NIV의 "우리가 너희에게 가르쳤다"는 바울과 그의 동료들이 전달했던 것을 데살로니가인들이 의지적으로 수용했다는 바울의 강조를 뒤바꾸어놓는다(그러므로 모호하게 만든다)(동사는 권위적인 전통의 수용을 나타내는 전문적인 용어로 자주 사용되는 '파랄람바노'이다; 고전 15:3을 참조하라).

거룩(4:3-8)

바울은 데살로니가에 전수했던 교훈들을 단순히 따라야할 교훈이라기보다 다름 아닌 그들을 위한 "하나님의 뜻"이란 표현으로 간주한다(4:3). 그것은 단일한 용어로 요약될 수 있다. '하기아스모스', "성화"나 "거룩" 3:13에서 '하기오쉬네'가 거룩의 상태나 조건을 가리켰던 반면에, 여기서 '하기아스모스'는 거룩의 상태로 인도하는 과정을 가리킨다(즉, 하나님의 성품과의 일치). 따라서 동사어구로 이 명사를 NIV가 번역한 것("성화되어야 한다")은 바울의 뉘앙스를 정확하게 포착하고 있다.[4]

'거룩'이란 용어가 크리스천의 행동의 온전한 범주를 포괄할 만큼 충분히 넓은 개념일지라도, 바울은 성적인 도덕성이라는 단일한 양상에 초점을 맞춘다. 이 주제는 이교문화에서 최근에 개종했던 사람에게는 특별한 의미를 가졌을 것이다. 그리스-로마 사회에서 존재했던 성적인 관습과 행위의 폭넓은 범주에 비추어볼 때에 말이다. 성적인 정결함은 아내들에게 요구되었고(합법적인 자손의 혈통을 보증하기 위해서), 어떤 범주에는 남편도 역시 덕성으로 제기되었다. 그러나 동시에 결혼 이전이나 혼외적인 활동의 넓은 범주가 관용되었고, 심지어 가끔 격려되었다. 그러므로 회심자들이 성적인 행위와 관련하여 어떤 흔한 이해나 양상을 교회로 그들과 함께 가져왔다고 가정할 수는 없었다. 이것은 새로운 공동체의 규범으로의 사회화가 결정적으로 필요한 부분이었다.

그러한 배경에 비추어, 바울은 데살로니가인들에게 "성적인 부도덕을 삼갈" 것을 조언한다(4:3b; 참조. 고전 6:18). 즉 바울은 창기, 간음이나 간통을 포함하는 성적인 죄의 거의 어떤 유형에도 쓰이는 일반적인 용어인 '프로네이아'를 삼갈 것을 조언한다. 4:4에서 그는 부도덕을 삼가는 중요한 수단들을 설명한다. "너희는 각기 자신의 몸을 제어하는 것을 배워야 한다"(NIVILE).

이 마지막 어구는 주요한 해석적 문제를 제기한다: 바울은 데살로니가인들이 각기 (1) "아내를 얻는 방법"을 배워야 한다는 것을 의미하는가, 아니면 (2) "자신의 몸을 제어하는 방법"(NIVILE; 참조. NIV, NRSV, REB)을 배워야 한다는 것을 의미하는가? 문제가 되는 이 어구는 분명히 금언적인 완곡어법이고, 그것의 해석은 동사('크타오마이', 자주 "획득하다"이지만, "소유하다"나 "제어하다"도 역시 포함된

4. 참조. J. E. Frame, *Thessalonians*, 147.

다)와 목적어('스큐오스', "그릇", "도구", "몸", "아내")의 의미가 논쟁되는 상황으로 인해 난해해진다.[5]

(1) "아내를 얻다"란 해석을 지원해주는 고찰들은 모호하거나(4:4과 고전 7:2 사이에 형태에서 제기된 유사성은 헬라어에서 오직 두 말씀들에만 상응된다) 불확실한 관계성(설명할 수는 있지만 바울의 용법으로 확정할 수는 없는 후기 랍비적 용법)에 관한 것이다. 게다가 바울이 "아내"를 의미했다면, 고린도전서 7:2(참조. 7:27)은 그가 그렇게 분명하게 말할 수 있었음을 예시해준다.

선택 (2)는 바울의 다른 곳에서(참조. 고후 4:7, 그 구절에서 그는 인간의 몸을 흙으로 만든 '스큐오스'로 일컫는다; 참조. 롬 9:21-23), 구약성경에서(참조. 삼상 21:5; 70인경에서 '스큐오스'는 특히 생식기에 대한 완곡어법이다. 양 성과 관련하여 세속 헬라어에서 역시 증거되는 용법이다), 그리고 초기 기독교 문헌들(바나바서 21:8)에서 '스큐오스'의 사용에 잘 들어맞는다. 아울러 그것은 바울이 고린도전서 6-7장에서 말하고 있는 것과 긴밀하게 상관관계가 있다. 마지막으로 그것은 인접한 문맥(그 앞뒤 구절들은 전체 공동체에 맞추어져 있고, 이는 바울이 갑작스럽게 작은 부분에 맞추어진 명령, 즉 결혼에 적합한 남자들에 관한 문제를 끼여 넣었을 것 같지 않다)과 문화적 환경(많은 결혼들이 준비되었다)과 잘 일치한다. 요컨대, "너의 몸을 제어하다"란 번역이 정확히 바울의 의미를 전달한다.

바울이 명하고 있는 자기 제어는 "'거룩하고' '존귀한' 방법으로" 시행되어야 한다(4:4b). 이 두 용어들은 4:5에서 언급된 "색욕"과 무지의 대조로서 기능한다. "거룩"(하나님의 성품에 일치하는 것)에 관한 정의는 하나님에 대한 지식을 함축하고, 따라서 4:5b에서 하나님에 관한 무지와 대조되는 것으로 나타난다. 유사하게 다른 이들에 대한 관심과 의견에 대한 존중의 문제인 "존귀"는 주로 '타자' 중심적이고(참조. 롬 12:10, "다른 사람을 존경하기를 서로 먼저 하며"), 자신의 필요나 욕구에 대한 '자기' 중심적인 관심과 관련이 있는 "탐욕적인 열정"과 대비된다(살전 4:5a; NIV "정열적인 탐욕").

---

5. (1)을 지원하는 것으로는 J. E. Frame, *Thessalonians*, 149-50; C. Maurer, "σκεῦος," *TDNT*, 7:365-67; E. Best, *Thessalonians*, 160-63; O. Larry Yarbrough, *Not Like The Gentiles: Marriage Rules in the Letters of Paul*(Atlanta: Scholars, 1985)을 참조하라. (2)를 지원하는 것으로는 I. H. Marshall, *1 and 2 Thessalonians*, 107-9; C. A. Wanamaker, *Thessalonians*, 152-53; E. J. Richard, *Thessalonians*, 198; L. Morris, *The First and Second Epistles to the Thessalonians*, 119-21; G. D. Fee, *God's Empowering Presence*, 51-52을 참조하라.

바울에게서 성적인 활동이란 (그 성적인 활동에) 동의하는 한 성인 또는 그 이상의 사람과 관련한 하찮은 사적 행위가 아니라, 하나님(참조. 고전 6:12-20)과 다른 사람들(참조. 살전 4:6)과의 관계에 영향을 갖는다. 그러므로 그것은 하나님과 사람을 존중하는 방식으로 시행되어야 한다. 요컨대 성적인 행위는 자기를 섬기는 것(취하는 문제)보다 이타적인 것(주는 문제)이 되어야 한다.

어떤 주석자들은 바울이 4:6에서 새로운 주제, 즉 신자들 사이에 사업적인 거래에 관한 주제를 시작하고 있다고 생각한다.[6] 하지만 그가 4:4에서 "존귀한"이란 말의 사용에서 함축된 개념을 전개하고 있을 가능성이 더 높아 보인다. 도덕적 성적 관계가 다른 사람들의 영예를 추구하는 것인 반면에, 불명예스러운 성적 행위는 크리스천 형제나 자매에 대해서 "죄를 짓거나"(NIV "잘못하는") "이용하는"(NIV "이득을 얻는") 것에 상응한다(예를 들어, 간음하는 배우자는 간음이 발생하기 전에 부부가 공유했던 신뢰, 안전 그리고 친밀함을 결혼 파트너에게서 빼앗는다). 여기서 바울의 관심은 도덕적일 뿐 아니라 실용적일 것이다. 성적인 비행(非行)은 크리스천 공동체가 외부자들과 구분되는 윤리적 기준을 무너뜨리고 공동체 내에서 가족관계와 연합의 감정에 상당한 위협을 내포하는 것과 관련이 있다.

4:b-8에서 우리는 바울이 성적인 행위의 문제를 진지하게 접근하고 있는 것을 확실히 알 수 있다. 6b절은 신자들이 서로에게 잘못을 행하거나 이용하지 않아야 하는 '이유'를 지적하면서, 4:3에서 시작된 긴 문장을 마감하고 있다. 주(즉, 예수)는 "모든 일의 복수자이시다"(NRSV; 참조. 시 94:1; 롬 12:19; 고후 5:10; 살후 1:5-10). 즉 조만간에 그러한 죄인들은 심판에 이르게 될 것이다.[7] 7절은 신자들이 도덕적으로 책임 있는 방식으로 행동해야 하는 부가적인 이유를 제공한다: 신자로서 그들의 위상에 기반이 되고 있는 하나님의 "소명"(1:4; 참조. 2:12; 5:24)은 본질적으로 "거룩함"에 대한 요청이다(참조. 4:3; 또한 롬 1:7, 고전 1:2: "거룩하도록 요청을 받고 있다")—즉, 하나님처럼 되라는 요청 요컨대 이 윤리적인 기준은 하나님의 성품에 근거하고 있다. 그러므로 이것은 "이 교훈을 거부하는" 모습

6. 예를 들어, E. J. Richard, *Thessalonians*, 200-202을 보라. 새로운 주제를 표시하는 전환적인 불변화사는 사실상 그 의미에서 양면적이고, 이 구절의 어휘를 비즈니스에 사용할 수 있었을지라도, 그것은 어떤 식으로든 비즈니스로 제한되지 않는다(실로 단수에서 '프라그마', "일"[matter]은 거의 비즈니스를 가리키지 않는다. 비즈니스로는 복수가 관습적이다). 사실상 그 어휘는 아주 자주 보다 일반적인 방식으로 나타난다. 마지막으로 4:7에서 바울은 4:3-5의 주제로 돌아간다. 그것은 그가 단 하나의 구절을 위해 주제를 바꾸었을 것 같지는 않다(4:6).

7. 더 자세한 것은 S. H. Travis, "Judgment," *DPL*, 516-17을 보라.

은 단순히 인간의 교훈이나 표준이 아니라 사실상 하나님을 배격하는 것이다.

하나님은 그를 믿는 자들이 살아야할 기준을 그의 성품으로 정의하실 뿐 아니라 우리에게 행할 수 있는 능력을 역시 제공하신다. 그는 성(聖)[이 용어는 어순에 의해 강조된다]령(靈)을 신자들에게 '주시는' 분이시다.[8] 특히 죄에 대한 싸움과 관련해서 현재시제는 "그들의 삶에서 성령의 진행되는 역사를 거의 확실히 강조한다."

> 바울에게서 성령의 임재는 단순히 죄에 대항하는 선택으로서 하나님의 선물이 아니다. 그는 성령을 현재적이지만 비효과적인 것으로 이해하지 않았다. 오히려 성(性)적인 불결함에 대항하는 바울의 논증을 가능하게 만드는 역동성은 성령의 경험적인 실재다.[9]

상황잇기

유사한 상황들. 어떤 점에서 이 단락을 우리의 세대로 가져오는 것은 두 가지 이유로 인해서 비교적 직접적이다. (1) 바울이 여기서 설명하고 있는 성적인 윤리는 문화적인 근거보다는 신학적인 근거를 갖는다. 즉 바울은 이 단락에서 "신학적인 윤리"라 일컫는 것을 제공하고 있다. 비버리 로버트 가벤타가 지적한 것처럼, 윤리에 관한 현대적 논의에서 행위는 자주 심리학적인 모델의 측면에서(즉, 어떤 행위가 심리학적으로 "건강하거나" "건강하지 못한지") 또는 사회적 영향이나 결과의 측면에서 자주 분석된다.[10] 그러나 바울은 다른 출발점에서 작업한다. 그는 그의 윤리적 교훈을 하나님에 대한 이해에 기초한다. 이 신학적인 기초는 그의 교훈에 높은 권위의 수준을 제공한다. 그가 4:8에서 지적한 것처럼, 그 교훈들을 거부하는 사람들은 바울을 배격하는 것이 아니라 하나님을 배격하는 것이다. 그의 가르침들은 초문화적임을 역시 의미한다. 그것들이 어떤 특별한 문화나 역사적 상황에 근거하거나 뿌리내려 있지 않기 때문이다.

하나님에 관한 바울의 이해와 관련해서 그의 논의에 깔려 있는 중요한 가정을 조명할 필요가 있다. "바울은 우리의 몸—우리의 인격—은 창조의 하나님께 속한다는 것을 가정한다.…하나님이 우리를 창조하셨다는 것을 믿는다면, 우리는 하나

8. 직역하면 "너희 안에"이다; 구약성경의 배경에 대해서는 겔 37:6, 14을 보라. 참조. 고전 6:19(문자적인 어순은 "너희 안에 성령의 전"이다); 참조. 고후 1:22; 갈 4:6.

9. G. D. Fee, *God's Empowering Presence*, 52-53.

10. B. R. Gaventa, *Thessalonians*, 55-56.

님을 기쁘시게 할 의무가 있다. 우리는 우리 자신에게 속하지 않는다. 어떤 항변도 그것을 바꾸지 못한다." 이것은 현대 문화에서 아주 대중적인 "주체적인 자아 윤리"와 첨예하게 대비되는 관점이다.[11] 다시 말해서 바울이 고린도전서 6:19-20에서 명백하게 진술하고 있는 것("너희는 너희 자신의 것이 아니라 값으로 산 것이 되었으니 그런즉 너희 몸으로 하나님께 영광을 돌리라")은 여기 데살로니가전서에서 그의 논의의 배후에서 작용하고 있는 전제다.

(2) 1세기와 오늘날의 교회의 환경은 비교적 유사하다. 물론 많은 사람들이 1세기 지중해 문화와 현대 서구 문화의 성적인 방종 간에 광범위한 유사성이 있다는 것을 지적했다. 하지만 나는 부차적인 유사성을 염두에 둔다. 그때처럼 교회는 성적인 행위와 관련한 공통된 기준이나 예상을 갖지 못한 사람들이 교회에 나올 때 성경적인 성적 윤리로 사회화하고 동화시키는 도전에 직면해 있다. 교회 내에서 자라온 사람들조차도 성적인 윤리와 행위와 관련하여 한 마음이 되었다고 가정할 수 없다. 부분적으로 그 주제에 대한 교회의 동요와 (그것을 언급했을 때) 불확실한 목소리 때문이고, 또한 영화, 텔레비전, 음악, 책, 그리고 예술을 통해서 신자들에게 널리 퍼져 있지만, 아주 다양한 당대 문화의 영향 때문이다.

이런 유사한 환경에 비추어, 공통된 성적 윤리를 육성시키는 바울의 전략은 주목할 만한 가치가 있다. 바울이 널리 다른 배경에서 나아온 사람들에게 제공하고 있는 것은 그들이 모두 공유하고 있다고 알고 있는 것, 즉 참된 한 분 하나님과의 관계에 기초한 윤리다. 다시 말해서 그들이 이미 공통적으로 갖고 있는 것이 기독교적 배경에서 성적인 행위의 공통된 이해를 세워나가는 출발점이 된다.

거룩. 그러나 상황잇기에서 한 가지 잠재적인 어려움은 그 단락에서 중심적인 개념인 '거룩'과 관련이 있다. 이것은 현대 교회의 어휘에서 잃어버린 용어가 되었다. '거룩'을 사용할 때, 그것은 보통 "어떤 것으로부터 분리되는"("무엇으로부터" 라고 내가 질문할 때, 나의 학생들은 자주 "재미있는 것으로부터"라고 대답한다) 자주 부정적인 개념으로 간주된다. 이 때문에 바울에게서 거룩은 하나님의 성품에 근거한 근본적으로 긍정적인 개념이다. "나는 여호와 너희의 하나님이라 내가 거룩하니 너희도 몸을 구별하여 거룩하게 하고"(레 11:44 개역개정). 다시 말해서 바울에게서 거룩은 우리를 선택하시고 부르시고 구원하신 하나님처럼 더욱 되어가는 문제다. 확실히 하나님의 성품을 모델로 삼는 것은 하나님을 기쁘시게 하지

11. Ibid., 60-61.

못하거나 하나님의 성품에 일치하지 않는 것에서 우리 자신을 분리시키는 것과 관련이 있지만, 분리의 개념을 너무(또는 유일하게) 강조하는 것은 그 용어의 주요한 양상을 희석시킨다.

하나님이 레위기 11장에서 이미 인격적인 관계를 형성하였던 사람들에게 거룩에 대해 말씀하신 것을 주목하는 것도 역시 중요하다. 이것은 거룩에 대한 요청이 제자도에 대한 요청이지 구원에 대한 요건이 아니라는 것을 의미한다. 거룩을 이런 식으로 간주하는 것은 바울이 어떻게 그것을 미래의 목표('하기오쉬네', 3:13에서처럼 거룩의 상태나 조건), 과거의 선물(5:23에 관한 언급을 보라), 그리고 하나님이 우리에게 요청하시는(4:7) 여행(4:3에서처럼 거룩의 상태로 이끄는 과정)으로 간주할 수 있는지를 우리가 이해할 수 있게 해준다. 또한 거룩에 대한 이런 견해는 바울이 그 용어를 하나님의 백성들을 위한 하나님의 뜻의 포괄적인 한 단어의 요약으로 어떻게 사용할 수 있는지를 우리가 이해할 수 있게 해준다(4:3). 마지막으로 우리는 하나님이 거룩을 단순히 요청하시는 것만이 아니라 '성령'으로 그 목표를 향해 나아갈 수 있는 능력을 제공하신다는 것을 주목해야 한다(4:8).

인간의 성과 행위. 바울이 거룩을 크리스천의 행위의 충분한 범주를 포괄하는 것으로 보고 있을지라도, 이 단락에서 그는 구체적인 관심의 영역인 성적인 행위에 재빨리 초점을 맞춘다. 바울의 논의를 접근함에 있어서, 그가 인간의 성의 본질적인 선을 인정하는, 근본적으로 성경의 긍정적인 관점을 당연한 것으로 여기고 있음을 주목하는 것이 중요하다. 말하자면 하나님이 인간의 성을 만드신 것처럼, 이성간의 결혼의 의도된 상황에서 행사될 때에 말이다.[12] 그의 관심은 성을 나쁘게 말하고, 부정하거나 성이 존재하지 않는다고 가정하고 있는 것이 아니라, 공동체를 허물기보다 세워주는 방식으로 성(性)이 있어야 한다고 보고 있다.

성적인 행위와 관련해서, 바울은 이 단락에서 두 가지 지침을 주고 있다. 하나는 부정적인 지침이고, 다른 하나는 긍정적인 지침이다. 부정적으로는 "성적인 부도덕을 삼가고"(4:3), 긍정적으로는 "거룩과 존귀로 자기 몸을 제어하는 것"(NRSV). 이 지침이 비교적 추상적이기 때문에 그것들을 풀어서 바울이 의미하는 바를 더 완전하게 설명할 필요가 있다.

12. 나의 동료 앤더슨(Keith Anderson)의 말을 의역하면 하나님은 사람들 관계성, 그리고 성(sex)을 소중히 여기시는데, 결혼한 자가 아닌 다른 사람들과의 성이 죄인 이유는 그것이 이런 것들을 충분히 소중히 여기지 않기 때문이다(Keith Anderson, *What They Don't Always Teach You at a Christian College* [Downers Grove, Ill.: InterVarsity, 1995]), 103-5.

'프로네이아', "성적인 부도덕"은 (이전에 지적했던 것처럼) 간통(결혼한 사람이 배우자가 아닌 다른 사람과 관련한 성교)과 간음(결혼하지 않은 사람들과 관련한 성교)을 포함하는 넓은 용어다. 다시 말해서 바울은 여기서 성경이 성적인 활동에 대해서 긍정적으로 가르친 것을 간결한 부정적인 용어로 진술하고 있다. 성교를 할 수 있는 성경적인 상황은 이성간의 결혼이다. 성과 관련한 거룩한 삶은 결혼한 사람들에겐 배우자에 대한 절제된 정조와 관련이 있고, 결혼하지 않은 사람들에겐 절제된 금욕과 관련이 있다.

성적인 도덕성을 삼가는 것에 대한 바울의 용어가 성교의 '상황'을 다루고 있는 반면에, "거룩"과 "존귀"에 대한 그의 말은 일반적으로 성적인 행위의 '수행'을 폭넓게 다룬다(성교를 포함하지만, 그것으로 제한되지 않는). 성적인 행위는 '거룩' 즉 하나님과 우리의 관계와 일치해야 한다. 게다가 존귀, 즉 다른 사람을 존중해야 하고, 아울러 그런 관계에 의해 영향을 받을 수 있는 여타 사람들(예를 들어, 결혼했을 경우에 그 사람의 배우자와 자녀들, 또는 결혼하지 않았을 경우에 잠재적인 장래의 배우자, 또는 그 사람이 속하고 있는 회중)을 존중해야 한다.

요컨대, 바울은 이기적이기보다 이타적이며, 자기 중심적이기보다 타자 중심적인 행동을 요청하고 있다. 또한 그는 성적인 행위가 영적이고 사회적인 결과를 갖는다는 것을 상기시킨다. 현대의 세속 문화의 흐름이 성이란 동의하는 성인들 사이에 사적인 문제이고, 따라서 어느 누구와도 관계하더라도 상관 없다고 아무렇지도 않게 주장할지라도, 그 개인적인 성행위가 사회적인 파장을 일으킬 수 있다(또 자주 그러하다).

현대적 의미

이 항목에서 우리는 이전 항목에서 논의된 원리를 구체적인 개인의 행위 측면에서 적용할 것이다. 이어지는 언급들이 문제의 표면만을 간신히 다루고 있을지라도, 바울의 가르침의 현대적 적용은 어떤 것과 관련이 있는지를 보여줄 것이다.[13]

개인적인 차원에서. 그것은 결혼한 사람들에게 무엇보다도 자신의 배우자에 대한 신실성을 의미한다. 또한 그것은 존경과 사랑으로 서로를 대하는 것을 의미하

13. 더 자세한 것은 Lewis B. Smedes, *Sex for Christians: The Limits and Liberties of Sexual Living*, rev. ed. (Grand Rapids: Eerdmans, 1994); Tim Stafford, *Sexual Chaos Charting a Course Through Turbulent Times*(Downers Grove, Ill.: InterVarisyt, 1993)을 보라.

고, 존 스토트가 말한 것처럼, "때로 결혼한 파트너가 다른 파트너에게 행하는 이기적인 요구들, 다시 말해서 공격, 폭력, 잔인함, 그리고 심지어 강간"을 허용하지 않는다. 또 스토트가 지적한 것처럼, "탐욕과 사랑, 파트너를 이용하는 불명예스러운 성적인 행위와 존경하는 참된 사랑의 행위, 그리고 소유하는 이기적인 욕구와 사랑하고 소중히 여기며 존중하는 비이기적인 욕구 간에 차이의 커다란 세계"가 있다.[14]

결혼하지 않은 사람들에게서 그것은 성에 대한 적절한 배경에 관한 성경적 가르침과 정신에 대한 순종을 의미하는 것이지, 단지 문자적인 것에 대한 순종이 아니다. 결혼 이외에 성교를 금한 것을 다른 것(예를 들어, 구강성교와 오르가즘에 이르기 위한 자위행위를 포함하는)에 대해서는 허락하는 것으로 해석하는 사람들이 있다. 하지만 이는 기술적인 점에서는 동정(virgin)이지만 결혼한 커플보다 더 성적으로 경험이 있는 사람이란 교묘한 상황을 낳는다. 그러한 행위는 절제된 경건에 대한 바울의 요청에 거의 상응하지 않는 것으로 보인다. 아울러 다양한 성적 행위들이 가능하고 커플에 의해 성교에 대한 준비(전희)로서 간주되지만, 성교가 부적절한 관계에서는 그런 것들이 부적절할 것이다.

또한 그것은 좋게 느끼거나 그 순간에 옳게 보이는 것보다 자신의 친구/데이트/반려자의 장기적인 행복을 위해 가장 좋은 것을 고려하는 것을 의미한다. 감정과 기억은 그들에게서 발생했던 관계가 끝난 후에도 오래 지속된다. 혼외적인 성적 관계(특히 그 관계가 어떤 형태의 이용과 관련이 있다면)를 행한 사람들은 뒤이은 관계(특히 결혼)에서 자주 남을 수 있는 정서적이고 물리적인 "부담"을 축적시킨다. 이것은 장래의 배우자에게 잘못된 일을 행한 것에 상응한다.[15]

어떤 이들에게서는(특히 결혼한 사람들) 바울의 지침을 따르기 위해서 부적절하게 이끌려지는 사람과 친밀한 관계의 차원을 낮추는 일을 필요로 한다(필요하다면, 심지어 단절하는 것을 필요로 한다). 그것은 만남의 상황에서 관계의 차원에 부적절한 성적 요구의 차원을 발생시키는 행위나 접촉을 피하는 것을 의미한다. 어느 사람에게 그것은 부적절하거나 잘못되게 초점이 맞추어진 성적 요구를 발생

---

14. J. R. W. Stott, *The Gospel and the End of Time*, 85.
15. 남성 크리스천 대학생의 그룹에 속한 한 사람이 이 요지의 긍정적인 측면을 잘 포착했다. 삶의 양상은 내가 오늘 데이트한 여성이 수년 내에 여기 다른 남성들의 아내가 되어 있을 수 있다는 사실이다. 그런 일이 발생한다면, 그 사람들과 나는 건강하고 긍정적인 관계를 원한다(Keith Anderson, *What They Don't Always Teach You at a Christian College*, 108).

시키는 시각적 또는 언어적 자극이나 주입을 삼가는 것을 의미한다.[16]

긍정적인 측면에서 바울의 지침을 따르는 것은 삶의 단절된 부분이 아니라, 하나님과 인간의 동행이란 더 커다란 구조 내에서 성적인 삶을 생각하는 것을 의미한다. 이는 곧 사람들의 심리적 사회적 필요를 공급하는 건강한 관계를 발전시키는 것을 의미한다. 성적인 관계가 때로 그것을 위한 대용품이 될 수 있다. 바울의 지침을 따르는 것은 장기적인 이득을 위해서 단기적인 절제를 기꺼이 행사하는 것을 필요로 한다.[17]

회중적인 차원에서. 지금까지 우리는 바울의 가르침이 개인적인 차원에서 의미하는 바를 이야기했다. 하지만 그것은 전체적으로 회중에 대한 의미를 갖는다. 우선 바울의 출발점—삶의 '모든' 것들을 위한 하나님의 뜻으로서(4:3) 거룩(또는 NIV에서 "성화")—은 교회가 성적인 윤리와 행위의 주제에 관한 가르침을 일반적으로 제자도의 더 큰 구조에 통합시키는 것임을 암시한다. 바울이 성적인 행위의 문제에 적용한 거룩과 존귀의 원리는 행동이나 행위(예를 들어, 인간관계, 낯선 이들을 대하는 방법, 돈을 다루는 방법)의 다른 영역에도 역시 적용된다.

아울러 교회가 성적인 행위에 대한 표준으로서 거룩과 존귀를 설명할 때, 그런 방향으로 믿음의 성장을 이루는데 필요한 성품적인 형성의 도전적인 과정을 촉진하는 진지한 시도가 있어야 한다. 그것을 이루기 위한 수단과 도움을 제공하지 않고서 표준만을 설정하는 것은 부당하고 비현실적이다.

유사하게 싱글들을 위한 진정한 선택으로서 절제(성경적인 관점에서는 유일한 선택)를 선포함에 있어서 교회는 그 윤리를 따라 살아가는 일의 어려움이나 도전을 축소시키지 않아야 한다. 교회는 기다림의 "이유"를 논하는 것을 기꺼이 해야 한다(일부 교회들이 활용하고 있는 "참된 사랑의 기다림"이란 프로그램의 장점 중에 하나는 기다림에 대한 분명한 목표와 이유를 제공한다는 사실이다). 때로 사람들은 그들이 느끼기에 인생에서 놓치고 있는 인정, 사랑, 우정을 찾기를 바라서 성

---

16. 이 마지막 단락의 많은 부분은 Craig Blomberg, *1 Corinthians*(NIVAC: Grand Rapids: Zondervan, 1994), 129의 견해를 따른다.

17. 어떤 미혼자들에게서 그것은 단기간의 훈련 이상의 실천을 의미한다. John R. W. Stott(그 자신이 미혼이다)는 "우리는 그것이 아무리 어려워보일지라도, 우리와 사회를 위한 하나님의 목적으로서 이 사도적 가르침을 역시 수용해야 한다.…인간의 성적 에너지를 양성의 친구들과의 사랑스런 관계와 다른 사람들에 대한 사랑의 봉사로 재조정하는 것이 가능하다.…자연적인 외로움과 더불어, 예리한 고통이 때로 동반되는 우리는 하나님과 다른 사람들에 대해서 자기를 주는 봉사로 기쁨의 자기 성취를 발견할 수 있다(J. R. W. Stott, *The Gospel and the End of Time*, 84-85). 더 자세한 것은 Rhena Taylor, *Single and Whole*(Downers Grove, Ill.: InterVarsity, 1984)을 보라.

적인 관계성을 가지며, 아울러 중요한 관계적 필요들을 더 건강한 방식으로 충족할 수 있는 환경이 제공되기를 추구한다는 것을 인식할 필요가 있다.

교회는 역시 성적인 비행들의 다양한 범주들을 구분하는 일을 재고해야 한다. 바울에게서 성적인 부도덕이 이성에서 발생했는지 동성에서 발생했는지는 본질적으로 무의미했다(참조. 고전 6:9-10, "음행하는 자나 우상 숭배하는 자나 간음하는 자나 탐색하는 자나 남색하는 자나…하나님의 나라를 유업으로 받지 못하리라"). 오늘날 복음주의적인 교회들의 대부분에서 그것을 거의 언급하지 않고 있고, 우리가 성적인 부도덕의 한 형태를 다른 형태와 다르게 다루거나 구분하는 한, 우리는 성적인 윤리에 대한 신약성경의 이해에 못 미치게 된다. 게다가 다소 다른 문제들은 무시할지라도 동성연애와[18] 간음과 같은 성적인 부도덕의 범주에만 고착함으로써 자신의 눈에 들보는 보지 못하고 남의 눈의 티는 지적할 위험성이 있다(마 7:3-5; 눅 6:41-42).[19]

지난 몇 년간, 적지 않은 문화적인 관찰자들이 세속 문화가 다양한 실용적 이유들로 인해서 교회가 전통적으로 선포했던 일종의 성적 윤리의 가치를 심각하게 다시 생각하고 있다는 것을 지적했다. 그러한 순간에 많은 교단이나 교회들이 성적인 문제에 관해서 분명하게 말하는 능력과 권위를 상실하였다는 것은 아이러니하고 비극적이다. 그 이유(예를 들어, 혼란, 위선과 스캔들, 문화적 수용)는 결과(성적인 혼란과 현대 문화의 공허함에 대한 대안을 추구하는 사람들에게 예언적으로 또한 목회적으로 말하는 능력의 상실)보다 덜 중요하다. 데살로니가인들에 대한 바울의 교훈은 현대의 혼란에 대한 성경적인 해독제를 제공한다.

---

18. 동성애 그리고 교회가 동성애적인 지향을 갖는 사람들에게 어떻게 반응해야 하는지에 대한 윤리적이고 실제적인 문제의 성경 가르침에 관한 탁월한 논의는 Richard B. Hays, *The Moral Vision of the New Testament: Community, Cross, New Creation* (San Francisco: HarperSanFrancisco, 1996), 379-406을 보라.

19. David P. Gushee, "The Speck in Mickey's Eye," *CT* 41(August 11, 1997): 13이 만든 요지에 관한 나의 개작. 유사한 의미에서 윌리암 베네트는 1994년의 기독교연합(Christian Coalition)에 대한 언급에서 동성애가 아니라 이혼이 가족의 보존에 더 커다란 위협이었다는 것을 지적했다(Stephen L. Carter, *Integrity* [New York: BasicBooks, 1996], 143이 보고한 것처럼, Richard L. Berke, "From the Right, Some Words of Restrain," *New York Times*, September 17, 1994, sec. 1, p. 9).

데살로니가전서 4:9-12

9 형제 사랑에 관하여는 너희에게 쓸 것이 없음은 너희들 자신이 하나님의 가르치심을 받아 서로 사랑함이라
10 너희가 온 마게도냐 모든 형제에 대하여 과연 이것을 행하도다 형제들아 권하노니 더욱 그렇게 행하고
11 또 너희에게 명한 것 같이 조용히 자기 일을 하고 너희 손으로 일하기를 힘쓰라
12 이는 외인에 대하여 단정히 행하고 또한 아무 궁핍함이 없게 하려 함이라

원 의미

NIV가 주는 인상과 달리 이 구절들은 단 두 문장, 즉 9-10a절과 10b-12절로 구성된 서신의 단일한 단락을 형성한다. "이제 관하여는"이란 어구로 이 항목의 시작을 표시하고 주제('필라델피아', "형제 사랑")를 선언한 후에, 바울은 화자가 사실상 논하고 있는 주제를 건너뛰려는("너희에게 쓸 것이 없음은") 연설법('파라립시스'; 참조. BDF §495)을 사용한다. 바울은 데살로니가인들이 잘 행하고 있음을 확증하고(4:9-10a), 더 관심을 둘 필요가 있는 영역을 발전시킬 것을 격려하는(4:10-12) 절묘한 방식을 사용한다.

기독교 이전의 용법에서 '필라델피아'는 형제들을 사랑하는 것을 가리킨다. 기독교적 영역에서 동료 신자들에 대한 사랑을 지칭하는 그 용어의 사용(참조. 롬 12:10; 히 13:1; 벧전 1:22; 벧후 1:7[두 번])은 "형제"나 "자매"로 서로를 호칭하는 기독교인들의 관행에서 발생했다.[1] 그러나 4:11-12에서 바울은 공동체 내에서 사람들을 위한 사랑이 기독교 공동체 바깥에 사람들과도 어떤 관계가 있는지를

1. 단지 교회의 남성 멤버들만이 아니라 전체 공동체를 포함하는 '아델포이'(4:10)의 의미에 대해서는 1:4의 주석을 보라.

분명히 할 것이다.

데살로니가 공동체만이 아니라 마게도냐 전역의 신자들을 향한(4:10a; 참조. 1:7-8) 그들의 모범적인 사랑('필라델피아')은 바울로 하여금 강력하게 확증적인 현재 시제를 사용하여(문자적으로는 "이다"[are]; NIV "have been") '데오디다크토이', 즉 "하나님의 가르치심을 받은"(4:9) 것으로 그들을 특징짓도록 인도한다. 이 용어는 개념이 새롭지는 않을지라도 거의 확실히 바울이 새로 만든 것이었다(참조. 구원의 메시아 시대를 묘사하는 사 54:13을 인용하는 요 6:45). 이 헬라어는 어떤 존재가 하나님과 관련되어 있음을 가정한다. 이것은 나아가서 하나님이 그들에게 가르치신 수단이 성령임을 함축한다. 바울은 고린도전서 2:9-16에서 그 개념을 발전시킨다(또한 요 14:25-26; 롬 5:5; 갈 5:22, 25-26을 참조하라).

바울이 '필라델피아'와 관련하여 데살로니가인들이 잘 행하였음을 확증할 때(4:10a), 그는 4:1에서처럼 그들이 "더욱더 그리 행할"(4:9-10a를 돌아보고 뒤이어지는 것을 바라보는 어구인 4:10b; 또한 3:12을 참조하라) 것을 권면한다('파라칼레오'). 11-12절(이 구절은 4:10b와 함께 단일한 문장을 형성한다)은 바울이 염두에 둔 것을 설명한다(실로 그들에게 상기시킨다, "우리가 너희에게 말했던 것처럼"). 특히 그는 그들이 (1) ⓐ"조용한 삶을 살며(영위하며)", ⓑ"자기 일을 하며" (2) "손으로 일하기를 힘쓰기"를 원한다.[2]

이 세 어구의 의미는 4:9-12의 문맥에서 개별적이든 전체로든 논쟁이 된다.[3] 그것들은 예수의 임박한 재림에 대한 과도한 관심과 흥분이 파생시킨 상황에 바울이 반응하는 것으로서 데살로니가후서 2:1-3과 3:6-15에 비추어 자주 해석된다. 예수의 임박한 재림에 대한 개념은 교회의 일부 구성원들로 하여금 그들의 일을

2. 문법과 구문의 측면에서 "너희가 갖기를 원한다"가 첫 번째(그러므로 F. F. Bruce, *1 & 2 Thessalonians*, 90), 첫 번째와 두 번째(그러므로 C. A. Wanamaker, *Thessalonians*, 162; E. J. Richard, *Thessalonians*, 211), 또는 이어지는 부정사의 모든 세 가지("영위하다"…"일을 하며"…"힘쓰는")를 통제할 수 있었다. 유사하게, 이어지는 "우리가 너희에게 말한 것처럼"이 4:11의 마지막 부정사인지 그 모두를 가리키는지 불확실하다. 이 요지에 관한 결정은 문법적이거나 구문론적인 고려보다는 문맥과 배경에 관한 판단을 반영해준다. 나는 ⓐ 유사한 의미와 ⓑ 이것이 4:12에서 주어진 두 이유들과 함께 창출해내는 상관관계에 비추어 처음 둘을 함께 연관시켰다.

3. 더 자세한 것은 E. J. Richard, *Thessalonians*, 211-23; C. A. Wanamaker, *Thessalonians*, 162-64; I. H. Marshall, *1 and 2 Thessalonians*, 116-17; E. Best, *Thessalonians*, 174-78; A. J. Malherbe, *Paul and the Thessalonians*, 95-106; Bruce W. Winter, *Seek the Welfare of the City. Christians as Benefactors and Citizens*(Grand Rapids: Eerdmans, and Charlisle: Paternoster, 1994), 41-60; Ronald F. Hock, *The Social Context of Paul's Mission: Tentmaking and Apostleship*(Philadelphia: Fotress, 1980), 42-49을 보라.

버리고, 교제의 행위를 방해하는 방식으로 행하며, 이교 이웃들을 자극하게 만들었다.

하지만 이 시나리오는 기껏해야 가능성 있는 가정에 불과할 뿐이다. 이 주장에 반하는 세 가지 고려사항들이 제기된다. (1) 후대의 서신(데살로니가후서)에 비추어 앞선 서신(데살로니가전서)을 해석하는 것은 어색하다. (2) 바울은 일하기를 거부한 것을 예수의 재림의 기대와 연결시키지 않는다. (3) 바울은 자신이 이미 가르쳤던 내용에 관심을 갖게 하는 것을 반복해서 강조한다(4:11; 참조. 2절). 거의 확실히 이것은 공동체가 세워졌던 바로 그 시기에—다시 말해서 어떤 구체적인 문제나 오해가 발생하기 전에—발생했을 것이다.

(살후 2-3장에 비추어서가 아니라) 그 자체로 취하면, 데살로니가전서 4:11의 어구들은 사회적 정체적 관심을 풍부하게 불러일으킨다(실로 첫 두 어구는 확실히 정치적인 함축을 갖는다). 게다가 처음부터 기독교 공동체는 자의든 타의든 대중적인 장소에서 눈에 띄어, 때로는 새로운 신자들에게 고통스러운 결과를 가져왔다(참조. 행 17:5-9; 또한 살전 1:6; 3:1-5의 박해에 관한 논의). 스스로 또는 어떤 이의 고객(그의 의무는 고객이 재정적으로 의존하였던 후원자의 공적인 관심을 살피는 것을 포함했다)으로서든, 공개적인 장소에서 활동적이었던 회중의 구성원은 전체로서의 회중에게 부정적인 대중적인 관심—즉 '들립시스', "박해"(1:6; 3:3-4, 7)—을 끌 위험성이 있었다. 그러한 상황에서 바울은 회중의 구성원들이 공개적인 방식으로보다는 개인적인 방식으로 그들의 "마음"(ambition, 4:11; 참조. 롬 15:20; 고후 5:9)을 채우는 '필라델피아'(즉, 크리스천 자매와 형제들의 행복에 대한 사랑과 관심)가 요구된다는 것을 논증한다.

결과적으로 바울은 데살로니가 신자들에게 "조용한 삶"과 "그들 자신의 관심사에 힘쓸 것"(NIV "너 자신의 일에 힘쓰라")을 촉구하는데, 이 두 관용구는 유사한 의미를 갖는다. 세속 용법에서 두 어구는 공개적인 장소에서 원리적으로 물러나는 것을 묘사한다. 첫 번째 어구는 조용하고 보다 묵상적인 배경을 선호하여, 시끄럽고 적대적이며 공개적인 문제의 분쟁에서 물러나는 이미지를 상기시킨다. 구약성경에서(욥 3:26; 11:19; 겔 38:11) 그리고 다른 곳에서 그것은 덕, 평강, 안정, 그리고 보호의 이미지와 연관되어 있다.[4] 두 번째 어구는 자신의 개인적인 관심에

4. "조용한 삶"과 대조되는 것에 관한 이어지는 묘사를 참조하라(Philo, *Abraham*, 20): "극장, 법정, 공회, 그리고 총회, 모임과 모든 종류의 문의에서 간섭과 참견으로 보내는 세속적인 사람은 그의 혀를 제어되

시간을 바치거나 자신에게 가장 적합한 것(바울의 용어로는 부름을 받은 것)에 관심을 기울이기 위해서 공개적인 문제에서 물러나는 것을 암시한다. 바울이 '필라델피아'(4:9)에 관심을 갖고 있는 상황에 비추어, 그는 데살로니가인들에게 공개적인 장소에서의 분쟁, 사회적 압력, 그리고 소란(회중에 대해 잠재적인 폭력을 발생하게 할 수 있는 것들)을 가능한 한 많이 피하고, 회중의 필요와 세움의 일에 집중할 것을 조언하고 있다.

"너희 손으로 일하라"란 명령을 이해할 수 있는 적절한 배경(11절; 참조. 고전 4:12; 엡 4:28)은 그리스-로마 문화(철학자들과 도덕주의자들은 손으로 하는 일을 포함하여 다양한 종류의 일의 적합성과 타당성을 논했다)가 아니라 구약성경이다. 구약성경에서 이 표현은 관용어적인 어구로 나타나는데(신 2:7-8; 욥 1:10; 시 89:17[LXX]; 렘 1:16), 그 강조가 "손"에 있는 것이 아니라 "일"에 있다("주의 행위"와 "그의 손의 일" 사이에 평행이 있는 사 5:12을 참조하라). 따라서 바울은 일의 다른 종류와 반대되는 것으로 손 노동을 논하고 있지 않고, 개인과 공동체의 필요를 제공하기 위한 수단으로서 일반적으로 "일"을 논하고 있다.[5]

4:11에 관한 이런 이해는 선행하는 두 명령과 멋지게 잘 들어맞는다. 바울은 두 명령에서 데살로니가인들이 낮은 자세를 유지하고, 그들 자신의 일에 관심을 기울이며, 바쁘게 살아갈 것을 근본적으로 말했고, 4:12에서는 그 이유를 이어나간다. 이런 이해는 이 구절을 이해하기 위해서 데살로니가후서 2:1-3과 3:6-13에 의존할 필요(내가 보기에 시대착오적인 견해)가 없다는 것을 의미한다.

4:12에서 바울은 4:10b-11에서 그가 고무시키고 있는 행위의 구체적인 목표를 설명한다. 첫 번째 목표(그것은 4:11의 첫 두 명령과 아주 긴밀하게 연관되어 있지만, 이 모든 세 명령을 포괄할 수 있다)는 데살로니가의 신자들이 "바깥사람들의 존중을 얻는" 방식으로 살라는 것이다(참조. 고전 10:32-33; 골 4:5; 벧전 2:12). 이것은 어린 공동체가 적대적인 이교 환경 가운데서 영위해 나가기 쉽게 할 뿐 아니라, 공동체의 복음전도와 진전된 활동의 기회에 긍정적으로 영향을 미칠 것이다.

두 번째 목표의 의미(4:11에서 일하라는 명령과 긴밀하게 연결되어 있다)는 이

지 않는, 끊임없이, 차별적인 말을 하며, 모든 것에 혼란과 혼돈을 가져오며, 진리를 거짓, 사적인 것과 공적인 것, 거룩한 것과 세속적인 것, 진지한 것과 우스꽝스러운 것을 서로 섞으며, 조용히 하는['헤쉬키안'] 것을 배우지 않으며, 과도한 분망함으로 그의 귀를 쫑긋 세운다."

5. 더 자세한 것은 E. J. Richard, *Thessalonians*, 220.

중적으로 모호하다. 문법적인 측면에서 이 어구를 "어느 누구도 필요하지 않는" (참조. NIV의 "어느 누구에게 의존하지 않는"[유사하게 NRSV])이나 "어느 것도 필요하지 않는"(참조. NASB, "어느 필요도 없는")으로 번역할 수 있다. 더 중요한 것은 문맥적인 모호함이다. 바울의 관심은 신자들이 자기 충족적이고 '외부인들' 에게 얽매이지 않기 위해서 일해야 한다는 것일 수 있고, 다른 한편으로 바울의 관심은 신자들이 '내부 사람들', 즉 동료 신자들의 짐이 되지 않기 위해서 일해야 한다는 것일 수 있다. 동료 신자들은 필수품들을 결여하고 있었던 회중의 형제나 자매들에게 그것을 제공하도록 압박을 느낄 수 있을 것이다.

"외부인"("외인"—개역개정)이란 선택은 4:12a 에 비추어 좋은 의미를 갖는다. 이 견해에 따르면 4:11의 모든 세 명령들은 회중이 외부인들과 관련한 방식과 연관이 있어야 한다. 하지만 나는 "내부인"이란 선택을 다소 선호한다. (1) 외부인들을 회중으로 간주할 경우에도 의미가 통한다. (2) 4:9-12의 전반적인 주제에 비추어 좋은 의미를 만들어준다. '필라델피아'의 적절한 시행은 그리스도 안에서 자신의 필요를 지원하기 위해서 일하는 것과 형제나 자매의 재정적인 이득을 취하지 않는 것을 포함한다.

4:1-12를 통해서 바울은 공동체의 행위의 분명한 기준(거룩과 존귀)을 설정하고, 특별한 공동체의 기풍(공개적인 것보다 사적인, 게으른 것보다 활동적인)을 촉진하기를 추구했다. 그렇게 함으로써 그는 일관되게 인사이더(내부자)/아웃사이더(외부자) 용어를 사용했다(공동체 대 "하나님을 알지 못하는" 사람들, 4:5; "외부자들"["외인"—개역개정], 4:12) 이런 식으로 그는 더 커다란 공동체 내에서 회중의 정체성의 독특한 의미를 촉진하며 그 공동체와 더 커다란 문화 사이에 분명한 경계선을 설정함으로써, 새로운 데살로니가 회심자들을 (재)사회화하는 과정을 계속했다.[6]

상황잇기

외부자와 관련한 '필라델피아'. 본문의 역사적인 상황을 결정하는 것이 우리 시대와 세대로 이 항목을 연결하는데 필요한 중요한 일이 될 것이다. 4:11의 경우에 "조용한 삶을 살며", "자신의 일을 신경 쓰며", "손으로 일을 하라"는 의미와 관련한 주해적인 결정이 역사적인 상황에 관한 이해를 결정짓는다. 이 단락이

6. B. R. Gaventa, *Thessalonians*, 59의 유사한 분석을 참조하라.

예수의 임박한 재림에 대한 과도한 관심과 흥분으로 인해 파생된 상황(이는 교회의 일부 구성원들이 자신의 직업을 버리고, 교제를 방해하며, 이교 이웃들을 자극하는 방식으로 행동하게 했다)에 바울이 반응하고 있다고 결론 내린다면, 바울이 그 상황을 '내적인 교회 훈련'의 문제로서 다루고 있는 것으로 재구성할 수 있을 것이다. 이런 견해에 따르면, 교회의 일부 구성원들은 종말론적인 흥분으로 인해 노동을 하지 않고 자신의 직업에서 떠나갔을 것이고, 바울은 그들이 좀 진정하고 일터로 다시 돌아갈 것을 말하고 있을 것이다.

그러나 바울이 공개적인 장소에서 교회의 일부 구성원들이 활동적이 되어서 회중에게 원치 않는 관심을 가져오는 상황을 다루고 있다고 결론 내린다면(필자가 그리한 것처럼), 바울이 '외적인 교회/공동체의 관계'의 문제로 이 상황을 다루고 있다고 해석할 수 있을 것이다. 이런 견해에 따르면, 바울은 공동체의 공적인 일과 관련하여 권장할 만한 것을 회중의 구성원들에게 교훈하고 있다.

이 문제를 어떻게 결정하든지 간에 교훈의 기초가 되고 있는 바울의 출발점을 놓치지 않는 것이 중요하다. 서신의 이 항목의 주제는 '필라델피아' 곧 형제와 자매에 대한 사랑이며(4:9), 4:11에 주어진 교훈(우리가 그것들을 어떻게 해석하든지 간에)은 데살로니가인들이 "더욱더" '필라델피아'를 실천할 수 있는 구체적인 방법을 보여주고 있다(4:10b). 여기서 단순히 바울이 말하고 있는 것만이 아니라 그가 행하고 있는 것을 역시 주목하는 것이 중요하다. 더 큰 공동체에 관련한 일을 결정했던(또는 결정하고 있는) 개인들을 조언하면서, 바울은 그러한 결정이 '필라델피아'에 의해 상당히 영향을 받아야 한다는 것을 보여주고 있다.

다시 말해서 바울은 다른 이들을 위한 참된 사랑과 관심이 개인의 결정에(아직 결정하지 않고 있다면) 영향을 미칠 것임을 당연하게 여긴다(여기서 공적인 일과 관련한 것이든지 간에 일상적인 문제에 대해서). 게다가 이 주제가 그의 서신 전반에 나타나는 방식으로 보건데, 이것은 바울의 신학에서 특별한 요소가 아님이 분명하다(예를 들어, 롬 14:19; 15:1-3; 고전 12:7; 14:12; 갈 5:13). 바울이 빌립보서 2:4에서 말한 것처럼, "각각 자기 일을 돌볼뿐더러 또한 각각 다른 사람들의 일을 돌보아 나의 기쁨을 충만하게 해야 한다."

이런 저변에 깔려 있는 원리를 식별하는 것—'필라델피아'가 개인의 결정에 영향을 미쳐야 한다—이 오늘날 이 단락을 적용하는 열쇠다. 어떤 나라들에서 오늘날 기독교는 데살로니가의 교회처럼 박해 받는 소수 운동이다. 그룹의 한 구성원의 공개적인 관심이 역시 다른 이들에게 주어지는 스포트라이트를 낳을 수 있다.

한 신자의 편에서 잘못된 종류의 공개적인 활동은 전체 회중을 파괴하는 결과를 가질 수 있다. 오늘날 교회의 상황이 데살로니가 교회의 상황을 긴밀하게 반영하는 곳에서, 4:11의 구체적인 조언의 적용성은 아주 분명해 보인다.

그러나 많은 나라와 지역에서 크리스천은 문화적인 다수파의 모습을 형성하고 있다. 이런 다수파의 현실에서 기독교인으로 공개적으로 활동하는 것은, 바울이 서신을 쓸 당시의 데살로니가 교회와 놓였던 상황과 입장이 상당히 다르기에, 오히려 비공개적으로 활동하는 것이 필요할 수도 있을 것이다. 그러나 우리의 상황이 얼마나 다르거나 유사한지와 상관없이 이 단락에서 나타난 바울의 근본적인 요지('필라델피아'에 대한 필요성)는 적용되어야 할 것이다. 설사 그의 구체적인 지침들은 그렇지 않을 수 있을지라도 말이다.

'필라델피아'에 대한 주요한 관심과 더불어, 바울은 4:12a에서 결정에 포함되어야 하는 또 다른(분명히 부차적인) 요소를 설명한다. "외인에 대하여 단정히 행해야"(개역개정) 할 관심.[7] 서신의 더 넓은 문맥에서 볼 때, 이 요소는 상당한 제한이 있음은 분명하다. 예를 들어, 바울은 데살로니가인들이 더 넓은 무리의 존중을 얻기 위해서 예수에 대한 믿음을 단순히 포기하는 것을 확실히 원치 않을 것이다! 바울은 불신자들에게 인상을 갖게 하는 것보다 항상 하나님께 신실할 것에 훨씬 더 관심을 갖는다. 동시에 그리고 꽤 실용적으로, 그는 복음이나 교회에 불명예나 수치를 불필요하게 가져왔던 행동을 삼갈 것을 추구했던 것으로 보인다. 이는 여기서 바울의 관심이 데살로니가인들이 외부 사람들에게 불필요하거나 쓸데없는 관심을 주지 않는 것에 있음을 암시한다. 복음을 위해서만이 아니라 회중의 행복을 위해서 말이다.

내부자와 관련한 '필라델피아'. 일의 문제(4:11)는 관심의 주요한 초점이 되는 데살로니가후서 3:6-11에서 다시 나타난다. 그럼에도 불구하고 몇 가지 언급들을 여기서 할 수 있다. 다른 곳에서 바울은 '필라델피아'(롬 12:10)에 관한 교훈과 긴밀히 연관해서 그가 신자들로 하여금 "궁핍한 하나님의 백성들과 나누고" 환대를 실

---

7. 얼핏 보기에 4:12b("어느 누구에게도 의존하지 말고", "외인에 대하여 단정히 행하고"—개역개정)은 세 번째 이유인 것으로 보인다. 하지만 4:12b가 "내부자"를 고려하고 있다면(나는 원 의미 항목의 논의에서 이전에 제기했다), 그때에 그것은 결정을 할 때, '필라델피아'를 고려할 필요를 강화시킨다. 한편으로 4:12b이 "외부자"를 고려하고 있다면, 그때에 그것은 4:12a에서 주어진 이유를 근본적으로 강화시킨다 ("외부자들의 존중을 얻는 것"). 어느 경우에도 그것은 실제적인 세 번째 이유를 추가하지 않으므로, 나는 그것을 서로 다른 두 가지 이유('필라델피아'와 외부자들의 존중)에 포함시켰다.

천할 것을 기대했음을 분명히 한다(롬 12:13; 참조. 고후 8:7-14; 9:12; 또한 히 13:1-3; 벧전 4:8-9). 여기서 그는 그 문제의 반대편 문제를 다루고 있다. 그러한 나눔의 수령자가 되고 있는 사람들에게서 '필라델피아'의 의미. 일할 수 있는 사람들(여기서 그의 가르침이 가정하고 있는 요지)은 일해야 한다. 상호적인 사랑이 동기가 되어 도와주고 있는 동료 신자들의 뜻을 이용하지 않아야 한다.

다시 말해서 '필라델피아'는 양방향적이다. 그것은 궁핍한 사람들을 도우려는 의지와 돕는 동료 신자들의 뜻을 이용하거나 활용하지 않는 책임감과 관련이 있다. 존 스토트가 지적한 것처럼, "궁핍한 사람들을 지원하는 것은 사랑의 표현이다. 하지만 다른 사람들의 지원을 받을 필요가 없도록 우리 자신을 지원하는 것도 역시 사랑의 표현이다."[8]

현대적 의미

4장의 이 시점까지 바울은 두 근본적인 요지인 '거룩'과 '필라델피아'를 강조했다. 첫 번째 요지(거룩)는 주로 하나님과 우리의 관계에 초점을 맞추는 반면에 두 번째 요지('필라델피아')는 그 용어의 본질상 다른 이들을 위한 사랑에 초점을 맞춘다. 이런 면에서 바울의 논의는 예수가 가장 중요한 계명으로 지정하신 것과 유사하다. "네 마음을 다하고 목숨을 다하고 뜻을 다하고 힘을 다하여 주 너의 하나님을 사랑하라"와 "네 이웃을 네 자신과 같이 사랑하라"(막 12:30-31; 참조. 마 22:37-40)—바울은 그것을 다른 곳에서도 인용한다(롬 13:9).

'필라델피아'에 관한 바울의 넓은 이해는 우리의 이웃을 사랑하는 것이 무엇을 의미하는지를 재고하게 도전한다. 4:9-12에서 일의 문제에 대한 원리의 적용에 비추어, 두 가지 긴밀하게 연관된 주제가 부상한다. 직업의 선택과 돈을 소비하는 방법에 관한 선택.

직업의 선택. 시간이 지나면서 우리는 인격이 아니라 부와 소유의 양에 의해 개인의 가치를 측정하는 문화에 점점더 가까워지고 있다("가장 많은 장난감을 갖고 죽은 사람이 이긴다"). 그러므로 돈을 많이 버는 직업이 적게 버는 직업보다 더 크게 가치가 있는 것은 놀랍지가 않다. 정말 놀라운 것은 이런 태도가 교회로도 많이 침투했다는 사실이다. 종교와 돈에 대한 태도에 관한 최근의 연구에서 로버트 우드나우는 "매주 교회에 나가는 사람들"이 "다른 사람들에게 봉사하기 위해서 낮은

8. J. R. W. Stott, *The Gospel and the End of Time*, 90.

임금을 받는 직업을 선택한 사람들"보다 "열심히 일함으로써 많은 돈을 버는 사람들"을 더 칭송하는 것 같다고 보고한다.[9]

이 조사가 가끔 교회에 출석하는 사람들보다 믿음에서 보다 진지한 교인들과 관련되어 있기 때문에, 곤란한 발견에 해당한다. 그것은 다른 사람들을 돕는 일에 집중했던 직업의 선택—가르치는 일, 선교, 의약, 그리고 사회봉사와 같은 선택들—을 매우 소중하게 인정해주었던 기독교의 장기적인 전통이 쇠퇴하고 있음을 보여준다. 그러한 봉사 지향적인 경력이 크리스천들 사이에서 매우 존중을 받았던 한 가지 이유는 그들이 다른 이들을 섬김으로써 '필라델피아'를 실천하는 다양한 방식을 대변했기 때문이었다.

우드나우가 관찰한, 성취를 소중히 여기는 것에서 돈을 많이 버는 것으로의 변화는 보다 자기중심적인 관점의 변화를 대변한다. 자기중심적인 것은 현대 미국 문화의 핵심적인 특징이기 때문에 주변 문화의 가치를 교회가 수용한 증거로 이 변화를 인정하지 않을 수 없다. 이는 성경적인 가치를 세속적인 가치로 바꾼 것이다. 정확히 이 시점에서, 신자이든 불신자이든 다른 이들에 대한 영향에 비추어 직업을 선택하는 일과 관련해서, 데살로니가인들에 대한 바울의 교훈은 이런 가치의 전환을 다시 생각해 보도록 도전한다. 신자로서 우리에게 진정으로 더 중요한 것은 무엇인가? 부를 축적하는 것인가 다른 이들을 섬기는 것인가? 이 질문에 대한 정직한 대답은 우리가 이 문제에 대해서 묵상할 때 중요한 진단적 도구로서 기능할 수 있다. 우리가 실제 삶에서 주고 있는 대답들이 자주 타협적이 될지라도, 바울은 그 강조가 분명히 어디에 있어야 하는지를 우리에게 상기시킨다.

내가 이 항목을 작업했을 때, 한 지역 신문은 20대 후반에 한 아프리카 미국인에 대한 특징을 실었는데, 그는 유명 회사에서 촉망받는 자리를 떠나 도시에 있는 한 공원의 레크리에이션 센터의 감독자로 자리를 옮겼다. 그는 책임을 맡은 지 2년 만에 그 공원을 마약 거래와 갱의 활동이 빈번히 이루어지는 곳에서 방과 후에 이웃의 어린이들이 안전하게 뛰노는 곳으로 바꾸어놓았고, 그는 그 센터에서 몇 가지 성공적인 상담과 자기 증진 프로그램을 제도화시켰다. 그는 현재의 직업을 위해서 더 돈을 많이 버는 직업을 떠난 이유를 질문 받았을 때, 그의 마을을 더 많이 더 직접적으로 섬기기 위해서 그리했다고 말했다. 이것이 바로 '필라델피아'에 대한 바울의 강조를 우리에게 확증해주고 모범이 되어주는 종류의 선택이다.

---

9. Robert Wuthnow, *God and Mammon in America* (New York: Free Press, 1994), 131.

그러나 특별한 경우를 따로 분리하여 경력의 선택을 확증하고 모범화 하는 것은 충분치 않다. 경력의 선택은 라이프스타일의 선택과 자주 연관되어 있다. 우리의 문화는 성공을 점차적으로 물질적인 차원에서 정의하고, 성공의 증거로서 부에 커다란 강조를 둔다. 따라서 집의 규모와 위치, 운전한 차량, 입는 옷, 참여하고 있는 기관, 또는 방문하는 곳에 대한 라이프스타일이 모두 그 사람의 부—성공(또는 부족)의 구체적인 증거—를 보여주는 방식이 되고 있다. 고급 슈퍼마켓의 지불 창구에 멋지게 진열되어 있는 '롭 레포트'("풍성한 라이프스타일을 위한")와 같은 잡지들은 자신의 부를 보여주는 적절한 방식에 관한 조언을 주고 있다. 부는 보여져야 하고("만약 당신이 부를 갖고 있다면, 그것을 과시하라"), 과도함과 낭비가 널리 칭송된다. 물질적인 부에 관한 이런 현대적인 강조에 비추어 사람들이 사회적 유용성이나 가치보다 돈을 많이 버는 것으로 직업을 선택해야 하는 압박을 느끼는 것은 놀라운 일이 아니다.

우리가 돈을 사용하는 방법. 교회가 임금보다 봉사의 측면에서 직업을 선택할 것을 확증하고 모범이 되려면, 낮은 수입의 차원으로도 살아갈 것을 고무시키는 라이프스타일의 선택을 확증하고 권장해야 할 것이다. 하지만 여기서 역시 경력의 선택과 관련되었을 때, 풍조가 혼란스럽다. "주는 자에 관한 해부"란 분석에서 팀 스태포드는 몇몇 최근의 권위적인 조사와 분석에 의존하여 비그리스도인들의 기부하는 습관과 그리스도인들의 기부하는 습관을 비교했다. 전반적으로 크리스천들에 대한 그의 핵심적인 발견 중 하나는 "그들의 부가 이웃들의 부와 구분이 되지 않는다"는 것이다. 게다가 기부하는 수준을 예측할 수 있는 열쇠는 나이(젊은 사람들이 나이든 사람들보다 덜 관대하지 않았다)가 아니라 수입이었다. 가장 빈약한 기부자들은 4만 달러에서 10만달러를 매년 버는 사람들이었다. 그들은 년 2만 달러를 버는 사람들보다 수입의 낮은 퍼센트를 기부했다. 심지어 가장 관대한 기부자들에 오른 보수적이고 복음주의적인 신자들 사이에서조차도 1985년에서 1993년 사이에 한 사람당 기부금은 고정된 달러가치 환률로 651달러에서 621달러로 사실상 줄어들었다.[10]

부에 관한 문화의 강조 그리고 수입이 증가했을 때 더 많이 기부할 수 있었던 크리스천들이 사실상 덜(수입의 퍼센트로서) 기부한다는 사실 사이에 연관을 이끌어내는 것은 어렵지 않다. 불신자 이웃들처럼 많은 크리스천들이 '필라델피아'

10. Tim Stafford, "Anatomy of a Giver," *CT* 41:6(May 19, 1997): 22, 24.

보다 부에 기초한 라이프스타일을 선택하는 것으로 보인다.

그렇다면 부보다 '필라델피아'에 기초하여 결정하는 것은 무엇을 의미하는가? (1) 그것은 지위나 명분보다 필요나 실용성에 기초해서 라이프스타일을 선택하는 것을 의미한다(예를 들어, 차는 주로 이동 수단의 가치로 선택하고 있는가 아니면 보여주는 평판으로 선택하고 있는가?)

(2) 그것은 다른 이들의 필요에 기여할 수 있는 영향에 비추어 라이프스타일을 선택하는 것을 의미한다. 예를 들어, 적지 않은 사람들이 더 많이 기부할 수 없는 이유로서 "큰 담보"를 인용한다. 하지만 그들은 그러한 커다란 담보를 왜 만들었는가? 아마도 "할 수 있는" 한 많이 빌려서라도 부동산을 살 것을 조언하는 자들의 말을 따랐기 때문일 것이다. 이는 기부할 수 있는 설정에 제한을 두는 선택이다. 우리는 이런 과정을 바꾸어야 한다. 먼저 기부하는 수준을 결정하고, 그 다음에 그런 결정을 실천할 수 있는 담보를 설정해야 한다. 이것은 항상 행하기가 쉽지 않다. 한 커플은 아주 "어리석은" 전략을 택하였다고 다양한 부동산 전문가들에 의해 조롱을 받았다.

(3) 물건을 구입하며 가격을 비교해 볼 때(아마도 골프에서 1야드나 2야드를 더 멀리 가게 하기 위해서 새로이 계발된 골프채를 사는 것 등), 이 돈을 다른데 사용함으로써 다른 이들이 이득을 보게 할 수는 없는지 묻는 것을 의미한다.

(4) 그것은 예수가 많이 주어진 자에 대해서 말씀하신 것을 진지하게 취하는 것을 의미한다. "무릇 많이 받은 자에게는 많이 요구할 것이요 많이 맡은 자에게는 많이 달라 할 것이니라"(눅 12:48). 바울이 고린도후서 8:13-15에서 언급한 것을 역시 주목하라.

> 이는 다른 사람들은 평안하게 하고 너희는 곤고하게 하려는 것이 아니요 균등하게 하려 함이니 이제 너희의 넉넉한 것으로 그들의 부족한 것을 보충함은 후에 그들의 넉넉한 것으로 너희의 부족한 것을 보충하여 균등하게 하려 함이라 기록된 것 같이 많이 거둔 자도 남지 아니하였고 적게 거둔 자도 모자라지 아니하였느니라.

여기서 우리는 인간은 부와 소비와 관련한 문화적 공격을 자신 혼자의 힘으로 저항해내기가 어렵다는 것을 발견한다. 따라서 교회가 환경, 곧 신자들이 문화적인 추세에 반대하여 서로를 격려하고 지원하는 반문화적인 공동체를 창출할 필요가 있다.

데살로니가전서 4:13-18

13 형제들아 자는 자들에 관하여는 너희가 알지
못함을 우리가 원하지 아니하노니 이는 소망
없는 다른 이와 같이 슬퍼하지 않게 하려 함
이라
14 우리가 예수께서 죽으셨다가 다시 살아나심
을 믿을진대 이와 같이 예수 안에서 자는 자
들도 하나님이 그와 함께 데리고 오시리라
15 우리가 주의 말씀으로 너희에게 이것을 말하
노니 주께서 강림하실 때까지 우리 살아 남
아 있는 자도 자는 자보다 결코 앞서지 못하
리라
16 주께서 호령과 천사장의 소리와 하나님의 나
팔 소리로 친히 하늘로부터 강림하시리니 그
리스도 안에서 죽은 자들이 먼저 일어나고
17 그 후에 우리 살아 남은 자들도 그들과 함께
구름 속으로 끌어 올려 공중에서 주를 영접
하게 하시리니 그리하여 우리가 항상 주와
함께 있으리라
18 그러므로 이러한 말로 서로 위로하라

원 의미

"너희가 알지 못함을 우리가 원하지 아니하노니"(즉, "우리는 너희가 알기를 원하노라")란 어구는 무언가를 알려줄 때 자주 사용되는 흔한 표현이다(참조. 롬 1:13; 11:25; 고전 10:1; 12:1; 고후 1:8). "관하여는"과 더불어 이 표현은 새로운 주제를 분명히 표시해준다. "죽었던 사람들"(NRSV; NIV "잠자는 사람들"). 바울은 데살로니가인들의 질문에 반응한 것으로 보인다(서신으로 질문한 것인지, 디모데를 통해 구두로 질문한 것인지는 추측의 문제다). 바울의 반응은 주제(13절), 신학적인 확증(14절), 정보(15-17절), 그리고 적용(18절)으로 구성된다.

바울이 여기서 새로운 주제로 방향을 돌리고 있을지라도, 이전 항목인 4:9-12과 접촉점을 유지한다. 그 구절들에서 바울은 데살로니가인들이 "외인들에게 존경을 얻는" 방식으로 살 것에 관심을 가졌다(4:12). 여기서 그는 그들이 "외인들", 즉 "소망을 갖지 않은" 사람들처럼 슬퍼하지 말기를 원한다. 두 경우에 그는 그들이

참으로 기독교적인 방식으로 즉 그들이 헌신했던 복음 메시지와 일치하는 방식으로 행동하기를 원한다.[1]

예비적인 관찰들. 바울이 여기서 쓰고 있는 것은 예수의 '파루시아'("오심")라 자주 불리는 초기 기독교적 가르침에 의존한 것으로 보인다.[2] 그것은 공관복음서의 감람산 강화에 유사하다.[3] 예수의 '파루시아'에 대한 이 전승은 하늘로부터(4:16; 참조. 1:10; 마 24:30; 살후 1:7), 구름을 타고(살전 4:17; 참조. 마 24:30//막 13:26//눅 21:27; 계 1:7), 천사들과 함께(참조. 살전 3:13; 살후 1:7; 마 24:31//막 13:7; 마 16:27//막 8:38//눅 9:26; 마 25:31), 능력과 영광의 모습으로(참조. 살후 1:9; 마 24:30//막 13:26//눅 21:27; 마 16:27//막 8:38//눅 9:26; 마 25:31), 나팔소리와 함께(살전 4:16; 참조. 마 24:31; 고전 15:52; 계 11:15), 그리고 심판과 연관한(참조. 살전 1:10; 5:3; 또한 마 25:31-46; 살후 1:7-10; 2:8) 것을 보여준다.

아마도 바울은 데살로니가인들에게 이런 전승의 많은 것들을 이전에 소개했을 것이다. 그가 데살로니가전서에서 이 주제를 자주 언급한 것(4:13-5:11과 더불어 1:10; 2:19; 3:13; 5:23을 보라)은 그것이 그의 기본적인 선교적 설교의 일부였다는 것을 암시한다. 하지만 신자들이 그들이 배웠던 것이나 기억했던 것에 기초해서 만족스럽게 대답할 수 없었던 질문들이 발생했음이 역시 분명하다. 이 문제에 대해서 상당한 고민이 있음에도 불구하고, 우리는 이 질문이 왜 또는 어떻게 발생했는지,[4] 그것이 왜 혼란과 혼돈을 분명히 야기했는지, 또는 심지어 그 질문이 정확히 무엇이었는지를 알지 못한다(그들은 파루시아 전에 죽었던 사람들이 그 사건을 놓칠 것을 염려했는가, 또는 어떤 방식으로 그들이 그 사건과 관련하여 불이익을 받을 것인가를 염려했는가?).

---

1. 4:13-18과 5:1-11에서 바울이 자신이 제어할 수 없는 상황에서 외부자들에 대한 "선한 행위"의 구체적인 사례들을 논하고 있다고 주장하는 아브라함 스미스의 분석과 비교해 보라(*Comfort One Another Reconstructing the Rhetoric and Audience of 1 Thessalonians* [Louisville, Ky.: Westminster/John Knox, 1995], 88, 90).
2. 구체적인 헬라어에 대해서는 2:19; 3:13; 5:23; 살후 2:1, 8; 또한 마 24:3, 27 37, 39; 고전 15:23; 약 5:7-8; 벧후 1:16; 3:4, 12; 요일 2:28을 보라. 다른 용어와 표현의 넓은 범주가 예수의 재림을 언급하기 위해서 신약성경에서 역시 사용된다. 바울의 용어에 대해서는 L. J. Kreitzer, "Eschatology," *DPL*, 259-60(항목 3.4.1)을 보라.
3. F. F. Bruce, *1 and 2 Thessalonians*, 95. 이 단락의 많은 부분은 그의 것을 취하고 있다.
4. 다섯 가지 주요한 가정의 개관에 대해서는 I. H. Marshall, *1 and 2 Thessalonians*, 120-22(참조. E. J. Richard, *Thessalonians*, 231-32)을 보라. 여섯 번째에 대해서는 C. A. Wanamaker, *Thessalonians*, 166을 보라.

죽음의 완곡어법으로서 "잠"을 바울이 사용한 것은 데살로니가인들의 질문을 형성했던 방식을 반영하는 것으로 보인다. 이것을 관찰하면 이 작업이 어떤 것에 기초하고 있는지를 알려줄 것이다. 적어도 데살로니가의 일부 교인들은 죽음("잠")을 삶의 소망이 사라진 것으로 믿고 있던 이교 문화에서 비교적 최근에 회심하였다(13절의 주석을 보라). 이런 비교적 새로운 신자들 중 일부가 죽음을 여전히 이교적 의미에서 이해하였다면, 그들은 파루시아 이전에 동료 신자들의 죽음으로 인해 상당히 낙심했으리라고 이해할 수 있을 것이다. 그것은 장래에 "주님과 함께"(17절) 있는 소망이 끝나는 것임을 의미했을 것이고, "하늘로부터 하나님의 아들에 대한 기다림"(1:10)이 헛되게 될 것이다. 이에 대응해서 바울은 죽음, 장래, 그리고 신자들의 운명에 대한 매우 다른 이해를 제공한다. 그것은 바울에게서 역사에서 가장 근본적인 사건, 즉 하나님이 예수를 부활케 하신 것에 기초하고 있다.

주제(4:13)

13절에서 바울은 주제를 소개한다. 그것은 "잠자는 이들" 즉 예수의 재림 전에 죽었던 그리스도인 형제나 자매들과 관련이 있다. 그는 데살로니가인들이 "다른 이[즉, 소망을 갖지 않는 사람들]와 같이 슬퍼하지 않도록"(so that, '히나', 목적을 표현함; NIV는 그것을 "or"[또는]으로 표현하여 완전히 놓치고 있다) 정보를 주려고 쓰고 있다("너희가 알지 못함을 우리가 원하지 아니하노니").[5] 바울은 데살로니가인들이 슬퍼하지 않아야 한다고 말하고 있는 것이 아니라 소망 없는 사람들이 슬퍼하는 것과 같은 모습으로 슬퍼하지 않아야 한다고 말하고 있다. 신자들의 특징인 소망(참조. 1:3; 2:19; 5:8; 살후 2:16; 또한 롬 5:2; 8:24)은 죽음을 다루는 방식에 영향을 주어야 한다고 바울은 믿는다(빌 2:27): "친구들의 죽음을 슬퍼하는 것(빌 2:27)은 정상적이지만, 무기력한 좌절의 슬픔은 소망을 부인하는 것이다."[6]

"잠"은 이교도와 유대인들 그리고 크리스천들에 의해 죽음에 대한 완곡어법으로 널리 그리고 자주 사용되었다. 그러나 완곡어법의 배후에 있는 실제(죽음)를 이해하는 방식에 있어서는 상당히 차이가 있었다. "통상적으로 당시의 이교도에서

5. 바울이 여기서 사용하고 있는 헬라어 '아델포이'(NIV는 "형제들"[brothers])는 전체 공동체를 포함한다.
6. E. J. Richard, *Thessalonians*, 225.

죽음은 깨어나지 않는 잠으로 간주되었다; 참조. 카툴루스(Catullus 5.4-6). '태양은 지고 다시 뜬다./ 하지만 언젠가 우리의 짧은 빛은 지고/ 계속해서 잠을 자는 끝없는 밤이 있을 것이다.'"[7] 이런 관점으로 죽음을 간주했던 사람들은 "소망이 없는 사람들"로 바울에 의해 정확히 특징지어졌다(4:13).[8] 예를 들어, 데오크리투스(Theocritus, *Idyll*, 4.42)를 보라: "소망은 산 자를 위해 있고 죽은 자에게는 소망이 없다." 유대인과 크리스천들에게서 죽음은 소망 못지않은 실재이었지만, 부활의 소망은 죽음이 영구적인 상태가 아니라 일시적인 상태로 간주했음을 의미했다. 즉 죽음이 방해할 순 있지만, 하나님의 백성들의 일부로서 생명을 종결케 할 수는 없다.

신학적인 확증(4:14)

실로 바울이 그의 격려(4:13; 참조. 4:18)와 이 항목의 나머지 부분의 근거를 제공하는 것—4:14을 시작하는 '가르'["for"]가 보여주는 것처럼—은 정확히 예수의 부활이다. 바울은 "예수가 죽으시고 다시 부활하셨음을 믿기 때문에"[9] "하나님"—바울은 다른 곳에서 하나님을 죽음에서 예수를 일으키셨던 분으로 끊임없이 묘사하고 있다(예. 1:10; 롬 4:24; 6:9; 8:11; 10:9; 고전 15:4, 15, 20; 갈 1:1)—이 "예수 안에서 자는 자들도 하나님이 그와 함께 데리고 오시리라"(참조. 고후 4:14; 또한 롬 6:4; 8:11; 고전 15:22)는 것을 우리는 역시 믿어야 한다(헬라어 자체로는 아니지만 문장의 구문에 의해서 분명하게 함축되어 있다). 즉 바울에게서 예수와 그를 믿는 자들 간에 연관은 아주 밀접해서, 예수의 부활에 대한 믿음은 필연적인 추론으로서 그를 따르는 자들의 부활에 대한 믿음이 담겨 있다(참조. 고전 15:20, "이제 그리스도께서 죽은 자 가운데서 다시 살아나사 잠자는 자들의 '첫 열매'가 되셨도다").

다시 말해서 죽음을 대하는 이교도와 크리스천의 태도에는 본질적이고도 결정

7. F. F. Bruce, *1 and 2 Thessalonians*, 96.
8. "사람들의 나머지[rest of men], 그들은 소망을 갖고 있지 않다"와 관련해서 (1) 콤마는 오도하고 있다. 바울은 "모든 다른 인간들, 소망을 갖고 있지 않다"를 의미하고 있지 않고, "소망을 갖고 있지 않은 모든 다른 사람들"(그것이 거짓일지라도 소망을 갖고 있는 사람들과 대비되는)을 의미하고 있다). (2) "사람들"(rest of men)이란 추가된 어구는 불필요하게 성적이다(헬라어구는 단순히 포괄적인 "나머지들"이다).
9. 헬라어에서 이 문장은 "만일"('에이')란 말로 시작한다. 하지만 바울이 조건문('에이' + 직설법)이 사실임을 당연히 여기는 한, NRSV의 "때문에"(since)가 그의 논리를 정확히 반영한다(참조. BDF, §372.1).

적인 차이가 있다. 이교도에게서 죽음은 삶의 영원한 종결을 의미했지만, 기독교인에게서 죽음은 존재의 더 좋은 모습, 즉 예수의 존전에 있는 삶으로의 전환이었다(참조. 빌 1:21-23). 그러므로 바울은 크리스천들이 좌절이 아니라 소망—하나님이 이미 행하셨음에 기초해서 하나님이 또 앞으로 행하실 것이라는 소망—으로 죽음을 맞을 수 있어야 함을 당연히 여겼다.

부가적인 정보(4:15-17)

15-17절에서 바울은 이미 죽었던 사람들에 대한 이 모든 것의 의미를 설명한다. "주의 말씀에 따르면,[10] 주께서 강림하실 때까지 우리[11] 살아남아 있는 자도 자는 자보다 결코 앞서지 못하리라"(또는 이미 죽었던 사람들보다 어떤 종류의 이득도 없으리라)고 사도는 15절에서 말하고 있다.[12] 그리스도 안에서 죽은 이들은 그 사건을 놓치지 않을 것이고, 어떤 방식으로도 그들에게 불이익이 없을 것이다. 혹 차이가 있다면, 오히려 그들이 약간 더 이득을 볼 것이다. "주"가 하늘에서 내려오시고(4:16), 천사장과 나팔소리로 선언하실 때, "그리스도 안에서 죽은 자들이 먼저 일어날 것이다"[참조. 고전 15:18; 계 14:13]; 오직 그때에 바울은 그 사건이 발생할 때 여전히 살아 있는 자들은 "그들과 함께 끌어올려질" 것이라고 말한다(참조. 고전 15:23).

---

10. 바울은 아마도 공관복음서와 유사하거나 이어지는 것과는 다르게 기록되지 않는 예수의 가르침을 언급하고 있을 것이다(이 원 의미 항목의 시작에서 지적했던 유사한 것들을 참조하라). 그것은 초기 기독교 전승의 일부로서 분명히 순환되었을 것이다. 그 가르침의 내용이 분명히 바울보다 앞서 있었지만, 뒤이어지는 구절들의 용어는 그 자신의 의역과 전승의 적용을 반영할 것이다. 다양한 가정과 가능성에 관한 논의에 대해서는 E. Best, *Thessalonians*, 189-94; F. F. Bruce, *1 and 2 Thessalonians*, 98-99; C. A. Wanamaker, *Thessalonians*, 170-71; Richard. *Thessalonians*, 239-41; I. H. Marshall, *1 and 2 Thessalonians*, 125-27을 보라.
11. "우리"에 대한 바울의 사용(4:15, 17)은 파루시아가 발생했을 때 자신이 살아있을 것으로 예상했음을 함축한다(하지만 증명할 수는 없다). 그러나 시간이 지났을 때, 그는 그 사건이 있을 때까지 자신이 생존해 있지 않을 것을 인식했던 것으로 보인다(참조. 고후 1:8-9; 4:14; 빌 1:20-24). 논의를 위해서는 B. Witherington III, *Jesus, Paul and the End of the World*(Downers Grove, Ill.: InterVarsity, 1992), 24-25; F. F. Bruce, *1 and 2 Thessalonians*, 99; E. Best, *Thessalonians*, 194-96; C. A. Wanamaker, *Thessalonians*, 171-72; I. H. Marshall, *1 and 2 Thessalonians*, 127을 보라.
12. "때 이른 죽음"의 불이익에 관한 세속적인 개념들이 여기서 그 배경의 일부가 되었을 것이다. 참조. Plutarch, *Ad Apollonium*, 113C: "사람들은 모든 죽음을 슬퍼할 필요는 없고, 단지 때 이른 죽음에만 슬퍼해야 한다고 주장한다. 말하자면 결혼, 교육, 성인, 시민권, 또는 공적인 직위와 같은 삶의 혜택을 누리지 못하고 일찍 죽는 것만을 슬퍼해야 해야 한다고 말한다." 세상의 끝이 왔을 때, 살아 있는 자가 죽은 자보다 이득이라고 주장했던 일부 유대 전승들도 있었다(참조. 4 Ezra 13:16-20).

바울이 주의 강림과 연관시킨 세부사항들은 풍부하게 연상적인 이미지를 모아 두고 있다. "호령"이나 명령, 즉 군사적인 용어는 주의 권위와 능력을 연상시킨다(참조. Philo, *Rewards and Punishments*, 117: 하나님이 단 하나의 명령으로 흩어진 유배자들을 모으실 수 있다). 이는 죽은 자를 부르시는 것과 연관이 있을 것이다(참조. 요 5:24-25). "나팔소리"에 대해서는 (이전에 지적한 유사한 것들, 특히 고전 15:52과 더불어) 이사야 27:13(나팔이 유배자들을 예루살렘으로 돌아오도록 부른다); 요엘 2:1; 스가랴 9:14를 보라.[13] 마지막으로 성경 전반에서 구름은 하나님의 임재를 상징했다. 출애굽 하는 동안에(출 16:10), 시내산에서(24:16), 광야에서(민 11:25), 솔로몬의 성전에서(왕상 8:10), 또는 변화 시에(막 9:7), 그리고 승천에서(행 1:9)에서 그러했다.[14]

예수의 재림 시에 살아 있는 사람들은 "주를 만나기 위해서"(직역하면, "주님과의 만남으로") 부활한 죽은 자들과 함께 "끌어 올려질" 것이라고 언급된다. "끌어올려지다"는 '하르파조', "붙잡히다, 낚이다"(라틴어로는 '라페르', 이 용어에서 영어의 '휴거'[rapture]란 말이 나온다)를 번역한 것이다. 이 특별한 용어를 사용하면서 바울은 언어유희를 만들고 있다. 바울과 거의 동시대인인 플루타르크는 일찍 죽음을 맞은 사람들에 대해서 이 용어(또는 이 용어의 복합어)를 사용했는데, 그들은 교육, 결혼, 시민됨 등등의 기회를 "빼앗겼다"는 점에서 "불이익을 당했다"[15]는 의미를 가지고 사용했다.

"만남"('아판테시스', "영접"—개역개정)이란 용어는 70인경에서 아브라함(창 14:17), 다윗(삼하 19:16), 그리고 시내산에서 이스라엘 백성들(출 19:17)을 하나님과 만나는 것에 사용된다. 그것은 전문 용어로서 보통의 경우 헬라어에서 방문하는 고관을 공식적으로 영접하는데 자주 사용되었다. 그 경우에 시민들의 대표자나 시의 관리자가 도성으로 들어오는 손님을 만나기 위해서 밖으로 나가서 적절한 예의와 준비를 통해 그가 도시로 들어오는 것을 호위했다.[16] 신약성경에서(마 25:6; 행 28:15), '아판테시스'는 환영 파티에서 어떤 이를 만나러 가서 목적지까

---

13. "소리"와 나팔소리는 단일한 소리일 수도 있다. 참조. 시 47:5(LXX 46:6), "하나님께서 즐거운 함성 중에 올라가심이여/ 여호와께서 나팔 소리 중에 올라가시도다"와 계 1:10; 4:1.
14. 또한 단 7:13; 계 14:14을 보라.
15. Plutarch, *Ad Apollonium*, 111D, 117B-C(그 용어에 대해서); 113C(그 논의에 대해서 각주 12를 보라); 참조. Abraham J. Malherbe, "Exhortation in First Theessalonians," *NovT* 25(1983): 255-56.
16. 이런 점에서 그것은 헬라어 '파루시아'와 긴밀하게 연관이 있다. 헬라적 용법에서 '파루시아'는 자주 높은 자나 각료의 방문을 나타냈다.

지 그 사람을 호위하는 것과 동일한 움직임을 묘사한다. 여기서 바울이 이 용어를 사용한 의미는 부활한 죽은 자들과 휴거된 산자들이 함께 재림하신 주님을 "공중에서"[17] 만나서 이 땅으로 내려오시기까지 영광과 존귀로 동행한다는 뜻이다.[18]

그러나 이 구절에서 바울의 강조는 순서, 세부 설명, 또는 방향에 있지 않고 결과에 있다. (1) 그는 그들 중에 몇몇 사람들이 생각했던 것과 달리 죽은 자와 산자들이 이끌려질 것임을 데살로니가인들에게 확신시킨다. (2) 이 모든 것을 알려주는 가장 중요한 요지는 결과다: 예수 안에서 '모든' 신자들은 재림의 시간에 죽었든지 살았든지 "영원히 주님과 함께 있을 것이다." 즉 죽음—(분명히 여전히 이교적 관점에 의해 영향을 받고 있는) 일부 데살로니가인들이 생각하기에 재림 전에 죽었던 예수의 추종자들이 예수의 임재를 경험하지 못하게 가로막는 극복할 수 없는 장애로 서있는 것—이 전혀 사실상 장애가 아니다. 여기서 일부 크리스천들이 경험하고 있는 슬픔에 대한 진정한 해독제가 있다. 재림 전에 죽었던 크리스천들의 최종 목적지는 죽음이 아니라, 영원히 주님과 함께 생명으로 인도되는 부활이다.

적용(4:18)

기독론에 기초한 확신은 바울이 4:13에서 언급했던 소망의 근원이다. 그것에 비추어 그는 데살로니가인들에게(4:18) "서로 이러한 말로 격려할"[다시금 4:1에서처럼 '파라칼레오', 하지만 여기서 3:7에서처럼 더욱더 "위로하다"란 의미로] 것을 촉구한다(참조. 5:11). 사실상 전체 단락의 목표가 바로 이것이다. 장래에 일어날 것에 대한 바울의 논의는 끝이 아니라 끝에 대한 수단일 뿐이다. 장래에 대한 지식이 현재에, 심지어 죽음에 직면해서도, 우리가 어떻게 살 것인지를 형성하고 영향을 주어야 한다. 사도가 데살로니가인들에게 권면하고 격려하는 것은 바로 이런 관점에서다.

요약하면, 13절에서 주제를 진술한 후에("죽은 사람들"), 바울은 근본적인 신학

---

17. "공중"(헬. '아에르')은 악마가 거주하는 곳으로 자주 간주되었다. 예수와 그를 따르는 자들의 승리적인 만남이 공중에서 발생한다는 것은 죽음과 죄에 대한 그 승리가 얼마나 완전한지를 보여준다.
18. 참조. F. F. Bruce, *1 and 2 Thessalonians*, 103; I. H. Marshall, *1 and 2 Thessalonians*, 131. 하지만 이 용어나 문맥 중에 어느 것도 그러한 해석을 요구하지 않고, (땅으로 내려오는 것보다) 하늘로 올라가는 것이 가능성으로 남는다(참조. C. A. Wanamaker, *Thessalonians*, 175-76; E. J. Richard, *Thessalonians*, 247-48).

적 확증을 나눈다: 하나님이 죽었던 사람들을 예수와 함께 살리실 것이다(14절). 그때에 바울은 일부 부가적인 정보를 나누고(15-17절), 데살로니가인들이 이 정보를 활용해야 하는 방법을 보여준다. 서로 격려하라(18절).

상황잇기

이 단락은 "다가올 것"—즉 죽음, 부활, 예수의 재림, 그리고 심판과 같은 장래의 경험이나 사건—이라고 자주 언급되는 것들을 다루는 데살로니가 서신의 몇 군데 중에 첫 번째다. 이 단락이 아직 발생하지 않은 사건들(개인과 우주적인 차원)을 다루기 때문에, 특히 낙심되거나 커다란 혼란의 시기에 사람들에게 확실히 오랫동안 매력을 주었다. 유감스럽게도 이 단락은 오해와 남용과 격렬한 논쟁의 오랜 역사를 역시 갖고 있다.

이 때문에 우리의 시대와 시기로 이 단락을 가져오기를 시도할 때 이 항목과 관련해서 몇 가지를 분명히 유념하는 것이 중요하다. (1) 이 단락에서 바울은 상당히 좁은 질문을 다루고 있다. 그리스도가 다시 오시기 전에 죽은 신자들의 운명. 이 질문에 대해서 그는 명확하고 단호한 대답을 주고 있다. 언제 죽었던 또는 죽은 것과 상관없이 모든 신자들의 궁극적인 운명은 "영원히 주님과 함께 있을"(4:17) 것이다. 이것이 그의 대답의 최종적인 말이고 이 단락의 핵심적인 요지다.

(2) 하나님과 예수가 장래에 행할 것에 대한 바울의 기대는 하나님과 예수가 이미 과거에 행하신 일에 대한 그의 확신에 기초하고 있다. 바울이 여기서 말하고 있는 것은 낭만주의적인 추측이 아니라 확신하는 소망의 문제다: "그리스도 안에서 죽은"(4:16) 사람들의 장래의 부활은 과거에 그리스도의 부활로 오는 피할 수 없는 결론이다.[19]

(3) 바울은 산 자를 위해서 죽은 자에 대해서 이 글을 쓰고 있다. 즉 그의 주요한 요지가 죽은 신자의 장래의 운명일지라도, 그의 주요한 초점은 산 자의 현재의 행위다. 2:1-12이 선교사 바울의 모습을 제공하였다면, 여기서 우리는 목사 바울의 모습을 엿볼 수 있다. 그는 '믿는' 것에 대한 데살로니가인들의 확신이 그들이 '살아가는' 방식을 형성하고 영향을 주어야 한다는 것을 명확히 한다(4:14). 그가 다

19. 이 단락을 통해서 바울은 예수의 부활의 역사성을 당연한 것으로 여긴다. 신학적이고 변증론적인 관점에서의 충분한 논의는 Murray J. Harris, *From Grave to Glory. Resurrection in the New Testament*(Grand Rapids: Zondervan, 1990)와 Craig Blomberg, *1 Corinthians*(NIVAC: Grand Rapids: Zondervan, 1994), 293-322을 보라.

른 곳에서 "마지막 대적" 곧 죽음이라 언급한 것에 직면해서조차 말이다(고전 15:26). 그는 죽은 형제와 자매들에 대해서 말한 것이 데살로니가에서 여전히 살아 있는 형제와 자매들의 태도와 행동을 형성할 것을 기대한다.

(4) 이것은 이 항목에서 바울의 근본적인 목적이 그의 독자들(그때나 지금이나)이 장래에 대해서 갖고 있는 모든 질문들에 대답하는 것이 아니라, 데살로니가 신자들을 서로 격려하는데 있음을 의미한다(4:18). 그가 교훈을 통해 말하고 있는 것은 서로 봉사하라는 것이다.

(5) 마지막으로 질문과 대답에 깔려 있는 서로 다른 전제를 아는 것이 중요하다. 질문을 하고 있는 사람들은 죽음이 인간 존재의 궁극적인 종말임을 분명히 가정했던 반면에, 바울에게서 신자들의 궁극적인 종말은 생명이다.

비유적인 용어를 문자적으로 해석할 함정. 우리가 이 요지들을 염두에 두고 있다면, 이 단락에서 사람들이 만나는 두 가지 주요한 함정, 즉 이 단락의 적용을 곁길로 빠지게 할 수 있는 함정을 성공적으로 통과할 가능성이 있다. 첫 번째 잠재적인 함정은 이 단락이 묘사하고 있는 사건의 본질과 관련이 있다. 예를 들어, 예수의 부활과 재림은 현재 인간 경험의 범주를 넘어서는 사건이므로, 그것들을 묘사한 용어의 능력을 곡해할 수 있다. 인간 경험의 범주와 용어의 제한을 초월하는 이 장래의 사건들에 대한 진리를 전달하기 위해서, 바울은 구약성경 선지자들의 사례를 따른다(그리고 자주 그 용어로부터 빌려온다).

선지자들은 때로 비유적인 용어나 은유를 사용하여 인간 역사의 예언된 사건의 의미에 대해서 청중들을 경각시킨다. 예를 들어, 이사야 13장에서 선지자는 우주적인 재앙의 이미지를 사용하여(예를 들어, 빛을 발하지 않는 별, 태양, 달, 그리고 하늘의 진동; 10, 13절을 보라), 바벨론에 대한 하나님의 심판의 역사적 사건을 묘사한다. 선지자 요엘은 마지막 날에 성령의 오심(2:28-32)에 관한 예언을 유사한 용어로 연관시켰다("내가 이적을 하늘과 땅에 베풀리니 곧 피와 불과 연기 기둥이라 여호와의 크고 두려운 날이 이르기 전에 해가 어두워지고 달이 핏빛 같이 변하려니와", 욜 2:30-31). 요엘 2:28-32을 인용한 베드로에 따르면, 이 예언은 오순절 날에 성취되었다(행 2:16-21을 보라). 이와 같은 사례들은 성경의 저자들이 장래의 사건들을 말하는데 은유나 비유적인 용어를 적어도 어느 정도 사용했다는 것을 보여준다.

선지자들처럼, 바울도 비유적이거나 은유적인 용어를 가끔 사용했다. 4:13에서 죽음에 대한 비유로서 "잠"에 대한 그의 사용이 보여주는 것처럼 말이다. 그러나 그것은 항상 인식되었던 것은 아니었다. 바울의 서신에서 비유적인 용어는 때로 너무 문자적으로 오해되었다.[20] 두 가지 꽤 다른 결과들은 장래 사건에 대한 바울의 가르침의 이런 문자적인 오해에서 발생했다. (1) 일부 사람들은 바울의 메시지를 거부했다. 초자연주의와 자연주의 사이에 첨예한 구분에 의존하고 자연적인 원인과 결과의 한정된 연속체로 세상을 이해한 계몽주의적 관점에 영향을 받은 이런 해석자들은 "신비적"이고 현대 과학적인 세계관과 무관한 것으로 바울의 진술을 배격했다. 또는 그들은 오늘날 의미가 있도록 바울의 진술들을 근본적으로 재해석하거나 "비신화화"해야 한다고 결정했다.[21] 본질적으로 바울을 "당시의 자녀"로 간주하고 성경의 거룩한 영감을 간과한 이러한 접근들은 복음주의 학자들에 의해 단호히 거부되었다.[22]

(2) 바울의 비유적인 용어를 너무 문자적으로 취한 또 다른 해석자들은 그의 서신에서 결코 전달하려고 의도하지 않았던 의미나 개념을 독법했다. 예를 들어, 여호와의 증인과 제칠일안식교가 가르친 "영혼의 잠"이란 개념(신자들은 죽음의 시간과 그리스도의 재림 사이에서 무의식의 상태에 있다는 잘못된 개념)은 죽음에 대한 비유로 바울이 잠을 사용한 것을 오해한 데서 유래하고 있다.[23]

바울의 메시지를 근본적으로 배격하는 사람들은 바울의 비유적인 용어나 은유의 배후에 있는 사실을 거부한다. 반면에 바울의 메시지에서 잘못된 개념을 독법하는 사람들은 그 비유를 대변하고 있는 실재와 혼돈한다. 우리는 이런 두 결과들을 어떻게 피할 수 있는가? 두 접근이 바울이 장래 사건에 관해서 말하기 위해 사용한 상징적인 용어를 너무 문자적으로 오해하고 있을지라도, 적어도 두 번째 접근은 바울이 역사적인 실재를 언급하고 있음을 인식한다. 이것이 강조해야할 중요한 요지다: 일반적으로 신약성경, 그리고 특히 바울서신은 그리스도의 사역과 죽

---

20. 예를 들어, "타오르는 불"에서 하늘로부터 오시는 예수를 말하는 살후 1:7과 같은 단락을 만날 때, 어떤 독자들은 그것을 글자 그대로 취했다.
21. 잘 알려진 신약학자이자 신학자인 루돌프 불트만은 이 후자의 접근과 아주 자주 연관된다. 그는 산자와 죽은 자의 심판자로서 역사의 끝에 그리스도의 재림에 관한 바울의 개념을 모든 사람들이 그리스도와 존재론적인 만남을 가져야 함을 의미하는 것으로 이해했다. 그리스도와의 존재론적인 만남은 인간의 운명에 결정적이 될 것이다.
22. 비유적이거나 은유적인 용어의 이런 문제에 관해서 더 자세한 것은 I. H. Marshall, *1 and 2 Thessalonians*, 128-29; Douglas J. Moo, *2 Peter, Jude*(NIVAC; Grand Rapids: Zondervan, 1996), 173-78; G. B. Caird, *The Language and Imagery of the Bible*(N. Y. Wright; Grand Rapids: Eerdmans, 1997의 서문과 함께)을 보라.
23. 더 자세한 것은 Frank Thielman, *Philippians*(NIVAC; Grand Rapids: Zondervan, 1995), 84을 보라.

음과 부활의 동일한 역사적 차원에서 부활, 심판, 그리고 그리스도 재림의 장래 사건을 위치시킨다. 사실상 하나님이 결국 하시리라는 바울의 믿음은 하나님이 이미 행하신 일에 대한 확신에 기초하고 있다. 미래는 과거에 의해 만들어지는 것이다. 이 관점은 계몽주의 세계관에 의해서는 회의적인 것으로 간주될지라도, 사실상 그것은 계몽주의가 자연주의와 초자연주의를 근본적으로 구분하는 것, 즉 비서방 세계의 많은 곳들에서는 이상해 보이는 이런 구분에 의문을 불러일으킨다.

그러나 바울이 말하고 있는 역사적인 실재를 확증하는 동시에 그가 때로 그것을 표현하기 위해서 때로 상징이나 비유적 용어를 사용하고 있음을 우리는 인식해야 한다. 이는 바울이 장래에 대해서 말하고 있는 단락들을 해석함에 있어서 특히 세부적인 것들과 관련해서 그가 말하는 것들에 어느 정도 불확실성이나 불일치가 있을 수 있음을 의미한다. 결과적으로 우리는 존 스토트의 지침을 따르는 것이 좋을 수 있다.

> 우리는 심상의 배후에 있는 온전한 실재에 대해서 확증(우리는 죽어 있든지 살아 있든지 예수 그리스도의 인격적이고 눈에 보이는 출현 그리고 그의 모든 백성들이 그에게 모일 것을 포함하는 우주적 사건을 열심히 고대한다)을 불가지론과 조합시키는 것이 현명할 것이다.[24]

즉, 우리는 바울이 가르친 것의 핵심적인 요소들을 확증해야 하지만(예수는 다시 오신다), 일부 세부적인 것들(예를 들어, 예수와 그를 따르는 자들이 "공중에서 만나서" 지상으로 내려올 것인가 아니면 천상으로 올라갈 것인가?)에 대해서 불확실할 수 있다는 것을 역시 인식해야 한다.

대답되지 않은 질문들에 대한 함정. 두 번째 함정은 한 가지 구체적인 질문에 대답함으로써 바울이 몇 가지 다른 질문들을 발생시키는(그러나 대답되지 않은) 상황에서 발생한다. 여기에는 부활한 몸에 관한 본질, 들려 올려진 사람들의 몸에는 어떤 변화가 발생하는지, 죽음과 부활 사이에서 그리스도인들의 죽음의 상태, 불신자들의 부활, 심판과 심판 날 등등을 포함한다.[25]

이런 질문들의 일부는 바울의 다른 서신들에 기초해서 답할 수 있다. 예를 들

24. J. R. W. Stott, *The Gospel and the End of Time*, 105-6.

25. 이런 저런 관련된 이슈들의 탁월한 논의에 대해서는 해리스(Harris) *From Grave to Glory*(참조. 이 책의 각주 19)을 보라

어, 사도는 고린도전서 15:39-49에서 부활한 몸의 본질을 논하고, 15:50-53에서는 모든 신자들이 죽을지라도(따라서 부활된다) "우리는 모두 변화되거나" 전환될 것임을 알린다. 유사하게 고린도후서 5:1-10과 빌립보서 1:23은 죽음과 부활 사이에서 죽은 신자들은 "그리스도와 함께 있음"을 인식한다는 것을 보여준다. 데살로니가전서 4:13-18을 설교하거나 가르칠 때 많은 경우에, 성경의 다른 단락들을 살핌으로써 이런 다른 질문들에 대답하는 것은 바람직하고 합법적이다. 바울이 여기서 만들고 있는 주요한 요지들에서 관심을 산란하게 하지 않는다면, 청중의 관심이나 필요를 충족시키는 방식으로 그런 것들을 다룰 수 있다.

그러나 이런 질문들 가운데 어떤 것들은 대답할 수가 없다. 신약성경이 그것들을 언급하고 있지 않기 때문이다. 그러한 경우에 합법적인 견해의 차이들에 근거가 되는 요지들에 대해서 교조적이 되는 것을 피해야 한다. 이와 같은 문제들의 사례는 4:17에서 언급된 "휴거"의 시기와 방향의 문제가 될 것이다. 어떤 해석자들은 신자들이 주님과 함께 있게 되는 "들림"이 예수의 파루시아(두 번째 오심)와는 구분되는 사건이고, "들려 올려진" 후에 모인 회중들은 땅이 아니라 하늘로 돌아간다고 주장한다. 하지만 데살로니가전서 4:13-18과 고린도전서 15:51-52간에 긴밀한 상관관계와 고린도전서의 사건들이 그리스도의 재림과 연관되어 있는 방식에 비추어, 많은 학자들(나 자신을 포함해서)은 현재의 단락에서 묘사된 사건들이 재림과 동일한 시간에 발생하고, 모인 신자들의 무리는 지상으로의 승리적인 행렬에 주 예수를 동반하게 될 것이라고 결론 내린다.[26] 그러한 차이에 비추어 볼 때, 이 단락의 특별한 해석에 대해서 교조적이 되거나, 믿음이나 교제의 검증을 시도하는 것은 현명하지 못하다.

현대적 의미

내가 항상 좋아하는 '땅콩'(Peanuts) 만화 중에 하나는 루시와 리누스간에 대화를 담고 있다. 창문을 바라보고 있던 루시가 궁금해 한다: "저기 봐, 비가 오고 있어…그러다가 전 세계에 홍수가 나면 어쩌지?" "그렇지 않을거야"라고 리누스는 말한다. "창세기 9장에 하나님이 다시는 그런 일이 없을 것임을 노아에게 약

26. 또한 아래의 살후 2:1-12의 논의를 보라. 이 논쟁과 관련해서 더 자세한 것은 Gleason L. Archer, Paul D. Feinberg, Douglas. J. Moo, and Richard R. Reiter, *Three Views on the Rapture. Pre-, Mid-, Post-Tribulational?*(Grand Rapids: Zondervan, 1984)을 보라. 환난 후의 입장에 관한 분명한(그리고 내 생각에 결정적인) 제시는 Bob Gundry, *First the Antichrist*(Grand Rapids: Baker, 1997)이다.

속하셨어. 그리고 그 약속의 표지가 무지개야." "네가 나의 마음의 커다란 짐을 덜어주는구나"라고 루시가 반응하고, 리누스는 "건전한 신학은 늘 그런 일을 하지"라고 반응한다. 이 만화는 바울이 데살로니가전서의 이 단락에서 하고 있는 일의 진수를 포착한다. 그것은 보편적인 인간 경험인 죽음을 이해하려는 친구들에게 위로와 격려로서 "건전한 신학"을 제공하는 것이다.

죽음은 현대 미국 문화에서 "뜨거운" 주제다. 죽음 직전의 경험에 관한 퀴블러로스의 기사가 출판된 이후로,[27] 죽음과 죽음 이후의 삶을 다루는 많은 책들이 꾸준히 증가하고 있고, 주요 미디어들(글과 영상)이 지금 규칙적으로 이 주제를 다루고 있다. 보다 대중적인 차원의 미디어에서 어떤 지침을 발견한다면, 관심의 주요한 요지는 죽음 자체만이 아니라 죽음 '이후에' 발생하는 것들이다. 현재 죽음 이후에 발생하는 것들을 엿볼 수 있다고 주장하거나 "빛을 향해 걸어가는 것"을 묘사하는 책들이 소매 서점들의 선반을 채우고 있고, 주요 영화들은 죽었지만 여전히 산 사람들과 교감하는 사람들의 가공적인 이야기들을 시각화 하고 있고, 슈퍼마켓의 타플로이드판들은 "당신이 죽은 후에 참으로 어떤 일이 일어나는가"와 같은 표제로 관심을 끌고 있다.

죽음과 관련한 개인들의 관심. 죽음과 죽음 이후에 대한 이런 강렬한 일반적 '관심'의 배후에는 더 강렬한 개인적인 '관심'이 있다고 나는 생각한다. 즉 죽었을 시에 '나'에게 무슨 일이 일어날 것인가? 죽음에서 우리 문화의 일반적인 관심이 강렬하게 개인적이라는 것은 놀랍지가 않다. 내가 이전에 지적한 것처럼, 죽음은 인간 경험 중 몇 안 되는 보편적인 경험이기 때문이다. 바울에 대한 데살로니가인들의 질문이 이런 유형에 잘 들어맞는다. 그들의 일반적인 관심—"예수가 오시기 전에 죽었던 사람들은 어떻게 되는가?"—은 보다 개인적인 질문(예수가 오시기 전에 내가 죽는다면 나에게 무슨 일이 일어날 것인가?)을 숨기고 있다. 요컨대, 저변에 깔려있는 질문은 오늘날 질문하는 것과 본질적으로 다르지 않다.

나아가서 이것은 그들의 질문에 대한 대답이 우리의 질문에 대한 대답이라는 것을 의미한다. 바울이 구체적으로 신자들(일반적인 인간이 아니다)에 대해서 말하고 있는 것을 염두에 두면서, 적어도 오늘날도 강조할 필요가 있는 그의 대답은 세 가지 구체적인 모습들로 되어 있다.

(1) '**신자들의 장래는 장소보다는 관계성과 더욱 관련이 있다.**' 우리 주변에 사람들처

27. Elisabeth Kubler-Ross, *On Death and Dying* (New York : Macmillan, 1969).

럼 죽을 때 무슨 일이 일어나거나 "어디로 가는지"에 대해서 궁금해 하는 신자들에게 바울은 "우리는 영원히 주님과 함께 있을 것이다"라고 말한다(4:17). 다른 자료들에서 얻을 수 있는 상세한 대답들과 비교할 때(예를 들어, 파라다이스에 관한 무슬림의 묘사나 뉴에이지 운동이 설명하는 것들), 이것은 우리의 강렬한 호기심을 만족시키기에는 충분하지 않는 너무 기본적인 답변으로 보인다. 하지만 이 대답은 바울의 확증이 함축하는 것의 본질을 이해하지 못할 경우에만 "기본적"이다. 바울이 다른 곳에서 그 요지를 전개할 때,[28] "주님과 영원히 함께 있는" 부활(또는 휴거)은 ⓐ 영광스럽고 영원하며 변화된 부활의 몸에 대한 승인을 포함하고, 또 ⓑ 우리가 현재 경험하는 관계보다도 더 밀접하고 부요하고 온전한 그리스도와의 관계를 향유하는 것—요컨대 바울이 "훨씬 더 좋은"으로 생각하는 존재의 상태(빌 1:23)—도 포함한다. 다시 말해서 그리스도에 대한 현재의 우리의 경험은 우리 앞에 있게 것들을 맛만 보는 것뿐이다.

장래에 대한 바울의 대답이 다른 대답들과 비교에서 다소 기본적이라고 보인다면, 그럼에도 불구하고 그것은 다른 대답들이 갖지 못한 확실한 역사적 기초를 갖고 있다. 바울이 신자로서 우리의 장래에 대해 말한 것은 근거가 없는 추측의 문제가 아니라, 메시아 예수를 하나님이 부활시키시고 높이신 것에 기초하고 있다. 장래에 대한 우리의 확신 있는 전망은 과거에 대한 우리의 지식에 기초해 있다. 하나님이 이미 행하신 것—인간의 추측, 근거가 없는 낙관주의, 또는 순전한 소망스런 생각이 아니라—이 장래에 대한 우리의 참된 소망의 기초다.

(2) **'신자들에게서 죽음은 끝이 아니라 전환이다.'** 데살로니가인들이 제기한 질문들은 죽음이 인간 존재의 마지막 실재, 즉 예수의 재림조차도 건널 수 없거나 영향을 줄 수 없는 장벽이나 마지막 지점이라는 그들의 편에서의 가정을 부분적으로 반영한다. 죽음에 관한 유사한 견해들이 오늘날 흔하다. 심지어 일부 크리스천 신학자들도 인간 개인의 차원에서 죽음을 넘어서는 것은 없다고 주장한다.[29] 죽음에 관한 그러한 개념을 주장하는 물질적인 철학이나 관점과 대비되어, 바울은 '죽음을 넘어서는 실재가 있다'고 분명히 선언한다.

"해 아래" 일어났던 모든 것을 살핀 후에 오직 무의미함과 좌절, 그리고 실망만

28. 고전 15장과 고후 5장에서 주로, 충분한 논의를 위해서는 Murry J. Harris, *From Grave to Glory*, 185-231을 보라.

29. 예를 들어, Stephen H. Travis, *Christian Hope and The Future*(Downers Grove, Ill.: InterVarsity, 1980), 93-95을 보라.

을 발견했던 전도서의 저자에게서 표현된 냉소주의와 달리, 바울은 인간 경험의 기초에서만 알 수 있는 것을 넘어서는 생명의 세계가 있음을 확증한다. 하나님이 예수를 부활시키신 것에 비추어, 신자들의 죽음은 생명의 끝이 아니라 생명의 더 좋은 경험으로의 전환으로 간주되어야 한다: 주 예수 그리스도 앞에서의 삶.

마틴 루터 킹 목사는 1963년에 알라바마의 버밍험에서 인종차별주의자들의 폭력에 의해 죽임을 당한 네 명의 어린 소녀들의 장례식에서 이런 열변적인 특징을 담고 있는 설교를 했다.

> 나는 죽음이 끝이 아니라는 기독교의 확증에서 여러분들이 위로를 발견할 수 있기를 소망합니다. 죽음은 생명의 커다란 문장을 끝내는 마침표가 아니라 더 숭고한 의미로 이어지는 쉼표입니다. 죽음은 무의미의 상태로 인간을 이끄는 막다른 골목이 아닙니다. 영원한 생명으로 사람들을 인도하는 열린 문입니다. 이 용감한 믿음, '이 무적의 소망'이 이 시련의 시간에 여러분들을 지탱케 하는 능력이 되기를 소원합니다.[30]

죽음이 끝이 아니라 전환이라는 것을 바울이 확증하고 있다고 해서 죽음의 파괴적인 영향을 부정하거나 축소하려는 것이 전혀 아니다. 죽음은 가치 있고 의미 있는 인간관계의 파괴에 해당한다. 존 스토트가 지적한 것처럼, "크리스천의 믿음이 아무리 확고하다할지라도, 가까운 친척이나 친구를 잃게 됨은 깊은 감정적인 충격을 야기한다. 사랑하는 사람을 잃는 것은 자기 자신의 일부를 잃는 것이다. 죽음은 몇 달 또는 몇 년이 걸릴 수 있는 근본적이고 고통스러운 적응을 요청한다."[31] 그러한 경우에 슬퍼하는 것은 자연스럽고 심지어 필연적인 반응이다. D. A. 카슨이 지적한 것처럼, "성경은 어디에서도 유족이 슬퍼하고, 또 그들의 슬픔이 결코 과소평가될 수 없음을 가정한다."[32]

그러나 이런 슬픔과 애도의 과정 속에서조차도 바울은 죽음에 대한 결정적인 승리인 하나님이 예수를 부활케 하신 사실을 상실하지 않도록 우리에게 상기시킨다. 이미 죽은 모든 신자들은 하나님이 그들을 일으키실 때 궁극적으로 이 승리에 참여하게 될 것이다(4:14). 이 때문에 우리가 애도하는 방식은 "소망이 없는" 사람

30. Susan Bergman, "In The Shadow of the Martyrs," *CT* 40:9(August 12, 1996): 25에서 인용함.
31. J. R. W. Stott, *The Gospel and the End of Time*, 92-93.
32. D. A. Carson, *How Long, O Lord? Reflections on Suffering and Evil*(Grand Rapids: Baker, 1990), 112.

들과 질적으로 달라야 한다(4:13). "바울이 금하고 있는 것은 슬퍼하는 것이 아니라 소망 없이 슬퍼하는 것이다."[33] 상실의 시기에 우리가 그리스도 안에서 갖는 소망을 증거하는 것이 쉽지는 않을 것이다. 저명한 복음주의자요 선교 지도자인 레이톤 포드가 21살인 장남을 잃었을 때에 말했던 것처럼, "이 고통은 우리의 믿음과 감정을 결합시킨다."[34] 그것이 바로 죽음이 크리스천들에게 제시하는 도전이다(가장 어려울 때 믿음을 따라 살아가는 것).

(3) **'우리가 장래에 대해서 알고 있고 믿는 것이 현재 우리가 살아가는 방식을 형성해야 한다.'** 바울이 지금 전개하고 있는 주제가 죽은 신자들의 운명이었을지라도, 그의 청중은 살아 있는 신자들이었고, 그의 마지막 말은 이 살아 있는 신자들에게로 향해 있다: "그러므로 이러한 말로 서로 위로하라"(4:18). 바울은 자신이 데살로니가인들에게 나누어주고 있는 정보가 그들의 태도와 행동에 영향을 줄 것을 기대한다. 만약 그들 중에 어떤 이들의 가정(즉, 죽음이 그것으로 끝이다)이 참이라면, 바울이 인식한 것처럼 삶에 대한 에피큐로스적인 접근("내일 죽을 터이니 먹고 마시자", 고전 15:32)이 적절할 것이다. 하지만 이런 삶의 관점이 참이 아니기 때문에, 우리가 죽은 자의 부활을 고대하고 있기 때문에, 우리는 순간을 위해 살지 않고 장래에 대한 안목으로 산다. 더 중요하게는 지금 우리가 어떻게 살 것이냐는 근본적인 방식에서 이 장래에 의해 형성되어야 한다.

비극적이게도 죽을 때 낙원에 들어갈 것으로 확신하는 자살 폭탄테러는 정치적이거나 종교적인 대의를 위해 그들의 생명을 의도적으로 내던진다. 여호와의 증인들은 천국에 자격이 주어지는 144,000명 가운데 있게 될 것을 희망하면서 노력하고, 몰몬교도들은 외계 세계 속에서의 보상을 향해 진력한다. 이와 같은 잘못된 믿음이 그것을 견지하고 있는 사람들 가운데 그와 같은 영향을 가질 수 있다면, 예수의 부활에 기초하고 있는 우리들의 믿음이 어찌 덜 영향을 가질 수 있는가? 오늘날 많은 크리스천들이 중요한 측면에서 이웃들과 구분되지 않는 것으로 자주 보인다. 위험을 꺼리며 안전만을 생각하는 우리들은 복음을 위해서 우리의 생명은 고사하고 어떤 위험도 감수하지 않는다. 하지만 복음이 우리를 부르는 것은 사실상 이 세계에서 위험을 감수하는 삶이다("누구든지 자기 목숨을 구원하고자 하면 잃을 것이요 누구든지 나와 복음을 위하여 자기 목숨을 잃으면 구원하리

---

33. J. R. W. Stott, *The Gospel and the End of Time*, 94.

34. J. R. W. Sott, *The Gospel and the End of Time*, 93에서 인용된 것처럼, Leighton Ford, *Sandy: A Heart for God*(Downers Grove, Ill.: InterVarsity 1985).

라", 막 8:35).

초대 교회는 이것을 이해했다. 예를 들어, 성 안에 전염병이 발발하고 거주자들이 두려워서 마을에서 도망했을 때, 많은 크리스천들이 마태복음 25:35-40의 정신 속에서 아픈 자들(그리스도를 믿는 자이든 믿지 않는 자이든)에게 봉사하기 위해 그곳에 머물렀다. 복음을 위하여 죽는 자는 영원히 그리스도와 함께 사는 것을 의미한다는 것을 확실하게 앎으로써 말이다. 게다가 그들의 사역은 기독교의 장기적인 팽창에 매우 기여하는 복음전도의 강력한 수단이 되었다.[35] 에볼라와 같은 전염병이 오늘날 우리 도시에서 발생하여, 사람들이 봉사하고 도와줄 자원자들을 찾는다면, 우리는 어떻게 반응할 것인가? 바로 이것이 이 단락이 우리에게 도전하는 질문의 종류다.

우리 자신의 도덕성을 대면하기. 보다 일반적으로(그리고 덜 가정적으로) 이 단락은 우리 자신의 도덕성을 대면할 수 있도록 도전한다. 그것은 죽음과 관련한 우리의 생각과 행동이 두려움이냐 그렇지 않느냐를 우리 스스로 물어보게 만든다. 그것은 우리가 바울처럼 신자는 "죽는 것도 유익이다"(빌 1:21, 23)를 참으로 믿는지를 결정할 수 있는 기회를 제공한다. 이 질문들을 다루기는 쉽지 않다. 그것은 우리가 죽음을 대면할 수 있게 하기 때문이다. 좋은 소식은 우리가 우리 자신의 자원에 근거하지 않고, 우리 주이신 하나님의 아들의 부활에서 죽음을 정복하신 하나님에 대한 믿음에 근거해서 대면할 필요가 있다는 것이다. 잘 알려진 찬송의 후렴구는 이 단락에서 바울의 기본적인 요지를 잘 포착해준다.

> 그가 살아계시기 때문에 나는 내일을 맞이할 수 있다
> 그가 살아계시기 때문에 모든 두려움이 사라진다
> 나는 그가 장래를 붙드신다는 것을 알기 때문에
> 그리고 그가 살아계시기 때문에 인생이 살 가치가 있다.[36]

나는 최근에 한 여인에 대한 기사를 읽었는데, 그녀는 어머니의 죽음이 불가피해졌을 때조차도 의사가 그녀의 어머니를 살리기 위해서 할 수 있는 모든 것을 다 해주기를 원했다. 그녀가 나중에 깨달았던 것처럼, 그녀는 "그 다음 차례"가 되지

35. Rodney Stark, *The Rise of Christianity* (Princeton: Princeton Univ. Press, 1996), 73-94.
36. "Because He Lives," text by Gloria Gaither and William J. Gaither, music by William J. Gaither. Copyright 1971 by William J. Gaither.

않기를 원했기 때문이었다. 이런 종류의 부정은 흔하다. 마틴 말티가 지적한 것처럼, "미국인들의 다수가 [영원한 생명]에 대한 믿음을 공유하지만, 그들은 죽음의 공포 속에서 살고 있다."[37] 그러나 시카고의 대주교였던 고(故) 존 카디날 버나딘이 보여준 태도는 얼마나 달랐는가? 암으로부터의 죽음을 아주 공개적으로 맞이했던 믿음, 은혜, 그리고 용기는 전세계적으로 폭넓은 진정한 존경을 그로 하여금 얻게 했다. 임박한 죽음에 직면해서 그가 삶을 살아간 방식은 죽음에 대한 그리스도인의 진정한 태도에 모범이 되어 주었다. 대주교에게서 죽음은, 바울의 말에 따르면, "마지막 대적"(고전 15:26)이었을 수 있으나 궁극적인 승리가 "우리 주 예수 그리스도로 말미암아 우리에게 승리를 주시는"(15:57) 하나님께 속해 있기 때문에 죽음은 마지막 승리자가 아니었다. 거기에 우리의 소망이 있다.

37. Kenneth L. Woodward and John McCormick, "The Art of Dying Well," *Newsweek*, November 25, 1996, 63에서 인용함.

데살로니가전서 5:1-11

1 형제들아 때와 시기에 관하여는 너희에게 쓸
것이 없음은
2 주의 날이 밤에 도둑 같이 이를 줄을 너희 자
신이 자세히 알기 때문이라
3 그들이 평안하다, 안전하다 할 그때에 임신
한 여자에게 해산의 고통이 이름과 같이 멸
망이 갑자기 그들에게 이르리니 결코 피하지
못하리라
4 형제들아 너희는 어둠에 있지 아니하매 그날
이 도둑 같이 너희에게 임하지 못하리니
5 너희는 다 빛의 아들이요 낮의 아들이라 우
리가 밤이나 어둠에 속하지 아니하나니
6 그러므로 우리는 다른 이들과 같이 자지 말
고 오직 깨어 정신을 차릴지라
7 자는 자들은 밤에 자고 취하는 자들은 밤에
취하되
8 우리는 낮에 속하였으니 정신을 차리고 믿음
과 사랑의 호심경을 붙이고 구원의 소망의
투구를 쓰자
9 하나님이 우리를 세우심은 노하심에 이르게
하심이 아니요 오직 우리 주 예수 그리스도
로 말미암아 구원을 받게 하심이라
10 예수께서 우리를 위하여 죽으사 우리로 하여
금 깨어 있든지 자든지 자기와 함께 살게 하
려 하셨느니라
11 그러므로 피차 권면하고 서로 덕을 세우기를
너희가 하는 것 같이 하라

원 의미

이 단위의 주제인 "때와 시기"(4:9처럼 "지금…관해서는"으로 도입된다)는 이전의 단위와 긴밀하게 연결되어 있다. 4:13-18이 예수의 재림 시에 죽어 있던 크리스천의 운명을 다루는 반면에, 5:1-11은 같은 사건에서 살아 있는 자들의 태도를 다룬다. 4:13-18에서는 재림 시에 죽어 있던 신자들의 운명에 대해서 공동체에 확신시켰고, 5:1-11에서는 재림 시에 살아 있는 신자들의 운명과 관련하여 그들에게 확신시키고 (낮의 자녀들처럼 그들은 진노를 받지 않은 것이다), 그 동안에 "깨어 자기를 제어할"("깨어 정신을 차릴"—개역개정) 필요가 있음을 상기시킨다(5:6).

재림이 비그리스도인들에게 어떻게 임할 것인지를 묘사한 후에(5:2-3), 바울은

5:4-11에서 데살로니가 형제와 자매들에게[1] 말한다. 이 항목에서 4-5, 7, 9-10절은 "직설법"이고, 6, 8, 10b-11절은 "명령법"이 뒤따른다. 5:10에서 "깨어 있든지 자든지"란 언급은 이 항목과 이전 항목간에 바울의 심중에 있었던 긴밀한 연관을 보여준다. 5:11에서 결론적인 권면(참조. 4:18)이 4:13-5:10에 대한 일반적인 결론으로 기능하는 것처럼 말이다.

"때와 시기"(5:1-2)

이 단락의 출발점은 주님이 다시 오실 때에 관한 문제다. 4:13에서처럼, 바울은 데살로니가인들의 문제에 응답하는 것으로 보인다. 그러나 무엇이 그것을 촉발시켰는지를 결정할 수는 없다. 주의 날의 시기에 관한 문제는 그날과 관련한 강렬한 (아마도 과열된) 관심이나 호기심을 불러일으켰고, 따라서 바울은 이 "종말론적인 열기"를 완화시키거나 진정시키려 하는 모습이 자주 나타난다.

그러나 (1) 바울이 데살로니가인들에게 그들이 어떤 자("빛"과 "낮"의 자녀들이다, 5:4, 8)인지를 확신시키고, (2) "하나님이 진노하시는 자가 아님"을 상기시키며, (3) 서로를 격려할 것을 고무시키는(5:11) 방식에 비추어 볼 때, 데살로니가인들의 문제는 호기심이 아니라 재림의 시간에 살아 있는 신자들의 운명에 대한 두려움과 관심이 촉발시켰을 가능성이 있다. 즉 여기서의 문제는 4:13-18의 문제와 아주 유사하다. 4:13-18에서 관심은 재림 시에 죽은 신자들의 운명(그들은 예수 재림의 모습을 놓칠 것인가?)에 대한 것이었지만, 여기서는 재림 시에 살아 있는 신자들의 운명에 대해서 관심을 갖고 있다(분명히 그들은 재림에 동반된 다가올 진노에 대해서 준비 없이 맞게 되기를 원치 않는다; 참조. 2:19).[2]

"때"와 "날짜"('크로논'과 '카이론', "때와 시기"—개역개정, KJV, NRSV; 참조. 단 2:21; 7:21)로 번역된 용어들은 신약성경 시대에 근본적으로 동의어다(참조. 행 3:19-21). 그것들은 여기서 본질적으로 "언제"를 의미하는 관용구를 형성한다

1. 5:1에 '아델포이'의 의미에 대해서는(그것은 남자 구성원들만이 아니라 전체 공동체를 포함한다), 1:4의 주석을 보라.

2. 유사하게는 I. H. Marshall: "교인들은 임박한 파루시아에서 이미 죽었던 사람들의 운명만이 아니라 자신들의 위치에 대해서도 염려했다. 갑작스럽고 예기치 않은 심판으로서 파루시아의 특징은 그들을 근심으로 채웠다"("Election and Calling to Salvation in 1 and 2 Thessalonians," in *The Thessalonian Correspondence*, ed. Raymond F. Collins [Leuven: Leuven Univ. Press, 1990], 260).

(참조. 행 1:7). 데살로니가인들이 호기심을 갖고 있는 사건은 "주의 날"로 5:2에서 확인된다(참조. 살후 2:2; 또한 고전 5:5). 구약성경에서 이것은 하나님의 대적자들에 대한 심판의 날로, 신실한 자들에게는 구원의 날로 묘사되었다(예를 들어, 사 2:1-4:6; 욜 1:15; 2:1, 11, 31-32; 암 5:18-20; 습 1:14; 슥 14장). 바울은 "주의 날"의 이런 이중적인 양상을 끊임없이 전달한다. 그는 그것을 "주 예수 [그리스도]의 날"(고전 1:8; 참조. 고후 1:14) 또는 단순히 "[예수] 그리스도의 날"(빌 1:6, 10; 2:16), 또는 심지어 "날"(살전 5:4; 살후 1:10; 참조. 고전 3:13)이라고 언급한다. 이 어구는 예수의 재림과 동일한 사건을 지칭한다(살전 4:15). 바울은 그의 강조가 구원보다 심판의 양상에 더욱 있기 때문에 여기서 용어들을 아마도 바꾸고 있을 것이다.

'그날'이 다가오는 것과 관련해서 바울은 더 이상 말할 것이 없다("우리는 너희에게 쓸 필요가 없다", "너희 자신이 자세히 알기 때문이라"—개역개정). 데살로니가인들이 "언제" 일어날지에 관해서 알 필요가 있는 유일한 것을 이미 "매우 잘 알고" 있기 때문이다: 그것은 "밤에 도적같이 임할 것이다"(5:2; 참조. 벧후 3:10; 계 3:3; 16:15). 이 비유의 가장 그럴법한 자료는, 준비나 경각심의 필요성(바울이 5:4-6에서 취하는 주제)을 강조하는 문맥에서 이 표현이 나타나는 예수의 가르침이다(참조. 마 24:43/눅 12:39). 여기서 이 용어를 사용한 것은 그날의 도래가 예측할 수 없는 일이고, 아울러 준비되지 않는 사람들에게는 심판의 시간으로서 아주 위협적인 특징을 갖는다는 것을 강조한다.

"평안하다, 안전하다"(5:3)?

이 양상들이 모두 5:3에서 전개된다(그것은 5:2처럼 복음서 전통에 상당히 의존하다; 참조. 눅 21:34-36). 모든 것이 잘되는 것으로 '보일' 때, "멸망"이 산고의 급작스러움처럼 임할 것이다(여기서 갑작스럽게 시작되는 것에 강조가 있을지라도, 그것은 고통과 고뇌에 대한 흔한 성경적 이미지다). "주님과 함께" 있지 않은 사람(참조. 4:17)은 확실히 피하지 '못할'(부정은 강조적이다) 것이다. 해산하는 여인이 산고를 피할 수 없는 것처럼 말이다.

"평안과 안전"(또는 "보호")이란 어구는 부분적으로 구약성경에서 선례를 가질지라도(렘 6:14; 8:11; 겔 13:10-16; 미 3:5), 그것의 보다 그럴듯한 배경은 '파스 에트 세쿠리타스'가 로마 제국의 선전 도구의 대중적인 슬로건이었던 것처럼 정치적인 것이다. 평화와 안전에 대한 약속은 로마가 (자의든 타의든) 로마의 지배와 군사적 세력에 굴복했던 사람들에게 제공했던 표현이었다. 그것은 정복당한 사람들에게 로마의 선물처럼 간주되었고, 사실상 혼란과 위험에서 구조나 "구원"의 제공에 상응하는 것이었다.[3] 하지만 바울의 관점에서 어떤 그런 주장들은 환상과 속임수에 불과하고, 따라서 위험스러운 것이다. 하나님에 대한 신뢰만이 다가올 주의 날에 동반될 "멸망"에서 구원을 얻을 것이다.

"멸망"(또는 아마도 "재앙")은 재산의 손실, 죽음, 또는 영원한 벌을 가리킬 수 있다. 데살로니가후서 1:9에서 "영원한 멸망"은 "영원한 생명"의 반대어로서 기능한다. 그러나 여기서 형용사가 "영원한"보다 "갑작스런"일 경우에 그 개념은 아마도 이어질 영원한 손실이나 심판의 전조나 예조로서 역사적 재앙이나 천재지변의 하나로도 보인다.[4]

깨어 정신을 차릴지라(5:4-8)

5:4-8에서 바울은 5:2-3의 비유와 심상("낮", "도적", "밤")을 확장한다. 빛과 어둠의 심상(자주 "빛의 자손"과 "어둠의 자손"과 같은 어구에서)은 "내부자"와 "외부자"를 지칭하는 것으로 흔히 활용되었다(참조. 예를 들어, 눅 16:8; 요 12:36; 엡 5:8; 요일 1:6-7; 2:9-11; 1QS 1:9-10; 3:13; 3:24-25; 1QM 1:1, 3). "밤"과 "어둠"은 하나님으로부터의 소외와 주의 날이 임박한 것에 대한 무지와 연관된다. 이에 상응하여 "낮"과 "빛"은 구원과 주의 날에 관한 지식과 연관된다. 5:7에서 바울은 "밤"의 다른 양상을 취하여 절제되지 않은 행동(술취함)과 연관시킨다.

이 단락의 많은 부분처럼 6절은 복음서에서 유사한 것들을 갖는다(참조. 마 24:42-44; 막 13:33, 36: "주의하라 깨어 있으라", "너희가 자는 것을 보지 않도록 하라"). 바울은 빛의 자녀들로서 데살로니가인들의 신분에 관한 두 의미를 상술한다(살전 5:5). 무지 속에서 잠들어 있는(그러므로 주의하지 못하고 있는) "다른 사람들"과 달리 데살로니가인들은 "깨어 있어야" 하고[참조. 5:10; 또한 고전

3. E. Bammel, "Romans 13," in *Jesus and the Politics of His Day*, ed. E. Bammel and C. F. D. Moule(Cambridge: Cambridge Univ. Press, 1984), 375-80. E. J. Richard(*Thessalonians*, 260)은 다른 방향으로 유사한 요지를 발전시킨다.
4. 이 용어에 관한 더 자세한 것은 G. L. Borchert, "Wrath, Destruction," *DPL*, 992-93을 보라.

16:13; 골 4:2; 벧전 5:8] "정신을 차려야" 한다(NRSV "맑은 정신의"; 참조. 딤후 4:5; 벧전 1:13; 4:7; 5:8). 첫 번째 용어(직역하면, "깨어 있으라")는 경각심의 필요를 강조하고, 두 번째 용어(직역하면, 술취함의 반대, 참조. 5:7)는 균형이나 절제의 개념을 전달한다.

"우리는 낮에 속하였으니"란 어구가 본질적으로 5:2-7의 요지를 강조하는 5:8a에서 바울은 자기 제어("정신을 차림")에 대한 요청을 반복한다(그러므로 강조한다). 그때에 그는 비유와 심상을 벗어나서 자기 제어를 믿음, 사랑, 소망(1:3의 주석을 보라)이라는 우리에게 익숙한 신앙의 삼중주와 연관시킨다.[5] 바울은 그것들을 아마도 구약성경에서 이끌어낸(참조. 사 59:17; 또한 Wis. 5:17-20) 군사적인 이미지(호심경[가슴 보호대], 투구; 참조. 엡 6:11-18; 또한 롬 13:12)를 사용하여 묘사한다. 이 삼중주에서 강조는 "구원의 소망"에 있다. 이 어구는 바울에게서 구원이 온전하게 될 장래의 선물임을 드러낸다(참조. 롬 5:10; 8:24; 13:11). 신자들은 현재에 부분적으로만 이 선물을 경험하고 있고(참조. 고전 1:18; 고후 2:15), 소망 속에서 그것을 고대한다.[6]

진노가 아닌 구원(5:9-11)

5:4-5, 8a에서 바울이 깨어 있음과 5:6, 8에서 절제에 대한 그의 권면의 토대를 이미 진술했을지라도, 5:9에서("for"를 참조하라) 그는 부가적인 이유에 해당하는 것을 제공한다. 그것은 5:4-5에서 제공했던 것을 보충하고, 신학적인 근간을 진술한다. "주의 날에" "구원을 받기로 예정된" "빛의 자녀들"로서 데살로니가인들의 신분(NIVILE)은 그들을 위한 하나님의 활동에 기초하고 있다. 즉 데살로니가인들은 하나님이 "진노를 당하지"(1:10의 주석을 보라) 않고 "구원을 받게"(참조. 살후 2:13) 하실 것이기 때문에(참조. 1:4; 2:12; 3:3; 4:7; 5:24) 참된 소망 속에서 깨어 있고 정신을 차릴 수 있다.[7]

---

5. "입다"란 동사(NIV; 참조. NRSV)는 (1) 절제를 실천하는 행동과 동시에 발생하는 행위(그 경우에 그것은 아마도 절제를 행하는 수단을 나타낸다)나 절제의 실천에 선행하는 행위(이미 "입었다", NASB)를 의미한다. 어순(부정과거분사가 주동사를 뒤따른다)은 다소 (1)을 선호하게 하지만, 여기서 사용된 용어들의 구약성경적 배경에 기초해서 B. R. Gaventa(*Thessalonians*, 72)는 (2)에 대한 강력한 사례를 만든다.
6. 더 자세한 것은 L. Morris, "Salvation," *DPL*, 858-62을 보라.
7. "바울이 구원으로 어떤 이를 지정하는 것이 다른 이들을 진노로 지정하는 것이라고 주장하지 않고 있음"은 주목할 만한 가치가 있다(I. H. Marshall, *1 and 2 Thessalonians*, 140). 이 본문에 근거해서 진노로 진

바울은 이것이 부정적으로(진노를 피함, 5:9) 그리고 긍정적으로(예수와 "함께 사는 것", 5:10b) 관련이 있음을 상술한다. 이 구원은 "우리를 위해 죽으셨던"(살전 5:10a; 참조. 롬 5:6, 8; 8:3; 14:15; 고전 15:3; 고후 5:14-15) "주 예수 그리스도를 통해"(참조. 롬 5:1, 11; 고전 15:57) 온다. 바울이 여기서 그 개념을 발전시키지는 않을지라도, "신자의 운명을 바꾸어놓는 일이 예수의 죽음을 통해 발생했다는 의미는 불가피하다. 예수가 죽으시지 않았다면", 그들도 "다른 이들"처럼 역시 진노 아래 있을 것이다(5:6).[8] 바울은 데살로니가인들에게 그들의 구원이 예수를 통해 하나님 안에 뿌리내려 있고, 따라서 예수가 소망의 참된 근원이시라는 것을 확신시키는 것으로 확실히 이 요지를 의도하고 있다.

5:10-11에서 바울은 5:1-11을 4:9-12만이 아니라 4:13-18과도 연관시키고 있음이 분명하다. (1) 바울이 예수의 죽음과 부활을 단일한 동전의 양면으로 간주했던 것으로 보건데(참조. 롬 14:9; 고전 15:3-4), 여기서 전자에 대한 그의 언급은 후자에 대한 그의 언급을 떠올리게 한다(참조. 살전 4:14). (2) 그리스도의 죽음의 목적에 관한 5:10b에서 바울의 묘사—"우리로 하여금 깨어 있든지 자든지 자기와 함께 살게 하려 하셨느니라"—는 분명히 4:15-17에서 반영된 용어들로 설명된다. (3) 5:11a에서("그러므로 피차 권면하고") 바울은 본질적으로 4:18을 반복하는(여기서 그가 위로보다 격려를 강조하고 있을지라도) 반면에, 이 구절의 나머지 부분("서로 덕을 세우기를 너희가 하는 것 같이 하라")은 그가 '필라델피아'에 대해서 4:9-10에서 말한 것을 상기시킨다. 재림 전에 죽은 사람들의 운명에 대한 관심과 그 시기에 관한 질문들이 바울에게서 중요한 '필라델피아'를 실천하는 일의 필요성을 간과하지 못하게 한다. 오히려 주 예수의 죽음과 부활에 기초한 구원의 소망을 확신하면서, 신자들이 곤란한 상황 가운데서 서로를 위로하고 격려할 때, 그들은 그 실천에 대한 구체적인 사례들을 제공한다.

상황잇기

핵심적인 요지들. 바울서신들에서 상황을 연결할 때 보통(그리고 자주 효과적인) 최초의 움직임은 바울의 말을 파생시킨 문제나 질문을 확인하는 것이다. 하지만 바울이 주의 날이란 주제를 언급하게 촉발시킨 것을 사실상 우리가 알지

노에 대한 예정설을 언급하는 것은 현명하지 못하다. 바울 자신도 여기서 그 주제를 언급하지 않고 있기 때문이다.

8. I. H. Marshall, *1 and 2 Thessalonians*, 140.

못하기 때문에 가장 좋은 대안적인 첫 번째 움직임은 바울이 대답한 핵심적인 요지들을 확인하는 것이다. 이것들은 적어도 다음과 같은 것들을 포함한다.

(1) 인간은 주의 날이 언제 올지를 알지 못한다(5:2).
(2) ("미련하게" 그리고 "어둠 속에서" 잠을 자는) 불신자들에게 주의 날의 임함은 갑작스럽고 예기치 못한 충격이 될 것이다(5:3, 5).
(3) "빛이" 신자들 편에 있기 때문에, "어둠에 있지 않고" "준비하는") 신자들에게 주의 날의 임함은 충격이 '아닐' 것이다(5:4).
(4) 안전에 대한 잘못된 감각을 갖고 있는 불신자들과 달리(5:3), 신자들은 주 예수 그리스도의 죽음(그리고 의미상, 부활)에 기초한 구원의 진정한 확신을 갖고 있다(5:9-10).
(5) (주의 날이 임할 시에 죽어 있든지 살아 있는지 간에) 신자들에게서 주의 날의 임함은 주와 함께 살아가는 것을 의미한다(5:10).
(6) 반면에 우리는 깨어(5:6) 정신을 차려야(5:6, 8) 한다. 믿음, 소망, 사랑(5:8; 참조. 1:3) 안에서 서로를 격려하고 세워주면서 말이다(5:8; 참조. 1:3).

이 핵심적인 요지들을 확인한 후에, 중요한 두 번째 움직임은 이 단락에서 바울의 중심적인 초점을 조명하는 것이다. 5:4에서 바울의 주요한 관심은 불신자들에 대한 주의 날의 의미를 전개하려는 것이 아니라 신자들에 대한 그것의 의미를 명확히 설명하려는 것이다. 4:13-18에서처럼, 그의 초점은 그 자체의 정보를 전달하려는 것이 아니라, 데살로니가인들이 어떻게 현재 생각하고 살아야 하는가와 관련해서 장래에 관한 정보의 의미를 전개하는 것에 있다. 따라서 5:2에서 주의 날이 "언제" 발생할지에 관해서 언급한 후에, 바울은 5:4에서 독자들의 관심을 "언제"에 관한 문제에서, 주의 오심의 예기치 않은 특성에 비추어 '어떻게' 행동할지에 관한 문제로 이동시킨다. 이것은 이 단락의 그 어떤 적용도 취해야 하는 방향을 강력하게 암시한다.

두 가지 부차적인 요지들. 이외에 이 단락에는 바울이 다루고는 있지만 논하지는 않은 적어도 두 가지 실질적인 요지들이 있다. 분명히 그것들은 이 특별한 단락과 관련해서 부차적인 관심일 뿐이다. 하지만 어떤 상황에서는(새 신자들과 관련한 일에서), 여기서 그 요지들에 주어진 것보다 더 많은 관심을 주는 것이 적절하다

(또는 심지어 필요하다). (1) 바울 신학의 중요한 양상이 강조되지만 바울은 그의 십자가의 신학을 전개하지는 않고 암시만 한다. 보다 완전하게 예수의 죽음에 관한 이해와 의미를 이해하기 위해서는 로마서 3:24-26(참조. 5:6-10)과 데살로니가전서 5:2-3과 같은 단락을 가져오는 것이 필요할 것이다.[9] (2) 데살로니가전서 5:2-3에서 발생하는 어려운 문제는 주의 날에 '불신자'들의 운명에 관한 것이다. 바울은 신자들을 위한 주의 날의 의미에 초점을 맞추고 있어서 이런 다른 이슈를 발전시키지는 않는다. (그러나 그는 살후 1:5-10에서 이 요지를 취한다.)

잠재적인 함정들. 마지막으로 우리는 이 단락을 다룰 때에 주요한 유혹을 피해야 한다: 주의 날이 언제 발생할지를 추측하려는 유혹—또는 안다고 주장하는 유혹. 교회 역사에서 어느 시기도 예수의 재림을 식별하려는 사람들이 없었던 적이 없었다. 그러나 어떤 시대나 시기는 다른 때보다 훨씬 더 그 문제로 곤혹을 치렀다. 보통 특정 시기나 사회적인 상태로 인해서 말이다. 예를 들어, 서기 1000년의 접근 때는 유럽의 일부에서 혼란을 낳았다. 세상이 끝날 것이라는 기대가 널리 퍼졌었기 때문이다. 14세기에 기근과 질병의 확산은 많은 사람들로 하여금 종말이 다가왔다고 생각하게 만들었다. 종교개혁 시대에 종교적이고 정치적인 혼란한 상황에서도 마찬가지였다.

여호와의 증인과 제칠일안식교와 같은 무리들의 시작도 19세기에 재림의 날짜 선정으로 추적할 수 있다. 그리고 지금 20세기말—새 천년의 접근과 1948년의 이스라엘이란 현대국가의 창설과 조합된 영향 때문에—은 재림 일시의 선정으로 인해 홍역을 치르고 있다. 우리는 1970년대 초에 할 린드세이의 『최근의 위대한 지구』(날짜 선정을 양심적으로 삼가기는 할지라도, 그럼에도 불구하고 1988년이 바로 그 해라는 분명한 인상을 남겼다)가 출판되었다. 보다 최근에 에드가 휘서넌트는 휴거가 1988년 9월 11과 13일 사이에 발생할 88가지 이유를 주장했다. 하지만 그 일이 발생하지 않았을 때, 그는 1989년이 바로 그 해라고 더 큰 확신을 갖고 선언했다.[10]

이제 20세기를 마감하는 때(나는 이 글을 1997년에 쓰고 있다), 다가오는 천년의 최면적이고 거의 마력적인 영향(확실히 재빠른 이득의 유혹과 조합된)은 재림

---

9. 더 자세한 것은 A. E. McGrath, "Cross, Theology of the," *DPL*, 192-97; J. B. Green, "Death of Christ," *DPL*, 201-9을 보라.
10. "Edgar Whisenant: His New Predictions"(Steven Lawson에 의한 인터뷰), *Charisma* 14(February 1989), 58-61, 89.

의 날짜를 정하는 사람들의 관심을 끌었다. 최근에 나의 책상에서 볼 수 있는 대표적인 광고들은 『주피터의 재림』(내가 갖고 있는 잡지의 1997년 2월판의 뒤표지에 이 책에 대한 광고면은 "끔직한 지진이 1996년에 태평양에서 대양의 지구를 뒤흔들 것이다"라고 되어 있다), 『지구에 대한 임박한 경고: 오늘의 성경은 종말의 표지를 예언했다』, 그리고 『종말: 예수가 2000년에 오실 수 있는 이유』(광고면은 2000년에 그리스도의 재림을 가리키는 50가지 사건들…여전히 시간이 있을 때에 이 책을 사라!)라는 책들을 포함한다.

새삼스럽지도 않지만, 타블로이드 신문은 "심판 날의 정확한 날짜. 시간, 그리고 장소"(시나이 지역에서 2001년 1월 31일) 또는 "예수가 지구에 다시 오실 날짜"(대답: "세상이 알지 못하는 예수 그리스도가 1997년 12월 25일에 이 땅에 오실 것이다. 그는 거대한 혜성이 지구와 충돌하여 1999년 12월 31일에 인류의 대부분이 멸망한 후에 완전한 평화와 조화의 시대를 인도하실 것이다")와 같은 헤드라인을 표지에 자주 담고 있다. 오늘날의 사이버 문화로 보건데, 머지않아 예언과 미래에 집중하는 웹사이트를 발견하는 것은 놀랄 일도 아닐 것이다.

예수와 바울이 그리스도의 재림에 대해 말씀한 것에 비추어(참조. 막 13:32, "그날과 그때는 아무도 모르나니 하늘에 있는 천사들도, 아들도 모르고 아버지만 아시느니라"), 예수가 오실 날짜를 미리 확정하는 모든 시도들에 대해서 확실하게 결론을 내릴 수 있는 것은 그것이 모두 잘못되었다는 사실이다.[11] 날짜를 정하고 계수하려는 것은 모두 유혹으로 인식해야 한다. 대부분의 유혹들처럼, 그것은 우리가 행해야 하는 것들(즉, 서로 격려하고 세워주는 것)을 혼란스럽게 만든다.

현대적 의미

바울이 이 단락에서 말하고 있는 많은 것은 마치 예수의 가르침 특히 마태복음 25:1-13(열 처녀의 비유)과 누가복음 12:35-46(경계하고 살피라는 권면)의 적용처럼 들린다. 특히 두드러지는 내용은 누가복음 12:42-46이다.

> 주께서 이르시되 지혜 있고 진실한 청지기가 되어 주인에게 그 집 종들을 맡아 때를 따라 양식을 나누어 줄 자가 누구냐 주인이 이를 때에 그 종이 그렇게 하는 것을 보면

11. 더 자세한 것은 C. Marvin Pate and Calvin B. Haines, Jr., *Doomsday Delusions: What's Wrong with Predictions About the End of the World*(Downers Grove, Ill.: InterVarsity, 1995)을 보라.

그 종은 복이 있으리로다 내가 참으로 너희에게 이르노니 주인이 그 모든 소유를 그에게 맡기리라 만일 그 종이 마음에 생각하기를 주인이 더디 오리라 하여 남녀 종들을 때리며 먹고 마시고 취하게 되면 생각하지 않은 날 알지 못하는 시각에 그 종의 주인이 이르러 엄히 때리고 신실하지 아니한 자의 받는 벌에 처하리니.

이 두 복음서 본문에서 강조되는 핵심 요지들인 깨어있음과 절제는 정확히 바울이 강조하는 것과 동일하다(참조. 5:6, 8). 이것을 바울의 핵심적인 요지의 요약과 이전에 주어진 주요한 초점과 더불어 생각해 볼 때, 이 단락의 현대적 의미를 위한 출발점으로서 다음과 같은 논지들을 상정할 수 있다.

다가올 주의 날을 위한 적절한 준비는 추측하는 것보다 섬기는 것이다. 인간 존재는 특히 장래에 대해서 자연히 호기심이 있다. 하나님과 연관시켜서, 왜 예수의 재림에 대한 추측이 아주 많은 사람들에게 매력적이고 흥미로운지를 이해하는 것은 그리 어렵지 않다. 하지만 그런 추측이 해롭지 않은 활동처럼 보일지라도, 그런 일과 관련한 잠재적으로 부정적인 양상들이 몇 가지 있다. (1) 예수가 언제 오실지를 아무도 알지 못하기 때문에 예수의 재림에 대한 추측은 대체로 시간 낭비, 즉 보다 생산적인 활동에 투자하면 좋았을 수 있는 시간이다.

(2) 예수 재림에 대한 추측은 자주 자원의 낭비를 낳는다. 걸프 전쟁이 1991년에 발발했을 때, 출판사들은 근동에 대한 가열된 관심 속에서 성경의 예언에서 돈을 얻기를 추구하면서, 경쟁적으로 이전에 발행했던 책들을 새롭게 내놓았다. 하지만 오래지 않아 이런 책들은 쓸모없게 되었다(나중에 "이름 있는" 저자가 쓴 것으로 널리 광고된 책이 한 권에 40센트에 팔릴 정도였다). 이것은 우리의 시간과 정력과 돈을 좋은 청지기로서 사용하지 못한 대표적 사례라고 할 수 있다.

(3) 재림 날짜에 대한 추측은 복음에 쓸데없는 조롱을 가져오게 하는 행동이 될 수 있다. 1990년대 초에 수많은 한국의 기독교인들이 재산을 팔거나 주고(또는 역으로 말하면, 큰 카드빚을 지고), 직장을 그만두고, 사회에서 벗어나서, 예언된 시간에 일어나지 않았던(결과적으로 세속 사회로부터 많은 조롱을 받았지만) 종말을 기다렸다. 하지만 그들은 종말을 기다린 첫 번째 사람들도 또 마지막 사람들도 아니었다.[12]

(4) 마지막으로 추측은 예수의 재림과 관련해서 위기적인 정신의 육성을 조장

12. C. Marvin Pate and Calvin B. Haines, Jr., *Doomsday Delusions*, 10-14을 보라.

한다. 그것은 일반적으로 새로운 정보—예를 들어, 전쟁, 큰 지진이나 자연 재해, 재건된 로마 제국의 발흥과 관련한 것으로 추측하는 유럽의 변화—위에서 육성되고, 이런 일이 종말의 표지일 수 있는지를 묻도록 사람들을 촉발시킨다. 더글라스 무가 지적한 것처럼, "그렇게 함으로써 이런 표지들이 가동되고 있다면—물론 그들이 그것들을 해석하는 것처럼—그리스도의 재림이 임박해 있다고 그들은 시사한다." "크리스천들이 위기의 시간에만 적절한 종말론적 사고방식을 채택"하고 다른 때에는 관심을 기울이지 않는 것은 위험하다.[13] 5:3에 비추어("그들이 평안하다, 안전하다 할 그때에"), "위기적인 접근"은 아이러니하다. 최소한 바울의 용어들은 위기가 지나갔다고 사람들이 생각하는 순간에 예수가 재림하실 가능성 또한 분명히 허락하고 있기 때문이다.

이 "위기적인 접근"은 바울이 권장하고 있는 것과는 완전히 다르다. 이런 혼란에 대한 접근방식과 달리, 바울은 자기 제어와 절제를 권장한다. 그는 위기의 시간에만 관심을 기울일 것이 아니라 항상 깨어 있을 것을 촉구한다. 그리고 게으른 추측과 달리 그는 서로를 격려하고 세워줄 것—아무튼 우리가 해야할 일—을 천거한다. 5:8에서 믿음, 사랑, 소망에 관한 언급은 그가 염두에 두고 있는 것들을 분명하게 가리킨다. "너희의 믿음의 역사와 사랑의 수고와 우리 주 예수 그리스도에 대한 소망의 인내"(1:3). 요컨대, 바울은 우리에게 깨어 정신을 차릴 것을 요청한다: 예수가 곧 오실 것처럼 행동하고, 그의 오심이 무한정 연기된 것처럼 일하라.

실제적으로 말해서, 이것은 장기적인 계획과 단기적인 태도를 조합하는 문제다. 단기적인 태도는 장래를 당연한 것으로 취하지 않는 것이다. 그것은 장래가 우리의 손이 아니라 하나님의 손에 달려있다는 것을 기억하는 태도다. 예수는 자기 자신에게 "여러 해 쓸 물건을 많이 쌓아 두었으니 평안히 쉬고 먹고 마시고 즐거워하자"라고 말했던 "어떤 부자"에 대해서 비유로 말씀하셨다. 하지만 바로 그날 밤에 그는 하나님을 만나도록 부름을 받았다(눅 12:16-21). 이 사람은 바울이 우리가 채택하도록 촉구한 것과 반대되는 태도를 가졌다. 장래가 그의 손이 아니라 하나님의 손에 달려 있다는 것을 잊었다는 점에서 말이다. 요약하면, 바울은 장기적으로 계획하고 일하기를 원하지만, 그가 야고보서와 함께 공유했던 태도를 가지고서 그리했다: "'주님의 뜻이라면' 우리가 살기도 하고 이것저것을 할 것이라" (약 4:15).

---

13. Douglas J. Moo, *2 Peter, Jude* (NIVAC: Grand Rapids: Zondervan, 1996), 195.

신자들에게서 주의 날은 기대의 원인이지 근심의 원인이 아니다. 적어도 데살로니가 사람들 중에 어떤 이들은 예수의 재림에 대해서 염려했던 것으로 보인다. 오늘날 재림과 관련하여 이런 염려스러운 감정을 공유하는 사람들이 있을 것이다. 아마도 그들은 진노, 멸망, 그리고 심판과 그것을 주로 연관시키기 때문이다. 그러나 바울은 예수의 재림이 사실상 기대의 원인이어야 한다는 것을 강조하는 것으로 나아간다.

그는 적어도 이런 기대에 대한 세 가지 이유를 제공한다. (1) 예수의 재림은 신자로서 우리가 주와 영원히 함께 하는 것을 의미한다(바울이 두 번 지적한 요지; 참조. 4:17; 5:10). 즉 예수의 오심은 교제의 더 높은 차원으로 전환되어 부활하신 주님과 함께 살아가는 것을 의미한다. (2) 진노가 예수 재림의 한 양상일지라도, 하나님은 진노보다 구원을 우리에게 예정하셨다(5:9). 그것이 예수가 우리를 건져내신 목적이다(1:10). (3) 바울이 후대의 서신에서 말하는 것처럼, 어느 것—하나님의 진노와 죽음조차도—도 "우리를 그리스도 예수 우리 주안에 있는 하나님의 사랑에서 끊을 수 없다"(롬 8:39).

참된 안전의 유일한 근원은 인간의 제도가 아니라 하나님이시다. 내가 이전에 언급했던 것처럼, '팍스 에트 세쿠리타스', 즉 "평화와 안전"은 로마가 자신의 지배와 권력 하에 있게 된 사람들에게 말했던 것이다. 그것은 로마가 많은 이들에게 호소한 슬로건이었다. 동일한 슬로건이 20세기 말의 혼란스러운 세계에서 못지않게 호소적이다. 정치적, 경제적, 사회적 혼란이 안정과 안전을 바라는 깊은 감정을 많은 사람들에게 불러일으킨다. 세계의 많은 다른 나라와 비교해서 전례가 없는 평화와 안전의 차원을 누리고 있는 미국에서조차도, 불안과 불안정의 깊은 감정이 있다. 미국의 방대한 군사적 능력이 국내의 안전을 보증하지는 못한다. 세계무역센터와 오클라호마 시의 연방 정부 건물에 대한 테러분자들의 공격이 보여주었던 것처럼 말이다. 미국의 방대한 경제적 능력이 개인의 경제적 안정을 보증하지 못한다. "구조조정"과 실업의 파장이 보여주는 것처럼 말이다.

경영자들은 결과적으로 나타나는 염려들을 이용하는 것에 느리지 않았다. 투자회사들은 재정적인 안전을 약속한다. 인증서, 개인 보호 정책, 그리고 보호된 거주지에 대한 광고는 개인의 안전을 약속한다(지금 자동차 광고에서도 이런 안전을 약속한다). 다양한 여타 생산품에 대한 광고는 우리의 건강이나 장래를 여러 다른 방식으로 약속한다.

그러나 바울의 관점에서 그러한 어떤 모든 주장들도 환영(幻影)적이고 기만적이다. 사회 제도가 우리의 장래를 보증할 수는 없다. 경제 단체나 기업이 우리의 경제적 안전을 보증할 수 없다. 어느 형태의 정부도, 그것이 자유 복지 국가이든 공산주의 체제이든 간에, "국민 구원을 위한 위원회"나 반정부시민군이든 간에, 평화와 안전에 대한 약속을 보증할 수 없다. 평화와 안전의 약속을 무차별적으로 장담하는 시대에 영원한 평화와 안전의 유일한 참된 근원은 하나님과 그의 메시아, 곧 주 예수 그리스도를 신뢰하는 것임을 기억하는 것이 중요하다. 평화와 안전의 약속이 아니라 오직 예수에 대한 신뢰만이 다가올 주의 날에 동반될 진노와 멸망에서 우리를 건져낼 것이다.

요약하면, 신자로서 오늘날 우리는 예수의 장래의 재림에 너무 매료되어(또는 염려하여), 현재의 사역에 실패하는 일이 없어야 한다. 재림 전에 죽었던 사람들의 운명과 재림의 시기에 관한 문제들에 대한 데살로니가인들의 관심이 바울에게서 '필라델피아', 즉 "형제와 자매를 사랑하는 것"을 간과하지 못하게 했다. 오히려 그런 관심들이 구체적인 실천의 기회를 제공했다. 오늘날도 역시 그러하다. 예수의 재림에 대한 적절한 이해와 인식이 현재에 우리를 역동적이게 할 것이다. 우리는 주 예수의 죽음과 부활에 기초한 구원의 소망 속에서 확신하면서 어려운 상황 속에서도 서로를 위로하고 격려해야 한다.

데살로니가전서 5:12-22

12 형제들아 우리가 너희에게 구하노니 너희 가
운데서 수고하고 주 안에서 너희를 다스리며
권하는 자들을 너희가 알고
13 그들의 역사로 말미암아 사랑 안에서 가장
귀히 여기며 너희끼리 화목하라
14 또 형제들아 너희를 권면하노니 게으른 자들
을 권계하며 마음이 약한 자들을 격려하고
힘이 없는 자들을 붙들어 주며 모든 사람에
게 오래 참으라
15 삼가 누가 누구에게든지 악으로 악을 갚지
말게 하고 서로 대하든지 모든 사람을 대하
든지 항상 선을 따르라
16 항상 기뻐하라
17 쉬지 말고 기도하라
18 범사에 감사하라 이것이 그리스도 예수 안에
서 너희를 향하신 하나님의 뜻이니라
19 성령을 소멸하지 말며
20 예언을 멸시하지 말고
21 범사에 헤아려 좋은 것을 취하고
22 악은 어떤 모양이라도 버리라

원 의미

얼핏 보기에 이 항목은 이러저러한 권면과 교훈을 모아놓은 가방처럼 보인다. 학자들은 바울서신에서 그러한 항목들이 특별한 교회에 특별한 이슈를 반영하는 것인지, 아니면 수신자들의 상황과 본질적으로 무관한 일반적인 교훈을 반영하고 있는 것인지를 오랫동안 논쟁했다. 5:12-22이 로마서 12:3-18과 여러 평행과 유사점을 갖고 있다는 관찰은 일부 학자들이 여기서 바울이 어느 교회도 일반적인 방식으로 적용할 수 있는 전통적인 자료를 데살로니가서에서 공유하고 있다고 결론 내리도록 이끌었다. 그러나 두 단락들 사이에 차이점은 유사점만큼 상당하고 바울이 어떤 일반적인 목회적 교훈을 포함시키고 있을지라도, 그는 데살로니가의 상황에 대해서 그가 알고 있는 것에 비추어 어느 정도 그 교훈을 형성시켰다.[1] 구조적인 측면에서 이 항목은 네 분류로 나뉠 수 있다. (1) 12-13절, (2) 14-15절, (3) 16-18절, 그리고 (4) 19-22절. 이 분류들의 첫 번째와 마지막 번째는 데살로니가의 구체적인 이슈들을 아마도 다루고 있을 것이다. 중간에 두 분류들은 성격상 보다 일반적이다. 그러므로 아마도 회중의 상태나 문제에 대한 단서를 여기서 취해서는 안 될 것이다.

지도자들에 대한 회중의 책임(5:12-13)

12-13a절은 바울이 회중에게[2] 교회 내의 특별한 그룹을 "존중하고"("알고"–개역개정) "그들의 역사로 말미암아 사랑 안에서 가장 귀히 여기라"고 요구하는 단일한 문장을 형성한다. 다른 곳에서 두 번째 동사("여기라")는 "생각하다, 고려하다"를 의미하지만, 여기서 문맥은 "존중하다, 배려하다, 존경하다"와 같은 것을 필요로 한다. 특히 이어지는 부사인 "가장 귀히, 매우"(따라서 NIV의 "가장 귀히 여기다")에 비추어 볼 때 그러하다. 하지만 이것은 첫 번째 동사에 대한 가장 좋은 번역이 "존중하다"가 아니라는 것을 의미한다. "존중하다"와 "존경하다/배려하다"가 바울이 사용했던 두 동사들보다 의미상에서 더욱더 가깝기 때문이다. 그러므로 여기서 "알다"나 "인정하다"(참조. 고전 16:18, "인정하다")가 바울의 뉘앙스를 더 잘 포착하고 있다.[3]

요컨대 바울은 "너희 가운데서 수고하고 주 안에서 너희를 다스리며 권하는 자들을" 적절히 인식하고 인정할 것을 요청하고 있다. 문법은 그가 세 가지 특징으로 단일한 그룹을 묘사하고 있음을 명확히 한다. 바울은 "수고하다"('코피아오', 그것은 때로 손으로 하는 노동을 나타낸다)란 동사를 복음을 위한 자신의 활동들(고전 15:10; 갈 4:11; 빌 2:16; 골 1:29)과 교회에서 봉사하고 있는 구성원들(고전 16:16; 참조. 롬 16:6, 12)을 특징짓는데 자주 사용한다. 이것이 여기서 그 용어의 의미다(상응하는 명사인 '코포스'가 "사랑에 의해 시작된 수고"란 표현으로 1:3에서 나타난다).

두 번째 동사('프로이스테미'; NIV는 "관장하다"; NRSV "책임맡다")는 "인도

1. 더 자세한 것은 I. H. Marshall, *1 and 2 Thessalonians*, 145-46(그는 롬 12장과의 가능성 있는 유사성에 대해 아주 광범위한 목록을 제공한다); C. A. Wanamaker, *Thessalonians*, 190-91; E. J. Richard, *Thessalonians*, 272-74을 보라.
2. 형제들만이 아니라 전체 공동체를 포함하는 '아델포이'(NIV는 "형제들")의 의미에 대해서는 이전에 1:4의 주석에서의 논의를 보라.
3. 참조. C. A. Wanamaker, *Thessalonians*, 191-93; E. J. Richard, *Thessalonians*, 267-69; "존중하다"는 E. Best, *Thessalonians*, 224; I. H. Marshall, *1 and 2 Thessalonians*, 146-47에 의해 지지된다.

하다, 보호하다, 돌보다"를 의미할 수 있다. 영적인 은사들 중에 하나로 나타나는 로마서 12:8에서 그 용어의 의미는 우리가 여기서 발견하게 되는 것과 동일한 불확실성이 있다(로마서 12:8에서 "구제하는"과 "긍휼을 베푸는" 사이에 그 용어의 위치는 "인도하다"보다 "돌보다"를 암시한다). 디모데전서 3:4, 5, 12에서 그 용어는 아버지와 그 집안과 자녀들의 관계를 묘사하고(그것은 모든 세 양상들과 관련이 있다), 디모데전서 5:17에서는 장로와 교회의 관계를 묘사한다. 디도서 3:8, 14에서 그 용어는 선한 일을 "살피는"(즉, "촉진하는")과 관련이 있다. 상응하는 명사가 바울과 여타 사람들을 돌보는(재정적인 면에서) 후원자인 뵈뵈에 대해서 로마서 16:2에서 사용된다. 이런 출현들을 통해서 흐르는 가장 일관된 뉘앙스는 세 번째 용어인 "교훈하는"("권하는"—개역개정)과 관련해서 합당한 의미인 "돌보다"('누데테오'; 참조. 5:14)이다.[4]

이 사람들이 어떤 종류의 "일"을 하고 있었는지를 정확히 결정하는 것은 난해하다. 그렇다고 해서 바울이 다른 형제와 자매들에게 그들을 인정하고 존중하라고 지시한 것이 회중들 내에서 정확히 "그들의 역사(수고)로 말미암은"(5:13) 것이라는 요지를 흐리게 해서는 안 된다. 바울 자신이 그들을 임명했다면(그는 어떤 상황에서는 그렇게 했다; 참조. 행 14:23), 아마도 그러한 요청이 불필요했을 것이다. 의문시 되고 있는 사람들이 분명한 사도적 배경과 지원을 갖고 있었기 때문이다. 이는 이 사람들이 "종들"이나 "사역자들"(즉, '디아코노이'; 참조. 롬 16:1 NRSV; 고전 16:15)로서 회중 내에서 부상했음을 의미하고, 바울은 공동체의 나머지 사람들에게 이 사실을 인정할 것을 요청하고 있다.

5:13b은 지도자들과 회중의 나머지 사람들 사이에 약간에 긴장이 있음을 암시할 가능성이 있기는 하다. 하지만 "서로 화목하라"는 요청은 바울서신과 그밖에 다른 곳에서도 흔하다(롬 12:18; 14:19; 고후 13:11; 엡 4:3; 골 3:15; 딤후 2:22, 히 12:14; 참조. 막 9:50). 다시 말해서 여기서 바울의 목적은 치료적이기보다 예방적일 것이다. ("화목"의 의미에 대해서는 살전 1:1의 주석을 보라.)

---

4. 더 자세한 것은 E. Best, *Thessalonians*, 224-25("돌보다"); F. F. Bruce, *1 and 2 Thessalonians*, 118-19; I. H. Marshall, *1 and 2 Thessalonians*, 147-48(그는 "인도하다"와 "돌보다"의 개념을 조합한다)을 보라. C. A. Wanamaker(*Thessalonians*, 191-94)는 "베푸는 자"나 "패트론"의 개념을 논증한다; 유사하지만 보다 조심하면서는 E. J. Richard, *Thessalonians*, 268, 275.

개인들에 대한 회중의 책임(5:14-15)

"지도자들을 존중해야 할 공동체의 필요성을 언급했던" 바울은 "특별한 영적인 문제들과 필요들이 있는 사람들을 다루는 방법을 공동체에 조언하는 것으로 이동한다."[5] (1) 그는 "게으른 자들을 경고할" 것을 그들에게 지시한다. 이 동사(5:12에서 NIV는 그것을 "교훈하다"로 번역한다)는 긍정적인 의미를 담을 수 있지만(예, 롬 15:14), 여기서 그것은 분명히 불인정의 논조를 포함한다(참조. 고전 4:14). "게으른"이 여기서 바울의 용어에 대한 의미로 증거될지라도('아탁코스'), 사실상 그것은 윤리적이고 사회적/정치적 행위를 망라하는 그 용어의 폭넓은 셈어적 범주의 아주 좁은 부분만을 대변하고 있다. 책임 있는 행동이나 행위를 다루는 이전에 데살로니가전서 4:11-12 그리고 관련된 부사와 동사가 데살로니가후서 3:6-15에서 활용된 방식에 비추어(특히 11절을 보라), 그것은 "훈련되지 않은, 무책임한, 무질서한"(참조. NASB)이란 보다 근본적인 의미가 주어져야 할 것이다.

(2) 그들은 "마음이 약한 자들을 격려해야['파라미데오마이'; 2:12을 보라]" 한다. "마음이 약한"('올리고프쉬쿠스'; NRSV "약한 마음")으로 번역된 흔치 않은 이 용어에 대한 의미의 범주는 염려하는, 낙심한, 두려워하는, 부적절한, 확신이 없는, 의존적인, 슬픈, 그리고 약한을 포함한다. 인접한 문맥의 어느 것도 여기서 그 용어의 정확한 뉘앙스나 원인에 대한 단서를 제공하지 않는다.

(3) "힘이 없는 자들을 붙들어 주며"(참조. 롬 15:1)는 유사하게 불확실하다.[6] 이 동사를 "지원하다, 공급하다, 돕다" 또는 심지어 "변호하다"로 번역할 수 있고, "힘

---

5. I. H. Marshall, *1 and 2 Thessalonians*, 150. 어떤 이들은 5:14-15이 5:12-13에서 언급된 지도자들을 향하고 있다고 주장했지만 그럴 것 같지 않다. 전체 공동체가 5:12-13과 16-18에서 언급되고, 5:14에서 도입적인 어구는 5:12의 것과 거의 동일하다(특히 '아델포이', "형제와 자매들"의 반복을 유념하라). 바울이 5:14에서 주어의 변화를 의도했다면, 그는 더 분명하게 그것을 표시했을 것이다. 참조. E. Best, *Thessalonians*, 229.

6. Fee(*God's Empowering Presence*, 57; 참조. J. E. Frame, *Thessalonians*, 196)는 5:14의 첫 세 명령법이 이전의 서신의 항목과 관련이 있다고 제기한다: "게으른 자"에 대한 언급은 4:9-12을 반복하고, "약한 마음"(NRSV, NIV "소심한")은 죽은 신자들에 대해 염려했던 사람들일 것이며(4:13-18), "약한 자"는 4:3-8이 가리키고 있는 사람들일 것이다. 하지만 첫 두 요지들과 관련해서 피(Fee)에게 동의할지라도, 데이비드 블랙은 "약한 자"가 5:1-11에서 언급된 사람들이라고 주장한다("The Weak in Thesssalonica: A Study in Pauline Lexicography," *JETS* 25 [1982]: 307-21). "약한 자"가 서로 다른 4:3-8과 5:1-11과 같은 단락에서 동일시될 수 있는 것은 그 용어가 얼마나 모호한지를 보여준다(유사하게 E. Best, *Thessalonians*, 231).

이 없는 자"는 도덕적인 유혹, 영적인 결함, 육체적인 빈약함, 또는 경제적인 필요와 관련될 수 있다.[7]

(4) 회중 안에서 "모든 사람에게 오래 참으라"는 명령(엡 4:2; 골 3:12에서도 반영됨)은 갈라디아서 5:22(성령의 열매로서의 인내), 고린도전서 13:4(사랑의 특징), 아울러 출애굽기 34:6(하나님의 특성)을 참조할 수 있다. 압박이나 긴장 하에 있는 공동체(예를 들어, 박해나 죽은 신자들에 대한 관심)와 이 명령의 관계성은 확실하다.

(5) "삼가 누가 누구에게든지 악으로 악을 갚지 말게 하고 서로 대하든지 모든 사람을 대하든지 항상 선을 따르라"는 5:15에서, 바울은 새로운 회심자들에 대한 그의 기본적인 가르침의 일부를 형성했던 말씀을 인용하고 있는 것으로 보인다. 그것은 로마서 12:17-21과 아주 유사하고, 부정적인 형태로("너는 네게 행해지지 않기를 바라는 것들을 다른 사람들에게 행하지 말라") 그리고 긍정적인 형태로("너는 다른 사람들이 네게 행해주기를 바라는 것을 다른 사람들에게 행하라) 황금률을 반영한다. 그것은 아마도 복수(마 5:38-42; 참조. 눅 6:29-30; 또한 잠 20:22; 25:21-22; Sir 28:1-7)와 원수들에 대한 사랑(참조. 마 5:43-48; 눅 6:27-28, 32-36)과 관련한 예수의 가르침에 기초하고 있을 것이다.

15a절은 악을 악으로 갚는 것을 명백히 금하고 있다. 15b절은 "항상"(어순이 강조적이다) 적극적으로 "선한 것"(직역하면)을 따르거나 진력하라는 동등하게 절대적인 명령이다.[8] 선을 추구하는 것은 회중의 다른 구성원들만으로 제한되지 않고 있음을 유념하라("서로 대하든지 모든 사람을 대하든지"). 신자들이 외부자들에 의해 박해와 소외를 당하는 상황에서조차도, 바울은 그의 명령의 범주에 모든 사람(문장의 강조적인 위치에 "그밖에 모든 사람")을 포함시킨다. 그가 3:12에서 이전에 만들었던 요지를 반복하고 강화하면서 말이다.

---

7. I. H. Marshall(*1 and 2 Thessalonians*, 151)은 바울이 죄나 유혹에 영향을 받는 사람들(참조. 롬 4:19; 5:6; 8:3, 26)이나 다른 상황에 의해 압도된 사람들(고전 2:3; 고후 11:30; 12:5)을 의미한다고 생각한다. Best(*Thessalonians*, 231)는 믿음과 우상의 음식과 같은 실천의 문제에서 부족하거나 주저하고 있는 사람들을 암시한다고 주장한다(참조. 롬 14:1-15:6; 고전 8; 10). Richard(*Thessalonians*, 277)는 5:14-15에서 가장 총론적인 명령으로 그것을 간주한다.

8. NIV의 "친절하려 하다"는 바울의 진술의 강력함을 상당히 놓치고 있다. 그 동사에 대해서는 롬 12:13; 14:19; 고전 14:1; 딤전 6:11; 딤후 2:22을 참조하라.

하나님에 대한 회중의 책임(5:16-18)

5:16-18에서 바울은 동료 신자들과 다른 사람들에 대한 태도와 행동을 다루는 교훈들에서 하나님에 대한 태도를 다루는 교훈으로 전환한다. 4:3이 개인의 행동과 관련해서 하나님의 뜻으로 "거룩"을 설정한 반면에, 여기서 세 가지 긴밀하게 연관된 명령들(5:18b는 마지막 명령만이 아니라 모든 세 명령에 포함된다)은 공동체로서 데살로니가인들에 대한 "그리스도 예수 안에서 하나님의 뜻"을 상술한다.[9] "항상 기뻐하라"(NRSV; 참조. 빌 4:4)는 명령과 관련해서, "기쁨에 관한 강조는 기쁨의 경험에 있다기보다는 기쁨의 능동적인 표현에 있다."[10] 그러므로 분명히 행동이나 태도와 관련이 있는 것으로 보이는 "기뻐하다"(rejoice, NRSV, NASB)란 번역이 감정적인 상태로 오해하게 만드는 "즐거워하다"("be joyful, NIV)보다 선호된다. 기쁨의 근거가 여기서 나타나 있지는 않을지라도, 기쁨에 대한 이 서신에서 이전의 언급(1:6; 2:19-20; 3:9)은 그 근거가 하나님의 백성들 사이에서 하나님의 활동과 행위라는 것을 명확히 한다.

데살로니가인들에게 "기도하고" "감사할" 것을 촉구하면서(5:17-18a), 바울은 자기 자신이 모범을 보여준 조언을 전달하고 있다(참조. 1:2; 또한 2:13; 3:9-10, 11-13; 5:23; 살후 1:3, 11; 2:13, 16-17). 기도하라는 유사한 격려가 여러 서신들에서 나타난다(참조. 엡 6:18; 빌 4:6; 골 4:2; 살후 3:1). "계속해서"("쉬지 말고"—개역개정, 참조. 살전 1:3; 2:13)에 대해서는 "기도에 항상 힘쓰며"(롬 12:12, 개역개정)가 그 의미를 전달해준다.[11]

감사하는 것(5:18)은 또 다른 흔한 명령이나 주제다(참조. 롬 14:6; 고전 14:16; 고후 1:11; 4:15; 9:11; 엡 5:4, 20; 빌 4:6; 골 2:7; 3:17). 기뻐하라는 명령처럼, 감사하라는 명령은 바울의 '신학', 즉 하나님에 대한 이해에 깊이 뿌리내려 있다. 그가 어떤 모든 상황에서도 하나님이 그의 백성들을 위해서 역사하신다는 것을 확신했기 때문에(롬 8:28), 데살로니가인들에게 "모든 상황에서 감사하라"고 권고할 수 있었다(살전 5:18). 심지어 이 상황이 신자들의 죽음과 관련되었

9. 5:12-15은 전반적인 공동체를 분명히 목표로 하고 있고, 5:16-18은 이전 구절들에서 발견되는 복수의 명령법의 형태를 중단없이 계속 간직하고 있다. 게다가 서신의 독법을 위한 분명한 문맥(참조. 5:27)은 함께 모인 공동체였을 것이다. 참조. J. R. W. Stott, *The Gospel and the End of Time*, 124.

10. G. D. Fee, *God's Empowering Presence*, 54.

11. F. F. Bruce, *1 and 2 Thessalonians*, 124.

을 때조차도 그러하다. 죽음이 끔직한 실제일지라도, 그것은 마지막 말이나 행위가 아니었기 때문이다(참조. 롬 8:31-39). 마지막 말이나 행위는 하나님께 속해 있다. 그것은 부활과 생명이다. 따라서 바울에게서 기뻐하고 감사하는 것은 하나님에 대한 예배나 찬양의 형태가 된다.

성령에 대한 회중의 책임(5:19-22)

5:19-22에서 바울은 기뻐하고(참조. 1:6; 갈 5:22) 기도하며(참조. 롬 8:26-27; 엡 6:18), 감사하는 성령과 관련한 활동에서 이제 성령과 예언과 관련한 문제로 이동한다. 이 구절에서 다섯 명령들은 다음과 같이 구성된 두 분류(19-20절; 21-22절)로 나눌 수 있다(여기서 NIV의 용어들을 사용하지만 구두법은 다르다).

19 성령의 불을 소멸하지 말며
20 예언을 멸시하지 말고
[그 대신에]
21 범사에 헤아려
좋은 것을 취하고
악은 어떤 모양이라도 버리라.

별개로 5:19을 다소 일반적인 것으로 간주할 수 있다. 하지만 5:20과 5:21의 문맥에서 바울이 성령의 은사적인 특징, 특히 예언에 초점을 맞추고 있음이 분명하다.[12] 따라서 5:19-20을 "성령을 소멸시키지 말라,[13] 즉[또는 '예를 들어'] 예언을 멸시하지 말라"로 의역할 수 있다.

바울이 "예언"을 아주 자세하게 정의하고 있는 곳은 고린도전서 14장이다. 분명히 "예언은 행위를 제어할 수 있는 남자나 여자에 의해서 사람들에 대한 교화나 격려를 위해 의도된, 모인 회중 속에 구두로 전달된, 즉각적이고 성령으로 영감을 받은, 지적인 메시지로 형성되어 있다"(참조. 고전 11:4-5).[14] 다른 이들보다 더 많

12. G. D. Fee, *God's Empowering Presence*, 58-59; I. H. Marshall, *1 and 2 Thessalonians*, 157.
13. 즉 "불을 끄다" 불의 생생하고 회화적인 이미지는 성령과 불의 빈번한 관계를 선택하고 있다(예. 행 2:3-4). NIV("성령의 불을 끄지 말라")는 이런 심상을 붙잡기를 시도하지만, "성령"이 동사의 직접 목적어라는 사실을 흐린다.

이 이런 방식으로 말했던 사람들(그러므로 “선지자”라 불린)이 있었던 것으로 보일지라도, 예언은 모든 사람들에게 잠재적으로 열려 있는 활동이었던 것으로 보인다(참조. 욜 2:28-30; 행 2:17-18). 그러한 예언의 말이 영감된 텍스트(즉, 성경)와 동일한 권위가 주어졌다거나, 때로 “개인적인 예언”으로 언급되었음을 포함하는 증거는 없다. 오히려 그 초점은 공동체의 공동생활에 관한 것이고, 현재의 단락, 로마서 12:6, 그리고 고린도전서 12-14장에 비추어 볼 때, 예언은 초기 기독교 회중들 속에서 성령의 활동으로서 익숙한 광경이었던 것으로 보인다.

이 명령들이 치료적인 것인지 예방적인 것인지는 분명하지 않다(정보가 없기 때문이다). 명령법은 “불을 끄지 말라…경멸하기를 멈추라”와 같이 그것들을 번역할 것을 암시한다(하지만 확실히 필연적이지는 않다). 이교도적인 배경에서 회심한 사람들은 다른 이교 신전과 제의와 연관되었던 다양한 종류의 “환상적인” 활동을 잘 알고 있었을 것이고, 교회 내에서 유사한 활동으로 보였던 것을 의심하거나 경계했을 것이다. 그렇다면, 바울은 합법적으로 통상적인 것으로 자신이 간주했던 것을 확증하고 조정하기 위해서 이 글을 쓰고 있을 것이다.

대안적으로 여기서의 문제를 5:12-13의 리더십에 관한 이슈와 연관 지을 수 있다. 참된 예언은 성령의 제어를 받기 때문에, 그것은 회중 내에 지도부의 제어 바깥에 있고 따라서 공식적인 리더십의 구조의 일부가 아닌 사람들이 비공식적인 리더십을 행사할 수 있게 한다. 아마도 바울이 회중들에게 인정할(5:12) 것을 요청했던 “수고하는 사람들”은 회중 속에서 자신들의 역할과 경쟁하거나 그것을 손상시키는 어떤 행동에 의해서도 위협을 느꼈을 것이다.[15]

동시에 참된 성령으로 생산된 행위인 것처럼 “위조하거나” 모방하는 것이 가능하였음을 인식하는 것이 중요하다. 외관상 비영적인 것으로 보이지 않는, 성령의 이름으로 말하거나 행했던 것을 도전하는 게 어려웠기 때문에, 예언과 같은 은사는 잠재적으로 남용과 조작이 있을 수 있었다. 요컨대, 은사적인 예언 활동은 잠재적으로 위협적이었고 분열적이었으므로, 회중 내에서 어떤 사람들이 예언을 축소시키기를 원했거나 추구했음을 알기는 어렵지 않다.

어쨌든 이 명령에 대한 이유를 추측하는 일이 그의 관점에서 기독교인들의 공동체적 경험의 소중한 양상(참조. 고전 14:1, “신령한 것들을 사모하되 특별히 예

14. G. D. Fee, *God's Empowering Presence*, 170.
15. 참조. C. A. Wanamaker, *Thessalonians*, 202-3.

언을 하려고 하라")이었던 것과 관련한 바울의 가르침을 흐리게 해서는 안 된다. 그러므로 그는 예언적인 언급을 멸시함으로써 성령의 불을 끄지 말라고 말한다. 잠재적인 남용의 문제에 대한 적절한 해결책은 목욕한 물과 함께 아기를 버리는 것이 아니다. 그 대신에 "모든 것을 검증하는 것"(5:21a)이다. 바울은 여기서 세심한 균형을 취한다. "그러한 언급이 성령으로부터 오기 때문에 그것들을 '멸시하지' 않아야 한다. 하지만 그러한 언급이 단순히 인간의 그릇을 통해 오기 때문에", 단지 어떤 사람이 성령을 가진 것으로 주장한다고 해서 맹목적으로 수용해서는 안 된다.[16] 적절한 과정은 믿을 수 있거나 참된 것과 관련해서 심사하거나 탐구한다는 측면에서 그것들을 "검증하는"("헤아려"—개역개정) 것이다(참조. 눅 14:19; 또한 이전에 살전 2:4). 고린도전서에서 바울은 이 활동을 예언의 내용을 식별하거나(고전 12:10) 숙고하는(14:29) 것으로 분명히 언급한다.

일단 예언이 "검증되었다면" 다음 단계는 분명하다. 옳은 것은 확고하게 붙들고, 옳지 않은 것은 상관하지 않아야 한다(5:21-22). 검증을 통과한 예언은 성령으로부터 온 것이고, 따라서 멸시함으로 대하거나 거부해서는 안 된다. 다른 한편으로 검증의 과정을 통과하지 못한 어느 예언도 성령으로부터 온 것이 아니며, 따라서 피해야하고 배격해야 한다(여기서 동사 '아페코'는 4:3에서 "성적인 부도덕을 피하라"에 나오는 동사와 동일하다).

이 단락의 구조는 분명히 5:21b-22을 5:21와 긴밀하게 연결시킨다. 하지만 이 마지막 두 명령들의 용어는 직접적인 문맥에서 필요한 것들을 넘어서서 포괄적이다: 21b절("선한 것을 붙들라", "좋은 것을 취하고"—개역개정)은 5:15b을 반영하고 있고("항상 선을 행하기를 추구하라", NRSV), 22절은 ("악한 [예언의] 모든 종류"라기보다는) "모든 악한 종류"로 가장 잘 취할 수 있을 것이다. 이것은 바울이 21b-22을 21a절의 설명으로서만이 아니라 더 넓은 적용의 진술로 의도했다는 단서일 것이다.

상황잇기

본문의 이 항목을 오늘날 우리에게로 연결할 때, 15-22절이 12-14절 못지않게 개인들이 아니라 공동체에 우선 방향이 맞추어져 있다는 것을 명심하는 것이 중요하다(예를 들어, 이것은 16-18절에 "신자의 내적 삶"을 다루는 것으로 생각

16. G. D. Fee, *God's Empowering Presence*, 60.

하여 "자신에 대한 책임"이란 표제를 할당하는 주석자가 놓치고 있는 요지다). 이 항목에 대한 스토트의 분석—"기독교 공동체, 또는 복음적인 교회가 되는 방법"이라 표제 하에 그는 리더십(12-13절), 교제(14-15절), 그리고 예배(16-22절)을 논한다—은 우리에게 올바른 방향을 지적해준다. 이것은 이 구절들이 개인에게 전혀 말하고 있지 않다는 뜻이 아니라, 먼저 회중에게로 그리고 간접적으로 개인들에게로 수신되고 있음을 우리가 명심해야 한다는 것을 제기한다. 예를 들어, 이것은 5:16이나 5:21과 같은 구절을 잘못 적용하지 않게 해 줄 것이다.

리더십의 문제. 1세기 그리스-로마 문화에서 흔하였던 시민적 또는 사회적 교제 클럽과 단체에서 부, 신분, 그리고 리더십에 주목할 만한 연관관계가 있었다. 자주 부유한 사람들에게 리더십의 위치가 주어졌다. 그들이 그 그룹의 후원자('패트론', 또는 장래에 '패트론'이 되려는 생각으로 후원함)였기 때문이다. 실로 많은 경우에 단체나 그룹의 후원자나 베푸는 자로 역할했던 부유한 사람들은 자신들이 리더십을 행사할 수 있음을 당연하게 여겼다. 그러나 기독교 회중 내에서 지도력의 핵심적인 자질은 부나 신분이 아니라 사역에 대한 은사였다(실제로는 항상 그렇지 않지만, 이론상으로는 그러하다). F. F. 브루스가 관찰한 것처럼, 일반적으로 "지도자들은 자신들이 지도자로 임명되었기 때문에 적절한 일을 한 것이 아니었다. 그들은 그 일을 하는 것으로 보였기 때문에 지도자로 인정되었다"[17]

이런 점에서 5:12의 바울의 교훈은 반(反)문화적이다. 그는 세속적인 문화의 관점에서 "적절한" 사회적이거나 재정적인 특성을 가졌던 사람들을 (아마도 결함이 있음에도) 인정하기보다 실제적으로 사역의 일을 행했던 사람들을 지도자로 인정하고 존중하기를 회중에게 원했다. 그러한 상황에서 회중 내에서 오해, 상한 감정, 또는 심지어 분열의 가능성(예를 들어, 고린도교회를 생각해 보라)이 명백해 보이고, 그러므로 바울이 "서로 화목하라"(5:13)는 명령을 이 요지에 포함시키게 촉발했을 것이다.

회중의 목양적 사역. 아무리 강할지라도 모든 교회는 소위 "교회라는 가정의 '유아적 문제'", 즉 "이해, 믿음, 그리고 행동의 문제들"과 씨름하는 사람들을 갖고 있다.[18] 게다가 아무리 강하고 영적으로 성숙할지라도 대부분의 사람들이 인생의 과정에서 슬픔, 의심, 또는 좌절을 겪게 된다(바울 자신이 인정한 것처럼, 고후 1:8을

17. F. F. Bruce, *1 and 2 Thessalonians*, 120.
18. J. R. W. Stott, *The Gospel and the End of Time*, 12.

보라). 이 항목에서 바울은 격려, 도움, 또는 심지어 경고의 종류가 필요한 것으로 발견되는 사람들에 대해서, 회중 모두가 전반적으로 책임이 있음을 언급한다.

5:14과 관련해서 바울이 지도자들만이 아니라 회중 전체에게 상호적인 돌봄과 격려의 책임을 취하도록 요청한 사실을 주목하는 것이 중요하다(이전에 5:11을 참조하라). 어니스트 베스트가 지적한 것처럼,

> 바울은 공동체에 전체 공동체에 대한 책임을 둔다. 교회 지도자들만이 아니라 각 구성원들이 다른 사람들에 대한 책임을 인식하고 그들을 도와야 한다. 어떤 단계에서도 평신도들이 뒤로 물러나서 "이것은 목회자의 일일 뿐이야"라고 말할 수 없다. 바울은 둔감한 집단의 교회는 사역이 제대로 작동할 수 없음을 알고 있다.[19]

요컨대 바울은 전체 회중 안에 목회적 책임의 감각을 육성하려고 애쓰고 있다.

5:15과 관련하여 우리는 "악으로 악을 갚지 말고" 선을 행하라는 바울의 절대적인 진술의 의미를 약화시키거나 수정해서는 안 된다. 바울의 진술은 "어떤 이가 크리스천에게 악한 일을 할 때조차도 선을 행하는 것으로 반응해야 한다"는 것을 의미한다.[20] 즉 바울은 단순히 복수를 금하고 있는 것이 아니라, 황금률의 정신 속에서 선을 행하기를 추구해야 한다는 것을 명하고 있다. 게다가 우리는 교인들만을 위해서가 아니라, 교회를 공격하는 사람들을 포함하여 모든 사람들을 위해서 선을 행해야 한다. 일부 제자들이 다른 상황에서 말했던 것처럼, "이것은 어려운 가르침이다"(요 6:60).

모든 상황 속에서 기뻐함. 16-18절의 적용을 생각함에 있어서, 바울이 그것으로 무엇을 의미했는지를 분명히 염두에 두는 것이 중요하다. 예를 들어, 5:18에서 바울은 모든 환경 '때문에'(for)가 아니라 모든 환경 '속에서'(in) 감사할 것을 말한다. 유사하게 5:16은 "항상 즐거워하라"고 개인 신자들에게 명령하고 있지 않다. 스토트가 지적한 것처럼, 기쁨은 수도꼭지처럼 열고 닫을 수 있는 것이 아니다.[21] 게다가 그러한 명령은 바울이 로마서 12:15에서 촉구한 것과 모순된다("우는 자들과 함께 울라"). 오히려 "항상 기뻐하는 것은 어떤 일이 일어나든지 하나님의 손을 보고 하나님의 장래의 구원에 거하는 것이다."[22] 바울은 그로 하여금(회중도 역시)

---

19. E. Best, *Thessalonians*, 233.
20. I. H. Marshall, *1 and 2 Thessalonians*, 152-53.
21. J. R. W. Stott, *The Gospel and the End of Time*, 124.

실망에 대처하고 참된 관점 속에서 바라보게 하는 "안정되고 깊이 뿌리내린 기쁨"을 염두에 두고 있다.[23] 그리고 참된 관점은 어느 모든 상황에서도 하나님이 그의 백성들을 위해서 역사하시고 있다는 확증 속에 뿌리내려 있다. 이 확증은 감사하며 기뻐하며 우리를 위한 하나님의 뜻을 성취하기에 충분한 이유가 된다(18절).

예언에 관해서. 5:19-22에서 바울은 성령의 특별한 표증, 즉 "예언들"(5:20)에 관해 초점을 맞추고 있다. 예언은 사도 시대가 끝날 무렵에 중단되었다고 때로 주장하고,[24] 이 구절들은 오늘날 거의 상관이 없다는 결론을 내린다. 그러나 내 견해로 예언(또는 어떤 다른 영적인 은사들도 마찬가지로)에 관한 중단된 개념은 성경적인 근거가 없다. 설사 그들이 고린도전서 13:8-12이나 에베소서 2:20에서 그것을 발견하려고 노력할지라도 말이다.[25] 바울은 예언이 그가 세운 회중들 속에서 성령 활동의 통상적이고 일반적인 경험의 일부로 여겼다. 오늘날 그 상황이 달라졌다거나 달라져야 한다고 생각할 성경적 근거는 없다.

이런 점에서 바울은 무엇보다도 일어나지 않아야 하는 것을 "규제하고" 있지 않다. 그렇다면 그는 단순히 예언을 금하였을 것이다! 고든 피가 올바르게 지적한 것처럼, 성령의 사역이 기독교 공동체에서 남용될 수 있다는 사실에도 불구하고, 개인과 공동체의 삶에서 성령의 중심적인 역할에 대한 바울의 깊은 인식은 불사용을 명함으로써 남용을 바로잡으려고 하지 않는다. 오히려 남용의 해독제는 적절히 사용하는 것이다.[26] 그러므로 바울은 5:21에서 예언을 "검증"의 문제로 정의한다.

예언에 대한 현재의 타당성을 확증함에 있어서, 나는 "성령의 불을 끄지 않는 것"(5:19)이 단순히 예언이나 성령의 다른 어떤 특별한 표증의 가능성에 열려 있는 문제라고 말하고 있지 않다. 개인적인 차원이든 회중적인 차원이든, 5:19에 대

---

22. C. A. Wanamaker, *Thessalonians*, 200.
23. I. H. Marshall, *1 and 2 Thessalonians*, 155.
24. 예를 들어, John F. MacArthur, Jr., *Charismatic Chaos*(Grand Rapids: Zondervan, 1992); Richard B. Gaffin, Jr., *Perspectives on Pentecost. Studies in New Testament Teaching on the Gifts of the Holy Spirit*(Phillipsburg, N.J.: Presbyterian and Reformed, 1979)을 보라. 또한 Wayne A. Grudem, *Are Miraculous Gifts for Today? Four Views*(Grand Rapids: Zondervan, 1996), 25-64에서 Gaffin의 소론을 보라.
25. Gordon D. Fee, *Gospel and Spirit: Issues in New Testament Hemmeneutics*(Peabody, Mass: Hendrickson, 1991), 76-77; Craig S. Keener, *Three Crucial Questions about the Holy Spirit*(Grand Rapids: Baker, 1996), 95-107. 고전 13:8-12에 관해서는 Craig Blomberg, *1 Corinthians*(NIVAC; Grand Rapids: Zondervan, 1994), 260, 262-63; 엡 2:20에 관해서는 Klyne Snodgrass, *Ephesians*(NIVAC; Grand Rapids: Zondervan, 1996), 144를 보라.
26. G. D. Fee, *God's Empowering Presence*, 59.

한 순종을 오순절 대 비오순절의 경험의 문제로 축소할 수는 없다. 오순절이나 은사주의자들이 성령에 열려 있고 비 오순절파들은 성령의 끄는 잘못을 범하고 있음을 자동적으로 의미하지 않는다. 키너가 지적한 것처럼, "그들의 주장과 달리…일부 은사주의 교회들은 기계적으로 은사주의적인 전통을 단순히 따를 수 있고, 일부 비은사주의 교회들에서…아주 영적으로 무감각한 사람들은 하나님의 영의 압도적인 임재를 인식하지 못했을 수 있다."[27]

이 문제를 약간 다르게 말하면, 일부 전통들, 종파들, 또는 운동들은 다른 이들보다 성령의 역사에 관한 표현에 더욱 열려 있는 것으로 보인다고 지적하는 것은 정확할 수 있다. 하지만 이런 일반화에 기초해서 성령의 인도에 대해서 어떤 특별한 교회나 개인의 열려 있음을 예견하거나 판단할 수는 없다. 모든 교회와 개인들이 "성령을 소멸하지 말라"는 바울의 명령을 진지하게 취해야 한다. 5:21a("범사에 헤아려")를 적용하는데 있어서 한 가지 어려움은 바울이 예언을 검증할 수 있는 기준 목록을 어느 곳에서도 제공하지 않고 있다는 사실이다. 그럼에도 불구하고 '고든 피'는 두 가지 원리를 바울의 서신에서 추론할 수 있다고 제기한다.[28] (1) 데살로니가후서 2:15에서, 즉 바울의 가르침을 오해함으로써(이 오해는 그들의 예언에서 기원되었을 것이다. 참조. 살후 2:2) 일부 데살로니가인들이 매우 흔들리고 있다는 문맥에서, 바울은 신자들에게 "확고히 서서" "우리가 너희에게 전수한 가르침을 붙들" 것을 촉구한다. 이는 예언에 대한 한 가지 검증이 예수에 대한 사도의 설교와 가르침과 일치한다는 것을 암시한다. 사도의 선포와 일치하지 않는 어느 예언도 즉시 의심해 보아야 한다(참조. 요일 4:1-3). 오늘날 사도의 설교와 가르침이 성경에 보존되어 있기 때문에 실제적인 측면에서, 다른 어떤 것도 아니라, 성경이 예언을 검증할 수 있는 표준과 규범이 된다는 것을 의미한다. 이는 내용의 검증이다.

(2) 고린도전서 14:3에서 바울은 참된 예언적 활동은 강화시키고, 격려하고, 위로하는 것임을 말한다—즉 예언은 "유익하게 하기 위해서"(12:7) 작동한다. 이것은 목적과 결과의 검증이다.

5:21-22과 관련해서, 문맥에서 이 명령들은 예언의 문제를 분명히 고려하고 있다. 그러나 바울이 그것들을 설명하는 방식은 더 넓은 적용을 암시한다. 바울은

27. C. S. Keener, *Three Crucial Questions about the Holy Spirit*, 171-72.
28. G. D. Fee, *God's Empowering Presence*, 61.

5:21b("좋은 것을 취하고")의 더 넓은 적용을 빌립보서 4:8("끝으로 형제들아 무엇에든지 참되며 무엇에든지 경건하며 무엇에든지 옳으며 무엇에든지 정결하며 무엇에든지 사랑 받을 만하며 무엇에든지 칭찬 받을 만하며 무슨 덕이 있든지 무슨 기림이 있든지 이것들을 생각하라")에서 하고 있는 것으로 보인다. 그러나 더 넓게 5:22을 적용함에 있어서, 바울이 그것으로 의미했던 것을 명확히 유념하는 것이 중요하다. 5:22에 대한 킹제임스 역("악의 모든 모양이라도 삼가라")에 영향을 받았지만 오해한 사람들이 이 구절을 "악의 모양조차도 버리라"로 의역하는 것을 듣게 되는 것이 여전히 흔하다. 나아가서 이것은 우리가 "설사 좋은 것—어떤 상황에서는 악한 것으로 보이는 것—이라 할지라도 어느 것도 피해야" 하는 것을 의미하는 것으로 취하게 된다. 하지만 바울은 (오해하여) 악하게 보이는 것을 피해야 한다고 말하지 않는다. 그는 언제든 어떻게든 악을 피하라고 명한다(NIV의 번역이 그것을 명확히 하고 있다).

현대적 의미

제이콥 엘리아스가 지적한 것처럼, 이 단락은 "일반적으로 예배와 교회 생활에 대한 구조와 책임만이 아니라 자발성과 자유를 처방하고 있다."[29] 많은 명령들을 신실하게 적용하기를 추구하면서도 개방과 제어 사이에 긴장을 유지하는 것은 책임 있는 적용에 대한 주요한 도전을 제공한다.

지도자들에 대한 회중의 책임(5:12-13a). 5:12-13a에서 바울의 교훈은 두 가지를 행하도록 오늘날 교인들에게 요청한다. (1) 그들은 실제 사역을 행하는 사람들을 인정하거나 인식해야 한다. 직함, 지위, 눈에 보이는 것을 갖고 있는 사람들이 항상 회중을 안전하게 인도하는 수고를 행하는 사람들은 아니다. 영적인 은사들 이외에 다른 요소들(예를 들어, 야망, 연관성, 개성, 교육, 자연적인 재능, 또는 좋은 모습)이 회중 속에서 리더십이나 눈에 보이는 위치에 두어지는데 자주 영향을 준다. 그러나 이런 사항들이 어떤 사람에게 사역의 자격을 부여하거나 부여하지 못하게 할 수는 없다. 핵심적인 고려 사항은 성령의 은사이고, 그것은 보통 은사의 사용에서 명확해진다. 그러므로 바울은 회중들을 실제 인도하는 사람들을 교회의 지도자로 인정할 것을 우리에게 요청한다.

(2) 회중은 지도자들을 존경하고, "가장 귀히 여겨야" 한다. 이것은 오늘날 교회

29. J. W. Elias, *1 and 2 Thessalonians*, 235.

에서 아주 많이 실천되지 않는 부분이다. 우리는 우리의 지도자들이 어떤 분인지를 어느 정도는 알지만, 솔직이 그들을 그다지 존경하거나 따르지 않는다. 우리가 다시 생각하기를 좋아하는 것처럼, 확실히 존경은 어느 정도 습득되어야 하는 것이지만, 그것이 습득되었을 때조차도 우리는 지도자에게 존경을 주지 않는다. 지도자가 어떤 일을 완벽하게 하지 못하면, 우리는 "마음속으로 나는 그것보다 더 잘할 수 있었는데"라고 생각한다. 건강한 메시지가 전파되고 있지만, 우리가 텔레비전에서 보는 이름 있는 사람들의 재능과 연출에는 미치지 못한다. 그때에 우리는 "우리 교회 목사님은 왜 그런 식으로 설교하지 못할까?"라고 중얼거린다. 찬송이 마음으로부터 우러나와 내 영혼을 울리지만 인기 있는 기독교 가수의 최근에 연출된 비디오의 자극에는 미치지 못하므로 우리는 실망한다. 이러 저러한 미묘한 방식으로(때로 그렇게 미묘하지는 않지만) 우리는 마땅히 주어야할 존경을 우리를 인도하는 분에게 주지 못한다.

미국의 식민지 시대에 유명한 복음전도자인 조지 휫필드의 친구이자 출판가인 벤 플랭크린은 휫필드의 설교를 들었을 때, 새로운 설교와 이전에 했던 설교 간에 차이를 쉽게 말할 수 있었다고 주장했다. 이전에 했던 설교는 내용과 전달에서 매우 윤색되어 있었고, 청중에게 놀라운 영향을 미쳤다. 다소 회의적인 프랭클린 자신을 포함해서 말이다. (기금 마련을 호소하는 특별한 설교를 듣기 이전에 그는 어느 헌금도 하지 않을 것을 단호하게 결심했다. 하지만 그가 휫필드의 설교에 아주 감동이 되어서 헌금 주머니가 그에게로 오는 순간 그는 호주머니에 있는 돈을 모두 바쳤다!)[30]

휫필드의 영향과 평판에 비추어, 프랭클린이 이야기한 것처럼 지역의 설교자들은 그들 지역에서 휫필드가 설교하는 것을 좋아하지 않았을 것은 당연하다. 교인들이 휫필드의 설교와 지역 설교자들의 설교를 불가피하게 비교하고, 지역 설교자들은 휫필드의 존재에 위협을 느꼈으리라고 이해하는 것은 그리 어렵지 않다. 그러나 어떤 그러한 비교도 정당하지 않다. 지역 설교자들은 매주 두세 편의 새로운 설교를 전달할 책임이 있는 반면에, 휫필드는 반복된 전달을 통해서 자신의 설교를 윤색하고 제련할 기회를 가졌다. 하지만 그러한 비교의 부당함이 사람들이 그런 일을 하지 못하게 막지는 못했다.

---

30. L. Jesse Lemisch, ed., *Benjamin Franklin: The Autobiography and Other Writings* (New York: New American Library, 1961), 116-20.

부당한 부정적인 비교의 문제는 여전히 우리의 주변을 맴돌고 있다. 방송으로 말씀을 전달하는 일의 도래는 이 문제를 악화시켰다. 더 이상 우리는 평판에 의해 국가적으로 유명한 설교자, 교사, 또는 연설가들을 알지 않는다. 우리는 보통 텔레비전이나 비디오를 통해 직접 그런 사람들을 보고 그들의 말을 듣는다. 그러나 우리가 그들의 말을 보고 들을 때 잊는 경향이 있는 것은 이 텔레비전 방송이나 비디오에서 나타나는 많은 것들이 상당한 제작 과정과 사후 편집의 혜택에 따른 것이라는 점이다. 그러므로 우리는 강력하게 말씀을 전하고, 열광적인 청중들의 호응을 이끌어내었던 스크린에서 보고 있는 모든 것들이 편집되어 정제된 것들이라는 사실이다. 그렇게 잘 연출된 모습과 비교할 때, 우리의 목사, 주일학교 교사, 또는 세미나의 지도자가 어떤 면에서 다소 "부족하게" 보이는 것은 사실 당연하다.

그러나 이런 비교가 본질적으로 부당할지라도, 우리는 때로 그것을 전혀 인식하지 않고서 그 일들을 행한다. 그리할 때, 우리는 하나님이 부르신 일을 행하는 것으로 인해 지역교회의 지도자들에게 주어야 하는 존경을 주지 못한다. 여기서 바울의 명령은 회중에 대한 사역과 돌봄으로써 그 자리를 습득했던 사람들을 우리가 존경할 필요가 있음을 상기시킨다.

화목하게 살기(5:13b). 서로 화목하게 살라는 바울의 명령은 많은 사람들과 회중들에게 어려운 말이다. 사도가 염두에 두고 있는 화목은 단순히 갈등의 부재가 아니라(우리 중 많은 사람들이 이루어 내기에는 현실적으로 어려운 일!), 긍정적이고 건강한 관계의 실재다. 그러나 너무 자주 우리는 참된 화목보다 피상적인 조화에 더 큰 가치를 둔다. 우리는 서로에게 "멋지고"(nice), 적어도 대부분의 시간에 공개적인 다툼이 없이 상존한다. 우리가 아주 지극히 "멋짐"을 소중히 여기고 다른 이들을 불쾌하게 하거나 방해하려고 하지 않기 때문에, 우리는 더 발전된 관계를 유지하기 위해 취해야 할 수고를 하지 않는다.

우리는 문제가 발생할 때, 마태복음 18:15("네 형제가 죄를 범하거든 가서 너와 그 사람과만 상대하여 권고하라 만일 들으면 네가 네 형제를 얻은 것이요")의 지침을 따르지 않고 다른 사람에게 가서 그 문제를 말한다(결국, 대결하는 것은 "멋지지" 않다). 오히려 당사자에게는 아무런 문제가 없는 것으로 가정한다(반면에 다른 이들에게는 그것을 가지고 헐뜯는다). 하지만 이는 다루어지지 않은 상처, 치유되지 않은 상처를 남기고, 오해가 계속 머물게 만들며 궁극적으로는 의심과 불신이 발생하게 한다. 우리는 피상적인 조화를 갖고 있지만, 화목이 없다. 참된 화목이 꽃필 수 있기 위해 필요한 화해의 수고를 하지 않기 때문이다. 밀톤 메이어호

프의 작은 책의 제목을 의역하면, 우리가 "대면하여 충분히 돌볼" 때만이 서로 화목하라는 바울의 명령을 성취할 수 있을 것이다.

개별적인 신자들에 대한 회중의 책임(5:14-15). 루시 쇼의 신랄한 책인 『어둠 속의 하나님: 슬픔을 넘어서』를 서평하면서 마가렛 스미스는 이렇게 썼다.

> 이 책을 통해서 그녀는 시편 기자처럼 "당신은 어디에 계시나요? 제가 외치지만 당신은 대답하지 않으시네요. 당신은 여기서 나를 떠나셨나요, 오직 저를 홀로 남겨두고서"라고 물으면서 하나님에게 간구한다. 그녀가 이런 위기 속에서 하나님을 포기하지 않았다면, 하나님이 항상 그녀와 함께 있을 것을 약속하셨다면, 그때에 하나님은 어디에 계신가? 하나님은 왜 그 자신을 알리지 않으시는가? 이것이 그녀의 마음 아픈 기도이고, 그녀는 의도적으로 만족스런 대답을 받아들이지 않는다.
>
> 이 책으로 말미암아 친구들이 루시를 아끼기에, 다양한 모습으로 그녀에게 다가가 마치 불나방처럼 어둠 속에서조차도 찰나의 불꽃을 일으킨다. 하지만 루시가 이 친구들을 다른 존재로 인식한다면, 그녀는 이 두 전선을 연결할 수 없을 것으로 보인다. 하나님은 어디에 있는가? 그리고 하나님의 백성들은 여기에 있다.[31]

스미스의 통찰—하나님은 그의 백성들을 통해서 그의 임재를 자주 알리신다—은 5:14에서 데살로니가 회중에 대한 바울의 명령의 중요성을 강조한다. 약한 사람들을 육성하고, 낙심한 사람들을 돌보며, 두려워하는 사람들을 격려함으로써, 그리고 필요하다면, 요청하는 사람들을 훈련함으로써 우리는 복음의 은혜의 사역자, 곧 하나님이 찾으시고 그의 임재를 필요로 하는 사람들에게 다가가는 하나님의 종이 될 수 있다.

5:16-18에 언급된 기뻐하고, 기도하며, 감사하는 회중들의 활동이 여기서 역시 긴밀하게 연관되어 있다. 개별적인 신자가 할 수 없다고 여긴 것을 신자들의 그룹이 할 수 있을 때가 있다. 우리는 이런 식으로 개인에게 봉사할 수 있다. 나는 슬픔에 압도되어, 기뻐하거나 감사할 수가 없었고, 또 거의 기도할 수 없었을 때, 교수들의 예배 모임을 생생하게 기억한다. 내가 동료들이 기도하고 감사하고 하나님의 은혜와 선하심을 기뻐하는 것을 들었을 때, 그들의 말이 내게 남겨진 슬픔을 이겨내게 했다. 어떤 순간에 감사하거나 기뻐할 수 없었던 나는 동료들의 찬양과 감사

31. Margaret D. Smith, "Waiting for an Answer," *The Reformed Journal* 39(October, 1989): 29.

와 기도로 인해 힘을 얻는 것을 느꼈다. 나의 동료들이 내가 홀로 할 수 없었던 것을 행했을 때, 그들은 나에게 하나님의 임재의 직접적인 증거가 되었다.

바울이 여기서 우리가 행하도록 촉구한 것처럼, 깊은 상처나 필요를 갖고 있는 사람들에게 사역하는 것은 사실 항상 어렵다. 사람들은 우리가 당연히 기대하는 것처럼 언제나 빠르게 반응하고 치유되거나 성장하지 않기 때문이다. 바울이 이 시점에서 인내에 대한 말을 추가한 이유가 바로 그 때문이다. 이 사회는 우리의 방식대로 어떤 일이 있기를 원하도록 고무시킬 뿐 아니라, 우리가 그들을 원할 때에 그들이 우리의 방식을 취하도록 고무시킨다. 하지만 우리가 진정으로 다른 사람들에게 인내한다면,

> '우리는 우리의 계획을 너무 고집하지 않아야 한다'…우리가 어떤 것이나 어떤 사람들을 기다리지 않아야 한다는 개념은 또 다른 형태의 자기중심주의다. 인내는…다른 사람들을 소중히 여겨서 그들에게 실패하고, 배우고, 발전할 수 있는 여지와 시간을 준다.…또한 옳은 것을 지금 당장 행할 것을 기대하기보다 그들의 수준에 따라 성숙할 수 있는 여지와 시간을 준다.[32]

인내가 자기중심주의의 한 형태라면, 복수(5:15)는 그것의 또 다른 형태다. 아마도 하나님이 사람들에게 실천하도록 맡기시지 '않은' 임무가 심판과 복수인 이유가 바로 그 때문이다. 인간으로서 우리가 우리의 대적들을 하나님의 대적으로 일치시키는 경향이 있다. 우리는 너무 쉽게 복수에 대한 우리의 바람을 하나님의 정의와 혼돈한다. 아마도 "복수를 추구하는 것은 우리의 강력한 자연적 경향 때문이다." 칼빈이 말한 것처럼, '어느' 형태의 보복이나 "복수도 예외 없이 우리들에게 금해져 있다."[33] 이것이 복수가 파생시키는 끝없는 폭력의 소용돌이를 깰 수 있는 유일한 방식이다.

복수 대신에 우리는 "항상 선을 행해야 한다"(NRSV)고 명함을 받고 있다. 교회 안에서만이 아니라 다른 모든 사람들에게도 마찬가지다. 이런 종류의 비복수적인 행위는 많은 다른 동기부여를 갖는다. "적대자들에 대한 그러한 취급은 그것의 목표로서 화해와 화목을 낳는다. 그것은 또 다른 패배와 고통이 아니다. 그것이 우리

32. Klyne Snodgrass, *Ephesians*(NIVAC; Grand Rapids: Zondervan, 1996), 219.
33. J. Calvin, *The Epistles of Paul the Apostle to the Romans and to the Thessalonians*, 374.

가 하나님의 대적이었을 때 그가 우리를 다루신 방법이다. 그것이 하나님을 반대하기를 계속하는 사람들을 하나님이 우리를 통해서 다루시는 방법이다."[34]

바울의 명령의 의미심장한 결과가 모든 사람들(친구든 적이든 똑같이)에게 선을 행하는 것임을 아는 것은 중요하다. 그것은 이중적인 관점—우리 그룹의 바깥에 있거나 우리에 대항하는 사람들을 악한 것(또는 적어도 악한 편)으로 간주하는 경향을 발전시키는 것을 막아준다. 그 대신에 그것은 우리에게 모든 사람들에 대한 하나님의 사랑, 돌보심, 그리고 관심을 상기시킨다. 그것은 우리가 우리의 관점을 하나님의 관점으로 확장할 수 있게 하고, 우리의 제한으로 하나님을 축소시키지 않는다.

하나님에 대한 회중의 책임(5:16-18). 나는 이 항목을 주로 이 항목의 다른 표제들과 평행을 유지할 수 있도록 "하나님에 대한 책임"으로 표현했다. 아울러 그렇게 하는 것이 이 단락 전체에서 그러했던 것처럼 이 구절들에서 바울이 명령법, 즉 명령의 용어로 언급한 것을 인식하게 된다. 그러나 많은 점에서 이 항목을 "하나님에 대한 우리의 믿음을 인식하고 확증할 기회"라고 생각하는 것도 역시 정확할 것이다. 공식적으로 작성된 신조(니케아 신경이나 사도신경과 같은)를 암송하는 것이 믿음의 지적인 진술인 것처럼, 기뻐하고 감사하고 기도하는 행위도 믿음의 경험적인 진술이다. 그것들은 우리가 마음으로 믿는 것을 우리의 행위로 표현하는 방식이다.

찰스 웨슬리의 유명한 찬송인 "기뻐하라, 주는 왕이시다"는 믿음과 표현 사이에 이런 협력을 잘 포착한다.

1. 기뻐하라, 주는 왕이시다! 당신의 주와 왕을 경배하라!
   기뻐하라 감사하라 노래하라, 영원히 승리하리라.

   (후렴) 당신의 마음을 올려드려라 당신의 목소리를 올려드려라!
   기뻐하라, 내가 다시 말하노니 기뻐하라!

4. 영광스러운 소망으로 기뻐하라! 우리의 주 심판자가 오실 것이고
   그의 종들을 영원한 집으로 인도하실 것이다. (후렴)

---

34. Paul Achtemeier, *Romans* (Interpretation; Atlanta: John Knox, 1985), 202.

이 구절들에서 기뻐하는 것과 감사하는 것은 우리 주가 참으로 왕이시며 그는 영원히 그와 함께 있을 수 있도록 우리를 취하시기 위해 오실 것이라는 확신에 기초하여 구체적인 표현을 주고 있다. 이런 사실에 비추어 기뻐하고 기도하고 감사하는 것은 우리가 "해야 하는" 것이라기보다는 우리가 참으로 믿는 것을 더욱더 표현하는 것이다. 이런 의미에서 16-18절의 바울의 명령은 책임보다는 더욱더 기회—아울러 다름 아닌 우리를 위한 하나님의 뜻을 형성할 기회—가 된다.

그러나 16-18절에서 참된 도전은 시간이나 환경이 좋을 때(그때는 기뻐하고 감사하기가 아주 쉽다)가 아니라 (데살로니가에서처럼) 우리에게 주어진 환경이 그리 좋아 보이지 않을 때이다. 우리는 하나님의 구원이 복음을 받아들임으로써 오게 되는 박해의 대가보다 더 소중하다고 참으로 믿는가? 그렇다면 우리는 그런 와중에서도 기뻐함으로 그 확신을 나타내 보이도록 하자. 우리는 하나님이 실로 그의 백성들을 구원하시고 그들을 위해서 정의를 행사하실 것을 참으로 확신하는가? 그렇다면 하나님이 행하실 것을 고대하고 기다리며 바라보면서, 인내와 인고로 기도하자(참조. 눅 18:1-8, 끈질긴 과부에 관한 비유).[35] 우리는 "하나님을 사랑하는 자 곧 그의 뜻대로 부르심을 입은 자들에게는 모든 것이 합력하여 선을 이룬다"(롬 8:28)는 것을 진정으로 확신하는가? 그렇다면 모든 환경에서 감사함으로써 그 확증을 보이자.

성령에 대한 회중의 책임(5:19-22). 이 구절들에는 이중적인 책임이 있다. 성령의 참된 것을 소멸하지 말 것과 거짓된 것을 성령에게 귀속시키지 말 것. J. W. 엘리아스가 간결하게 말한 것처럼, "예배 동안에 성령이 예언자를 통해 자유롭게 말할 수 있게 할 필요가 있지만, 언급된 것을 역시 검증할 필요가 있다."[36]

미국에 많은 대형 교회의 예배는 오늘날 긴밀하게 구성되어 있고, 연출되어 있으며, 통제되어 있기에 "즉석의 성령으로 영감된, 모인 회중 속에 구두로 전달되는, 사람들에 대한 교화나 격려를 위해 의도된, 의미 있는 메시지"(이전에 언급한 예언에 관한 정의)에 대한 기회를 사실상 제공하지 않는다. 내가 생각하기에 여기서 핵심적인 용어는 "질서"다. 어떤 예배는 인간의 제어에 너무 많이 두어져서 사실상 성령이 감동시킬 여지가 없다.

이 마지막 진술을 상고하면서, 이것은 "예전" 대 "비(non)예전" 전통의 문제가

---

35. 이 단락에 관해서는 Darrell L. Bock, *Luke*(NIVAC; Grand Rapids: Zondervan 1996), 453-59을 보라.
36. J. W. Elias, *1 and 2 Thessalonians*, 235.

아니라는 것을 강조하는 것이 중요하다. 숙련된 예배 인도자, 심지어 모든 것을 미리 인쇄한 잘 규정된 예전이나 예배서를 가지고 주관하는 인도자조차도 성령이 예배 시에 회중을 감동시킬 여지와 기회를 제공하는 것이 어렵지는 않다. 다른 한편으로, 인쇄된 순서지에는 잘 나타나지 않는 비예전적인 교회도 명확하게 인쇄된 예전을 갖고 있는 교회처럼 엄격하고 예측할 수 있는—다시 말해서 "예전이 엄격히 지켜지는"—"예배 순서"를 매주간 따르는 것을 관찰할 수 있다.

다시 말해서 그것은 예전적인 형태의 문제가 아니라 태도와 접근의 문제다. 우리들 가운데 어떤 이들은 일들이 "제어 하에" 있을 때 더 편할 수 있다. 우리는 예상할 수 없는 것을 좋아하지 않고 예측할 수 있는 것들이 가져다주는 위로를 선호한다. 하지만 예측의 숨겨진 대가는 즉각성의 상실이고, 너무 많은 제어의 결과는 성령을 소멸시킨다. 그러한 경우에 일부 해결할 수 있는 방법은 덜 형식적인 모임 동안에(토요일이나 주일 저녁 예배와 같은) 성령을 위한 "공간"과 여지를 교회 예배에서 세워나가는 것이다.[37]

또한 성령보다 문화적인 기대나 규범을 소중히 여김으로써 성령을 소멸시킬 수 있다. 이는 예배의 형태나 음악의 어떤 형태만을 적합하고, 적절하며, 또는 "기독교적"이라고 명명하며, 다른 예정된 활동을 방해하지 않도록 정해진 시간에 예배를 끝내는 것에 높은 가치를 두며, 또는 성경적이기보다 문화적인 사회적 역할이나 성(性)적인 구분을 주장하는 문제일 것이다. 이런 저런 방식에서 어떤 교회들은 그들 가운데 계신 성령을 소멸시키는 일을 하고 만다.

일부 교회들의 문제가 너무 많은 제어라면, 다른 교회들의 문제는 너무 식별을 하지 않는 것이다. 일부 교회들이나 운동들은 예언자와 예언을 아주 두려워하여 성령의 이름으로 발생하였다고 주장하는 것들을 검증하는 일을 아주 소홀히 한다. 이는 "모든 것을 검증하고"("범사에 헤아리라"—개역개정), 나아가서 좋은 것을 취하고 악한 것을 버리라는 바울의 명령에 대한 명백한 모순이다. 이런 실패의 결과는 널리 증거된다. 그것들은 의문스러운 행동만이, 더 나쁘게는 거짓된 가르침과 이단에 대한 선전을 포함한다.[38] 모든 예언을 검증하라는 바울의 명령을 진지

37. 더 자세한 것은 Wayne A. Grudem, *The Gift of Prophecy in the New Testament and Today* (Westchester, Ill.: Crossway, 1988), 253-62을 보라. 그는 "예언의 은사를 사용하지는 않지만 사용하기를 바라는 교회들"에 대한 몇 가지 유용한 제안을 한다.

38. 예를 들어, C. S. Keener, *Three Crucial Questions about the Holy Spirit*, 171-75과 (이 문제에 관한 양상의 반대편에서) John F. MacArthur Jr., *Charismatic Chaos* (Grand Rapids: Zondervan, 1992)을 보라.

하게 취하지 않은 것은 현대의 은사주의적인 운동의 주요한 결함이다.

상황잇기 항목에서 나타났던 것처럼, 예언을 검증하는 두 수단들이 있다. (1) 한 가지 검증은 목적과 결과에 관한 것이다. 참된 예언적 활동은 강화시키고, 격려하며, 위로한다. 요컨대, 하나님의 백성들을 권면하고 세워주는 일을 한다. 만약 제기된 예전의 영향이 그와 같지 않다면, 그것을 의심할 충분한 이유가 있다. 어떤 개인의 이득만을 높이거나 기여하는 예언들도 동등하게 의심해 보아야 한다.

(2) 그러나 예언을 검증하는 주요한 수단은 성경이다. 참으로 성령에 속한 것은 하나님의 성경 속에서 말씀하셨던 것과 모순되지 않는 것은 교훈적이다. 어떤 제기된 예언이나 계시도 이미 수령된, 의존할 수 있는, 성령으로 주어진 계시인 성경에 의해 검증되어야 한다. 게다가 원 의미 항목에서 지적했던 것처럼, 초대 교회에 예언적인 언급들은 교회에서 성경과 동일한 권위가 주어졌다는 증거가 없다. 내가 예언이 중단되었다는 견해를 가진 사람들에게 일반적으로 동의하지는 않을지라도, 나는 교회 생활에서 성경의 중심에 대한 그들의 관심을 공유한다. 믿음과 삶의 최종적인 지침으로서 하나님의 쓰인 말씀을 어느 것도 대체하게 해서는 안 된다.

웨인 그루뎀은 예언의 은사를 사용하는 교회에 대한 세 가지 중요한 지침을 제공한다. 그것은 지금까지 논의한 핵심적인 요지들을 포괄한다.[39] (1) "오늘날 어떤 예언은 하나님의 말씀이 아니라 단지 하나님이 떠올리게 하신 어떤 것을 단순히 인간이 인간의 말로 표현하는 것임을 기억하라." (2) "예언을 검증하고 그것들을 성령, 그리고 당신이 참이라고 알고 있는 것으로 '평가하는' 일을 확실히 하라." (3) "살아계신 하나님의 음성을 듣기 위해서 사람들이 항상 의뢰할 수 있는 곳으로서 '성경'을 강조하는 일을 확실히 하라." 이 지침을 따른다면, 오늘날 비성경적이며, 모호하게 성경적이며, 아울러 성령에 거짓되게 귀속시킨 비이단적 활동의 많은 것들을 근절할 수 있을 것이다.

39. Grudem, *The Gift of Prophecy*, 262-63.

데살로니가전서 5:23-28

23 평강의 하나님이 친히 너희를 온전히 거룩하
게 하시고 또 너희의 온 영과 혼과 몸이 우리
주 예수 그리스도께서 강림하실 때에 흠 없
게 보전되기를 원하노라
24 너희를 부르시는 이는 미쁘시니 그가 또한
이루시리라
25 형제들아 우리를 위하여 기도하라
26 거룩하게 입맞춤으로 모든 형제에게 문안
하라
27 내가 주를 힘입어 너희를 명하노니 모든 형
제에게 이 편지를 읽어 주라
28 우리 주 예수 그리스도의 은혜가 너희에게
있을지어다

원 의미

서신의 이 부분은 수사적인 형태와 서신적인 형태의 조합이다. 중보적인 기도(3:11-13)가 서신의 첫 항목(1:2-3:10)을 마감하도록 이끄는 것처럼, 유사한 기도(5:23-24)가 두 번째 항목(4:1-5:22)을 마감하도록 이끈다. 둘 다 유사한 형태를 공유하고 있고, 예전적인 모습을 반영하며, 종말론적인 논조로 끝난다. 아울러 첫 번째 기도가 이 서신의 첫 항목의 주요한 주제들을 요약했던 것처럼, 이 부분도 두 번째 항목의 주요한 주제를 언급한다: 거룩("거룩하게 하다", 5:23)에 관한 강조와 예수의 오심에 관한 강조를 참조하라. 따라서 이 기도는 강화의 주요한 주제를 요약하고 수령자의 후의를 확보하려는 연설이나 문서의 결론적인 부분인 '페로라티오'의 기능을 이룬다.[1]

23-24절은 역시 서신(특히 끝부분, 23-28절)의 서한체 구조의 일부를 형성한다. 세속적인 서신들은 인사와 고별사로 보통 끝났다(예를 들어, "당신의 아내와

1. 더 자세한 것은 P. T. O'Brien, "Letters, Letter Forms," *DPL*, 553; G. W. Hanse, "Rhetorical Criticism," *DPL*, 822-26을 보라.

세레누스 그리고 당신을 사랑하는 모든 이들에게 각기 인사합니다. 안녕히 계십시오."[2]) 바울의 서신들은 전형적으로 기도와 권면과 인사, 그리고/또는 (자주 기도에 대한 요청을 수반하는) 서로 인사하라는 명령, 그리고 마감하는 축원으로 끝난다. 데살로니가전서가 어떤 인사도 포함하고 있지는 않지만, 다른 요소들은 명백히 나타난다.[3]

마감하는 기도(5:23-24)

5:23의 기도는 본질적으로 3:13의 기도의 사상(심지어 용어의 일부)을 반영하고 있다. "평강의 하나님"(참조. 롬 15:33; 16:20; 빌 4:9; 참조. 또한 살후 3:16)이란 어구는 평강의 근원으로 하나님을 확인시킨다. 바울에게서 평강은 단순히 갈등의 부재가 아니라 더욱더 긍정적으로 화해된 관계로 특징지어지는 온전함과 행복의 상태다(참조. 롬 5:1-11). 그처럼 평강은 사실상 "구원"과 동의어다. "거룩하게 하다"('하기아조')란 동사는 4:3에서 "거룩"('하기아스모스')으로 번역된 명사의 동사형이다. "너희를 온전히 거룩하게 하시고"란 표현은 다른 용어들로 3:13에서 "거룩함에 흠이 없게"란 개념을 재진술한다(거기서의 논의를 보라). "거룩"이란 명사처럼, "거룩하게 하다"란 동사는 "상태보다 과정을 나타내고, 그 목표는 우리 주 예수 그리스도의 오심"과 (3:13에서처럼) 연관되어 있다.

5:23의 두 번째 부분은 첫 번째 부분과 교차 대구법적인 평행 관계로 (헬라어 어순에서) 나타난다.

(하나님이, 평강의 하나님이)

거룩하게 하시고
　너희를
　　온전히('홀로텔레이스');
　　너희의 온(전체, '홀로클레론')
　영과 혼과 몸이

2. Calvin J. Roetzel, *The Letters of Paul. Conversations in Context*, 3d ed. (Louisville, Ky.: Westminster/John Knox, 1991), 60에서 인용함.

3. 더 자세한 것은 Jeffrey A. D. Weima, *Neglected Endings: The Significance of the Pauline Letter Closings*(Sheffield: Sheffield Univ. Press, 1994), 174-86을 보라.

(우리 주 예수 그리스도께서 강림하실 때에 흠 없게)
보전되기를 원하노라.

이 구절의 구조는 "영과 혼과 몸"이 본질적으로 "너희"와 동의어라는 것은 분명하다. 3:13에서 "마음"('카르디아')과 상당히 동일한 방식으로 말이다. 강조적인 "온"(whole) 다음에 나타나는 이 어구는 구원의 포괄적인 본질을 강조하는 바울의 방식이다. 그것은 헬라 문화의 상당 부분들이 열등시하는 경향이 있었던 몸을 특히 포함하면서 인간 전체의 모습을 가리킨다. 헬라 사상에서 몸은 영이 피하기를 추구했던 무덤이나 감옥이었지만, 바울에게서 몸을 제외한 존재란 없다.

24절은 바울이 경건한 확증의 형태를 취하여 그의 기도의 토대를 놓는다. 아울러 이런 확증으로 그는 예수의 재림 시에 그들의 운명에 대해 여전히 염려하였던 사람들에게 확신을 주기를 바랐을 것이다. 두 요지들이 강력하게 나타난다. (1) "부르시는 이"란 어구에서(그것은 이 서신을 통해 흐르는 주제를 취하고 있다; 참조. 1:4; 2:12; 4:7), "현재 시제는 하나님은 크리스천들을 한번 부르시고는 그들을 마음대로 내버려두지 않으신다는 것을 강조한다. 오히려 하나님은 그리스도를 따르는 자들을 구원으로 부르시기를 계속하신다."[4]

(2) "부르시는 이"는 역시 "신실하시다." 즉 그들을 배격하지 않으시고 그들에 대한 그의 말을 철회하지 않으신다. 이것이 바울이 고린도서에서 공유하고 있고(참조. 고전 1:8-9), 로마서(참조. 롬 8:30, 38-39; 특히 11:29)에서 보다 완전하게 전개하는 핵심이다. 그러므로 그들의 구원과 관련해서 바울은 하나님이 "[실로] 그것을 행하실" 것임을 확증한다. 즉(그가 빌 1:6에서 말한 것처럼), "너희 안에서 착한 일을 시작하신 이가 그리스도 예수의 날까지 '완성하실' 것이다."

마감하는 요청과 축원(5:25-28)

바울이 이 서신에서 여러 번 데살로니가인들을 위해 기도했을 뿐 아니라(참조. 1:2-3; 3:10; 5:23), 나아가서 그는 (5:25에서) 그와 그의 동료들을 위해 그들이 기도할 것을 요청한다(참조. 살후 3:1-2; 또한 롬 15:30-32; 고후 1:11; 골 4:3-4). 바울과 실라와 디모데 그리고 데살로니가인들 사이에 영적인 성숙에서 차이가

4. C. A. Wanamaker, *Thessalonians*, 207.

있음에도 불구하고, 바울은 기도를 그들에게 요청함으로써 하나님 앞에서 그들의 근본적인 동등성을 암묵적으로 인정한다.

"입맞춤"으로 서로 문안하라는 지시가 바울 서신에서 네 번 나타난다(여기서와 롬 16:16; 고전 16:20; 고후 13:12; 참조. 벧전 5:14). 그리스-로마와 유대 문화의 고대 세계에서 관습적인 인사인 입맞춤은 가족과 친구 사이에 애정과 윗사람에 대한 존경의 표시였다. "평화의 입맞춤"이 성찬을 기념하기 전에 선행되는 의식의 일부였다는 증거가 있다(참조. 고전 16:20; Justin Martyr, First Apology, 65.2).[5] 입맞춤의 사용은 초대교회에서 아주 흔했던 "가족"의 은유를 취하고 있고(서신 전반에서 '아델포이'["형제와 자매"]를 반복해서 사용하는 것을 포함해서), 상호간의 애정과 연합의 표시로서 기능했다.

27절에서 복수가 단수 대명사("나")로 급격히 바뀐데 대한 그럴듯한 해석은 바울이 서기(실라?)로부터 펜을 취하여 자신이 직접 마지막 두 문장을 썼다는 것이다(참조. 살후 3:17; 또한 갈 6:11; 고전 16:21).[6] 극소수만이 글을 읽을 수 있었던 문화에서 바울이 공동체로 모여 있는 동안에 누군가가 서신을 크게 읽어줄 것을 여기는 것은 당연하다(참조. 골 4:16). 그의 명령의 힘과 경건성은 놀랍고 특이하다. 그는 5:25-27에서 "형제와 자매"('아델포이')를 세 번이나 사용하고(살전 1:4의 주석을 보라), "모든"을 반복해서 사용한다. 그 이유는 아마도 이 서신을 쓴 그의 목적과 연관이 있을 것이다. 이 서신에는

> 고통을 당하고, 의심하며, 애쓰고, 경각하는 신자들이 권면을 서로 듣고 반복할 필요가 있는 것들이 들어 있다(4:18).…모든 형제와 자매들이 있는 곳에서 이 서신을 공개적으로 읽는 것은 공동체의 구성원들이 인내와 사랑과 조화로 교훈 받고 위로를 받으며 도움을 받고 있음을 확신시켜 줄 것이다(5:12-14).[7]

서문에서처럼(1:1), 바울은 통상적인 인사의 짤막한 용어를 한 어구로 대신했다. 즉 여기 5:28에서 그는 관습적인 "고별인사"(행 15:29을 보라)를 "우리 주 예

---

5. . H. Marshall, *Last Supper and Lord's Supper* (Grand Rapids: Eerdmans, 1980), 145.
6. 서기의 단정하고 정확한 글에서부터 (그리고 거의 읽을 수 없는) 저자의 휘갈겨 쓴 글에 이르는, 변화가 두드러지게 나타나는 파피루스 서신의 사진에 대해서는 Everett Ferguson, *Backgrounds of Early Christianity*, 2d ed. (Grand Rapids: Eerdmans, 1993), 121을 보라.
7. E. J. Richard, *Thessalonians*, 292; 대안적인 가정들의 개요에 대해서는 F. F. Bruce, *1 and 2 Thessalonians*, 135을 참조하라.

수 그리스도가 너희와 함께 있을지어다"로 대신한다(참조. 살후 3:18; 또한 고전 16:23; 갈 6:18; 빌 4:23; 골 4:18). 바울의 서문의 인사 내용("은혜와 평강")을 5:23("하나님의 평강")과 여기서("은혜") 그 반복을 발견할 수 있다. 그것은 이 서신을 통합시키는 '인클루지오'를 형성한다. 이 마지막 용어와 "주 예수 그리스도"란 어구의 의미에 대해서는 이전에 1:11의 주석을 보라.

상황잇기

이 항목에서 형태와 내용과 관련해서 23-24절은 이전에 서신의 내용을 모방하거나 요약한다(상세한 것은 원 의미 항목에서의 논의를 보라). 서신의 종결에 적절하게 바울은 새로운 자료를 소개하는 것이 아니라 이미 논했던 주제와 토픽을 한 번 더 암시한다. 아울러 5:23에서 바울이 데살로니가인들을 위해 행했던 것을 5:25에서 그와 그의 동료들을 위해 데살로니가인들이 그리 행할 것을 부탁한다.

바울의 기도. 우리가 흠없이 "보존되기"를 바라는 5:23에서 바울의 기도는 "하나님이 너희를 거룩하게 하시기를"이란 어구와 평행을 이루며, 또 그것은 성화가 목표만이 아니라 선물이라는 것을 우리에게 상기시킨다. 회심 시에 신자들이 죽음에서 생명으로 나아간다는 점에서 그것은 은혜 속에서 주어진 선물이다(골 2:13). 우리는 은혜로 흠없이 하나님 앞에 서는 그리스도 안에서 새로운 피조물이다(고후 5:17). 하지만 우리가 우리의 삶에서 그대로 살아가도록 부름을 받았다는 점에서 그것은 역시 목표다(참조. 살전 3:13). 이것은 "제자도란 시간들 사이에 있는 삶"을 의미한다. "하나님이 이미 시작하셨던 것을 아직 완성하시지 않았기 때문이다." 하지만 "믿음의 삶이 더 많은 것을 위해 애쓰는 것이 아니라, 이미 주어진 것을 따라 보다 온전하게 살아가는 것이다. '성도'로서 보다 적절하게 살아가는 노력조차도(4:1-3) 거룩하게 하시는 하나님에게 달려 있음을 알면서 말이다."[8]

거룩한 입맞춤. "거룩한 입맞춤"(5:26)은 처음에 명백하게 사회적 관습이었다. 하지만 그것은 곧 교회가 성찬을 기념하는데 있어서 일부 순서가 되었다(그리고 그것은 어떤 전통들에서는 지금도 계속되고 있다). 입맞춤은 동료 신자로서 서로 성찬을 취하기 전에 신자들 사이에서 서로간의 화목을 의미했다. 바울 서신의 문맥에서 핵심적인 양상은 인사의 형태가 아니라 회중 내에서 연합과 상호적인 애정

8. Donald H. Juel, *1 Thessalonians* (Minneapolis: Augsburg, 1985), 250.

의 표지로서의 그것의 기능이다. 볼에 입을 맞추든, 껴안든, 진심어린 악수를 하든, 또는 연합을 상징하고 따스함을 전달하는 그 무엇이든 간에, 문화적으로 용인된 인사의 어느 형태도 바울은 용납할 것이다.

지시에 관해서. 얼핏 보기에 이 서신을 모든 사람들에게 읽어주라는 5:27의 명령은 1세기 배경과 아주 밀접하게 연관되어 보이고, 오늘날에 문맹인들이 적은 문화에서는 관계가 없는 것으로 보일 수 있다. 하지만 바울의 명령의 '결과'—전체 교회가 그가 말했던 것을 '들어야 한다' 것—는 오늘날도 과거 못지않게 관계가 있다. 기독교 제자도는 단지 우리 자신의 개인적 영적 직관을 발전시키는 문제가 아니라, 예수가 직접 그리고 신약성경의 말씀을 통해서 가르치시고 모범을 이루셨던 것을 따라 그를 따르는 문제다. 그러므로 '듣는 것'(가르침 받는 것)—예수를 통해서 하나님이 우리를 위해 행하신 것과 우리가 어떻게 살아야할 지의 의미에 관한 좋은 소식을 배우는 것(그리고 기억하는 것)—은 모든 사람들을 위한 제자도의 핵심적인 요소다.

이전의 문장에서 주어진 지시의 정의는 바울이 이 서신에서 행했던 것에 비추어 형성된다. 첫 세 장에서 바울은 하나님이 복음을 데살로니가인들에게 가져오셨던 방식만이 아니라, 하나님이 그때 이래로 그들 가운데서 행하신 모든 것에 관한 이야기를 근본적으로 말해준다(즉, 그는 "기억한다"). 아울러 그는 이것을 "새로운" 자료로 제시하지 않고, 그들이 이미 알고 있는 것에 대해서 그들이 기억하고 생각하기를 근본적으로 요청하고 있다(참조. "너희가 알고 있다", 1:5; 2:1, 2, 5, 11; 3:3, 4; 4:2; 5:2; "너희는 기억하고 있다", 2:9; "너희는 증인이다", 2:10; 또한 4:9을 보라). 그 다음에 현재와 미래에 대한 그들의 구체적인 이슈와 문제들을 마지막으로 다루는 마지막 두 장에서 바울은 하나님이 과거에 이미 행하신 것에 비추어 그리 행한다(4:1, 7, 9; 5:9, 10, 24; 또한 4:2; 5:2을 보라).

그러므로 회중의 모든 사람들에게 읽혀져야 할 것을 강조하면서 바울은 자신이 그들의 질문과 문제에 대해 주고 있는 대답을 그들이 들을 뿐 아니라, 그 대답의 기초를 제공하시는 하나님이 그들 가운데서 행하신 이야기들을 그들이 듣고 기억할 것을 권면한다. 그들의 현재의 환경이 아무리 어려울지라도, 하나님이 그들 가운데서 이미 행하신 것을 그들이 잊지 않기를 바울은 바란다.

조심해야 할 것. 어떤 해석자들은 5:23에서("영과 혼과 몸"과 관련해서) 인간 본질의 "삼중적"인 견해(우리가 몸, 영, 그리고 혼으로 구성되어 있다는 견해)를 전개하는 근거를 발견한다. 하지만 전체 신약성경에서 여기서만 이 어구가 나타난다는 사실은 이 구절에서 인간의 인격에 대한 어떤 주요한 결론짓는 것을 조심하게 만든다. 게다가 우리가 이전에 지적했던 것처럼, 바울의 강조는 구성 요소들보다는 인간 존재의 온전성에 있다. 아울러 바울은 다소 넓게 그리고 다소 호환적으로 이와 같은 용어들을 사용하는 경향이 있다. 결과적으로 그의 서신에서 그 용어들 사이에 어떤 일관된 구분을 발견하기는 어렵다.[9]

> 우리가 이중적이거나(몸과 영, 고전 7:34) 마가복음 12:30에서 사중적임을 보이는 예수의 말씀(마음, 목숨, 뜻, 힘)을 취할 수 없는 것처럼, 우리는 우리의 본질이 삼중적임을 의미하는 것으로 여기서 그 용어들을 취할 수는 없다.[10]

요컨대 바울은 여기서 어떤 인간론적인 구성에 대해 정의를 주고 있지 않는 것으로 보인다.

현대적 의미

이 서신을 마감하는 구절들은 내면적으로 서신에 흘렀던 주제를 반영하고, 서두절 이후에 명백해진 주제를 재개하는 기회를 제공한다. 반영하고 있는 주제는 '하나님이 행하셨던 것을 기억하는 일'이 중요하다는 것이고, 재개하는 주제는 '교회 생활을 위한 하나님의 중심성'이다.

하나님이 행하신 것을 기억하는 일의 중요성. 나는 3:9-13에서 바울의 감사 기도를 논하면서 짤막하게 이 주제를 다루었다. 즉 나는 거기서 하나님의 신실하심에 관한 이야기를 기억하고 말하는 것이 적어도 두 가지 이유 때문에 중요한다는 것을 지나가는 말로 제기했다. (1) 일이 잘될 때, 그것이 왜 잘되고 있는지를 상기시킨다(그것은 하나님의 은혜와 선하심 때문이다. 우리의 노력 때문이 아니다; 참조. 신 6:10-13; 8:10; 9:4-6). (2) 일이 잘되고 있지 않을 때, 과거에 신실하셨던 하나님이 장래에도 신실하실 것임을 기억하는 것은 우리에게 소망을 가져다준다. 바울이

9. 고든 피가 지적한 것처럼, "바울이 여기서 표현한 방식으로 보건데, 그가 어떤 식으로든 구분되는 실체로서 인간의 영과 혼을 생각했을 가능성이 있다. 하지만 그가 어떻게 그것들을 구분되는 것으로 생각했느냐는 그의 나머지 서신들에서도 전혀 분명하지가 않다.…게다가 전체에 대한 강조는 그가 한순간도 그의 관심에서 일탈함이 없이 쉽게 '마음'을 포함하였을 수 있었음을 암시한다. 즉 그가 어떻게 구분을 이해하였든지 간에 그것은 완전함의 더 커다란 관심에 꽤 부차적이다"(*God's Empowering Presence*, 66).

10. L. Morris, *The First and Second Epistles to the Thessalonians*, 182.

이 서신 전반을 통해서 일관되게 데살로니가인들에게 그 사실에 모범을 보여준 방식 때문이 나는 이 순간에 이 두 번째 요지에 초점을 맞춘다.

우리가 상황잇기 항목에서 주목한 것처럼, 바울은 반복해서 과거에 비추어 현재와 장래를 다룬다. 예를 들어, 바울은 예수가 재림하시기 전에 죽었던 성도들의 운명에 대해서 왜 염려하지 않는가? 하나님이 예수를 죽은 자 가운데서 일으키셨기에, 그러므로 예수 안에 있는 사람들이 다시 일어날 것이기 때문이다(4:13, 16). 그는 다가올 심판에 대해 왜 염려하지 않는가? "우리가 그와 함께 살 수 있도록 우리를 위해 죽으신"(5:10) 예수가 우리를 다가올 진노에서 구원해 주실 것이기 때문이다(1:10). 어떻게 바울(그리고 우리)은 "[우리를] 부르신 분이 신실하시고, 또 그가 그 일을 행하실 것임을 그토록 확신할 수 있는가?(5:24) '우리는 장래에 하나님이 약속하신 것을 우리를 위해 행하실 것임을 확신한다. 그가 그의 약속에 대해서 과거에 이미 보여주셨던 신실하심 때문이다.'

우리의 환경이 아무리 어려울지라도, 현재에 서로를 격려하고 위로할 수 있는 것은 하나님에 대한 이런 기본적인 사실에 근거한다. 우리는 이런 확신하는 소망으로 장래를 고대한다. 하나님이 과거에 행하신 것을 기억하는 것—죽은 역사가 아니라 사람들과의 관계에서 신실하시고 전능하신 하나님의 살아 있고 계속되는 말씀으로서—이 현재의 삶을 위한 근거와 장래의 소망을 제공해준다.

시편 13편은 이런 종류의 삶의 접근을 생생하게 예증해 준다. 첫 네 구절은 다윗의 한탄이다. 그것은 하나님이 자신을 잊어버리셨고 또 대적들에게 내어주셨다는 분노어린 비판이다. 하지만 5-6절에서 그는 "나는 오직 주의 사랑을 의지하였사오니 나의 마음은 주의 구원을 기뻐하리이다 내가 여호와를 찬송하리니 이는 주께서 내게 은덕을 베푸심이로다"라고 말한다. 좌절과 슬픔 가운데서도 그는 하나님이 행하셨던 것과 하나님이 항상 신실하심을 기억한다. 이것은 그에게 장래와 관련한 소망을 가져다준다. 실로 그가 자신을 버리신 하나님께 외치는 유일한 이유(그것이 사실이라면 이는 아이러니한 시간 낭비다)는 그가 과거에 하나님의 신실하심을 기억하기 때문이다. 시편 77편은 유사한 주제를 담고 있다. 어려운 질문에 대한 대답(8절, "그의 인자하심은 영원히 끝났는가, 그의 약속하심도 영구히 폐하였는가")은 하나님이 행하셨던 것을 기억하는 것과 관련이 있다(11-12절).

> 곧 여호와의 일들을 기억하며
>
> 주께서 옛적에 행하신 기이한 일을 기억하리이다

또 주의 모든 일을 작은 소리로 읊조리며
　　주의 행사를 낮은 소리로 되뇌이리이다.

오늘날 우리들에게서 하나님이 행하신 것을 기억하는 것은 하나님의 신실하심, 사랑, 그리고 능력에 관한 성경의 이야기를 기억하는 것과 하나님이 예수를 통해서 모든 시간(하나님이 사도행전의 끝부분부터 오늘날도 계속해서 성취하시는 것) 동안에 이루신 것을 기억하는 것을 포함한다. 신자들이 하나님이 자신들의 삶에서 행하셨음을 나누는 "간증 시간"의 장점 중 하나가 바로 이것이다. 간증하는 시간은 하나님이 여전히 활동하시고 전능하시다는 것을 우리에게 강력하게 상기시키고, 아울러 다른 사람들의 간증을 듣는 것은 하나님이 우리의 삶에서 행하셨던 것을 기억하게 하도록 우리를 촉진시킨다. 하나님이 과거에 우리에게 신실하셨음을 기억하고 나누는 것은 현재에 서로를 격려하고 강화시키는 강력한 수단이 된다.[11]

내가 생각하기에 하나님이 어떤 분이시고 하나님이 무엇을 행하셨는가를 기억하는 것은 장래에 확신을 위한 근거가 될 뿐 아니라, 우리가 현재에 어떻게 살아야 하는지를 확신 할 수 있는 근거를 제공해준다. 예를 들어, 우리를 부르신 하나님은 예수 그리스도 안에서 우리를 위한 사랑을 보여주셨고, 우리에게 성령을 주셨다. 이런 사실에 비추어, 우리는 우리를 위한 하나님의 뜻(4:3)이 거룩한 삶을 살고(4:7) 서로를 사랑하는 것(4:9)을 포함한다는 것을 당연히 여겨야 한다.

이런 점에서 현재에 인기 있는 팔찌인 WWJD는 격려를 발전시키는 수단이 된다. WWJD란 이니셜은 "예수는 어떻게 하셨을 것인가?"(**W**hat **W**ould **J**esus **D**o)란 질문을 표현한다. 문제가 있는 상황에 직면할 때, 이 팔찌는 사람들에게 이런 상황에서 "예수는 어떻게 하셨을까"란 질문을 묻도록 상기시킨다. 그러므로 이 팔찌는 예수의 가르침과 행위에 비추어 삶을 살도록 신자들을 격려하는 수단이 된다.

그러나 우리가 현대 기독교인들의 상당한 약점을 대면하는 것이 바로 여기서다. 성경 지식에 대한 부족. WWJD의 질문을 대답하기 위해서 복음서 이야기에 대한 분명한 지식이 필요하다. 하지만 갤럽과 바르나의 다양한 여론조사가 보여주는 것처럼, 미국에서 성경을 아는 수준은 심각하다. 여론조사가 보여주는 것이 널리 보고되었다: 기독교인의 절반 정도만이 산상수훈을 주셨던 분이 예수라는 것을

11. 기억에 관해 더 많은 것은 Daniel Taylor, *The Myth of Certainty: The Reflective Christian and the Risk of Commitment*(Waco, Tes.: Word, 1986), 100-107을 보라.

올바르게 알았다. 또한 기독교인의 3/5 정도가 간신히 신약성경의 첫 네 권의 이름을 말할 수 있었다. 성경 구절을 인용해볼 것을 요청받았을 때, 가장 자주 있었던 반응은 "하나님은 스스로 돕는 자를 도우신다"(벤자민 플랭클린이 쓴 글)는 것이었다.

복음서를 결코 읽지 않는다면 WWJD 팔찌를 차는 것은 거의 의미를 갖지 못하며, 또한 "예수는 어떻게 하셨을까"라고 묻는 것은 별 소용이 없을 것이다. 만약 우리가 하나님이 과거에 행하셨던 것을 배우고 기억하지 않는다면, 현재에 어떻게 살 것인지를 식별하거나 소망으로 고대할 수 없다.

교회 생활을 위한 하나님의 중심성. 이 마감하는 구절들에서 바울은 서두 구절의 핵심적인 개념을 반영하면서, 처음에 시작했던 대로 서신을 마감한다. 즉 하나님과 예수 그리스도에 단호하게 스포트라이트와 초점과 강조를 둔다. 서신의 과정에서 바울은 자기 자신과 데살로니가인들에 대해서 많은 이야기를 했지만 결국에 마지막 단어는 그들에 대한 것이 아니라 하나님에 대한 것이다. 그가 상기하게 하기를 원하는 마지막 말씀은 예수 그리스도를 통해서 우리를 부르시고 구원하셨던 분, 전능과 거룩으로 성령을 우리에게 주신 분, 예수가 재림하실 때 그의 나라와 영광으로 우리를 데려오실 분, 곧 하나님이시다. 이런 점에서 5:24에서 두 '신학'적인 확증—사실상 로마서 8장의 후반부를 한 문장으로 요약한 것—은 강조할 만하다. "너희를 부르신 분은 '신실'하시고 그는 그것을 '행하실' 것이다." 즉 하나님은 약속하신 모든 것을 행하실 뿐 아니라, 하나님은 신뢰할 만하고 의존할 수 있기 때문에 그것을 사실상 행하실 것이다.

다시 말해서 우리의 장래는 전적으로 하나님의 권능과 신실하심에 달려 있다. 바울은 상당히 1:1에서 연결했던 방식으로 "은혜", "평강", "하나님 아버지 안에서" 그리고 "주 예수 그리스도"란 어구들을 함축했다. 여기서 그는 신자로서 우리의 장래란 전적으로 메시아 예수를 통해서 이 사실을 드러내셨던 하나님의 권능과 신실하심에 달려있다는 것이다. 만약 그것이 시작할 수 있는 좋은 지점이라면, 끝낼 수 있는 좋은 지점이기도 하다. 우리는 "우리 주 예수 그리스도의 오심"을 고대한다(5:23).

데살로니가후서 1:1-12

1 바울과 실루아노와 디모데는 하나님 우리 아
버지와 주 예수 그리스도 안에 있는 데살로
니가인의 교회에 편지하노니
2 하나님 아버지와 주 예수 그리스도로부터 은
혜와 평강이 너희에게 있을지어다
3 형제들아 우리가 너희를 위하여 항상 하나님
께 감사할지니 이것이 당연함은 너희의 믿음
이 더욱 자라고 너희가 다 각기 서로 사랑함
이 풍성함이니
4 그러므로 너희가 견디고 있는 모든 박해와
환난 중에서 너희 인내와 믿음으로 말미암아
하나님의 여러 교회에서 우리가 친히 자랑하
노라
5 이는 하나님의 공의로운 심판의 표요 너희로
하여금 하나님의 나라에 합당한 자로 여김을
받게 하려 함이니 그 나라를 위하여 너희가
또한 고난을 받느니라
6 너희로 환난을 받게 하는 자들에게는 환난으
로 갚으시고
7 환난을 받는 너희에게는 우리와 함께 안식으
로 갚으시는 것이 하나님의 공의시니 주 예
수께서 자기의 능력의 천사들과 함께 하늘로
부터 불꽃 가운데에 나타나실 때에
8 하나님을 모르는 자들과 우리 주 예수의 복
음에 복종하지 않는 자들에게 형벌을 내리시
리니
9 이런 자들은 주의 얼굴과 그의 힘의 영광을
떠나 영원한 멸망의 형벌을 받으리로다
10 그날에 그가 강림하사 그의 성도들에게서 영
광을 받으시고 모든 믿는 자들에게서 놀랍게
여김을 얻으시리니 이는 (우리의 증거가 너
희에게 믿어졌음이라)
11 이러므로 우리도 항상 너희를 위하여 기도함
은 우리 하나님이 너희를 그 부르심에 합당
한 자로 여기시고 모든 선을 기뻐함과 믿음
의 역사를 능력으로 이루게 하시고
12 우리 하나님과 주 예수 그리스도의 은혜대로
우리 주 예수의 이름이 너희 가운데서 영광
을 받으시고 너희도 그 안에서 영광을 받게
하려 함이라

원 의미

1-2절은 서신의 머릿말을 형성한다. 그것은 데살로니가전서의 서언을 긴밀하게 따른다. 유일한 차이는 모두 바울의 다른 (나중에) 서신들에서 발견되는 유형들의 방향에서다.

서신적인 관점에서 1:3-12은 서신의 "감사" 항목을 형성한다. 바울의 감사의 복합적인 특징(갈라디아서를 제외하고서 모든 서신에 나타남)은 데살로니가전서 1:2-10의 논의에서 지적했다. 여기서 동일한 것을 말할 수 있다. 바울은 이 감사 항목에서 기도할 뿐 아니라 찬양하고 교훈한다.

수사학적인 관점에서 1:3-12은 '엑소디움' 또는 서론으로 기능한다. 그것은 두 가지 주요한 목적을 갖는다. (1) 서신의 논조나 분위기를 설정하는 반면에 청중으로부터 깊은 애정을 느끼게 하고, (2) 서신의 주요한 주제를 선언한다. 1:3-4에서의 찬양과 확증이 전자의 목적을 이루고, 1:5-10은 서신의 중심적인 주제, 즉 "주의 날"을 제기한다.

문법적으로 전체 항목은 헬라어에서 단 세 문장으로 구성되어 있다: 1-2절(서언), 3-10절, 그리고 11-12절. 내용적인 측면에서 NIV(참조. NRSV, NAB)가 긴 두 번째 문장을 두 단락으로 구분하는 것은 옳다. 첫 항목(3-4절)은 적절한 감사를 형성하고, 두 번째 항목(5-10절)은 대체로 교훈적이며 성격상 격려적이다. 마지막 단락(11-12절)은 "기도 보고"라 불리는 것이다—즉 실제 기도라기보다는 기도에 관한 보고.

서언(1:1-2)

두 사소한 차이를 제외하면, 1-2절은 바울이 데살로니가전서에서 썼던 것과 동일하다. (1) 첫 번째 차이는 "아버지"에 "우리의"를 첨가하고 있다. 그것은 바울이 그의 다른 서신들에서 흔히 행하고 있는 사례다. 하나님을 "우리의" 아버지로 지칭한 것은 "그리스도인들이 비유적인 의미에서 하나님의 가족을 형성하는 개념을 반영해주고, 신자들을 하나님의 자녀들로 일컫는 본문들과 유사하다(참조. 롬 8:14; 갈 3:26; 4:4-7)."[1] (2) 다른 차이는 2절에서다. 거기서 "은혜와 평강"의 근원(살전 1:1에서 바울은 그것을 가정한다)이 "하나님 아버지와 주 예수 그리스도"로 명백하게 지정되고 있다. 동일한(또는 유사한) 어구가 데살로니가전서와 골로새서(그것들은 오직 "하나님 아버지"만을 갖는다)를 제외하고서 바울서신의 모든 곳에서 발견된다. 이 구절들의 의미에 대해서는 데살로니가전서 1:1의 논의를 보라.

1. C. A. Wanamaker, *Thessalonians*, 213.

감사(1:3-4)

감사하는 것에 대한 1:3a의 진술(다음에 2:13에서 반복됨)은 바울이 데살로니가전서 1:2에서 썼던 것을 긴밀하게 반영한다. "이것이 당연함은"이란 어구처럼 "해야 한다"(we ought)는 말은 바울의 글에서 달리 평행되는 것이 없다. 일부 사람들은 여기서 감사를 기쁨보다는 의무로 간주할 것을 주장하고, 그것을 비바울적인 저자가 이 서신을 쓴 것임을 나타내는 것으로 취한다. 하지만 이런 사고는 1:3b에서 주어진 감사의 두 이유를 간과하고 있는 것이다: 데살로니가인들의 "믿음이 더욱더 자라고 있고", "다른 사람들을 위해 그들이 갖고 있는 사랑이 풍성하다"—바울이 데살로니가전서 3:10, 12에서 기도하고 있다고 말했던 바로 그 일.[2] 데살로니가후서 1:3a에서 "책임"감은 의무가 아니라 데살로니가인들이 경험한 거룩한 영적 성장을 하나님께 감사함으로 파생된 것이다. 이 감사가 아주 압도적이어서 그것에 대해서 감사할 수밖에 없었다.

믿음과 사랑으로 데살로니가인들이 성장한 것(참조. 살전 1:3)은 아주 어려운 상태에서 발생했다. 계속되는 "박해"('디오그모이스'; 참조. 행 8:1; 롬 8:35; 고후 12:10)와 "환난"('들립세신', NIV의 "시련"; 참조. 살후 1:6; 또한 살전 1:6; 3:3, 7). 교회의 환경은 바울이 첫 서신을 썼던 시기와 많이 바뀐 것으로 보이지 않는다(참조. 살전 3:1-5). 하지만 어려운 외적 환경이 믿음과 사랑의 중요한 영역에서 교제의 성장을 방해하지 못했다. 어려운 외적 환경은 교회의 성장을 오히려 촉진시켰을 것이다.

따라서(NIV "therefore", "그러므로"—개역개정) 바울은 데살로니가인들에 대해서 다른 교회들에 감사하고 "자랑하는"(참조. 살전 2:19) 이유를 두 가지 보고한다. 그것은 그들이 보여주었던 "인내"(참조. 3:5; 또한 살전 1:3, "소망의 인내")와 "믿음"(주로 "신뢰"란 의미에서, 하지만 아마도 "신실함"이란 의미를 약간 담고 있는)이다. 요컨대 바울에게서 데살로니가의 형제와 자매들은[3] 어려운 상태에서 인내하는 기독교적인 헌신을 모범적으로 보여주고 있다.

---

2. Lightfoot은 두 동사들이 "세심하게 선택되어 있다"고 지적한다. "전자는 내적이고 유기적인 성장을 함축하고, 후자는 땅을 괴롭히는 홍수처럼 보급력이 있는 확장적인 특징을 함축한다"(*Notes on Epistles*, 98).

3. 헬라어 '아델포이', "형제들"(1:3)은 단지 남성 멤버들만이 아니라 전체 공동체를 포함한다. 그 용어의 의미에 대해서는 살전 1:4의 주석을 보라.

가르침과 격려(1:5-10)

1:5에서 바울은 "이 모든 것"—즉 그가 감사하다고 방금 언급했던 네 가지 이유—이 동시에 "하나님의 의로우신 심판"(NIV "하나님의 심판은 의롭다")의 "증거"(명백한 지침이라는 의미에서)라고 말한다.[4] 환난과 박해의 의미는 잠재적으로 모호하다. 그러한 경험은 하나님에게 적대적인 세력들에 의한 하나님의 백성들에 대한 공격이나 하나님의 백성들이 자신들의 죄로 인해 당하는 벌로 해석될 수 있다. 바울은 데살로니가인들이 박해 가운데서도 인내하고 신뢰하고 있다는 사실을 그것이 심판이 아닌 하나님의 복의 표지로 해석한다. 하나님께 신뢰를 두고 있는 데살로니가인들은 하나님에게 적대적인 세력들에 의해 공격을 당하고 있다고 바울은 시사한다.[5] 나아가서 그들의 고난 가운데서 그들에게 나타난 복이 보여주는 것처럼 하나님은 그 상황을 올바르게 심판하셨다(1:5, "공의로운 심판"—개역개정).

다시 말해서 데살로니가인들이 보여준 성장, 풍요, 그리고 믿음은 실로 그들이 하나님의 백성들의 일원이라는 증거를 전달해준다. "따라서" 그들은 "하나님의 나라에 합당한[이 동사에 대해서는 1:11의 주석을 보라] 자로 여김을 받게" 될 것이다. 데살로니가전서 2:12에서 바울은 "하나님의 나라와 영광으로 너희를 부르신 하나님께 합당한 삶을 살도록" 그들에게 촉구했다. 여기에 데살로니가후서 본문에서 그는 그들이 하나님의 능력으로 사실상 그러한 삶을 살고 있다는 확신을 제공하며, 그는 그들이 겪고 있는 계속된 박해와 환난이 그 반대의 증거가 아니라 사실상 그것을 확증하는 증거임을 이해하도록 돕는다.

헬라어 어순에 의하면 "하나님의 나라에 합당한 자로 여김을 받게 하려 함이니"(1:5b, 개역개정)란 어구와 관련하여 약간에 모호함이 있다. (1) 그것을 "하나님의 심판"이나 "박해와 환난"과 함께 취할 수 있다. (2) 이 어구는 목적("하기 위해서")이나 결과(…인해)를 나타낼 수 있다. 1:5의 마지막 어절("그 나라를 위하여

---

4. "이 모든 것"(NIV: "즉", NRSV: 이 어구는 헬라어에는 없지만 구문에 함축되어 있다)의 선행사는 모호하다. 나는 그것을 1:3에서 "왜냐하면"('호티') 이후에 언급된 모든 이유들로 취한다(유사하게는 J. R. W. Stott, *The Gospel and the End of Time*, 146). 그것이 데살로니가인들의 인내와 믿음이라는 견해에 대해서는 I. H. Marshall, *1 and 2 Thessalonians*, 172-73; F. F. Bruce, *1 and 2 Thessalonians*, 149; E. Best, *Thessalonians*, 254-56; E. J. Richard, *Thessalonians*, 304, 316-18을 보라. 선행사가 박해와 환난(NIV "시련들")이라는 견해에 대해서는 C. A. Wanamaker, *Thessalonians*, 220-23을 보라.
5. 예수를 따름으로써 받는 고난의 개념에 대해서는 살전 3:4의 주석을 보라.

너희가 또한 고난을 받느니라")과 데살로니가전서 2:1(거기서 데살로니가인들의 행위가 바울에 의해 "하나님께 합당하다"는 개념과 연결된다)에 비추어, 이 어구가 "박해와 환난"과 연결되어야 할 가능성이 높은 것으로 보인다. 나아가서 이런 결정은 이 어구가—정확하게 NIV가 번역하고 있는 것처럼—목적보다는 결과를 나타낸다는 것을 강력하게 암시한다.

> 독자들이 하나님의 통치에 합당한 것으로 보여주기 위해서 고난을 받는 일이 필요하다는 것이 아니다. 저자는 단지 고난의 경험으로 인해 그들이 하나님에 의해 합당하게 여겨졌다는 사실로 그들을 위로하기를 확실히 원했다.[6]

1:6에서 바울은 (1:5a에서) 하나님의 의로우신 심판의 개념을 취하여 발전시킨다. 그는 이 심판에 대해 두 측면, 즉 부정적인 측면(6절, 하나님의 백성들을 "괴롭히는 자들"에 대한 징벌)과 긍정적인 측면(7a절, "환난을 받는 자들에 대한 안식")이 있다고 말한다. 부정적인 측면은 1:8-9에서 더 자세히 논의된다. 하나님의 백성들을 괴롭히는 자들은 "하나님을 알지 못하는 자들", 즉 "우리 예수의 복음을 순종하지 않는"[7] 자들로 분류되는 큰 무리들의 일부다(8절). 두 번째 어절은 첫 번째 어절이 단순한 무지가 아니라 의지적인 거부를 말하고 있음을 분명히 한다(참조. 아래 2:19; 또한 롬 1:18-23, 25, 28; 요 17:3과 대조됨).

이 무리가 경험할 징벌('엑스디케시스', 1:8; 롬 12:19에서 "복수"로 보통 번역되는 것과 동일한 명사, 참조. NRSV)이 9절에서 확인된다. "닫히다, 떠나다"(and shut out)란 단어는 헬라어 본문에는 없는데, 단지 "주의 임재와 그의 능력의 영광으로부터 영원한 멸망"이라고 적혀 있다("everlasting destruction 'and shut out' from the presence of the Lord and from the majesty of his power"—NIV). 이것

---

6. C. A. Wanamaker, *Thessalonians*, 223; 참조. F. F. Bruce, *1 and 2 Thessalonians*, 149. 하나님의 통치나 "나라"에 대한 개념에 대해서는 살전 2:12의 주석을 보라.
7. 구약성경의 용법에 비추어, 어떤 이들은 "하나님을 알지 못하는 자들"(참조. 시 79:6; 렘 10:25)은 이방인들을 가리키고, "복음을 순종하지 않는 자들"(참조. 사 66:4 LXX; 롬 10:16)은 유대인들을 가리킨다고 주장한다(예를 들어, I. H. Marshall, *1 and 2 Thessalonians*, 177-78; 참조. NRSV). 하지만 이런 구분은 구약성경(참조. 렘 4:22; 9:3; 6; 호 5:4)이나 바울의 사용(참조. 롬 11:30-32)에서 일관되게 유지될 수 없다(참조. 롬 11:30-32). 게다가 이 단락은 구약성경 예언의 시적인 형태에 두어져 있고, 두 어절들은 동의어적인 대구법의 사례다. 그것들은 유대인과 이방인을 포함하는 단일한 그룹을 함께 지칭한다(F. F. Bruce, *1 and 2 Thessalonians*, 151-52; C. A. Wanamaker, *Thessalonians*, 227).

은 바울이 두 가지(멸망과 분리)가 아니라 한 가지를 말하고 있음을 암시한다. 문장의 이 두 번째 부분은 그가 첫 번째 부분에서 의미하는 것을 정의한다: "영원한 멸망", 즉 주의 임재와 영광으로부터의 분리(이 어구에 대해서는 심판의 단락인 사 2:10, 19, 21을 참조하라).[8] 다시 말해서 "멸망"에 대한 바울의 정의(참조. 살전 5:3)는 여기서 주와 항상 함께 있고(살전 4:17) 하나님의 영광을 나누는 것으로서(롬 8:17-18, 30; 고후 4:17; 빌 3:21) 구원에 관한 다른 곳에서의 그의 정의와 정확히 대칭된다.[9]

7a절에서 처음 언급했던 하나님의 심판에 관한 긍정적인 측면("안식")이 10절에서 설명된다(간단할지라도). "복음을 불순종하는"(1:8) 사람들과 첨예하게 대립되는 "믿는 사람들"은 주의 임재와 영광(다른 무리들이 경험하지 못하는 바로 그것)을 경험할 것이다. 이것은 주가 "그의 성도들에게서 영광을 받으시기" 때문이다.[10] 그들은 "칭송하거나" (이전 어구와의 평행에 비추어) 아마도 "경배하다"란 의미에서 역시 "놀랄" 것이다.

10절의 마지막 부분에서 바울은 그의 요지를 데살로니가인들에게 직접적으로 적용시킨다: 주의 임재를 경험하는 무리는 "너희를 포함한다"는 것을 확증한다. 현재 그들의 고난이란 상황 속에서 이 진술은 확증하고 위로한다(따라서 1:3-4의 요지를 강화시킨다). 동시에 그것은 그들이 다른 범주에서 발견되지 않도록 인내를 유지하라는 감추어진 권면이다.

바울이 이야기하고 있는 모든 것은 "주 예수가 하늘로부터 나타나실 때"(1:7b),

---

8. 유사하게 F. F. Bruce, *1 and 2 Thessalonians*, 152; I. H. Marshall, *1 and 2 Thessalonians*, 179; C. A. Wanamaker, *Thessalonians*, 229; L. Morris, *The First and Second Epistles to the Thessalonians*, 204-5. 1:9의 여기서 '멸망'라는 용어는 때로는 멸절의 의미로 취해진다. 이것은 언어적으로 가능하지만 "불경한 자들의 마지막 멸절의 개념이 바울에게서 증거가 없는 것처럼, '영원한 멸망'이란 표현은 하나님의 대적자들을 기다리고 있는 처벌의 심각함을 나타내는 것으로서 비유적인 방식으로 취해야 할 것이다" (C. A. Wanamaker, *Thessalonians*, 229).

9. 또한 유사한 어구인 "영원한 벌"("벌"에 대해서는 다른 헬라어가 사용된다)이 "영원한 생명"과 대조되어 정의되고 있는 마 25:46을 참조하라. 영원한 벌은 영원한 생명이 아니다.

10. 'en'("안에") 전치사가 (1) 위치(예. NIV의 "그의 거룩한 백성들 안에"; 참조. L. Morris, *The First and Second Epistles to the Thessalonians*, 206), (2) 원인(예. "그의 거룩한 백성들 때문에"; 고로 J. E. Frame, *Thessalonians*, 237), (3) 수단(예. NRSV의 "그의 거룩한 백성들에 의해서"), 또는 (4) 임재("그의 거룩한 백성들의 임재로; 고로 C. A. Wanamaker, *Thessalonians*, 231)를 나타낼 수 있다. 선택 (3)는 선택 (4)의 개념을 내포하고(적어도 함축적으로), 이어지는 어구도 역시 좋은 의미를 만들어준다; 그러므로 그것은 바람직한 선택일 것이다(참조. I. H. Marshall, *1 and 2 Thessalonians*, 180). 그 어구의 구약성경의 배경에 대해서는 시 88:8을 참조하고, 이어지는 어구에 대해서는 시 67:36이나 아마도 88:6을 참조하라.

즉 "그가…그날에 오실 때"(1:10, NRSV)에 발생할 것이다.[11] 이것은 바울이 그의 첫 번째 서신에서 예수의 "오심"('파루시아', 살전 4:15)이나 "주의 날"(5:2)과 관련해서 언급했던 것과 동일한 사건이다. 사실상 "나타나다"란 어구는 명사 '아포칼립시스'("계시"; 참조. 롬 2:5; 고전 1:7; 상응하는 동사에 대해서는 롬 8:18; 살후 2:3, 6, 8을 보라)를 번역한 것이다. 바울은 현재에 가려짐이나 감추어짐의 뉘앙스 때문에 ('파루시아'보다) 이 용어('아포칼립시스')를 사용한다. 예수가 현재에 참으로 주이실지라도, 창조의 모든 것이 아직 그 사실을 인식하거나 알지 못한다—실로 어떤 이들은 주의 백성들을 적극적으로 박해한다. 하지만 예수의 주되심을 모든 사람들이 명확하게 보게 될 날이 오고 있다. 그 결과를 바울은 6-10절에서 요약한다(즉, 심판이나 구원).

기도 보고(1:11-12)

이 구절들에서 바울은 5-10절의 핵심적인 주제의 일부를 (살전 3:11-13에서처럼 실제적인 기도라기보다) 기도 보고 속에서 반복한다. 거기서 그는 그들을 위한 그의 "끊임없는"(참조. 살전 1:2) 기도의 내용(살후 1:11)과 목적(1:12)을 데살로니가인들에게 알린다. (1) 그의 첫 번째 간청(그것은 5절의 개념을 재개한다)은 "하나님이 너희를 그 부르심에 합당한 자로 여기시는" 것이다. 여기서 동사('악시우')는 5절의 동사('카탁시우')의 단순한 형태다. 이 두 동사들이 "가치 있게 만들다" 또는 "가치 있다고 생각하다"를 의미하는 것인지는 상당히 논쟁이 된다. 첫 번째 선택은 문맥에 더 잘 들어맞지만 두 번째 선택은 다른 곳에서의 용법과 더 잘 들어맞는다.[12] 하나님의 "부르심"('클레시스', 관련된 동사에 대해서는 살전 2:12; 4:7; 5:24을 참조하라)은 본질적으로 하나님의 "선택"('에크로게', 살전 1:4; 또한 살후 2:13-14을 보라)과 동등하다.

---

11. 주의 재림에 동반되는 현상과 관련해선 살전 4:13-18의 주석을 보라. 불의 심상은 그 사건의 심판적인 양상을 강조한다. 예를 들어, 세례요한의 말(마 3:10, 12)과 사 66:15-16의 구약성경의 배경을 참조하라. 실로 변호와 복수의 주제를 갖는 사 66장(예. 66:4, "주의 손은 그의 종들에게 알려질 것이지만, 그의 격노는 그의 대적자들에게 보이게 될 것이다")은 현재의 단락을 조명해준다.

12. "가치 있게 만들다"에 대해서는 I. H. Marshall, *1 and 2 Thessalonians*, 182; E. J. Richard, *Thessalonians*, 310; E. Best, *Thessalonians*, 268-69을 보고, "가치 있다고 생각하다"에 대해서는 C. A. Wanamaker, *Thessalonians*, 233; L. Morris, *The First and Second Epistles to the Thessalonians*, 197-98, 209을 보라.

(2) 다른 간청은 하나님이 "너희의 모든 선한 목적[참조. 롬 10:1; 빌 1:15; 2:13]과 너희 믿음으로 촉발된 모든 행위"(살전 1:3과 동일한 어구)를 "이루거나" "완성하시리라"—이 동사는 이미 시작된 것을 마친다는 개념을 갖는다—는 것이다. 이 두 어구들은 중언법의 경우와 같다. 두 번째 어구는 첫 번째 어구를 설명한다. 하나님의 능력에 대한 강조는 성령을 통해 하나님(참조. 살전 1:5)이 데살로니가인들 가운데서 역사하시고[13](참조. 살후 1:3-5), 따라서 그들이 환난에서 홀로 있지 않다는 사상을 강화시킨다.

11절이 5절을 반영했던 것처럼, 12절에서 목적의 진술은 10절을 반영한다(참조. 또한 사 66:5; 실로 사 66장에서의 이미지들이 이 단락 전반에서 나타난다). 그러나 여기서 이전에 언급되지 않은 상호성의 요소가 있다("그 안에서 너희도"). 또한 고려되고 있는 시간 구조가 다르다: 10절에서 그것은 미래이지만(종말론적), 12절에서는 현재에 강조가 있다. 즉 하나님의 백성들이 사실상 부르심에 합당한 방식으로 살아갈 때(참조. 살전 2:12; 또한 빌 1:27; 골 1:10), 그 결과는 "우리 주 예수의 이름"이 현재에 영화롭게 된다는 것이다. 파루시아에서 발생할 미래의 영광을 전조하면서 말이다(살후 2:10).[14]

나아가서 주와 그의 이름이 영화롭게 된다는 것은 그를 따르는 자들의 영광을 낳는다("너희도 그 안에서"). 그것은 지금 신자의 삶에서 성령의 역사로 시작되어(고후 3:18), 파루시아 곧 예수의 재림에서 "하나님의 자녀들의 영광스러운 자유"의 계시에서 정점을 이루는 과정이다(롬 8:18-21; 참조. 빌 3:20-21).

이 모든 것은 오직 "우리 하나님과 주 예수 그리스도의 은혜"(12절)에 따른 것이다.[15] 은혜가 과거에 구원의 최초 경험과 아주 자주 연관되어 있다는 사실이 구원의 현재(참조. 롬 5:2, "지금 우리가 서 있는 은혜")와 미래 역시 은혜의 문제라는 사실을 간과하지 않게 해야 한다. "우리 하나님과 주 예수 그리스도"(직역하면 "우리의 하나님과 주 예수 그리스도")란 어구와 관련해서, "하나님"과 "주"가 예수를 가리킬 가능성이 있다(단일한 관사가 전체 어구를 통제한다). 하지만 인접한 문맥(11절에서 "우리의 하나님"은 12a절에서 "주 예수"와 구분되는 성부 하나님이시다)과 데살로니가서신들의 다른 곳에서의 용법을 고려할 때(살전 1:3; 3:11;

13. 유사하게는 G. D. Fee, *God's Empowering Presence*, 70.
14. 참조. 롬 15:7: 신자들이 그리스도가 그들을 수용했던 것처럼 서로를 수용할 때, 죄로 인해 상실되었지만 파루시아에서 완전히 회복될 영광을 지금 엿보는 일이 가능하다(5:2; 8:18-24).
15. "은혜"에 대해서는 살전 1:1의 주석을 보라; 또한 5:28, 살후 1:2; 2:16; 3:18을 보라.

3:13; 살후 1:1-2; 참조. 2:16), 그것은 그럴 것 같지 않다. NIV가 정확하게 그 의미를 포착하고 있다.[16]

상황잇기

이 복합적인 항목에서 많은 주제들, 토픽들, 그리고 요소들이 데살로니가전서에서 이미 나타났거나 유사한 평행들을 가졌다. (상황잇기와 현대적 의미와 관련해서) 서언을 접근하는 방식에 대해서는 첫 서신의 서언에서의 논의를 보라(살전 1:1). 데살로니가후서 1:1-2는 데살로니가전서의 서언과 거의 다르지 않다. 사랑, 믿음, 그리고 인내와 관련해서는 데살로니가전서 1:2-3의 주석을 보라. 하나님의 주도하심과 인간의 책임간의 관계에 관한 문제가 데살로니가후서 1:11에서 부상하는데(참조. 또한 2:13-15; 3:3-4), 그것에 대해서는 데살로니가전서 3:9-13의 주석(현대적 의미)을 보라.

이 단락의 서두에 감사(1:3-4)와 말미에 간구적인 기도 보고(1:11-12)와 관련해서는 데살로니가전서 3:9-13의 논의(상황잇기와 현대적 의미)를 보라.[17] 데살로니가인들이 행했던 것에 대해서 감사하고 하나님이 장래에 그들을 통해서 이루실 것을 기도함으로써 바울은 은연중에 역시 그들을 격려하고 있다.

박해의 문제는 분명히 이 단락에서 주요한 관심사다. 데살로니가전서에서처럼, 바울은 공공연히 적대적인 세계에서 특히 그리스도와 복음을 위해 살아감으로써 발생하는 "박해와 환난"(4절)을 염두에 두고 있다.[18] 따라서 내가 데살로니가전서 3:1-5에서 이 주제에 대해서 말했던 것(참조. 또한 1:6; 2:13-16)과 이 단락이 관련이 있음으로 그것을 (상황잇기 항목을 포함해서) 역시 살펴보아야 한다. 특히 거기서 현대적 상황이나 환경이 데살로니가인들의 상황이나 환경에 어떻게 그리고 어떤 방식으로 유사한지에 관한 논의는 여기서 중요하다.

바울이 박해에 관해서 이전에 언급했던 것과 더불어, 데살로니가후서 1장은 이전에는 나타나지 않았던, 이 논의에 중심적인 주제에 관한 특별한 관점을 갖는다. 이는 '하나님의 정의의 문제와 관련한' 박해의 문제다.

---

16. 참조. Murray J. Harris, *Jesus as God. The New Testament Use of Theos in Reference to Jesus* (Grand Rapids: Baker, 1992), 265-66.

17. 더 자세한 것은 D. A. Carson, *A Call to Spiritual Reformation: Priorities from Paul and His Prayers* (Grand Rapids: Baker, 1992), 39-62을 보라. 카슨은 살후 1:1-12에 두 장을 할애하여 이 단락이 "기도의 구조"와 "가치 있는 간구"에 대해서 드러낸 것을 논한다.

18. 바울은 롬 8:17-30에서 일반적으로 고난을 논한다.

박해와 하나님의 정의(正義). 우리가 하나님의 정의에 관한 문제가 왜 발생했고 어떻게 발생했는지를 확실히 알지는 못할지라도, 그것은 주의 날이 이미 이르렀는지에 대한 혼란과 긴밀하게 연관되어 있는 것으로 보인다(2장의 주제). 데살로니가전서에서 바울은 데살로니가의 신자들에게 (1) 그들이 겪고 있는 시련이나 고난은 그들에 대한 하나님의 심판으로 인한 것이 아니라 하나님의 말씀, 즉 복음에 대한 그들의 충성 때문이었다는 것을 알렸고(살전 1:6; 2:14; 3:4), (2) 주의 날이 동반되는 심판과 함께 이를 때, 그들은 진노가 아니라 구원을 경험하게 될 것이다(5:9). 요컨대, 다가올 주의 날은 그들의 고난을 끝내게 할 것이다—바울이 데살로니가후서 1:7에서 언급하고 있는 "안식."

하지만 첫 서신이 전달된 이래로 새로운 전개가 있었다. 데살로니가후서 2:2에 비추어볼 때, 적어도 회중의 일부가 주의 날이 이미 도래했다고 설득되었던 것처럼 보인다. 하지만 그것이 사실이라면, 왜 그들은 여전히 박해를 받고 있었는가? 의로운 자들은 변호를 받으며 오직 악한 자들만이 예수의 재림 후에 고난과 심판을 당하게 될 것으로 예상되어 있었다. 하지만 1장이 분명히 하는 것처럼, 그들은 여전히 박해를 받고 있고, 오히려 아마도 이전보다 더 심각하게 박해를 받고 있었다. 이것은 무엇을 의미하는가? 그러한 환경 하에서 하나님의 정의와 심판에 관한 질문이 손쉽게 발생할 수 있었음을 우리는 상상해 볼 수 있다.

바울은 두 가지 방식으로 이 문제에 반응한다. 2장에서 그는 하나님이 의로우신가에 관한 질문을 파생시켰던 주의 날의 도래와 관련한 오해를 바로 잡는다. 그러나 그 전에 그는 그 질문 자체를 언급한다. 그의 대답은 비교적 직설적이다. 입증을 필요로 하지 않는 금언처럼 거의 그는 "하나님이 의로우시고"(1:6) "[그의] 심판이 정당하다"(1:5)는 것을 주장한다. (2) 그는 하나님의 심판의 의와 정당함이 "주 예수가 하늘에서부터 나타나실 때"(1:7) 모든 사람들에게 분명해질 것임을 확증한다.

하나님의 정의와 심판에 관한 공적인 변호를 미래에 둠으로써, 바울은 현재에 그리고 지금 그들의 상황에서 하나님이 정당하지 않으신 것처럼 실로 보일 수 있음을 암묵적으로 인정한다. 이런 점에서 그의 대답은 전도서 저자의 관점과 상당히 일치한다. 전도서 저자는 만약 순전히 인간적인 관점에서 사물들을 바라본다면—즉 "해 아래"—하나님이 의로우신 것처럼 보이지 않는다. 의로운 자가 일찍 죽고 가난하지만, 악한 자가 오래 살고 부유하기 때문이다(전 7:15). 비슷하게 아래 구절도 있다(전 4:1).

보라 학대 받는 자들의 눈물이로다
　그들에게 위로자가 없도다
그들을 학대하는 자들의 손에는 권세가 있으나
　그들에게는 위로자가 없도다.

하지만 전도서 저자는 단순히 인간의 관점에서 알거나 관찰하는 것보다 더 큰 실재와 삶이 있다고 연이어 확증한다. 이 눈에 보이는 삶이 모든 실상이 아니다. "하나님이 모든 행위와 모든 은밀한 일을 선악 간에 심판하실"(12:14) 때가 온다. 이것이 본질적으로 바울이 데살로니가후서 1:7-10에서 만들고 있는 요지다. 바울은 그 단락에서 정의의 범주가 정돈될 하나님의 다가올 심판을 묘사한다.

그러나 한 가지 중요한 점에서 바울은 전도서와 다르다. 그는 하나님의 정의의 변호를 미래에만 전적으로 두지 않는다. '이미' 계속되고 있는 박해에 직면해서 데살로니가인들의 믿음과 인내는 하나님의 정의의 분명한 표시(1:4-5)를 제공한다. 이런 개념은 빌립보서 1:28에서 바울이 말하고 있는 것과 유사하다. 복음에 대한 반대는 "그들에게는 멸망의 증거요 너희에게는 구원의 증거니 이는 하나님께로부터 난 것이라"(개역개정).[19] 요컨대 하나님의 백성들의 신실함은 바울의 관점에서 지금 하나님의 정의의 증거이고, 그것은 장래에 온전히 변호될 것이다.

이 요지에서 발생하지만 바울이 여기서 대답하지 않는 문제는 바로 이것이다: 하나님은 왜 그의 심판을 지체하시는가? 하나님은 왜 지금 그의 백성들을 변호하시지 않는가? 그는 그렇게 하시거나 관심을 가지실 수 없는가? 어떤 이들은 하나님의 정의의 개념을 간과하거나 배격하는 구실로서 하나님의 심판의 모습에서 "연기"(delay)를 붙잡았다. 로마서에서 바울은 한 가지 대답을 제시한다. 그것은 죄인들을 향한 하나님의 은혜로우신 인내하심의 문제다. 그가 로마서 2:4에서 말하는 것처럼, "네가 하나님의 인자하심이 너를 인도하여 회개하게 하심을 알지 못하여 그의 인자하심과 용납하심과 길이 참으심이 풍성함을 멸시하느냐"(또한 3:25을 보라).

지나가는 말로 우리는 데살로니가후서 1:6-8에서 데살로니가인들이 고난을 당하고 있는 이유를 암묵적으로 설명하는 것이 있음을 지적한다. 바울은 "너희로 환

19. 이 단락에 관해서는 Gordon D. Fee, *Paul's Letter to the Philippians*(NICNT: Grand Rapids: Eerdmans, 1995), 169-72; Frank Thielman, *Philippians*(NIVAC: Grand Rapids: Zondervan, 1995), 93-94, 100-101을 보라.

난을 받게 하는 자들"에게 임할 하나님의 다가올 심판이 "하나님을 모르는 자들과 우리 주 예수의 복음에 복종하지 않는 자들"에게 임할 것이라고 말한다(1:8). 다시 말해서 데살로니가인들을 박해하고 있는 사람들은 단지 데살로니가인들이 미워서가 아니라 데살로니가인들이 믿고 신뢰하고 있는 하나님에게 적대적이기 때문에 그들을 박해하고 있다.

마지막으로 하나님이 그의 백성들을 변호하실 것임을 바울이 주장할 때, 그가 출애굽기처럼 아주 오래된 주제를 반복하고 있음을 주목하는 것이 중요하다. 예를 들어, 신명기 32:40-41의 "모세의 노래"에서 하나님은 이렇게 선언하신다.

> 이는 내가 하늘을 향하여 내 손을 들고 말하기를
> 　내가 영원히 살리라 하였노라
> 내가 내 번쩍이는 칼을 갈며
> 　내 손이 정의를 붙들고
> 내 대적들에게 복수하며
> 　나를 미워하는 자들에게 보응할 것이라.

그리고 32:36, 43에서 하나님에 의한 이 선언은 모세의 입술에서 사실상 신앙고백이 된다.

> 참으로 여호와께서 자기 백성을 판단하시고
> 　그 종들을 불쌍히 여기시리니
> 곧 그들의 무력함과 갇힌 자나 놓인 자가 없음을
> 　보시는 때에로다…
> 너희 민족들아 주의 백성과 즐거워하라
> 　주께서 그 종들의 피를 갚으사
> 그 대적들에게 복수하시고
> 　자기 땅과 자기 백성을 위하여 속죄하시리로다.

이사야는 동일한 주제를 취하여, 거기서 격려의 말을 발견한다(사 35:4).

> 겁내는 자들에게 이르기를

굳세어라, 두려워하지 말라,
보라 너희 하나님이 오사
보복하시며
갚아 주실 것이라
하나님이 오사 너희를 구하시리라 하라.

예레미야 11:20(참조. 20:12)에서 그것은 선지자의 입에서 나오는 기도가 된다.

공의로 판단하시며
사람의 마음을 감찰하시는 만군의 여호와여
나의 원통함을 주께 아뢰었사오니
그들에게 대한 주의 보복을 내가 보리이다.

하나님이 그의 백성들을 참으로 변호하시고 그의 대적들을 복수하시리라는 모세와 이사야와 예레미야의 편에서 이런 확신 있는 소망은 "하나님이 의로우시다"는 바울의 확신하는 주장의 배경이다. 그것은 그의 진술의 의미에 대한 단서를 우리에게 제공한다. 하나님이 의로우시고 그의 백성들을 변호하실 것임을 선언하는 것은 하나님에 대한 믿음의 고백과 사실상 동일하다. 이런 점에서 바울은 박해에 직면하여 데살로니가인들이 보여준 인내는 하나님에 대한 신뢰와 소망의 선언과 다름없다. 이런 관찰은 우리가 오늘날 이 단락을 적용하는 방법을 생각할 수 있는 출발점을 제공한다.

성장하는 믿음. 이 항목을 떠나기 전에, 짧은 어구—데살로니가인들의 "믿음이 성장하고" 있다는 1:3에서의 바울의 관찰은 한두 마디의 설명을 필요로 하게 만든다. 사람들이 갖고 있거나 갖고 있지 않은 어떤 것(예를 들어, "아무개는 신앙을 잃었다")으로서, 다소 "믿음"의 정적인 상태를 생각하는데 익숙한 사람들에게서 이 어구는 약간 이상하게 들린다. 하지만 존 스토트가 지적한 것처럼, "믿음은 하나님에 대한 신뢰의 관계이고, 모든 관계성들처럼 그것은 살아 있고 역동성이 있으며 성장한다."[20]

아마도 적절한 유추는 우리가 "사랑"에 대해서 말하는 다양한 방식이다. 참으

20. J. R. W. Stott, *The Gospel and the End of Time*, 144.

로 우리는 어떤 사람이 "사랑 안에" 있거나 "사랑 안에 있지 않다고" 말한다. 하지만 우리는 역시 "사랑 안에" 있는 커플을 서로 사랑 안에서 자라가고 있는 것으로 말한다. 유사하게, 존 스토트가 지적한 것처럼, 믿음이 하나님과 생기있게 성장하는 관계라는 것을 깨닫는 한에서만, "믿음"을 사람들이 갖고 있거나 갖고 있지 못한 어떤 것으로 말하는 것이 부적절하지 않다.

현대적 의미

우리가 데살로니가전서를 먼저 다루고 나서 이 데살로니가후서의 장을 접하게 된다면, 이 단락의 많은 주제와 토픽은 유사하게 들릴 것이고, 따라서 다시금 그것들을 모두 다루는 것이 필요치는 않을 것이다. 한편으로 우리가 데살로니가전서가 아니라 데살로니가후서를 가지고 먼저 시작한다면, 이 장에서 훨씬 더 많은 것을 논의하거나 다루는 것이 필요할 것이다. 이 경우에 이전에 데살로니가전서 주석의 다양한 토픽에 관한 논의를 담고 있는 "상황잇기"에서 주어진 언급은 여기서 그것들을 다룰 때에 지침을 제공해주므로, 우리는 그것을 살펴보아야 한다.

그러나 어쨌든 이 장에서 독특하고, 여기서 묵상이 반드시 필요한 주제나 관점이 있다. 이것들에는 복음과 하나님의 정의의 문제에 대한 우리의 반응의 중요성과 결과를 포함한다.

차이를 만들어내는 선택. 현대 소비문화의 놓칠 수 없는 특징은 선택이다. 슈퍼마켓이나 백화점으로 들어갈 때, 우리는 선택의 혼란 속에 곧바로 둘러싸여 있는 자신을 발견하게 된다. 20여 가지 비누의 다양한 종류와 크기, 열다섯 가지의 서로 다른 과자 종류, 십여 가지의 화장지, 같은 백화점에 9개의 신발 가게, 기타 등등. 생산물의 범위와 다양성—그러므로 이런 선택들—은 끝이 없는 것으로 보인다.

하지만 심지어 선택의 범위가 다양할 때, 이런 선택의 중요성은 약해진다. 유사한 생산품들 간에 많은 차이는 실제적이기보다 피상적이다. 그것은 실제적인 차이가 없는 특징들을 포함한다. 비누의 모든 상품들은 효과적으로 깨끗하게 씻어준다. 나의 자동차는 내가 집어넣는 기름의 종류와 상관없이 잘 굴러간다. 우리가 선택하는 반경이 넓을수록 선택은 덜 중요한 의미를 갖는다. 우리를 설득시키려는 광고주들의 노력에도 불구하고 말이다. 결국에 사람들이 그날의 과정에서 만드는 대부분의 결정들이 사소하다. 얼마간 나의 삶은 내가 어제 샀던 비누의 다양함이나 화장지의 종류에 의해서 영향을 받지 않을 것이다. 아이러니하게도 현대 소비

문화의 두 번째 특징은 우리가 다양한 선택의 기회가 늘어날수록 이 선택들을 사소하게 여기는 경향이 있는 것으로 보인다.

아이러니하기보다는 비극적인 사실인 현대 문화의 또 다른 양상은 우리의 선택에 대한 책임을 회피하려고 하는 경향이 있다는 것이다. "책임을 회피하거나" 전가하는 경향을 모든 곳에서 관찰할 수 있다. 우리의 행동의 결과에 대한 책임을 지기보다 다른 사람이나 다른 것을 비난하기를 추구한다. 우리가 자라왔던 방식, 우리가 자라왔던 환경, 같이 살지 않았던 부모, 또는 역기능적인 것들. 반사회적이거나 개인적으로 파괴적인 행동은 의학적으로 치료를 받아야 하는 것이고, 이제는 인격의 흠이나 결점으로 간주되기보다 질병으로 취급된다. 파탄 상태의 이혼, 손쉽게 접근할 수 있는 유산(流産), 사소한 사회적 문제를 해결하는 수단으로서 소송, 또는 현재의 소비를 줄이지 않는 적자지출은 우리의 행동의 결과를 근본적으로 책임지지 않으려는 문화의 진전된 증거다.

하지만 모든 선택들이 사소한 것은 아니고, 또 우리가 선택한 모든 결과들을 피할 수 있는 것만이 아니다. "우리는 이 모든 것을 가질 수 있습니다"고 우리를 설득하려고 애쓰는 광고에도 불구하고, 우리는 다소 돌이킬 수 없는 결과를 갖는 배타적인 선택에 직면할 때가 있다. 이런 사례들에는 어떤 교육을 받을 것인가, 어떤 사람과 결혼할 것인가, 어떤 경력을 추구할 것인가, 약물을 사용할 것인가, 임신중절을 할 것인가, 어떤 헌신에 충실할 것인가에 대한 선택을 포함한다. 다시 말해서, 로비트 프로스트의 아주 유명한 시 중에 하나인 "가지 않은 길"의 한 어구를 빌린다면, 그것들은 우리의 삶의 형태와 구조에서 "큰 차이를 만드는" 선택이다. 이 시는 일부 이렇게 되어 있다.

> 단풍 든 숲 속에 두 갈래 길이 있었습니다
> 몸이 하나니 두 길을 가지 못하는 것을
> 안타까워하며, 한참을 서서…
> 그리고 다른 길을 택했습니다.…
> 아, 나는 한쪽 길은 훗날을 위해 남겨 놓았습니다!
> 길이란 이어져 있어 계속 가야만 한다는 걸 알기에…
> 숲 속에 두 갈래 길이 있었고,
> 나는 사람들이 적게 간 길을 택했다고
> 그리고 그것이 내 모든 것을 바꾸어 놓았다고.[21]

여기서 선택은 불가피하고("몸이 하나니 두 길을 가지 못하는 것을"), 결과는 돌이킬 수 없고("길이란 이어져 있어 계속 가야만 한다는 걸 알기에") 중요하다("나는 사람들이 적게 간 길을 택했다고 그리고 그것이 내 모든 것을 바꾸어 놓았다고").

하나님의 장래의 심판에 관한 1:5-10에서 바울의 묘사는 선택의 필연적이고도 피할 수 없는 선택에 초점을 맞춘다. "우리 주 예수의 복음"을 수용하거나 거부하는 결정(1:8). 불가피하게 심판의 시간이 닥칠 때, 복음에 반응해서 말씀을 믿고 하나님 안에 신뢰("믿음")를 두었던 사람들은 하나님의 임재 하심 속에서 "영원히 주님과 함께 있을" 것이다(살전 4:17). 그러나 복음을 거부했던 사람들은 주의 임재와 영광에서 "닫혀진"(살후 1:9) 자신을 발견하게 될 것이다.

여기서 우리는 존 스토트가 "경건한 대안"으로 묘사한 것을 찾을 수 있다. 복음을 믿음으로써 또는 "인간존재로서 참된 정체성에서 소외될" 사람들 가운데 그들 자신을 두기를 배격함으로써 "인간으로서 우리의 참된 정체성을 발견하고 성취할 수 있는 기회(웨스트민스터 소요리문답에 나오는 "하나님을 영화롭게 하고 그를 영원히 누리는 것"). "그렇지 않다면, '영광스럽거나' 성취를 이루는 것이 아니라 그들의 인간됨은 뒤틀리고 오그라들 것이며…그리스도의 영광으로 빛나는 것이 아니라 그들의 빛은 바깥 어두운 곳에서 소멸하게 될 것이다."[22]

데살로니가인들이 이미 만들었던 선택의 장래 결과에 관한 이 비전을 그들과 공유함으로써 바울은 그들이 어떤 박해를 겪든지 간에 그들을 부르신 하나님께 신실하게 남아 있을 것을 격려하기를 추구한다(1:11). 데살로니가인들과 같은 선택을 한 우리들에게 그것은 동일한 격려를 제공한다. 그러나 아직 그런 결정을 하지 못한 사람들에게 그것은 반드시 해야 하는 결정의 돌이킬 수 없는 결과, 즉 큰 차이가 있는 피할 수 없는 선택의 섬뜩한 세계로 우리를 직면하게 한다.

하나님의 정의를 선언하기. 오늘날 데살로니가의 상황과 유사한(동일하지는 않을지라도) 상황에 있는 자신을 발견한 신자들에게서—즉 복음을 위해 박해를 받거나 고난을 당하는—이 단락의 적용은 분명하다. 하나님이 의로우시고 그의 백성들을 변호하신다는 사실을 선언한 것으로 인해 '부당한 대우를 받는 것을 참아내는

---

21. Robert Frost, "The Road Not Taken," *Collected Poems of Robert Frost*(Garden City, N.Y.: Garden City Publishing, 1942), 131.
22. J. R. W. Stott, *The Gospel and the End of Time*, 154; see John Piper, *Desiring God: Meditations of a Christian Hedonist*(Portland, Ore.: Multnomah, 1986).

것.' [23] 그러한 신실한 인내는 하나님이 존재하시고 또한 "[그의] 심판이 옳고"(1:5) "의롭다"(1:6; 참조. 롬 3:25-26)는 것을 분명히 "증거"(1:5)하는 것이라고 바울은 말한다. 그처럼 고난 가운데서 신자의 인내는 박해자가 잘못되었고 그들은 하나님을 적대하는 것이라는 담대한 선언을 형성한다. 다시 말해서 인내는 하나님에 대한 진리를 선언하는 하나의 모습이 되는 것이다.

복음을 위한 박해를 겪고 있지 않는 우리들 가운데 사람들은 어떻게 해야 하는가? 우선 우리는 박해받는 사람들을 위해 기도하고 격려할 의무를 갖는다. 아울러 우리는 동료 신자들이 '부당한 취급을 받는 것을 항의해야' 한다. 이것은 적어도 두 가지의 효과가 있다. (1) 그것은 박해받는 동료 신자들을 격려하는 구체적인 수단을 (기도와 더불어) 잠재적으로 제공한다. (2) 동료 신자들이 부당한 취급을 받는 것을 항의하는 것은 (인내와 더불어) 하나님의 정의를 선언하는 또 다른 방법이다. 크리스천을 박해하는 정부, 국가, 그룹, 또는 운동들은 정의가 무엇을 의미하는지를 결정할 권리를 갖는다고 (명시적이 아니라면) 암묵적으로 주장하고 있다. 하지만 그렇지 않다. 하나님이 정의(正義)가 무엇인지를 정의(定意)하시는 분이시다. 크리스천들을 향해 있는 부당한 행동에 항의함으로써 우리는 그들이 정의(正義)에 대한 표준을 설정할 수 없으며, 하나님이 정의에 대한 책임을 가지시는 분임을 책임이 있는 사람들에게 환기시킬 수 있다. 요컨대 박해 받는 사람들이 인내함으로 하나님의 정의를 선언하는 것이라면, 박해받지 않고 있는 사람들은 공의롭지 못한 것에 항거함으로써 하나님의 정의를 선포할 수 있다.

우리는 어떻게 또는 어떤 방식으로 항의할 수 있는가? (1) 박해가 다른 나라의 신자들에게 속한 것이라면, 한 가지 방법은 소련이 무너지기 전에 소련의 유대인들을 지원했던 엠네스티 인터네셔널과 그 그룹들이 활용한 모델을 채택하는 것이다. 이것은 박해받는 구체적인 신자들을 확인하여 그들을 대신해서 지도자, 대표자, 그리고 책임 있는 국가의 대사들에게 규칙적으로 편지를 쓰는 것을 포함한다.

(2) 우리는 크리스천들을 박해하는 국가들에 도움이나 재정적인 지원을 하고 있는 국제적인 단체들에 진정하여 그들이 섬기는 국가들의 인권적인 상태(종교적인 권리에 대한 특별한 언급과 함께)를 규칙적으로 보고하게 할 수 있다.

(3) 우리는 다른 나라들에서 박해 받는 신자들의 곤경에 더 많은 관심을 갖도록

23. 박해와 고난의 의미에 관한 논의와 오늘날 다른 환경이 데살로니가의 상황과 어떻게 비교되고 적용될 수 있는지에 관해서는 살전 3:1-5을 보라.

우리나라에 압력을 넣을 수 있다.

(4) 우리는 다른 나라들에서 박해 받는 형제와 자매들의 종교적인 권리와 자유를 경제적이거나 국가적인 안전에 관한 고려사항과 맞바꾸고 있는지에 관한 문제를 제기할 수 있다. 예를 들어, 현재에 중국과의 관계에서 무역과 경제적인 문제들과 인권 문제를 연계시키는 것에 관해서 미국에서는 상당한 논쟁이 있다. 논쟁의 한 부분은 미국은 인권 문제가 자유 무역과 상업을 방해하게 함으로써 경제적인 복리를 위험에 빠뜨리게 하지는 않아야 한다고 주장한다. 하지만 신자로서 우리는 그러한 접근이 동료신자들의 종교적인 권리를 경제적인 이득과 맞바꾸고 있지는 않는지에 관한 문제를 적어도 제기해야 한다.

박해가 국제적이기보다 국내적이거나 국지적인 것이라면, (적절히 수정한) 유사한 전략들을 활용할 수 있다. 예를 들어, 외국의 정부에 항의하거나 글을 쓰는 대신에 우리는 지역의 학교 위원회에 글을 써서 방과 후나 전에 기도나 성경을 공부하기 위해서 모이거나 만나기를 원하는 크리스천 학생들에 대한 차별 정책에 항의할 필요가 있다. 환경과 상황이 다양할 수 있지만 원리는 동일하다.

데살로니가후서 2:1-12

1 형제들아 우리가 너희에게 구하는 것은 우리 주 예수 그리스도의 강림하심과 우리가 그 앞에 모임에 관하여

2 영으로나 또는 말로나 또는 우리에게서 받았다 하는 편지로나 주의 날이 이르렀다고 해서 쉽게 마음이 흔들리거나 두려워하거나 하지 말아야 한다는 것이라

3 누가 어떻게 하여도 너희가 미혹되지 말라 먼저 배교하는 일이 있고 저 불법의 사람 곧 멸망의 아들이 나타나기 전에는 그날이 이르지 아니하리니

4 그는 대적하는 자라 신이라고 불리는 모든 것과 숭배함을 받는 것에 대항하여 그 위에 자기를 높이고 하나님의 성전에 앉아 자기를 하나님이라고 내세우느니라

5 내가 너희와 함께 있을 때에 이 일을 너희에게 말한 것을 기억하지 못하느냐

6 너희는 지금 그로 하여금 그의 때에 나타나게 하려 하여 막는 것이 있는 것을 아나니

7 불법의 비밀이 이미 활동하였으나 지금은 그것을 막는 자가 있어 그 중에서 옮겨질 때까지 하리라

8 그때에 불법한 자가 나타나리니 주 예수께서 그 입의 기운으로 그를 죽이시고 강림하여 나타나심으로 폐하시리라

9 악한 자의 나타남은 사탄의 활동을 따라 모든 능력과 표적과 거짓 기적과

10 불의의 모든 속임으로 멸망하는 자들에게 있으리니 이는 그들이 진리의 사랑을 받지 아니하여 구원함을 받지 못함이라

11 이러므로 하나님이 미혹의 역사를 그들에게 보내사 거짓 것을 믿게 하심은

12 진리를 믿지 않고 불의를 좋아하는 모든 자들로 하여금 심판을 받게 하려 하심이라

원 의미

서신적인 분석(서신의 본론의 주요 부분으로 이 항목을 보는 것)과 수사적인 분석(이어지는 '프로바티오'나 증거 항목에서 논의되는 주제를 도입하는 '파르티티오'로서 2:1-2을 간주하는 것)의 관점에서 2:1-2은 데살로니가후서의 가장 중요한 항목을 형성한다. 서신의 나머지 부분은 이 항목을 준비하거나 따른다.[1]

1. 유사하게는 G. D. Fee, *God's Empowering Presence*, 71.

구조와 관련해서 이 항목의 1-2절은 총론적인 주제('파루시아'나 주의 오심)와 바울의 구체적인 관심(데살로니가인들이 이미 주의 재림이 발생했다는 소문에 의해 혼란을 당하지 않는 것)을 도입한다. 2:1-2이 두고 있는 근거가 2:3-4에서 주어지고, 바울이 그 구절에서 진술한 것이 2:5-12에서 보다 상세히 설명된다.

이 단락과 관련한 많은 해석적 난제들 때문에—보통 바울의 작품에서 가장 모호한 단락임을 동의한다—이 단락의 근본적인 양상에 관한 개관을 살피는 것이 유용할 것이다. 분명히 첫 서신을 받은 후 얼마 지나지 않아서 데살로니가의 회중들의 일원들이 "주의 날"—데살로니가전서 5:2-6에서 바울이 적어도 예상치 못하고 준비하지 않은 사람들을 놀라게 만들 때가 올 것이라고 지적했던 날—이 이미 발생했다는 것으로 설득을 당했다. 이것은 분명히 그들을 상당히 당황하게 만들었다(그리고 그것은 그들이 겪고 있는 고난의 의미와 중요성 그리고 하나님의 정의에 관한 문제들의 근본적인 원인이 되었을 것이다. 참조. 1:3-5).

바울과 그의 동료들은 이런 전개에 대해서 다소 알았다. 그들이 그 원인이나 기원을 확신하지는 못했던 것으로 보일지라도 말이다(참조. 2:2a). 따라서 바울은 그들에게 주의 날이 이미 도달했다는 것은 불가능하다는 것을 알린다. 어떤 사건과 전개(그것은 아직 발생하지 않았다)가 먼저 일어나야 하기 때문이다(2:3-12). 끝으로 그는 확고하게 서서 바울과 그의 동료들로부터 이전에 받았던 가르침을 굳게 붙들 것을 그들에게 촉구한다(2:13-3:5).

"주의 날"이 이미 도달했는가?(2:1-2)

바울이 지금 전환을 이루고 있는 주요한 주제가 2:1에서 진술된다. "우리 주 예수 그리스도의 강림하심과 우리가 그 앞에 모임에 관하여." 첫 번째 요소는 데살로니가전서 5:1-11에서 논한 것과 동일하다. 실로 여기서의 논의를 그 단락에 대한 "일종의 오해와 연관된 것으로" 간주하지 않는 것은 "거의 불가능한 것으로" 보인다.[2] 두 번째 요소는 분명히 데살로니가전서 4:17에서 묘사된 것과 동일한 사건이다(여기서 사용된 구체적인 용어는 다시 함께 모인 흩어진 유배자들에 관한 구약성경의 모티브를 반영한다. 사 43:4-7; 렘 31:7-8; 마카비2서 2:7; 참조. 마 23:37; 막 13:27).

2. Ibid., 71.

바울은 그의 구체적인 관심의 요지를 드러내기를 계속한다: 적어도 데살로니가인들의 일부는 주의 날이 이미 임했다는 사실(NRSV; NIV "말하는")에 대한 주장—어떤 면에서는 사도에게로 귀결되는—에 의해 "불안정하거나"(즉 정신적인 안정을 상실하고) "놀랐다"(아마도 "흥분했다"; 참조. 막 13:7).[3] 여기서 완료시제로 사용된 동사의 의미와 관련하여 가능한 증거는 "도달했다"나 "나타났다" 이외에 다른 어떤 것을 의미할 수 없음을 보여준다(참조. 롬 8:38; 고전 3:22; 갈 1:4; 히 9:9). 이런 관찰은 여기서 임재보다는 임박이나 근접의 의미만을 발견하려는 시도들을 강력하게 반박해준다. 다시 말해서 데살로니가전서 5:1-11에서 바울이 아직 미래적인 것으로 언급했던 사건을 어떤 점에서 이미 시작되었다고 하는 결론을 적어도 회중들의 일부가 가졌다.[4]

이런 결론은 잘못된 정보나 그 주제에 관한 바울의 이전 교훈에 대한 오해(아마도 2:15에 비추어)에 기초하였다. 바울이 알고 있었던 것(그리고 그것은 분명히 많이는 아니었다) 같은 이런 오해는 세 방식 중에 하나로 데살로니가인들에게 도달했거나 발생했을 것이다. 그것은 "예언"(직역하면, "영", 즉 회중이나 방문객 가운데 한 사람이 말한 예언적 언급; 참조. 살전 5:19-20) "보고"(직역하면 "말", 즉 환상 중에 한 말이 아닌 메시지나 가르침), 또는 "서신"(즉, 데살로니가전서, 하지만 바울이 사실상 가르쳐왔던 것과는 상당히 먼 위조된 서신을 그의 마음속에 떠올렸을 수도 있다)을 통해 전해졌을 것이다(2:2). 하지만 바울의 주요한 관심은 그 주장이 그들에게 어떻게 이르렀느냐가 아니라 분명히 바울에게로 출처를 귀속시켰던 내용(즉, "주의 날이 이미 도달했다"는 주장)이었다.[5]

---

3. 유사하게는 C. A. Wanamaker, *Thessalonians*, 240.
4. 어떤 직접적인 증거가 없음으로, 정확히 데살로니가인들이 이 요지를 믿었다는 것은 모호하게 가려져 있다. 가정적인 재구성에 대해서는 C. A. Wanamaker, *Thessalonians*, 240; E. J. Richard, *Thessalonians*, 343-44; F. F. Bruce, *1 and 2 Thessalonians*, 165을 보라.
5. '호수 디헤몬'이란 어구(참조. 살전 2:13; 4:1; 살후 3:6)는 어색하다. 근원을 나타내는 것으로 널리 취해진다(참조. RSV, NAB, NASB, KJV). 하지만 바울이 어떤 것의 근원을 나타내기 위해서 전치사 '파라'(참조. 살전 2:13; 4:1; 살후 3:6)나 '아포'(둘 다 "from"을 의미한다)를 사용한 반면에, 여기서 사용된 전치사 '디아'는 갈 1:11에서처럼 수단이나 대리자를 나타낸다(바울은 그의 사도권이 "사람들로부터['아포']도 사람에 의한['디아']" 것도 아니라고 말한다). 게다가 '디아'는 "영", "보고", 그리고 "서신" 앞에 나타나고, 같이 열거된 네 번째 출현을 이전의 세 가지와 다르게 번역하는 것은 어색하다. 이것은 이 어구가 "우리가 말했던 것처럼"과 같은 것을 의미하고, 이전의 것보다는 이어지는 것과 연관이 있어야 한다는 암시한다(예. J. E. Frame, *Thessalonians*, 246-47; R. Jewett, *Thessalonian Correspondence*, 181-86). "바울은 그 서신이 그로부터 오지 않았다고 말하고 있지 않고, 그들이 주의 날에 대해서 믿고 있는 것은 바울과 그의 동료로부터 오지 않았다"는 것을 말하고 있다(G. D. Fee, *God's Empowering Presence*, 74).

바울의 반응:
그날은 아직 도달하지 않았다(2:3-4)

이런 오해와 관련해서 바울은 그에게로 귀속된 것(참조. 2:15, 그 구절에서 그는 나중에 발생한 오해가 아니라 그가 데살로니가인들에게 본래 가르쳤던 것에 굳게 설 것을 촉구한다)과 그 내용을 강조적으로 부인한다: "누가 어떻게 하여도 너희가 미혹되지 말라"(2:3a; 참조. 막 13:5). 주의 날이 도달했다는 그 어떤 주장도 거짓이라고 그는 주장한다. (그날이 오기 전에) 먼저 일어나야할 어떤 것들이 아직 발생하지 않았기 때문이다(그러므로 그날은 아직 도달하지 않았다).[6]

처음에 발생해야 하는 것들(그것은 아마도 단일한 복합적 사건의 요소로서 간주되어야 하지만 두 연속적인 것일 수 있었다)은 (1) "배교하는 일"이 있고(3절) (2) "불법의 사람"(3b절)이 나타나는 것(참조. 6, 8절)을 포함한다. 바울은 그의 독자들이 "'그' 배교"로 무엇을 의미하는지를 알고 있음을 당연히 여기고(참조. 5절), 그것에 대해서 더 이상 아무런 설명도 하지 않는다. 그 용어는 정치적이거나 종교적인 배반을 의미할 수도 있었다. 여기서 종교적인 배반에 관한 강조와 함께 이 두 개념들이 조합된 것으로 보인다.[7] 다른 신약성경의 저자들처럼(참조. 마 24:10-12; 막 13:5; 눅 8:13; 유 18절) 바울은 점차 증가하는 악행과 하나님에 대한 총체적인 반대의 시간을 염두에 두었을 것이다(참조. 딤후 3:1-9).

이 배교의 지도자는 일련의 평행적인 어구를 통해 2:3b-4에서 묘사된다. 그는 무엇보다도 "불법의 사람"이다(참조. 시 89:22[70인경 88:23], 직역하면 "무법의 아들"). 즉 이 사람은 '아노미아'로 특징지어지는데(참조. 2:8), 그것은 죄 된 상태만이 아니라 하나님에 대한 의지적인 반대를 묘사하는 용어다(참조. 요일 3:4).[8]

---

6. 3절의 시작하는 문장의 문법은 불완전하다. 조건문의 조건절이나 "if"절("없다면"[NRSV, NASB] 또는 "…까지"로 번역된[NIV])은 귀결절이나 "then"절이 뒤따라야 한다. 하지만 예상된 귀결절이 나오지 않고 있는데, 바울이 "무법한 자"에 관한 확장된 묘사를 하는 과정에서(4절) 문장 구조의 흐름을 상실하였기 때문일 것이다. 사람들은 대부분의 영어 번역들이 3절의 중간에 그리하는 것처럼 함축된 귀결절("그 날이 오지 않을 것이다", NIV, NRSV)을 공급하거나 4절의 끝에 대시(-)를 둘 수 있고(헬라어에서 놓친 절은 그와 같이 할 수 있었다), 5절의 직접적인 언급("너희는 기억하지 못하느냐…?")을 6절에 새로운 문장이 뒤따르는 중단으로 간주할 수 있다(참조. E. J. Richard, *Thessalonians*, 325.

7. '아포스타시아'를 "출발"로 번역하고 살전 4:17에 "환난 전 휴거"와 동일한 사건을 의미하는 것으로 취해야 한다고 가끔 제기되지만, 그러한 견해에 대한 언어적인 근거가 없다(참조. R. H. Gundry, *The Church and the Tribulation* [Grand Rapids: Zondervan, 1973], 114-18; D. E. Hiebert, *Thessalonian Epistles*, 306).

8. "죄의 사람"(KJV)이란 번역은 잘 증거되지만 그럼에도 불구하고 부차적인 텍스트적 변이를 대변한다.

(이런 반대 때문에 이 불법한 자가 그것을 알고 있든 그렇지 못하든 간에, 그는 "멸망의 아들"이다. 즉 그는 1:9의 의미로 "멸망으로 예정되어 있다"[NIV][9]; 이 개념은 다음 8절에서 더 자세히 전개된다. 바울은 이 자를 하나님을 "반대할" 뿐만 아니라 "신이라고 불리는 모든 것과 숭배함을 받는 것에 대항하여 그 위에 자기를 높이는"(2:4a; NRSV, "소위 신이나 경배의 대상"; 참조. 행 17:23) 자로 특징짓는다. 그것은 다니엘 11:36-37을 반영하는 묘사다.

이 오만하고 무례한 자기 높임의 절정과 결과("그러므로"[so that])는 이 자에 의한 참된 한 분 하나님의 자리와 능력을 찬탈하려는 시도다. "그가 하나님의 성전에 앉을" 때 이 일이 발생한다(직역하면 '나오스'는 성소, 즉 성전 경내의 가장 거룩한 부분이다). 그것은 그야말로 "스스로를 하나님이라고 선언하는" 것과 관련이 있는 상징적인 행위다(참조. 겔 28:2). 게다가 주 예수처럼 이 불법한 자는 자신을 "계시하거나"(2:3, 6, 8) "파루시아"(2:9)할 것이다. 이는 참된 것에 대한 악마적인 모방이고, 그가 메시아나 적그리스도를 흉내내는 것에 지나지 않는다는 것을 암시한다(참조. 요일 2:18).[10]

불법한 자가 앉는 "성전"의 정체성은 다소 논쟁의 문제가 된다. 바울의 용어가 예루살렘에서 성소를 더럽히는 이전의 시도를(약간 성공적인) 반영하고 있는 방식으로 보아서[11] 그것은 그가 (A.D. 70년에 파괴된) 예루살렘 성전을 의미했을 수 있다. 다른 제안들은 예루살렘의 재건된 성전, 즉 교회(고전 3:16-17; 6:19; 고후 6:16)나 하늘의 성전(참조. 시 11:4; 사 14:13-14; 66:1[행 7:49에서 인용됨]; 미 1:2; 합 2:20; 에녹1서 14:15-20; 히 8:1-2; 9:2)을 포함한다.[12] I. H. 마샬은 바울이 에스겔과 다니엘에서 유래했고 예루살렘 성전의 이전의 파괴에서 구체적인 사례(실제적이고 또한 시도된)가 주어졌던 잘 알려진 모티브를 사용하고 있음을

9. 따라서 대부분의 주석자들. 그러나 C. A. Wanamaker는 그것을 "사탄을 위한 파괴의 대리자로서 그의 역할"을 지칭하는 것으로 취한다(*Thessalonians*, 245).

10. 참조. F. F. Bruce, *1 and 2 Thessalonians*, 167.

11. 이것은 두로의 왕(겔 28:2); 바벨론의 왕(사 14:3-23, 특히 12-14); 안티오커스 에피파네스(단 9:27; 11:31; 12:11); 63 B.C.에 지성소에 들어왔던 로마의 장군 폼페이(Pss. Sol. 2; 17:11-14; Josephus, *Antiq* 14.69-76[14.4.4]); A.D. 40에 예루살렘의 성전에 자신의 신상을 세우기를 시도했던 가이우스 칼리굴라(그것은 유대인들이 인정하기를 거부했던 신성에 대한 주장을 의미했다)(Philo, Leg. 203-346; Josephus, *Antiq*. 18.261-309 [18.8.2-9])를 포함한다.

12. 일반적으로 더 자세한 것은 I. H. Marshall, *1 and 2 Thessalonians*, 190-92을 보라. 예루살렘 성전에 대해서는 C. A. Wanamaker, *Thessalonians*, 247; 재건한 성전에 대해서는 R. L. Thomas, "2 Thessalonians," 322을 보라.

지적한다. 또한 마샬은 바울이 이 용어를 비유적으로 그리고 모형론적으로 사용하고 있음을 지적한다.

> 그것은 이 세상에서 하나님의 자리를 찬탈하는 적그리스도의 세력으로서 악의 절정적인 모습의 특징을 보여준다. 구체적인 성전을 염두에 두고 있지는 않지만, 성전에 앉아 있으며 하나님이라고 주장하는 모티브는 하나님에 대한 악의 대적을 표현하기 위해 사용되고 있다.[13]

"불법한 자"에 관한 부가적인 정보 (2:5-12)

2:4의 내용과 관련한 불확실성의 한 가지 이유는 바울은 자신이 말하고 있는 것을 데살로니가인들이 알고 있다고 당연히 여기고 있다는 사실이다. 2:5이 보여주는 것처럼, 그는 이전에 이 문제에 대해서 그들에게 가르쳤다. 그때에 분명히 그는 그들에게 상기시키고 있는 것을 상세히 다시 반복할 필요를 느끼지 않았다. 그러나 결과적으로 후대의 독자들은 그가 적고 있는 상황에 비추어보면 어둠속에 두어지게 되었다. 이것은 이어지는 것에서 더 분명하다. 2:3b-4에서 주의 날이 오시기 전에 "나타나야" 했던 "불법한 자"를 간략하게 논한 바울은 2:6-8에서 "적절한 때"(직역하면 "그의 때")가 되기까지 그 자의 출현은 "억제되거나" "제한되었다"(NRSV)는 것을 암시한다. 하지만 그는 자신이 이야기하고 있는 것을 데살로니가인들이 이미 알고 있기 때문에 단지 이에 대해서 암시만을 할 뿐이다. 따라서 2:6-8a는 바울의 작품 가운데 가장 난해한 것 가운데 속한다.

바울이 이 구절들에서 말하고 있는 것들의 근본적인 구조는 충분히 분명하다: (1) "불법의 비밀[직역하면, 불법의 신비]이 이미 작용하고 있지"(2:7a)만, (2) 그것은 다소 제한되거나 제어된 방식으로 활동하고 있다(2:6, 7b). (3) 그러나 어떤

13. I. H. Marshall, *1 and 2 Thessalonians*, 191-92; 참조. F. F. Bruce "바울과 그의 동료들이 여기서 예루살렘 성소를 의미했지만 비유적인 것을 의미했다고 결론짓는 것이 가장 좋다. 그들이 '그가 하나님의 보좌에 그 자리를 취할 수 있도록'이라고 말했다면, 사람들은 문자적인 보좌를 생각하는 것이 필요하다고 생각하지는 않았을 것이다. 그것을 그가 하나님의 권위를 찬탈하려고 계획하고 있음을 말하는 희화적인 방식으로 간주했을 것이다. 이것이 여기서 실제로 사용된 용어가 의미하는 것이다. 하지만 '나오스'[성전]의 성스러운 관계는 그가 순종만이 아니라 오직 하나님께 해당하는 경배를 요구하고 있음을 함축한다"(*1 and 2 Thessalonians*, 169).

장래 시간에 "불법한 자[=2:3의 '불법의 사람']가 나타나거나"(2:8a; 참조. 2:3, 6) "강림"(즉 '파루시아', 2:9)할 것이다. 그때에 (4) 그는 주의 '파루시아'의 훨씬 더 큰 능력과 장엄함에 의해 전복되고 파괴될 것이다(2:8b). 2:7에서 바울은 악이 이 세상에서 현재에 활동하고 있고 사탄적인 기원을 갖고 있지만(예를 들어, 데살로니가인들이 겪고 있는 박해에 의해 증거되는 것처럼),[14] 그럼에도 불구하고 그것은 어떤 점에서 제한이 되어있거나 방해를 받고 있음을 확증한다. 여기서 우리는 "불법의 은밀한 능력"을 현재 제어하고 있는 이의 정체성과 성격에 관련된 난제에 직면하게 된다.

바울은 처음에 이 제한하는 영향을 2:6에서 '카테콘'("제한하는 것"을 의미하는 중성의 분사)으로, 2:7에서는 '호카테콘'("제한하는 자"를 의미하는 남성 분사)으로 언급한다. 바울이 무엇을 또 누구를 염두에 두고서 비인격적인 용어와 인격적인 용어로 그것을 언급하였는가? 이어지는 목록에서 보는 것처럼 넓은 범주의 주장이 제기된다.[15]

(1) 황제로 의인화된 로마 제국
(2) 법과 질서의 원리(7절에서 의인화됨)
(3) 유대 국가
(4a) 사탄
(4b) 하나님께 적대적인 세력과 인격("소유하다, 점유하다" 또는 "휘둘다"란 의미의 동사를 취하여)
(5a) 하나님과 그의 능력
(5b) 성령
(6) 기독교 선교사들, 특히 바울(남성 분사)에 의한 복음의 선포(중성 분사)
(7) 복음이 온 민족에게 선포될 때까지 악을 제한하는 천사적인 인물(참조.

14. 이런 결론들에 대해서는 E. J. Richard, *Thessalonians*, 330-31을 보라. 그는 "무법의 신비"란 어구와 (하나님이 현재 역사하고 있는 능력의 궁극적인 근원이었다는 것을 함축하는 수동태보다는) 중간태로서 "활동하다"란 동사의 분석에 대한 설득력 있는 논증을 한다.

15. 이 목록은 상당히 I. H. Marshall, *1 and 2 Thessalonians*, 196-99에 의존하고 있다. 마샬은 또한 다양한 주장들에 대한 간결한 평가를 제공한다. 또한 C. A. Wanamaker, *Thessalonians*, 250-52; L. Morris, "Man of Lawlessness and Restraining Power," DPL, 592-94; R. L. Thomas, "2 Thessalonians," in *The Expositor's Bible Commentary*, ed. F. E. Gaebelein(Grand Rapids: Zondervan, 1978), 11:324-25을 보라.

막 13:10).[16]

서로 대조되는 몇 가지 제안들이 있음에도 불구하고 제한하는 세력이 악한 것보다는 선한 것이 되어야 한다는 일반적인 일치가 있다. 그것은 결과적으로 (4a)나 (4b)와 같은 주장들을 제한하게 만든다. 하지만 다른 주장들 중에 어떤 것도 학자들의 다수를 점하지 못하고, 난제에서 자유로울 수가 없다. 요컨대 어거스틴이 지적한 것처럼,

> [바울은] 명확한 진술을 하지 않았다. 바울은 그들[데살로니가인들]이 자신이 말하고 있는 것을 이미 알고 있음을 말하였기 때문이다. 따라서 그들이 무엇을 알고 있었는지를 알지 못하는 우리들은 사도가 언급했던 것을 이해하기를 바라지만 아무리 노력해도 불가능하다. 특히 그의 의미가 추가되는 것들[즉 7-8a절]에 의해 더 모호해지기 때문이다.[17]

그러한 상황에서 어거스틴과 같은 결론에 도달하였다. "나는 그가 의미하는 것을 알지 못한다고 솔직히 고백한다."

---

16. 예를 들어, (1)과 관련하여 F. F. Bruce, *1 and 2 Thessalonians*, 171-72, 187-88; C. A. Wanamaker, *Thessalonians*, 256-57; G. E. Ladd, *A Theology of the New Testament*, rev. ed. (Grand Rapids: Eerdmans, 1993), 606; (2)와 관련하여 Lightfoot, *Notes on Epistles*, 114-15; L. Morris, *The First and Second Epistles to the Thessalonians*, 227; (3)과 관련하여 B. B. Warfield(I. H. Marshall, *1 and 2 Thessalonians*, 197에 의해 인용됨); (4a)와 관련하여 J. E. Frame, *Thessalonians*, 261-62에 의해 호의적으로 논의된 이전의 주장(그러나 그는 궁극적으로 그 요지에 대해 불가지론자로 남는다); (4b)와 관련하여 C. H. Giblin, *The Threat to Faith: An Exegetical and Theological Re-examination of 2 Thessalonians2*(Analecta Biblica 31; Rome: Pontifical Biblical Institute, 1967), slightly revised and reaffirmed in C. H. Giblin, "2 Thessalonians 2 Re-read as Pseudepigraphical: A Revised Reaffirmation of *The Threat to Faith*," in *The Thessalonian Correspondence*, ed. R. F. Collins(Leuven: Leuven Univ. Press, 1990), 459-69; E. Best, *Thessalonians*, 301(주저하며); (5a)와 관련하여 G. E. Ladd, *The Blessed Hope*(Grand Rapids: Eerdmans, 1956), 95; R. D. Aus, "God' s Plan and God' s Power: Isaiah 66 and the Restraining factors of 2 Thess. 2.6-7," *JBL* 96(1977)" 537-53; others in I. H. Marshall, *1 and 2 Thessalonians*, 198; (5b)와 관련하여 R. L. Thomas, "2 Thessalonians," 324; (6)과 관련하여 Oscar Cullmann, J. Munck(I. H. Marshall, *1 and 2 Thessalonians*, 198); (7)과 관련하여 I. H. Marshall, *1 and 2 Thessalonians*, 199-200을 보라.
17. Augustine, *City of God*, 20.19. 참조. L. Morris, *The First and Second Epistles to the Thessalonians*, 228: "명백한 사실은 바울과 그의 독자들은 바울이 말하는 것을 알고 있었고 우리는 알지 못한다는 것이다. 우리는 이 부분의 그의 의미를 회복할 수 있는 수단들을 갖고 있지 못하다. 우리는 솔직히 우리의 무지를 인정하는 것이 가장 좋다."

제한하는 영향(그것이 무엇이고 누구이든지 간에)이 옮겨질 때(2:7), "그때에 [헬. '토테', 그것은 분명히 여기서 시간적인 의미를 갖는다] 불법한 자가 나타날 것이다"(2:8a; 참조. 2:3, 6). 즉 불법한 자는 그의 '파루시아'를 가질 것이다. 이 자는 더 이상 은밀하게 활동하지 않는다(참조. 2:7). "사탄의 역사"와 일치하는 그의 활동은 "모든 거짓 표적과 이적과 능력의 종류"와 "불의의 모든 속임으로" 자신을 공개적으로 드러낼 것이다(2:9-10a). 예수의 오심과의 유사성이 명확해 보인다. 이것은 적그리스도의 "대적적인 파루시아"와 다름없다. 이것은 참된 주 예수 그리스도의 진정한 오심에 대한 악한 자의 모방이다.

하나님의 역사로서 이적과 표적과 기적의 조합은 신구약 성경에서 흔하다(예를 들어, 출 7:3; 사 8:18; 렘 32:20-21; 요 4:48; 행 2:43; 6:8; 15:12; 고후 12:12; 히 2:4). 거짓 선지자와 메시아와의 연관에 대해서는 마 24:24//막 13:22(참조. 또한 계 13:13-14; 16:14; 19:20)을 보라. 바울이 성령의 능력으로 귀속시키고 있는 것을 여기서는 사탄에게로 귀속시키고 있다. "거짓"(counterfeit)이 불법한 자의 행위의 특징을 묘사하고 있다면, 이어지는 어구(2:10a, "속이는 악")는 그것의 영향을 나타낸다(참조. 막 13:22; 계 13:13-14).

불법한 자의 '파루시아'가 멋지고(이 용어는 황제의 도래를 수반하는 장관과 뽐냄, 그리고 그 배경을 상기시킨다) 교묘하게 속이는 것일지라도, 그럼에도 불구하고 그것은 잠깐이다. 그는 "멸망에 이를 자"이기 때문이다(2:3b). "주 예수가 입의 기운으로 그를 죽일 것이고 주의 오심의 장엄함으로 멸망시키실 것이다"(2:8b).[18] 이 모습은 이사야 11:4을 상기시키는 반면에(참조. 30:27-28; 66:15-16a; 말 4:1), 두 동사들은 악한 이의 멸망 특히 악한 자의 능력의 흩어짐을 강조한다(참조. 고전 15:24, 26; 또한 계 19:11-12). "그의 오심의 장엄함"이란 어구는 두 명사로 구성되어 있다: '에피파네이아'("나타남"; 참조. 딤전 6:14; 딤후 4:1, 8; 딛 2:13)와 '파루시아'("오심"). 그것은 근본적으로 동일한 의미를 갖는다. 그것들은 예수의 오심의 급작스러움이나 예기치 못함(특히 '에피파네이아'에서)(참조. 살전 5:2-3) 그리고 거짓된 모방과 비교해서 예수의 오심의 압도적인 위대함과 영광을 암시한다(참조. 행 2:20). 아울러 어떤 문맥들에서 '에피파네이아'는 여기 "주의

18. 8절에 대한 영어 번역본들 간에 일부 차이(참조. NIV 대 NASB 또는 NRSV 각주)는 그 구절의 주요한 요지에 영향을 미치지 않는 사소한 텍스트적 변이 때문이다. 더 자세한 것은 C. A. Wanamaker, *Thessalonians*, 257-58을 보라.

날"과의 연관에 비추어 특히 적절한 뉘앙스인 "여명"이나 "동틈"을 의미한다.

불법한 자의 거짓된 표적과 이적(2:9)은 "멸망하는 자들"(2:10; 참조. 고전 1:18; 고후 2:15; 4:3) 즉 분명히 믿음의 공동체의 일원이 아닌 (구원받는 사람들과 대비되는) 그룹에게 교묘한 영향을 행사한다. 그들은 특히 "진리를 사랑하고 구원받기를 거부하였기 때문에" 멸망 당하고 있다(2:10). 즉 그들의 운명은 그들의 선택에 따른 결과다. 마샬이 지적한 것처럼, "하나님의 예정에 관해서 어떻게 말하든지 간에, 잃어버린 자는 자신의 멸망에 대한 책임이 있다."[19] "진리의 사랑을 받고"(NASB; "진리의 사랑"이란 어구의 특이한 형태는 2:10a에서 "악한 자의 속임수"와 의도적인 대조를 반영한다) 구원을 경험할 기회가 주어졌을 때, 이런 사람들은 그것을 거부했다(참조. 1:8). 바울이 2:12b에서 강조적으로 제시한 것처럼, 그들이 "진리를 믿을 수 있었을" 때, 그들은 "불의를 좋아했다"(참조. 요 3:19; 롬 2:8).

11-12a절은 이런 선택의 결과(원인이 아니다)를 논한다. "이러므로 하나님이 미혹의 역사를 그들에게 보내사 거짓 것을 믿게 하심은[즉 불법한 자의 거짓된 '파루시아', 참조. 2:9] 진리를 믿지 않고 불의를 좋아하는 모든 자들로 하여금 심판을 받게 하려 하심이라." (정죄와 관련된 것에 대해서는 1:9의 논의를 보라.) 여기서 근본적인 개념은 로마서 1:18-32에서 표현된 것과 유사하다(특히 23-28절): 하나님의 행위는 그들의 행위에 대한 반응이지 원인이 아니다.

2:10의 의미는 구원받은 자는 거짓된 이적에 속아 넘어가지 않으리라는 것이다.[20] 이 함축은 충실하라는 권면으로 기능한다. "진리를 사랑하는" 사람들은 거짓된 이적과 기적에 속아 넘어가지 않아야 한다.

요약: 1-2절은 총론적인 주제(주의 오심)와 바울의 특별한 우려(데살로니가인들이 주의 재림이 이미 발생했다는 소문으로 인해 불안해하는 것)를 도입한다. 3-4절은 바울의 강조적인 반응을 설명한다. 주의 날이 아직 발생하지 않았다. "불법한 자"(그자의 출현이 주의 재림 이전에 발생한다)가 아직 나타나지 않았기 때문이다. 이 단락의 균형(5-12절)은 이 사탄적인 인물에 대한 더 자세한 정보를 제공한다. 이것은 주 예수에 의한 그 불법한 자의 필연적인 멸망과 그가 속인 사람들의 멸망을 포함한다.

---

19. I. H. Marshall, *1 and 2 Thessalonians*, 203.
20. Ibid., 또한 C. A. Wanamaker, *Thessalonians*, 260.

상황잇기

바울은 첫 서신에서 쓸 필요가 없다고 느꼈던 주제—주의 날이 언제 발생할 것인가(살전 5:1)—를 이 두 번째 서신에서 쓰고 있다. 그는 적어도 데살로니가 회중의 일원들이 그 날이 이미 발생했다는 것에 설득을 당하였기 때문에 그리 하고 있다. 반면에 바울은 먼저 발생해야 하는 사건들이 아직 발생하지 않았기 때문에 근본적으로 그것이 불가능하다고 말한다. 따라서 그날은 아직 도달하지 않았다.

지금까지는 괜찮았다. 그러나 이 시점에서 우리는 난제에 직면하기 시작한다. 바울이 말했던 것 때문이 아니라 바울이 말하지 '않은' 것 때문이다. 즉 데살로니가인들과의 의사소통에서 바울은 그와 그들이 이미 알고 있었던 정보를 당연히 여겼다. 따라서 그는 그의 서신에서 그것을 설명하지 않았다. 그의 의미는 당시 그의 독자들에게 명확했다. 그러나 그가 어떤 중요한 부분을 자세히 설명하지 않았기 때문에 그의 의미는 후대의 독자들에게 명확하지가 않다. 따라서 이 단락은 주요한 장애를 남긴다: 우리는 원 의미와 현대적인 의미를 어떻게 연결할 것인가? 어떤 부분에서 원 의미를 결정할 수 없을 때에 말이다.

우리가 알고 있는 것. 이런 식으로 질문을 구성하는 것(즉 우리가 알지 못하는 것에서)은 문맥을 연결하는 임무에 접근하는 아주 효과적인 방식이 될 수가 없다. 먼저 우리가 결여하고 있는 정보를 염려하기보다 우리가 갖고 있는 것과 우리가 이 단락의 의미에 대해서 알고 있는 정보에 먼저 초점을 맞추는 것이 더 생산적일 것이다.

(1) 우선 우리가 주의 날에 관한 데살로니가인들의 이해(오해)의 원인이나 자료를 알지 못할지라도(바울도 역시 그러했던 것으로 보인다. 참조. 2:2), 우리는 문제가 무엇이었는지에 관한 좋은 아이디어를 갖고 있다. 분명히 데살로니가 교인들의 일부는 "주의 날"이 이미 도달했다고 생각했다. 조금 독특한 견해이기는 하지만, 이런 견해는 오늘날 유사한 점이 없는 것도 아니다(예를 들어, 여호와의 증인은 그리스도의 재림이 1914년 1월에 발생했지만, 그것이 공개적으로 나타난 것이 아니라 보이지 않게 발생했으며, 하늘에서 위치의 변화와 관련이 있다고 믿는다)—하지만 기독교 범주에서는 이런 견해를 접하지는 않을 것이다. 오늘날 크리스천들은 주의 날이 이미 발생했는지에 관한 논쟁보다는 주의 날이 '언제' 발생할 것인지에 관한 논쟁에 더욱더 부딪히는 경향이 있다.

(2) 바울의 대답은 비교적 직설적이다. "주의 날"과 "그 앞에 모이는 것"은 어떤

다른 일이 발생하기 전까지는 일어나지 않을 것이다. 이 일들(그것은 두 연속적인 사건일 수 있으나 아마도 복합적인 단일한 사건의 구성요소일 것이다)은 "배교"와 "불법한 자"가 나타나는 것이다(2:3). 이 대답과 관련해서 흥미로운 것은 그날이 임했는지에 관한 데살로니가인들의 불확실성에 대한 언급에서 바울이 그날이 '언제' 발생할 것인지에 대한 문제를 곧바로 말하고 있다는 사실이다. 따라서 데살로니가에서의 문제가 오늘날 지배적인 질문과는 다를지라도, 바울의 대답은 이 두 가지 모두에 대해 언급한다.

(3) 바울이 첫 번째 항목(배교)에 대해서 더 많이 말하고 있지는 않을지라도, 그는 "불법한 자"의 성격과 활동에 대해서(정체성에 대해서는 아닐지라도) 상당히 할애하여 말한다. 주어진 묘사에서—사탄의 속임수적인 활동을 행하는 무법한 자는 하나님을 대적할 뿐 아니라 하나님을 밀어내고 자신을 하나님의 자리로 높이는 일을 추구한다—바울은 "적그리스도"로서 요한일서 2:18에서 그리고 "짐승"으로 요한계시록 13장에서 언급된 동일한 인물을 염두에 두고 있음이 분명하다.[21]

따라서 (2)와 (3)의 주요한 요소들을 요약하면, 바울은 그 사건들의 분명한 순서를 나열한다. 먼저 "배교"와 "불법한 자"의 출현이 있고, 그 다음에 참된 그리스도의 재림('파루시아')과 그와 함께 있는 신자들의 모임이 있게 된다.

어떤 독자들에게는 많은 질문들이 이 시점에서 발생할 것이다. 예를 들어, 바울이 여기서 말하고 있는 것은 "주의 날은 밤중에 도적같이 오실 것이라"고 적었던 데살로니가 5:2과 모순되지 않는가? 그렇지 않다. 바울은 '불신자들'에게서만 주의 날이 "도적같이 임한다"고 적었다(참조. 5:3). 신자들은 "이 날이 도둑처럼 당신을 놀라게 할 만큼 어둠속에 당신이 있는 것은 아니다"라고 적고 있다(5:4).

하지만 적그리스도가 주의 날(즉 그리스도의 재림) 이전에 온다면, 어떤 이들은 적그리스도가 출현하는 때에 단순히 일곱 해(또는 3년 반, 그것은 자신의 관점에 달려 있다)를 추가하여 그리스도가 재림할 때를 계산할 수 없는가? 그리고 그것은 "어느 누구도 날과 시간을 알 수 없다"(마 24:36//막 13:32)는 예수의 진술과 모순되지 않는가? 전혀 그렇지 않다. 예수는 "선택된 자를 위해서" 적그리스도의 출현에 이은 대환난과 고난의 시간이 "줄여질 수" 있을 것이라고 말씀하셨기 때문이다(마 24:21-22). 그러나 어느 누구도 그 시간이 얼마나 많이 줄여질 것인지를 알

---

21. 참조. F. F. Bruce, *1 and 2 Thessalonians*, 167; I. H. Marshall, *1 and 2 Thessalonians*, 189; Bob Gundry, *First the Antichrist* (Grand Rapids: Baker, 1997), 20.

지 못한다. 따라서 어느 누구도 예수께서 오실 "날과 시간"을 알지 못한다.[22]

그러나 휴거는 어떠한가? 성경은 신자들이 환난이 나타나기 전에 "들려 올려질" 것을 가르치지 않는가? 아니다. 실제로 그렇지 않다. 일반적으로 예수가 신자들을 취하여 환난 전에 하늘로 데리고 가는 순간이 올 것이고, 그 다음 다시 환난의 끝에 그가 심판으로 다시 오실 것이라는 견해가 널리 알려졌고, 아주 인기가 있다. 하지만 이것이 '두' "재림"(또는 당신이 원한다면, 두 번째 세 번째 재림)을 갖는 것으로 나타나는 당황스러움 이외에도, 바울은 데살로니가전서와 후서에서 "들림"(살전 4:17)과 "모임"(살후 2:1)—바울에게서 동의어인 용어—을 주의 날에 주의 오심과 가능한 한 가까운 것으로 연결시킨다(살전 4:16; 살후 2:1-3). 그리고 바울이 주의 날이 적그리스도의 출현 이후에나 발생할 것이라고 말하고 있기 때문에 "들림"이나 "휴거"는 적그리스도의 출현 이후에나 발생하리라는 내용이 뒤따른다. 요컨대, 먼저 적그리스도의 출현이 있고 그 다음에야 참된 그리스도의 강림과 신자들이 그와 함께 있기 위해 "들림을 받게" 된다.[23]

(4) 바울이 여기서 사건들의 순서를 말한 것에서 중요한 의미를 이끌어낼 수 있다. 신자들은 배교와 적그리스도의 출현의 시기에 복음을 위해 박해와 고난을 겪을 준비가 되어 있어야 한다. 실로 신자들은 적그리스도의 출현 전에 조차도 그러한 일을 경험할 준비가 되어야 한다. 바울이 2:7에서 지적한 것처럼, "불법의 은밀한 힘이 '이미' 작용하고" 있기 때문이다. 이것은 바울이 신자들이 "박해를 받을"—데살로니가인들이 자신들의 경험에 비추어 확증할 준비가 되어 있고 확증할 수 있는 진리—것임을 당연시 한 이유를 (적어도 일부는) 설명해준다. 그 문제를 약간 다르게 설명한다면, 어떤 이가 주장하는 것처럼, 우리가 기다리고 있는 "복스러운 소망"(딛 2:13)은 "휴거"나 박해로부터 "피함"이 아니다. 오히려 디도서 2:13이 분명히 하는 것처럼, 우리의 소망은 "우리의 위대하신 하나님이자 구세주이신 예수 그리스도의 영광스러운 출현"—박해 가운데서 하나님의 백성들에 대한 변호와 구조를 가져올 출현—이다(살후 1:5-10; 2:8).[24]

(5) 변호에 대한 언급은 우리에게 바울이 이 단락에서 만들고 있는 중요한 요지를 가져온다. 즉 그가 이런 사건들의 순서와 시기에 관해 말하고 있는 것보다 더

22. 더 자세한 것은 Gundry, *First the Antichrist*, 26-28.
23. 더 자세한 것은 이전 각주에서 언급한 Gundry의 전체 책을 보라.
24. 더 자세한 것은 George E. Ladd, *The Blessed Hope A Biblical Study of the Second Advent and the Rapture*(Grand Rapids: Eerdmans, 1956), 특히 137-61을 보라.

분명한 요지는 '결국에 예수께서 이기신다'이다(2:8). 불법한 자와 그의 활동에 관한 모든 상세한 설명 가운데서 우리는 바울이 불법한 자의 궁극적인 운명을 말하고 있음을 놓치지 않아야 한다. 바울은 먼저 2:3에서 이 사실을 암시한다. 그는 그 구절에서 불법한 자를 "멸망에 이를 자"로 묘사하고, 2:8에서 그의 요지를 분명하게 진술한다. 예수가 불법한 자를 "멸망시키고" "폐하실" 것이다. 불법한 자가 속이고 호도하려고 애쓸지라도, 모든 종류의 "거짓된 이적과 표적과 기적"에도 불구하고, 자기 자신을 모든 것에서 하나님으로 선언하려고 애쓸지라도, 불법한 자는 궁극적으로 실패할 것이다. 그리스도와 적그리스도간에 싸움의 결과는 의심할 여지가 없이 확실하다. 결국 마지막에는 예수가 이기신다!

(6) 바울은 1장에서 만들었던 요지를 반복하면서 다시금 사람들이 자신의 운명에 책임이 있음을 분명히 한다. 어떤 독자들에게서 바울이 2:11에서 사용하고 있는 용어("하나님이 미혹의 역사를 그들에게 보내사 거짓 것을 믿게 하심은")는 곤란스럽게 하고 하나님의 정당하심에 의문을 제기하게 하는 것으로 보인다(예를 들어, 하나님이 미혹하는 자를 보내신다면, 사람들이 미혹된 것에 왜 책임을 져야 하는가?) 하지만 1장에서처럼 여기서도 하나님의 심판은 사람들이 복음을 순종할 것을 거부한 것에 대한 '반응'이었다(1:8). 하나님이 취하신 어떤 행동도 사람들이 진리를 사랑하기를 거부한 것에 대한 반응이다(2:10). 그의 심판은 "진리를 믿지 않고 불의를 좋아하는" 자들에게 임한다(2:12).

바울은 로마서 1장에서 동일한 요지를 만든다. 하나님이 그들 자신의 죄악된 욕구에 "내어주신" 자들(롬 1:24, 26, 28)은 이미 "하나님의 진리를 거짓으로 바꾸어버리고 창조주보다 피조물을 경배하고 섬겼다"(1:25, 참조. 1:21, 23). 요컨대, "하나님의 예정에 대해서 우리가 어떤 말을 하든지 간에, 잃어버린 자는 자신의 멸망에 책임이 있다."[25]

피해야 할 함정. 분명하거나 우리가 아는 것에 비해 우리가 알지 못하는 것(특히 영향을 제어하는 자와 불법한 자의 정체성)은 장애라기보다는 유혹—우리가 알지 못하는 것을 추측하려는 것—을 형성한다. 어떤 점에서 불법한 자의 정체성

25. I. H. Marshall, *1 and 2 Thessalonians*, 203. 참조. 칼빈의 언급: 이 단락은 구원으로 부름을 받았을지라도 복음을 거부하고 불경건과 잘못에 그 마음을 주기를 좋아하는 사람들에 대한 하나님의 의로우신 벌을 언급한다…마땅히 멸망당할 만하고 자기가 스스로 선택한 것으로 인해 죽는 사람들을 제외하고는 어느 누구도 멸망당하지 않는다(J. Calvin, *The Epistles of Paul the Apostle to the Romans and to the Thessalonians*, 407).

을 알려는 강력한 욕구에 이끌려진 이 추측하려는 유혹은 이해할 만하다. 결국에 호기심은 강력하고 잘 알려진 인간의 특징이다. 그러나 또 다른 점에서 알려지지 않은 것을 추측하려는 이런 유혹과 관련한 적어도 세 가지 문제점이 있는 것으로 보인다.

(1) 그러한 추측은 우리가 알고 있는 것에 대한 관심을 산란하게 하고 흐리게 만든다. 적그리스도의 정체성에 대한 추측에 너무 사로잡혀 이 단락의 주요 요지를 상실하기가 아주 쉽다. 이 단락의 가장 분명한 요지는 이전에 (5)에서 논한 것이다. 결국에 예수가 이기신다. 이런 사실에 비추어 볼 때, 일부 사람들이 승리적인 그리스도보다 멸망할 적그리스도에 더욱 관심을 두는 추측에 사로잡히는 것은 심각한 아이러니다.

(2) 적그리스도의 정체성에 관한 추측은 내 견해로 시간과 노력과 자원의 낭비다. 적그리스도의 정체성을 결정하려는 시도들의 기록은 지난 1500년간을 넘어서서 확장될 정도로 아주 오래된 일이다. 마찬가지로 적그리스도로 확신하는 자들에 대한 목록도 매우 길다. 그것은 다양한 로마 황제들, 로마를 침략했던 반달 침입자들의 지도자들, 모하멧, 다양한 교황들, 교황제도 자체, 황제 프레드릭 2세와 교황 그레고리 9세(이들은 서로를 각기 적그리스도로 간주했다), 마틴 루터, 영국의 조지 2세 황제, 나폴레옹 보나파르트, 나폴레옹 3세, 미국의 시민전쟁의 양쪽 편, 독일의 카이저 빌헬름, 국제연맹, 히틀러, 무솔리니, 스탈린, 사우디아라비아의 화이잘 왕, 유엔, 후르시초프, 소련, 미카일 고르바초프(그의 앞이마에 있는 몽고반점은 맹수의 표지라고 제기되었다), 스페인의 후안 카를로스 왕, 교황 존 폴 2세, 안와르 사다트, 호메이니, 야셀 아라파트, 사담 후세인, 뉴에이지 운동, 신학자 마태 폭스, 헨리 키신저, 그리고 미국의 대통령이었던 지미 카터와 로날드 윌슨 레이건(Ronald Wilson Reagan, 각각의 이름에 여섯 문자들=666[참조. 계 13:18], 그리고 심각한 부상에서 회복된 레이건[13:3])을 포함한다.[26]

---

26. 적그리스도로 분류되었던 사람들의 목록을 연구할 때 두드러지게 나타나는 한 가지는 그 일치를 주장하는 사람의 정치적, 신학적, 또는 사회적 편견이나 관점이 얼마나 자주 누가 사탄적 속임자와 일치했는지를 형성시켰다는 것이다. 이런 점에서 적그리스도를 일치시키려는 시도들은 다른 어떤 것보다도 그것을 주장한 사람에 대해서 자주 더 많은 것을 드러낸다. Robert C. Fuller, *Naming The Antichrist: The History of an American Obsession*(New York and Oxford: Oxford Univ. Press, 1995)을 보라. 이 책은 식민지 시대에서부터 현재에 이르는 적그리스도의 정체성을 식별하려는 노력의 매력적인 연구다. 그것은 사람들이 현재 사건의 적그리스도의 임재를 식별하는 방식에서 정치적, 사회적, 그리고 신학적 관점의 끊임없는 영향을 조명한다. 또한 Paul Boyer, *When Time Shall Be No More. Prophecy Belief in Modern American Culture*(Cambridge, Mass, and London: Belknap, 1992), and Bernard McGinn,

적그리스도를 구체적으로 지칭하려는 비성공적인 시도들의 슬픈 역사는 우리가 만든 어떤 시도도 더 이상 성공적이지 않을 것임을 암시한다. 확실히 우리가 속이는 자를 확실히 알 수 있다고 생각한다면, 스스로를 속이는 것이다. 하지만 이런 노력들이 계속되고 있고, 어떤 영역에서는 심지어 권장되고 환영을 받는다. 내가 방문한 기독교 책방은 제자도, 예를 들어, 기독론이나 성경공부와 관련된 것보다 대부분이 적그리스도와 그와 관련한 주제들을 담은 책과 소설에 상당히 집중되어 있다. 그것은 분명히 독자들의 관심과 요구가 어디에 있는지를 비추어준다.

적그리스도를 특정하려는 이런 실패의 심각한 기록에 비추어, 적그리스도에 대한 최근의 추측을 읽으려는 이런 끈질긴 노력들은 디모데후서 4:3-4에서 바울이 디모데에게 예견한 것을 상당히 생각나게 한다.

> 때가 이르리니 사람이 바른 교훈을 받지 아니하며 귀가 가려워서 자기의 사욕을 따를 스승을 많이 두고 또 그 귀를 진리에서 돌이켜 허탄한 이야기를 따르리라.

적그리스도의 정체성을 예견하거나 자신만의 관점으로 이해하려는 무의미한 시도보다는 확실히 우리의 시간과 정력과 돈(물론 적그리스도를 추측함으로써 큰 돈을 벌 수 있다는 것은 의심의 여지가 없다)을 투자할 더 좋은 방식이 있다. "교회 역사는 바울의 본문에서 현대의 사람과 사건에 대한 언급을 발견하려는 무모하고 자기 확신적인 잘못된 시도로 어질러져 있다. 이것이 우리에게 경고가 되게 해야 한다."[27]

(3) 제이콥 엘리아스는 우리가 알지 못하는 것을 추측함으로서 발생하는 세 번째 문제를 제기한다. 그것은 그리스도가 언제 오실 지에 대한 추측과 관련이 있다. 어느 누구도 그날과 시간을 알 수 없다고 예수께서 명백하게 말씀하셨음에도 불구하고, 사람들은 그리스도의 재림의 시간을 결정하려고 끊임없이 노력했다(필자가 이 글을 쓸 당시에 데이비드 코레쉬는 재림의 날짜를 정하는 오랜 역사에서 가장 최근의 사람이다). 그러나 엘리아스는 이런 노력들에 집착하는 것을 하나님의 권위에 손상을 끼치는 위험한 일로 간주한다. "본질적으로 재림의 날짜를 정하는 것은 하나님의 역할을 찬탈하는 것에 해당한다. 하나님만이 장래를 아신다. 우리는

Antichrist: Two Thousand Years of the Human Fascination with Evil(San Francisco: HarperSanFrancisco, 1994)의 폭넓은 연구들을 보라.

27. J. R. W. Stott, *The Gospel and the End of Time*, 161.

모른다.…아이러니하게도 바울과 그의 동역자들은 하나님의 권위를 찬탈하는 것으로 이 대적자(불법한 자)를 묘사한다.[28]

더 넓은 관점. I. H. 마샬은 2:12과 관련해서 중요한 관찰을 시도한다.

> 12절의 효과는 바울이 말하고 있는 것을 총론화하는 것이다. 우리가 심판의 거룩한 과정의 소식이 전해지는 것을 보기 위해서 악의 결정적인 절정의 도래를 확정할 그 시점까지 우리가 기다려야 하는 것만은 아니다. 죄가 불의를 좋아한다는 것은 항상 참이다.…그것은 이 단락의 주요한 의미가 종말이 가까웠는지를 계산하려는 것이 아니라 관련된 영적 도덕적 이슈들에 대해서 우리가 관심을 가져야 한다는 것이다.[29]

다시 말해서 바울의 마지막 총론적인 언급은 장래에서 현재로 초점을 이동시킨다. 우리의 운명은 '지금' 복음의 진리에 응답하는 방식에 따라 '그때'가 결정될 것이다. 그러므로 바울은 데살로니가전서 4:13-18과 5:1-11에서 이미 만들어진 요지를 강화시킨다: 장래에 관한 지식이 현재 우리가 살아가는 방식을 형성하고 영향을 주어야 한다.

현대적 의미

1장에서처럼 본문의 이 항목을 적용할 때 다루어야 하는 범위는 데살로니가후서만을 개별적으로 연구하느냐 아니면 데살로니가전서에 이어서 연구하느냐에 어느 정도 달려 있다. 예를 들어, 데살로니가후서를 개별적으로 연구한다면, 바울이 예수의 재림('파루시아')과 신자들이 예수에게로 모이는 것과 관련해서 2:1-3에서 당연하게 여기는 것을 좀더 자세히 다루는 것이 아마도 필요할 것이다(이 책에서 상세한 것은 살전 4:13-18; 5:1-11을 보라).

그러나 데살로니가후서는 데살로니가전서를 연구한 다음에 다룬다면, 사람들은 이 단락에서 보다 독특한 모습들(그 가운데 나는 두 흐름을 아래에서 조명할 것이다)로 곧바로 나아갈 수 있을 것이다. 그것은 (1) 예수에게 초점을 맞추는 일의 중요성을 강조하고, (2) 악의 교묘한 특징을 생각해 볼 기회를 제공한다. (3) 아울러 이 단락은 준비할 것이냐 추측할 것이냐의 문제를 상고해볼 기회를 제공하며 (4)

---

28. J. W. Elias, *1 & 2 Thessalonians*, 295. 연대의 설정에 관해서 더 자세한 것은 살전 5:11-11의 현대적 의미에 첫 번째 요지를 보라.
29. I. H. Marshall, *1 and 2 Thessalonians*, 205.

고난 가운데서 격려의 중요한 말씀(결국에 예수가 승리하신다)을 제공한다. (2:5에서 나타나는 요지인 사도적 증언과 가르침을 굳게 붙드는 일의 중요성에 대해서는 2:15의 주석을 보라).

예수에게 초점을 맞추기. 전쟁의 폭풍우가 모이고, 따라서 적그리스도에 대한 추측이 발생하던 때인 1933년에, '우리의 소망'이란 잡지의 편집장이자 저명한 복음주의 지도자인 아르노 게벨라인은 다음과 같이 썼다.

> 편집자는 날과 해를 정하는 일에는 관심이 없다. 그는 이방인들이 지속할 시간을 추산하는 데에 관심이 없으며, 무솔리니, 히틀러, 파이잘 또는 어떤 다른 사람이 적그리스도인지를 예언하는 사람들에게 공감을 갖지 않는다. 그것은 병적인 상태에 적합해 보이는 마음들이다. 우리는 그들이 다음에 누구를 언급할 것인지가 궁금하지만, 크리스천은 왜 다가올 죄의 사람에 대해 그토록 관심을 가져야 하는가? 우리는 불법한 사람과 상관이 없다. 우리의 관심은 그리스도에게 있지 적그리스도에게 있지 않다.[30]

수십 년 뒤인 오늘날, 적그리스도에 대한 관심과 추측이 더욱더 강력할 때—유명한 기독교 지도자가 어느 주요한 인물이 적그리스도인가 하는 소설을 쓰는 때—게벨라인의 말은 못지않게 적합하고, 특히 그의 마지막 문장은 더욱 그렇다: "우리의 관심은 그리스도에게 있지 적그리스도에게 있지 않다."

데살로니가후서 2장은 바울이 그의 모든 서신들에서 "불법의 사람"을 논하는 유일한 단락이고, 그는 여기서만 그것을 말하고 있다. 아울러 그가 이 인물을 논할 때는, 그 자의 궁극적인 운명에 의심의 여지를 남기지 않는다: 그는 주 예수에 의해 멸망을 당할 것이다(2:8). 게다가 그의 논의는 예수에게 초점을 맞춘 기도나 감사의 보고로 둘러싸여 있다(1:11-12; 2:13-14). 바울이 여기서 모범이 되고 있는 패턴—그는 예수에게 그의 주요한 초점을 맞추고 적그리스도에 대해는 반드시 말해야 하는 것만 말한다—은 우리가 따라야하는 형식이다. 적그리스도에 대한 소설들이 예수에 대한 책을 능가하여 팔릴 때, 그것은 나에게 상당히 비정상적인 것으로 보인다. 우리의 관심은 그리스도의 대적자인 적그리스도가 아니라 우리 구주 예수에게 있어야 한다.

---

30. David A. Rausch, *Fundamentalist Evangelicals and Anti-Semitism* (Valley Forge, Pa.: Trinity Press Internaional, 1993), 134이 인용한 Arno C. Gaebelein, "King Feisal Is Dead," *Our Hope* 40(Nobember 1933): 305.

바울이 2:10-12에서 진리의 중요성을 강조하는 방식은 예수에게 초점을 맞추는 중요성을 강화시킨다. 바울은 "그 진리"를 사랑하거나 믿기를 거부하는 사람들로 멸망하는 사람들을 묘사한다. 이 문맥에서 "그 진리"는 사실상 복음과 동의어다. 그리고 그것의 초점은 누구인가? 물론 예수다. 아울러 예수 자신이 진리다(요 14:6; 참조. 엡 4:21). 다시 말해서 진리를 믿거나 사랑하는 것은 예수를 믿거나 사랑하는 것이다. 진리에 대한 우리의 반응—즉, 예수에 대한 반응—이 바울이 여기서 분명히 하는 것처럼 우리의 궁극적인 운명을 결정하기 때문에 우리는 예수, 곧 참된 그리스도에게 전적으로 초점을 맞출 이유를 갖는다. '적'그리스도인 그리스도의 대적자에게가 아니다.

헬렌 렘멜의 유명한 작은 노래인 "너의 눈을 예수께 돌려라"는 우리가 해야할 필요가 있는 것을 명확하게 표현해 준다.

> 너의 눈을 예수께 돌려라.
> 그의 놀라우신 모습을 온전히 응시하라,
> 그리고 이 땅의 것들은
> 그의 영광과 은혜에 비추어 놀랍도록 희미해질 것이다.

우리가 예수께 우리의 눈을 돌린다면, 바울이 1:12과 2:14에서 강조하고 있는 바로 그것 즉, 예수의 영광과 은혜의 빛과 비교할 때, "땅의 것들"—적그리스도의 정체성에 대한 추측을 포함하여—"놀랍도록 희미해질 것이다.

악의 속임. "불법한 사람"의 특징과 활동에 관한 바울의 묘사에서 그는 단지 거짓 그리스도를 묘사하고 있음이 분명하다. 이 거짓 그리스도—보다 흔한 용어법을 사용하면 "적그리스도"—는 자신의 '파루시아'("강림"), 거짓 이적과 표적과 기적(2:9), 그리고 자신이 거룩하다는 선언(2:4)을 통해 사람들이 자신을 진정한 그리스도로 믿도록 속이기를 추구한다. (물론 그 자는 아니며, 그의 활동은 하나님이 아니라 "사탄의 역사에 따른" 것이다.)

물론 거짓 속임수의 영향은 그것이 모방하고 있는 것을 얼마나 근접하게 따라갔느냐에 달려 있다. 흑백 복사 기계로 만든 100달러의 위조지폐는 어느 누구도 바보로 만들지 못할 것이다. 하지만 적절한 도구와 장비를 사용하여 100달러의 위조지폐를 만드는 것은 때로 전문가조차도 우롱할 정도로 훌륭할 수 있다. 근사한 위조지폐는 참된 것으로 우리를 속일 정도로 진짜를 아주 근접하게 모방한다. 이것이 "불법의 사람"이 그의 파괴를 행사하는 방식이다. 그는 사람들이 진짜로 생각할 수 있게끔 주 예수 그리스도의 강림과 능력과 특징을 아주 근사하게 가장한다. 존 스토트가 지적한 것처럼, "적그리스도의 강림은 그리스도의 강림을 교묘하게 모방한 것이어서 많은 이들이 이 사탄적인 속임수에 넘어갈 것이다."[31]

(적그리스도보다) "거짓 그리스도"로 이 사탄적인 대적자를 바울이 묘사한 것은 우리로 악의 중요한 특징을 묵상하게 만든다. 이 대적자는 본질적으로 근본이 속이는 것이다. 악의 영향은 선한 것의 대칭이라기보다는 선한 것을 모호하게 위장한 것과 상당히 관련이 있다. 우리 대부분은 사탄이 공개적으로 우리를 대면하여 악의 파트너가 되도록 초청한다면, 단호히 그 제안을 거부하고 확실한 어조로 사탄에게 그가 마땅히 가야할 곳을 알릴 수 있을 것이라고 여긴다. 하지만 오늘날 세상에서 크리스천들이 저지른 악에 비추어 볼 때, 우리가 악의 파트너가 되라는 악마의 초청을 거부하지 않고 있음이 분명하다. 왜 그렇지 못하였는가? 아마도 그것들이 아주 자주 악을 행하게 하는 분명한 초청으로 다가오지 않고, 선하게 보이지만 실제로는 그렇지 않은 것을 행하라는 위장된 초청으로 다가오기 때문일 것이다.[32] "사탄이 빛의 천사로 가장한다면"(고후 11:14), 악을 행하라는 초청이 유사하게 위장되어 있음을 당연하게 여겨야 한다.

그렇다면 악은 어떻게 가장하고 있는가? 한 가지 방식은 선과 실제와 진실을 모방함으로써다. 코넬리우스 플란팅가가 지적한 것처럼, 영화에서(또는 놀랍게도 때로 실제 삶에서) 우리가

> 도망가는 은행강도를 보며 환호할 때, 우리는 손해와 혼란이나 죄에 초점을 맞추지 않는다. 우리는 단지 죄가 선을 가장한 특징만—열정, 상상력, 인내, 창조성—을 주목한다. 죄가 건드리는 것은 곧바로 죽어가기 시작하지만, 우리는 그것에 초점을 맞추지 않는다. 우리는 단지 은밀한 삶에 열광하면서 기생하는 자의 활력만을 본다.[33]

참된 것으로 나아가기보다는 우리는 위장된, 실제를 모방한, 가식자에 속고 있다.

31. J. R. W. Sott, *The Gospel and the End of Time*, 172.
32. C. S. Lewis, *The Screwtape Letters and Screwtape Proposes a Toast*(New York: Time, Inc., 1961)을 보라.
33. Cornelius Plantinga, Jr., *Not the Way It's Supposed to Be A Breviary of Sin*(Grand Rapids: Eerdmans, 1995), 95.

죄에 대해서 고전인 "일곱 가지 치명적인 죄"는 악이 위장하는 방식에 관한 또 다른 사례를 제공한다. 한 가지 잘 알려진 분석은 그 죄를 각기 "잘못된 사랑"의 사례로 바라본다. 예를 들어, 정욕, 식욕, 욕심(탐욕)의 죄는 과도한 사랑의 사례로서 간주되고, 게으름(좌절과 관련된)은 결함 있는 사람과 관련되며, 분노, 시기, 그리고 교만은 왜곡된 사랑으로 뒤틀려진 것으로 본다(다른 사람을 위한 것보다 자기 자신을 위한 사랑). 악의 기만적인 특징은 분명하다. 그것은 고전적인 기독교 덕성의 하나인 사랑의 배후에도 숨어 있다.

선하거나 적어도 도덕적으로 중립적인 것의 배후에 교묘하게 숨어있는 악의 또 다른 사례들은 다음과 같은 것들을 포함한다.

- 안락사의 실제를 감추기 위해서 "생명의 질"의 문제에 대해 합법적인 관심이나 논리를 사용하는 것.
- 임신 중절 수술을 생명의 파괴와 관련한 사실로부터 숨기기 위해서 개인 프라이버시와 선택의 용어를 사용하는 것.
- "정치적인 인물과 국가가 인종차별주의, 군국주의, 그리고 제국주의와 같은 그들의 부당하고 억압적인 관행—여기에 현재의 사건들에 비추어 차별과 대량학살을 추가할 수도 있다—을 합법화하기 위해서 기독교적인 상징들을 사용하는 것.[34]
- 비즈니스 기관들이 비용 편익 비율과 분석이란 추상적인 용어를 사용하여 실제로 논의되고 있는 것이 인간의 삶과 안전 그리고 더 큰 이윤간의 거래라는 사실을 모호하게 만드는 방식. 구체적인 사람들과 대면할 때, 우리는 의도적으로 그들을 해할 것을 선택하지 않는다. 하지만 인간들은 경제적인 이득을 위해서 다른 사람들을 병이나 죽음으로 이끌 수 있음을 알면서도 의도적으로 결정—예를 들어, 안전상의 위험한 결함이 있음을 알면서도 차를 팔고, 인체에 해롭게 때문에 국내에서는 금지된 농약을 해외에 팔거나, 생산품을 승인을 얻어 상점에서 팔기 위해서 신약의 해롭거나 치명적인 측면들의 증거를 감추는 결정—을 했다. 보통의 경우 악은 추상적이고 총론적이며 비례적인 것으로 사람들의 관심을 돌려 해로움을 낳거나 심지어 인간을 죽음에 이르게 할 수 있는 행동의 과정을 선택하도록 속인다.[35]

34. C. A. Wanamaker, *Thessalonians*, 248-49.

우리는 악의 속이는 특징 중에 마지막 결과를 주목해야 한다—우리는 한나 아렌트가 "악의 평범함"이라 칭한 것처럼, 악을 가볍게 생각할 위험성이 있다. 이것으로 그녀는 아주 많은 악이 평범하지만 생각 없는 매일의 행동에 따른 결과라는 내용으로 표현했다. 그에 대한 주요한 사례는 홀로코스트와 관련이 있다. 이 세상은 나치가 600만 명의 유대인들을 학살한 것에 매우 충격을 받았지만, 이에 못지않게 충격적인 것은 독일과 프랑스 그리고 다른 나라들의 아주 많은 평범한 시민들이 다양한 방식으로 이런 죽음으로 이끌었던 프로그램에 저항없이 동조했다는 것이다. 여기서 가장 흔한 변명은 "나는 명령을 따랐을 뿐입니다"이다. 확실히 명령을 따르는 것은 보통 좋은 일이지만, 그것이 악으로 애곡되고 다른 사람들의 죽음을 초래하는데 사용될 때는 그렇지 않다.

거짓과 속임수의 거장 즉, 그리스도와 유사하게 자신을 모방하여 사람들을 속이려고 하는 "불법의 사람"에게 초점을 맞춤으로써, 바울은 모든 죄와 악의 근본적으로 거짓되고 기만적인 특징을 우리에게 상기시킨다. 진리처럼 자신을 대변하기를 시도할지라도, 그것은 진리가 아니다. 겉으로는 유쾌하게 보일지 몰라도, 그것은 생명이 아니라 죽음으로 인도하는 매우 기만적인 가짜일 뿐이다(2:12). 진리와 생명은 참된 그리스도, 즉 오직 주 예수 안에서만 발견된다. 그러므로 우리가 악의 속임수를 생각할 때, 우리는 예수에게 우리의 초점을 맞추어야 한다.

준비 vs. 추측. 이 주제는 이전에 데살로니가전서 5:1-11과 연관해서 논했다. 여기서 이전에 상황잇기 항목의 (4)에서 그 주제가 다시 부상했다. 그곳에서 나는 우리가 기다리고 있는 "복된 소망"(딛 2:13)이 박해에서 피하는 것이 아니라 오히려 박해 가운데서의 변호와 구조이다. 나아가서 이것은 우리가 예수의 재림을 고대할 때, 불법한 자의 정체성에 대해 추측할 것이 아니라, 복음을 위해 고난과 환난을 참아내도록 우리가 부르심을 받았을 가능성을 준비해야 한다는 것을 암시한다.

이 요지를 적용하는 것은 상당한 목회적 민감성을 필요로 한다. 그것은 장래에 대해서 상당히 논쟁되며 대단히 민감한 문제를 다루는 일이기 때문이다. 특히 "불법한 자"가 풀어놓은 배교와 혼란과 신자와의 관계는 더욱더 그러하다. 한 가지 널

---

35. C. S. Lewis는 "가장 커다란 악은 디킨슨이 묘사하기를 좋아했던 야비한 범죄가 아니다. 그것은 심지어 집중적인 훈련 야영지와 힘든 주둔지에서 행해지지도 않는다. 거기서 우리는 마지막 결과만을 본다. 하지만 화이트 칼라와 단정한 손톱, 그리고 자신의 목소리를 높일 필요가 없는 부드러운 모습의 얼굴을 가진 조용한 사람에 의해 그 커다란 악이 잉태되고 명령된다(움직이고, 부양되고, 전달되고, 기록된다)"(C. S. Lewis, *The Screwtape Letters and Screwtape Proposes a Toast*, xxv).

리 주장되는 신념에 따르면, 불법의 사람이 이끄는 배교가 발발하기 전에 신자들이 예수와 함께 있게 되는 "들림"과 "휴거"가 있을 것이므로 신자들은 이 사건과 연관된 박해와 고난을 피할 수 있을 것이라는 점이다. 이런 "환난 전의 휴거"에 따르면, 이 땅에 남아 있는 사람들은 환난의 시간과 연관된 공포를 경험할지라도, 신자들은 끔찍한 혼란과 고난에서 제외되어 주와 안전하게 하늘에 있게 될 것이다.

이 견해가 인기가 있는 한 가지 이유는 그것이 제공하는 장래에 대한 소망(고난과 환난에서 피할 수 있는 것)이다. 정확히 이런 견해가 안전과 위로의 소망을 제공하기 때문에 그들이 이것을 지지하고 있음을 인식하는 사람들을 만나는 것은 어렵지 않다. 하지만 우리는 그 견해를(또는 그 의미를) 좋아하기 때문에가 아니라 그 견해가 성경적임을 확신하기 때문에 그 믿음을 고수해야 한다. 이전에 내가 제기한 바울의 가르침에 대한 해석이 옳다면, 신자들은 불법한 자의 출현과 그가 이끄는 배교가 있기 전까지는 예수에게로 "모이지" 않을 것이다(2:1). 이것은 신자들이 환난을 피하는 것을 예상하기보다 인내와 믿음으로 그것을 받아 들일 수 있도록 준비해야 한다는 것을 의미한다(1:4을 보라).

이 요지가 장래에 대한 논쟁적인 문제를 다루고 있기 때문에 그것의 적용은 교조주의보다는 겸손한 태도를 필요로 한다. 동시에 이 견해가 논쟁적인 상황이 벌어지고 있다고 해서 우리가 그 의미를 다루는 것에서 물러나서는 안 된다. 내가 믿는 것처럼, 바울이 박해에 대해서 신자들이 준비할 것을 경고하고 있다면, 해석자로서 우리들은 그러한 견해가 인기가 있고 없고를 상관하지 말고 그것을 지적할 의무가 있다.

억압에 직면해서 소망을 갖는 이유. 데살로니가전서 2:17-3:8에 관한 논의에서 나는 이 세상의 크리스천들이 복음과 예수를 위해서 핍박과 환난—그리고 어떤 경우에 순교—에 직면하고 있음을 논했다. C. A. 워너메이커가 말한 것처럼, 당시의 "사회경제적이고 정치적인 구조 내에서 퍼진 왜곡된 악에 직면해서 무력감과 소외에 대한 데살로니가인들의 경험"은 "오늘날 많은 크리스천들에게 알려져 있다."[36] 유사한 상황에 있는 자신을 발견하고, 출구가 없는 것으로 보이는 구조적인 악에 억압된 자신을 발견하는 모든 신자들에게, 바울은 데살로니가후서 2:8에서 소망과 격려의 중요한 말을 한다. '결국에 예수가' 악의 세력과의 싸움을 '이기신다.' 상황이 아무리 어두울지라도, 결국에 예수가 승리자가 되실 것이다.

---

36. C. A. Wanamaker, *Thessalonians*, 264.

이것은 꼭 우리가 살아서 그날을 보게 될 것임을 보증하지는 않는다. 우리는 히브리서 11장에서 묘사된 구약성경의 영웅들처럼 "죽었을 때 여전히 믿음으로 살고 있을" 것이다. 그들은 약속된 것들을 받지 못하였다. 다만 멀리서 그것을 보고 환영했을 뿐이었다(히 11:13; 참조. 11:39). 하지만 우리가 살아서 그 승리를 보게 될 것인지, 또는 "멀리서 그것을 환영"하게 될 것인지와 상관없이, 바울은 그날이 올 것이고, 충실하게 남아 있는 사람들은 주님의 승리에 동참하게 될 것임을 우리에게 확신시킨다. 그러므로 바울은 결국에 예수가 이기시기 때문에 억압에 직면해서도 견고하게 서서 충성할 것을 우리에게 고무시킨다.

데살로니가후서 2:13-3:5

13 주께서 사랑하시는 형제들아 우리가 항상 너
희에 관하여 마땅히 하나님께 감사할 것은
하나님이 처음부터 너희를 택하사 성령의 거
룩하게 하심과 진리를 믿음으로 구원을 받게
하심이니
14 이를 위하여 우리의 복음으로 너희를 부르사
우리 주 예수 그리스도의 영광을 얻게 하려
하심이니라
15 그러므로 형제들아 굳건하게 서서 말로나 우
리의 편지로 가르침을 받은 전통을 지키라
16 우리 주 예수 그리스도와 우리를 사랑하시고
영원한 위로와 좋은 소망을 은혜로 주신 하
나님 우리 아버지께서
17 너희 마음을 위로하시고 모든 선한 일과 말
에 굳건하게 하시기를 원하노라

3:1 끝으로 형제들아 너희는 우리를 위하여 기도
하기를 주의 말씀이 너희 가운데서와 같이
퍼져 나가 영광스럽게 되고
2 또한 우리를 부당하고 악한 사람들에게서 건
지시옵소서 하라 믿음은 모든 사람의 것이
아니니라
3 주는 미쁘사 너희를 굳건하게 하시고 악한
자에게서 지키시리라
4 너희에 대하여는 우리가 명한 것을 너희가
행하고 또 행할 줄을 우리가 주 안에서 확신
하노니
5 주께서 너희 마음을 인도하여 하나님의 사랑
과 그리스도의 인내에 들어가게 하시기를 원
하노라

원 의미

이것은 세 가지 측면에서 이 서신의 중요한 요약과 전환적인 항목이다. (1) 인접한 문맥과 관련해서 그것은 한분 참된 하나님을 따르는 자들의 운명(2:13-14)과 "불법한 자"를 따르는 자들의 운명(2:10-12)을 예리하게 대조시킨다. (2) 보다 넓은 문맥과 관련해서 그것은 2:1에 나오는 "주 예수 그리스도의 오심과 그에게로 신자들의 모이는 것에 관한 논의를 마감한다(2:15-17; 참조. 3:2-3, 5). (3) 그것은 3:6-5에서 무질서한 신자들의 문제에 관한 바울의 논의를 세워준다(2:15; 3:4을 보라).

이 항목은 형태나 구조보다는 내용에서 일관성이 있다.[1] 잘 정의된 항목에 둘러

싸인(2:1-12과 3:6-15), 이 항목은 다양하게 넓은 형태를 보여준다(어떤 이들은 그것을 무질서한 순서를 갖고 있다고 말할 수도 있을 것이다): 감사(2:13-14), 권면과 격려(2:15), 기도(2:16-17; 3:5), 기도 요청(3:1-2), 그리고 확신의 표현(3:3-4). 그럼에도 불구하고 이 다양한 하부 단위들에서 흐르는 두 주제, 즉 확증(2:13-14, 16; 3:1b, 3-4, 5)과 인내(2:15, 16-17; 3:5)는 이 항목을 서로 연결해주고 서신의 이 부분에서 바울의 목표를 드러내준다. 이 목표들은 외적인 고난(참조. 1:4-6)과 내적인 문제(2:2-3; 3:6-15)에 직면해서 공동체를 격려하고 안정시키려는 것이다.

하나님께 대한 감사(2:13-14)

2:13을 여는[2] "하지만"(개역개정에는 번역되어 있지 않음)이란 말은 "멸망하고 있는" 사람들의 운명(그들이 "악을 즐거워했기" 때문에, 2:10b-12)을 "주(즉 예수, 참조. 살전 1:4)께서 사랑하시는" 형제와 자매들로 묘사되는[3] 데살로니가 신자들의 운명과 대조시킨다. 바울의 주요한 목표는 데살로니가인들에게 그들을 박해하고 반대하는 사람들의 운명과 대조시켜 그들의 운명과 관련한 확증을 주는 것이다. 그들을 속이는 다가올 "불법의 사람"의 노력에도 불구하고, 그들의 구원은 하나님의 손안에 있다. 하나님은 그들을 데살로니가에서 구원받는 사람들의 "첫 열매로" 선택하셨다.[4] "선택하다"로 번역된 용어는 신명기 26:18을 반영해준다(이스라엘에 대한 하나님의 선택, 그 개념에 대해서는 살전 1:4의 주석을 보라).

2:13의 마지막 두 어구들은 구원을 효과적이게 하는 수단들을 나타낸다. 이 수단들은 "성령의 거룩하게 하시는 역사"(인간의 영이 아니라 성령, 참조. 살전 4:7-8)와 "진리에 대한 믿음" 곧 복음이다. 하나님은 그들을 이 진리에 대한 믿음으로

1. 이 구분은 서신적이고 수사적 분석의 반대에 부딪힌다. 제위트(R. Jewett)는 서신의 이 항목을 취급할 때 특히 두드러지게 다른 데살로니가후서의 세 종류의 서신적이고 수사적인 분석을 열거한다. 그러나 크로델(서신적인 관점에서)과 제위트(수사적인 관점에서)는 구분되는 항목으로 2:13-3:5을 취급하는 것에 동의한다(*Thessalonian Correspondence*, 224-25).
2. 2:13의 서두어구(특히 "해야 한다"[ought])에 대해서는 1:3a의 주석을 보라. 2:13이 1:3의 서두의 감사를 재개하는 방식에 대해서는 살전 2:13(그것은 살전 1:2의 도입적인 감사를 재개한다)을 참조하라.
3. 남자 구성원들만이 아니라 전체 공동체를 포함하는, 2:13에 '아델포이', "형제들"의 의미에 대해서(또한 2:15; 3:1)는 살전 1:4의 주석을 보라.
4. "첫 열매로서"('아파르켄'; NRSV, NAB) 대신에 어떤 주요한 사본들은 "시작부터"('아프 아르케스'; NIV, RSV, NASB)로 독법한다. 첫 번째 대안이 더 선호된다. 그것은 문맥에 잘 들어맞지만 두 번째 어구는 바울의 용법을 반영하지 않는다(유사하게 G. D. Fee, *God's Empowering Presence*, 77).

"부르셨고"(살전 4:7; 참조. 2:12, 5:24; 살후 1:11), 데살로니가인들이 그것을 하나님의 말씀으로 받았다(살전 2:13). "진리를 사랑하기를 거부하는" 멸망할 자들과의 예리한 대조를 다시 참조하라(살후 2:10b, 12).

하나님의 백성들의 장래의 목표로서 "영광"에 대해서는 데살로니가전서 2:12에서 이 용어에 관한 논의를 보라(또한 롬 8:18을 참조하라. 그 구절에서 장래의 영광은 현재의 고난과 명백하게 대조되고, 여기 데살로니가후서 2장에서는 암시적으로 대조된다). "선택", "부르심", 그리고 "영광"의 조합에 대해서는 로마서 8:29-30을 보라. 여기서 사용된 것과 거의 동일한 어구(직역하면, "[하나님]이 너희를 부르셨다…주 예수의 영광을 얻기 위해서")가 데살로니가전서 5:9에서 나타나지만("하나님이 우리를 세우심은 노하심에 이르게 하심이 아니요 오직 우리 주 예수 그리스도로 말미암아 구원을 받게 하심이라") "구원"이 "영광"의 자리를 대신하고 있다. "영광"과 "구원"의 이런 밀접한 관계는 놀랄 일이 아니다. 영광은 하나님의 임재의 광채나 광휘로 간주되고, 데살로니가전서 4:17에서(그리고 살후 1:9에서 암묵적으로) 바울은 구원을 주와 항상 같이 있는 것으로 정의하기 때문이다.

"확고히 서라"는 권면(2:15)

보통 바울의 감사하는 모습은 다기능적이다. 하나님께 감사를 드려야하는 이유에 관한 목록(2:13-14)은 곧이어 진전된 권면의 근거가 된다(2:15). 그는 "그러므로"(살전 5:6에서처럼; 참조. 롬 12:1) "확고히 서라"(참조. 살전 3:8)고 말한다. 이 명령은 데살로니가후서 2:2("쉽게 마음이 흔들리거나 두려워하거나 하지 말아야 한다")에 긍정의 대응부를 이룬다. 아울러 그는 데살로니가인들이 "우리가 너희에게 가르친 전통을 확고히 지킬"(NRSV; NIV는 "우리가 너희에게 전했던 가르침"으로 문장을 바꾼다) 것을 원한다. 첫 명령이 2:2의 전반부와 연관이 되었던 것처럼, 이 두 번째 명령은 같은 구절(2:2)의 후반부와 연관된다("영으로나 또는 말로나 또는 우리에게서 받았다 하는 편지", 개역개정에는 2:2의 전반부와 후반부가 서로 바뀌어 있다–옮긴이). 바울은 어떤 이들이 바울과 그의 동료들이 가르쳤다고 주장하거나 단언하는 것이 아니라 그와 그의 동료들이 실제 데살로니가교인들에게 가르쳤던 것에 집중하라고 말한다.

2:2에서 바울이 예언의 말, 구두적인 보고나 가르침, 또는 편지를 통해서 그 문

제가 발생하고 있는지를 알 수 없음을 인정하고 있을지라도, 여기서 마지막 두 항목만을 그가 언급하고 있음("말로나 우리의 편지로", 2:15)은 그의 견해로 문제의 근원이 (오해되거나 잘못 대변된)예언적인 말이었음을 강력하게 암시한다. 이 예언의 말은 아마도 바울과 그의 동료들이 말했거나 썼던 것을 부가하거나 개정 또는 심지어 오해했던 것이라고 주장했을 것이다. 하지만 이와 상관없이 사도가 2:2 이래로 지적하였던 주요한 요지는 분명하다. 그밖에 다른 것이 아닌 너희가 우리들로부터 배웠던 전통을 붙잡아라. 그는 바로 이 구원 이외에 어느 것도 위험하다고 함축하고 있다.[5]

권위적인 전통에 관한 개념('파라도시스')은 철저히 바울적이다(그 용어에 대해서는 2:15과 3:6과 더불어 고전 11:2을 보라). 제임스 던은 바울서신에서 세 가지 주요한 전통의 유형을 구분했다: (1) 중심적인 복음 메시지와 관련한 복음 전통(예. 고전 15:1-3); (2) 회중의 실천을 형성하는 정보, 곧 교회 전통(예. 고전 11:23-25); (3) 적절한 기독교적 행위를 다루는 윤리적 전통(예. 고전 7:10; 살전 4:1-2).[6] 여기서 2장의 문맥에서 바울이 염두에 두고 있는 전통은 첫 번째 유형의 사례, 즉 복음의 근본적인 메시지를 담고 있는 전통이다. 3:6-7에서 그는 세 번째 유형의 전통을 언급할 것이다.

도고기도(2:16-17)

16-17절은 형태와 기능의 측면에서 데살로니가전서 3:11-13와 유사한 도고기도를 포함한다. 기도는 이전의 구절들에서 바울의 목적을 조명해준다: 데살로니가인들을 격려하고 강화시키는 것. 내용의 측면에서 16절은 13절과 연관이 있는 반면에 17절은 15a절을 반영해준다.

2:16에서 하나님 앞에 예수를 언급한 것은 흔치 않다(참조. 고후 13:14; 갈 1:1). 형태적으로 그것은 13절(하나님)과 14절(예수)과 교차대구법을 이루고, 이전의 논의에 기독론적인 논의를 반영해준다. 여기서 나타나는 완전한 기독론적인 칭호는 데살로니가전서와 후서에서 자주 나타난다(참조. 살전 1:1, 3; 5:9, 23,

5. C. A. Wanamaker, *Thessalonians*, 268.

6. J. D. G. Dunn, *Unity and Diversity in the New Testament*(Philadelphia: Westminster, 1977), 66-69; 참조. C. A. Wanamaker, *Thessalonians*, 268.

28; 살후 1:1, 2, 12; 2:1, 14; 3:6, 12, 18). 예수와 하나님에 대한 언급 다음에 단수 동사를 바울이 사용한 것은 그가 은혜와 사랑의 근원으로 하나님과 예수를 동시에 고려하였을 것임을 보여준다(참조. 살전 3:11과 살후 1:12에서 하나님과 예수의 유사한 긴밀한 관계).[7] "은혜"에 대해서는 데살로니가전서 1:1과 데살로니가후서 1:12에서의 주석을 보라. 사랑받는 자의 개념에 대해서는 데살로니가전서 1:4과 데살로니가후서 2:13; 3:5을 보라(또한 롬 5:8). 두 번째 동사("주신")는 첫 번째 동사의 결과(주는 것은 사랑에 따른 결과)다.[8] 전체 어구("우리를 사랑하시고…우리에게 주신")는 "하나님의 선물이 그의 선하심에 달려 있는 것이지 수령자의 가치에 달려 있지 않음을 강조하고, 따라서 확신에 대한 더 진전된 근거를 제공한다."[9]

바울은 2:16에서 두 가지 선물을 고려한다. 첫 번째 선물은 "영원한 격려", 즉 이 시대의 고난과 다가올 심판을 능가하는 격려, 우리가 영원한 생명을 온전하게 경험할 때까지 우리를 지탱케 하시는 격려이다(참조. 롬 15:15; 고후 1:3). 두 번째 선물은 현대의 세속적인 용어로 "좋은 소망"이다("장래의 개념에 관한 낙관적인 효과와 훌륭하고 책임 있는 행동의 관계성"을 강조하는).[10] 바울은 소망을 개인의 행위가 아니라 하나님의 은혜로우신 사랑에 기초하여 장래를 진정으로 낙관할 수 있는 굳건한 기초를 제공함으로써, 그것을 기독교화했다.

"격려하다"(위로하다-개역개정)와 "강화하다"(굳건하게 하다-개역개정)(2:17)는 데살로니가전서 3:2에서 두 동사(바뀐 순서로)에 대한 주석을 보라. "일과 말"(이 순서로는 눅 24:19을 참조하라, 롬 15:18과 골 3:17에서는 순서가 바뀌어 있다)은 골로새서 3:17에서처럼 모든 인간의 행위를 망라하는 포괄적인 어구다("무엇을 하든지 말에나 일에나"). "바울의 바람은 외적인 박해에 직면해서 내적인 격려는 크리스천들이 무엇을 말하고 행동하든지 간에 경건한 행동이 수반

---

7. 참조. Murray J. Harris, *Jesus as God: The New Testament Use of Theos in Reference to Jesus*(Grand Rapids: Baker, 1992), 168, 316; 유사하게 I. H. Marshall, *1 and 2 Thessalonians*, 211; F. F. Bruce, *1 and 2 Thessalonians*, 196. 그러나 C. A. Wanamaker는 단수동사들을 하나님만을 가리키는 것으로 취한다(*Thessalonians*, 270-71).
8. "그의 은혜로"(직역하면, "은혜 안에서")란 어구가 16절의 끝에 나온다. 결과적으로 그것이 "사랑했다"와 "주었다"를 수식하는지(고로 E. Best, *Thessalonians*, 320; C. A. Wanamaker, *Thessalonians*, 271) 또는 오직 "주었다"(고로 NIV, NRSV)만을 수식하는지는 약간 불확실하다.
9. I. H. Marshall, *1 and 2 Thessalonians*, 211-12.
10. E. J. Richard, *Thessalonians*, 360.

되어야 한다는 것이다."[11]

마지막으로 여기서(살전 4:13-18; 5:1-11에서처럼) 장래에 대한 언급은 현재를 섬기는 것으로 끝나고 있다는 것은 주목할 만한 가치가 있다. 장래에 다가올 "불법한 자"에 관한 바울의 논의는 하나님이 과거에 행하신 것("사랑하시고…주셨다")에 기초해서 현재의 삶을 격려하는 기도로 끝난다.

기도를 위한 요청(3:1-2)

데살로니가인들을 위한 기도를 마무리하면서 바울은 3:1-2에서 그를 위해서 그들이 기도할 것을 요청하는 것으로 나아간다(참조. 살전 5:25). 두 긴밀하게 연관된 요청의 첫 번째는 "주의 말씀"과 관련이 있다. 동일한 어구가 나타나는 데살로니가전서 1:8에서처럼, 그것은 본질적으로 "그리스도의 복음"과 동의어다(살전 3:2; 살후 1:8). "급속히 퍼져 나가"로 번역된 용어('트레초', 직역하면 "달리다", "퍼져 나가"—개역개정)는 헬라 청중들(고전 9:24에서 바울이 사용한 경주하는 운동적 심상을 참조하라)에게 의미가 있었을 성경적인 이미지(시 147:15, "그의 말씀이 속히 달리는도다")를 반영해준다. 근본적인 개념은 진보나 발전의 개념이다. 복음은 "하나님의 말씀"을 단순히 선포하는 것만이 아니라, 그것을 "실제 하나님의 말씀"(살전 2:13)으로 받거나 인식할 때 "존귀하게" 된다(더 좋게는 NRSV, NASB처럼 "영화롭게 된다. 참조. 행 13:48). 데살로니가인들이 그랬던 것처럼 말이다(1:6).

바울의 첫 번째 요청이 말씀을 위한 것인 반면에(3:1), 두 번째 요청은 말씀을 선포하는 전달자들을 위한 것이다(3:2): 바울과 그의 동료들을 "부당하고 악한 사람들에게서 건지시옵소서"(개역개정). "건지다"란 동사는 주기도인 마태복음 6:13에서 나오는 용어와 동일하다(참조. 롬 15:31; 살전 1:10). 두 형용사('아토포스', "부당한"; 참조. 행 25:5; 28:6; '포네로스', "악한"; 참조. 살전 5:22)는 대체로 동의어이고, 복음의 전파를 방해하기 위해서 폭동을 선동했던 데살로니가의 사람들처럼 복음을 사악하게 가로막는 도덕적으로 왜곡된 사람들에 관한 개념을 전달해준다(행 17:5). 바울은 일반적인 어조로 말하고 있다. 그것은 그가 어떤 구체적인 그룹을 염두에 두고 있는 것으로 보이지 않는다.[12]

11. C. A. Wanamaker, *Thessalonians*, 272.

3:2의 마지막 어구—"믿음은 모든 사람의 것이 아니니라"(즉 "모든 사람들이 믿지는 않는다")는 선교사들이 직면한 어려움을 설명해주고, 나아가서 그것은 복음의 말씀의 진보를 가로막는 것을 말한다.[13] 또한 그것은 대조의 요지를 제공함으로써 3:3을 확립해준다(대적자들의 사악함 vs 주의 보호와 돌봄).

확신의 표현(3:3-4)

3:3에서 바울은 이 항목에서 그의 주요한 관심(공동체에 대한 격려)으로 재빨리 돌아간다. 3:2에서 이중적인 언어유희는 바울의 전환을 촉진시킨다. '포네로스'("악한")한 사람들은 '피스티스'("믿음")를 결여하고 있지만 (3:3) 주는 '피스토스'("신실한")하시고 그를 따르는 자들을 "강화시키시고"(살후 2:17; 또한 살전 3:13을 보라)이 '투 포네루'("악한" 또는 "악한 자"로 번역할 수 있는 어구)에서 "보호하신다(참조. 시 121:7; 요 17:12; 유 24절). 같은 문제가 발견되는 마태복음 6:13에서처럼(주의 기도), 이 어구는 "악한 자"로 번역해야 할 것이다(NIV, NRSV, NASB).[14] 따라서 그것은 바울이 이미 데살로니가후서 2:8에서 예수의 궁극적인 승리에 대해서 말했던 것을 데살로니가인들에게 상기시키고, 또한 그들의 대적자와 하나님에 대한 대적간의 연관을 강화시킨다(참조. 1:4-10).

아울러 3:3-4은 2:13-15의 패턴과 아주 유사하다: 하나님의 사랑과 공동체에 대한 관심의 확증(2:13-14; 3:3)에 이어서 순종과 인내에 대한 권면이 뒤따른다(2:15; 3:4). "약간 다르게 말한다면, 3절은 주가 그들 가운데 역사하신다는 것을 독자들에게 확증하는 반면에, 4절은 주가 행하신 것에 반응해서 순종할 것을 간접적으로 요청한다."[15] 게다가 데살로니가인들이 행한 것을 칭찬함으로써(참조. 살전 4:1, 10; 5:11; 살후 1:3), 그리고 그들이 "우리가 명한 것을 '계속' 행할" 것이

12. 따라서 F. F. Bruce, *1 and 2 Thessalonians*, 198; C. A. Wanamaker, *Thessalonians*, 275; E. J. Richard, *Thessalonians*, 374-75; 다르게는 I. H. Marshall, *1 and 2 Thessalonians*, 214(그는 여기서 고린도에서 바울의 유대 대적자들에 대한 언급을 본다).

13. 3:2의 마지막 어구를 시작시키는 "for"는 이 어구를 구원에 대한 직전의 요청과 연결시킨다(분명히 NIV가 남기고 있는 인상). 하지만 3:1-2의 전반적인 구조에 비추어(바울이 두 긴밀하게 연관된 요청을 만드는 단일한 문장: "…와…을 위해서 우리를 위해 기도해주시오"), "for"가 전반적으로 기도에 대한 요청과 이 마지막 어구를 연결시키는 것으로 더욱더 보인다(참조. NRSV).

14. 따라서 E. Best, *Thessalonians*, 327-28; F. F. Bruce, *1 and 2 Thessalonians*, 200; E. J. Richard, *Thessalonians*, 370-71; 대안적인 견해는 C. A. Wanamaker, *Thessalonians*, 277에 의해 선호된다.

15. C. A. Wanamaker, *Thessalonians*, 277.

라는 "주에 대한 확신"을 표명함으로써(참조. 갈 5:10), 바울은 3:6-15에서 그가 전달하려고 하는 교훈에 대한 방식을 준비시킨다(특히 3:6, 10, 12에서 "명령"의 삼중적인 반복을 참조하라).[16]

진전된 기도(3:5)

마지막으로, 기도(2:16-17; 참조. 3:1-2)에서 진전된 권면(3:3-4)으로 일탈했던 바울은 3:5에서 서신의 이 항목을 마감하는 기도로 다시 돌아온다. 그는 주가 데살로니가인들의 관심을 두 중요한 요지로 "인도하시기를" 기도한다(살전 3:11에서 "갈 수 있게"란 동사와 동일하지만 여기서는 눅 1:79의 의미를 갖는다; 참조. 대상 29:18; 잠 21:2). 첫째로 "하나님의 사랑"은 한 번 더 2:13-3:5에서 흐르는 핵심적인 주제, 즉 하나님에 기초한 확신을 반영한다. 둘째로 "그리스도의 인내"는 바울이 반복해서 그들이 행할 것, 즉 인내할 것을 격려했던 일의 모범으로서 그리스도를 그들 앞에 제시한다(참조. 2:15, 16-17; 이전에 1:4을 참조하라; 또한 살전 1:10; 3:13).

엄격히 말해서, "하나님의 사랑"이란 어구는 "하나님에 대한 그들의 사랑"("하나님의"를 목적 소유격으로 취하는)이나 "그들에 대한 하나님의 사랑"("하나님의"를 주격속격으로 취하는)을 가리킬 수 있다. 인접한 문맥(2:13, 16)과 바울의 용법(예. 롬 5:5, 8)은 NIV가 올바르게 보여주는 것처럼 그것이 후자의 경우임을 사실상 확실히 한다. 유사하게 두 번째 어구를 KJV처럼 "그리스도를 기다리는 인내"(목적격의 소유격; 참조. 살전 1:3; 살후 1:4)로 번역할 수 있었지만, 두 번째 어구와 첫 번째 어구 사이에 유사한 평행으로 보건데, "그리스도 [자신의] 인내"(주격 속격; 참조. NIV, NRSV)가 더욱 그럴듯해 보인다.[17]

16. 유사하게 E. J. Richard, *Thessalonians*, 271; C. A. Wanamaker, *Thessalonians*, 277-78. 그러나 3:4을 3:1을 가리키는 것으로 취하는 I. H. Marshall은 바울을 위해서 기도하는 것을 그들이 방행하지 못할 것이라는 확신의 표현으로 4절을 이해한다(*1 and 2 Thessalonians*, 217). 하지만 3:1에서 본질적으로는 오직 요청이었던 것을 "명령"(3:4)으로 명명하는 것은 어색하다. 게다가 데살로니가인들이 바울이 그들이 행할 것을 단지 요청했던 것을 어떻게 그들이 이미 행하고 있었는가를 알기가 어렵다.
17. 유사하게 F. F. Bruce, *1 and 2 Thessalonians*, 202; C. A. Wanamaker, *Thessalonians*, 278-79; E. J. Richard, *Thessalonians*, 372, 376.

상황읽기

데살로니가후서 2-3장을 해석하는 첫 번째 도전 중에 하나는 이 장들을 나누는 방법을 결정하는 것이다. 내가 그 장들을 세 부분으로 나눌 것을 선택했을지라도(2:1-12; 2:13-3:5; 3:6-18), 일부 해석자들(예를 들어, 존 스토트)은 이 장을 두 부분으로 나누어 작업한다(2:1-17; 3:1-18). 그렇게 하는 일이 가져다주는 혜택은 2:13-15에서 구원받은 자에 대한 바울의 묘사가 2:10-12에서 멸망할 사람들의 운명[18]과 대조되고, 또 3:1-5이 3:6-15을 세워주는 방식을 강조하기가 더 쉽다는 것이다. 다른 한편으로 2:13-18을 3:1-5과 분리시키는 것은 서신의 이 두 부분을 연결시키는 공통된 주제(확신과 인내)를 모호하게 만든다. 더 중요하게는, 이 두 단위를 분리하는 것은 바울이 이 두 공통된 주제를 강조하고, (사도가 2:1-12에서 설명한 외적인 위협과 3:6-15에서 다룬 내적인 문제에 대한 해결책으로서) 사도적 가르침을 굳게 붙들라고 강조한 방식을 모호하게 만든다.

이전에 주목했던 것처럼, 이 항목은 다양하고 넓은 형태를 보여준다. 감사(2:13-14), 권면과 격려(2:15), 기도(2:16-17; 3:5), 기도 요청(3:1-2), 그리고 확신의 표현(3:3-4). 감사는 궁극적으로 우리의 구원에 책임이 있는 자로서 하나님에 대한 찬양과 인정과 관련이 있다. 신 중심적인(theocentric) 기도는 다른 모든 것보다 하나님이 우선되신다는 것을 상기시키고 우리의 소망과 희망사항을 하나님의 뜻에 일치시키는 수단을 제공한다. 게다가 여기서 기도와 감사는 이 서신들의 다른 기도와 감사에서 관찰되는 핵심적인 요소를 반영해준다. 그것들은 주로(그리고 때로 온전히) 타자 지향적이다(살전 3:9-13의 주석을 보라). 데살로니가전서 5:25에서처럼 바울이 데살로니가인들에게 기도를 요청한 것은 하나님 앞에서 그들의 근본적인 동등성을 암묵적으로 인정하고 있다. 그들이 서로 다른 영적인 성숙의 차원을 갖고 있을지라도 말이다. "주는 신실하시다"(참조. 살전 5:24; 살후 1:6)라는 확증은 금언적인 특징을 갖는다: 그것은 아주 근본적이고 기초적인 진리를 표현하고 있어서 증거가 필요치 않다. 바울은 그것을 당연히 여긴다.

다양하고 넓은 형태와 더불어, 이 단락은 역시 주제의 폭넓은 범주를 다룬다. 여기서 새로울 것은 거의 없고, 직접 또는 첫 번째 서신으로든, 대체로 바울이 이

18. 한편으로 사탄의 작업에 따라서 "무법한 사람"에 의해 속임을 당한 사람들(그러므로 그들은 사탄과 함께 심판을 받을 것이다)은 사악한 자가 기뻐할 정도로 진리를 거부하고(2:10) 거짓말을 믿은(2:11) 사람들이다. 다른 한편으로 데살로니가인들은 하나님의 사랑을 받고 구원으로 선택되었으며(2:13), 삶에서 성령의 거룩하게 하시는 역사를 경험하고 진리를 믿으며(2:13), 영광으로 예정되어 있다(2:14).

미 만들었던 요지들을 재확증하거나 다시 한번 강조한다(데살로니가전서와 후서에서 다른 곳의 평행에 대해서는 이전에 원 의미에서의 언급을 보라). (1) 한 가지 사례를 든다면, 많은 점에서 2:13-14(그것은 하나님의 사랑과 선택과 소명, 구원과 성화, 성령의 역사, 그리고 주 예수의 영광[19])은 데살로니가전서 1:4-8과 2:12-13의 압축이다. 여기서 바울은 그곳에서처럼 현재 문제에 관한 조언을 그들의 과거 경험에 기초한다. 또한 그가 장래에 대한 우려를 다루는 한 방식(예를 들어, "불법한 자"가 나타남)은 하나님이 과거에 행하셨던 것을 기억하게 하는 것이다.

(2) 다른 사례를 든다면, 하나님의 행위와 인간의 책임 사이에 긴장이 있다(2:13, 15; 3:3-4; 참조. 1:11; 또한 살전 3:12; 4:10을 보라; 살전 3:9-13의 상황잇기 항목을 보라). 만약 바울의 순서가 인간의 반응이 뒤따르는 신적인 행위(은혜)라면, 그가 글을 쓰고 있는 사람들에게 살아가는 방식에 대한 책임을 질 것을 요청하고 있음도 그 못지않게 사실이다. 바울에게서 하나님의 행위와 인간의 책임은 경쟁적인 것이 아니라 조화의 개념이다.

삼위일체적인 의미. 2:13과 관련해서 고든 피는 두 중요한 신학적 의미를 지적한다. 그는 2:13이 구원에 관한 "거의 신조적"인 진술이라고 지적한다. 그는 그것을 "삼위 하나님의 조합된 행위"로 간주한다. 성부 하나님이 선택하시고, 성자 하나님(즉 "주")이 사랑하시고, 성령 하나님이 거룩하게 하신다. "이것은 후대적인 의미에서 삼위일체가 아니라 후대의 작업이 그런 본문들에 따른 결과다." 삼위일체의 각 위는 구원의 역사에서 구분되는 역할에 기여한다.[20] 여기서 우리는 후대에 구성되었던 온전한 교리의 성경적인 자료를 갖는다.

성화로서의 구원. 고든 피는 2:13에서 바울이 "성화"(즉 "거룩")의 측면에서 데살로니가인들의 구원을 묘사한 사실의 의미를 역시 조명한다. 이것은 다음과 같은 사실을 의미한다.

> 고린도전서 1:30과 6:11이 명백히 하고 있는 것처럼, 바울에게서 "성화"는 은혜의 두 번째 역사도 아니고 회심 후에 신자들에게서 발생하는 것들을 주로 언급하는 것도 아

19. James Denney는 이 두 구절들에서 "축소된 조직신학"을 본다. 사도의 감사는 하나님의 영원한 선택에서부터 다가올 세상에서 주 예수 그리스도의 영광의 성취에 이르는 창조의 전체적인 역사를 망라한다(F. F. Bruce, *1 and 2 Thessalonians*, 192에 의해 인용된 것처럼).
20. G. D. Fee, *God's Empowering Presence*, 78. 유사한 단락은 롬 5:1-5; 8:3-4; 8:15-17; 고전 6:11; 고후 1:21-22; 13:14; 갈 4:4-7; 엡 1:13-14; 4:4-6; 딛 3:5-7을 포함한다.

니다—물론 그런 일이 확실히 기대될지라도 말이다. 오히려 신자들의 회심은 "성화"의 측면에서 묘사될 수 있다. 하나님의 목적을 위해 이제 구별된 존재와 하나님의 성품을 반영할 수 있도록, 하나님의 방식을 따라 살아가는 윤리적인 의미에서 말이다. 데살로니가전서 4:8에서처럼 바울에게서 이것은 신자의 삶에서 성령의 역사다.…그에게서 성령의 거룩하게 하시는 역사를 포함하지 않는 진정한 회심이란 없다.[21]

"하나님의 목적을 위해 구별된"과 "하나님의 방식을 따라 사는 것": 그것은 오늘날의 세계에서 하나님의 백성이 무엇을 의미하는지, 또는 구원에 관한 묘사에 적합하다.

"전통"의 중요성. 2:15에서 바울은 두 번째 서신에서 흐르는 중요한 요지를 다룬다: 사도들이 가르쳐준(참조. 고전 4:17; 골 2:7) "전통"('파라도세이스'; NIV "가르침"; 참조. 고전 11:2)을 확고히 붙잡는 일의 중요성. 바울은 사도들로부터 "받았던"(살전 4:1에서와 동일한 용어; 참조. 고전 15:1) "가르침"을 따라 살지 않았던 무질서한 사람들과 관련해서 데살로니가후서 3:6에서 동일한 용어를 사용한다. 데살로니가후서 3:14에서 사도는 "우리의 가르침"('로고스')에 대한 순종을 강조하고, 2:5에서는 그가 그들에게 말했던 "것들"을 언급한다. 데살로니가전서 4:2에서 그는 사도들이 데살로니가인들에게 "주었던" "교훈"('파랑게리아스', 직역하면 "계명", 관련된 동사 '파랑겔로'가 살후 3:4, 6, 10, 12; 또한 살전 4:11에서 나타난다)을 언급했다.

사용된 용어법과 상관없이 이 모든 단락들은 동일한 것, 즉 권위적인 사도적 전통을 염두에 두고 있음이 분명하다. 이전에 원 의미 항목에서 나는 바울 서신들에서 세 가지 주요한 전통의 형태를 언급했다: 중심적인 복음 메시지에 초점을 맞춘 복음 전통; 회중의 행위를 인도하는 교회 전통; 적절한 크리스천의 삶에 초점을 맞춘 윤리적 전통. 어떤 형태를 취하든지 간에, 바울과 관련될 때, 이 전통들은 데살로니가 교회를 위한 권위와 규범이었다. 이는 이 전통들의 궁극적인 근원이 인간이 아니라 하나님이시기 때문이다(참조. 예를 들어, 살전 4:2, 15; 또한 고전 11:23). 데살로니가전서 2:13의 측면에서 그것을 다시 말하면, 이것은 이 전통들이 인간의 말이 아니라 하나님의 말씀이라는 것이다. 이 때문에 사도적 전통을 거부하는 사람들은 인간의 가르침이나 권위를 거부하는 것이 아니라 하나님을 거부

21. Ibid., 79.

하는 것이다(4:8).

바울과 그의 동료들은 이 권위적인 전통을 데살로니가인들에게 "말로나 편지로"(살후 2:15) 전달했다. 오늘날 이 사도적 전통에 대한 우리의 유일한 접근은 사도들이 글로 썼던 것, 특히 바울의 서신들과 성경 정경의 일부분이 되었던 것들을 통해서다. 그러므로 바울이 사도적 '전통'을 확고하게 붙잡고, 순종하며 수용하거나 가르침 받았다고 말할 때, 우리는 사도적 '정경'의 측면에서 생각할 필요가 있다. 오늘날 우리들에게서 성경은 사도적 전통이 데살로니가인들에게 그러했던 것과 마찬가지로 권위적이고 규범적이다.

현대적 의미

상황잇기 항목에서 분명히 했던 것처럼, 현대적 적용과 관련해서 초점을 맞출 수 있었던 많은 주제나 이슈들이 이 단락에 있다. 대부분의 경우에 (데살로니가후서를 데살로니가전서와 무관하게 다루느냐 뒤이어서 다루느냐와 같은) 상황들이 적용되는 주제들의 선택을 결정지을 것이다. 나는 세 가지 주제나 논지에 초점을 맞추기를 원하는데, 그것들은 서신의 이 단원에서 주요한 위치를 차지한다: 확신, 인내, 그리고 기만과 거짓 또는 잘못된 정보로부터 보호하는 성경의 중요성.[22]

확신. 2:2에 비추어 볼 때, 일부 데살로니가인들은 "주의 날"이 이미 도달했을 가능성으로 인해 불안해했던 것으로 보인다. 그날이 올 때에 동반되거나 이전에 나타날 사건들—사탄의 속임수, 배교, 그리고 멸망—을 바울이 소름 끼치게 묘사하는 것에서 볼 때, 적어도 이 신자들의 일부가 아직 도달하지 않은 것을 미리 내다보고 불안해했던 것으로 보인다. 심판과 기만에 대한 이 모든 이야기와 추측은 그들 가운데 일부를 염려와 근심으로 채웠을 것이라는 것은 놀랍지 않다.

이런 상황에 직면해서 바울은 데살로니가인들을 확신시키는 요지를 만든다(그는 살전 5:1-11에서 이미 유사한 방식으로 그리 했다; 그곳에서의 현대적 의미 항목을 보라). 주님이 그들을 사랑하시고, 하나님이 그들을 선택하시고 부르셨으며, 그들이 성령의 역사로 말미암아 구원을 받았기 때문에 그들은 주의 영광을 나눌 것을 확신할 수 있다(살후 2:13-14). 게다가 바울이 그들에게 상기시키는 것처럼,

22. 여기서 논의되지 않은 주제에 대해서는 그 주제들을 적용하기 위한 지침이 있는 다른 부분들의 원 의미와 상황잇기에서의 언급을 보라.

“주는 신실하시고”, 따라서 악한 자와 그 무리들로부터 그들을 “굳건하게 하시고” “지키실” 것이다(3:3). 다시 말해서 삼위일체 하나님의 보호하심 속에서 안전히 거하기 때문에, 바울은 데살로니가 신자들의 장래에 대해서 참으로 낙관적이다.[23]

인내. 그때에 바울은 이 요지에 관한 적용을 한다. 확신이 ‘인내’를 낳아야 한다. 칼빈은 분명하게 이런 내용을 보았다: 2:15-17에 관해 쓰면서(참조. 3:3-4), 그는 이렇게 말한다.

> 바울은 이전의 진술에서 이런 격려의 말을 올바르게 이끌어낸다[2:13-14]. 인내에 대한 우리의 결의와 능력이 하나님의 은혜에 대한 우리의 확신에 오직 달려 있기 때문이다. 그러나 하나님이 우리를 구원으로 부르시고 우리에게 그의 손을 뻗으시며, 그리스도는 복음의 교훈으로 우리의 기쁨을 위해 우리에게 그 자신을 제공하시며, 그리고 성령이 영원한 생명의 보증과 서약으로서 우리에게 주어질 때, 하늘이 무너진다 할지라도 우리는 실망하지 않아야 한다.…하나님의 부르심은 세상의 (파괴는 말할 것도 없고) 전체적인 파괴조차도 우리의 일관성을 흔들지 못하게 하는 방식으로 곤란한 모든 경우에 대항해서 우리를 변호한다.[24]

요컨대, 하나님의 신실하심에 대한 확신은 우리 편에서 신실함의 반응을 촉진시켜야 한다.

바울이 여기서 인내를 말한 것에 깔려 있는 기독교에 대한 이해를 주목하는 것이 중요하다. 바울에게서 기독교는 우리를 아프게 하는 것을 재빨리 고치거나 단기간에 해결하는 것이 아니다. 어떤 이들이 말했던 것처럼, 기독교는 “같은 방향으로 오랫동안 걷는 것이다.” 히브리서의 저자는 “인내로써 우리 앞에 당한 경주를 할”(히 12:1) 것을 격려할 때 상당히 동일한 개념을 표현했다. “우리가 시작할 때에 확신한 것을 끝까지 견고히 잡고 있으면 그리스도와 함께 참여한 자가 되기”(히 3:14) 때문이다. 나아가서 바울과 히브리서는 한 번 이상 제자들에게 “끝까지 견디는 자는 구원을 얻으리라”(마 10:22; 24:13; 막 13:13 개역개정)고 상기시키셨던 예수의 가르침을 반영한다.

23. 바울이 여기서 보여주고 있는 태도는 승리주의가 아니라 확신 중에 하나라는 것을 부차적으로 언급할 만한 가치가 있다. 승리주의—하나님이 ‘우리의’ 편에 계신다는 믿음—는 바울에게서 낯선 개념이다. 하지만 확신—하나님이 ‘그의’ 편으로 우리를 부르셨다는 확신—은 그의 서신 전반을 통해 흐른다.

24. J. Calvin, *The Epistles of Paul the Apostle to the Romans and to the Thessalonians*, 411.

이것은 인내가 쉬운 문제임을 말하고 있지 않다. 나의 동료 다니엘 테일러가 지적했던 것처럼,

> 믿음은 놀랍게 강력하고, 동시에 고통스럽게 빈약할 수 있다. 영원한 안전의 교리에도 불구하고, 하나님을 찾는 전체적인 경험을 단절하는 선택이 항상 내재해 있다—시작하거나 한 번 더 시작하라는 선택처럼 말이다. 이런 선택들은 자주 태만에 의해 때로 무의식적으로 만들어진다. 운동선수가 경쟁에서 지치는 것처럼, 또는 병사가 전쟁에서 지치는 것처럼 우리는 믿음의 싸움에서 지친다.[25]

2:16-17에서 바울의 기도는 우리가 투쟁에서 지치고, 장애에 직면해서 낙담 할 수 있다는 무의식적인 인식을 전달한다. 하지만 정확히 그러한 상황에서 인내는 장애 속에서 계속해서 나아가는 것을 의미한다. 즉 (데살로니가인들이 겪었던 박해처럼) 좋지 않은 상황에도 불구하고 하던 일을 계속하는 것을 의미한다. "마라톤 경주자가 고된 몸에도 불구하고 인내하며, 조각가가 깨어지지 않는 돌에도 불구하고 인내하며, 남편과 아내가 결혼의 긴장에도 불구하고 인내한다."[26] 하나님의 백성들은 때로 터무니없는 것처럼 보이는 것을 포기하라는 도전과 유혹에도 불구하고 주님께 헌신하는 것으로 인내한다.

계속된 투쟁과 시련과 곤란과 의심에 직면해서 무엇이 우리가 계속 그 일을 할 수 있게 하는가? 우리는 왜 인내할 수 있는가? 바울이 이전에 이 서신에서 분명히 했던 것처럼(2:8), 결국에 예수가 이기신다. 과거에 신실하셨던 분은 장래에도 신실하심을 입증하실 것이다. 이것이 우리가 현재에 신실하게 남아 있도록 용기와 소망을 준다. 성령이 지금 행하신 것으로 하나님이 강화시키시고 이루셨다는 것을 확신하는(2:13; 참조. 살전 1:6; 4:8) 우리는 주 예수가 영광과 존귀로 드러나실 때 곧 믿음이 확실히 드러날 때를 고대하면서 소망으로 인내한다.

보호자로서의 성경. 데살로니가인들이 장래와 관련해서 그렇게 "불안했던"(2:2) 한 가지 이유는 그들이 믿을 수 없는 정보로 인도되었다는 것이다. 바울과 그의 동료들이 사실상 말해왔거나 글로 썼던 것을 붙들기보다는 불확실한 기원과 막연한 정보에 신뢰를 주었다. 그러므로 그들이 장래에 대해서 "불안해" 하거나 "놀라는"

---

25. Daniel Taylor, *The Myth of Certainty. The Reflective Christian and the Risk of Commitment* (Waco, Tex.: Word, 1986), 112.
26. Ibid.

것은 당연하다.

바울의 반응은 데살로니가인들이 사도로부터 받았던 가르침을 확고하게 붙드는 일을 고무하는 것이다. 그 이상도 그 이하도 아니다. 데살로니가전서 3:4; 4:1-2; 5:1-2; 또는 데살로니가후서 2:5, 15; 3:6에서든 간에(참조. 또한 살전 4:18; 5:11; 살후 3:14) 그의 요지는 일관되었다: 그들이 가르침 받은 것에 비추어 살아야 한다. 이 사도적 가르침이 그들의 관심과 질문에 대한 대답을 제공했다. 그들이 그것을 확고하게 붙잡고 그 의미를 생각한다면 말이다. 잘못된 정보—또는 다가올 사탄적인 속임수—에 대한 가장 좋은 보호책은 그들이 사도로부터 받았던 진리다.

여기에 오늘날 우리들에게 주요한 말씀이 있다고 나는 주장한다: 우리가 사도로부터 받았던 가르침을 확고하게 붙들자. 우리들에게서 이것은 성경을 확고하게 의지하는 것을 의미한다. 우리 시대에 거짓되거나 잘못된 정보와 가르침이 넘치고 있음을 발견한다. 우리는 그런 것들을 인쇄물, 전파, 또는 인터넷에서 흔히 찾아볼 수 있다(예를 들어, 이전 생애에서 사도 바울이었다고 주장하는 한 사람과의 긴 이야기식의 인터뷰로 형성된 최근의 책, 그것을 광고 게시판과 25달러의 대중 세미나들이 홍보했다). 그러한 상황에서 호도되거나 속임을 당하는 것을 막아주는 우리의 보호자로서 성경, 오직 성경만을 확고하게 붙들라는 것은 이전보다 더 중요한 의미를 가진다.

확실히 이론상으로 우리는 그것을 잘하고 있다. "자유적"이든 "보수적"이든 거의 모든 교회들이 성경의 중심성, 중요성, 그리고 권위를 확증한다. 즉 우리는 공식적인 신조, 신학적인 입장을 밝히는 문서, 또는 성경에 대해 올바른 것을 말하는 믿음의 진술들을 갖고 있다. 하지만 그것이 단지 이론적인 상황일 뿐이고, 실제는 그와 다르다. "자유적"이든 "보수적"이든 아주 많은 교회들과 개별적인 신자들이 성경에 대해서 이야기를 하지만, 그것을 따라 살지 못한다. 성경을 확고하게 붙들기보다는 성경을 선별적으로 읽고, 왜곡하고, 무시하고, 보충하고, 대신한다. 우리는 성경을 따르는 것처럼 보이지만 성경의 상관성을 거부하는 이중적인 방식을 보인다. 요컨대 우리는 너무 자주 성경을 확고하게 붙드는 것과 삶을 별개로 만든다. 그러한 상황에서 진리와 관련해서 우리가 속임을 당하거나 호도되고 있음을 발견하는 것은 놀랍지 않다.

성경을 확고하게 붙들지 못하는 방식에는 어떤 것들이 있는가? 예를 들어, 이러한 경우들이 있다. 우리는

- 성경 구절을 문맥에서 벗어나서 취하여 저자가 의도하지 않은 의미를 만든다(예를 들어, 교회를 파괴하지 말라는 고린도인들에 대한 엄숙한 경고인 고전 3:16-17이 개인의 거룩에 관한 논의나 자살에 대한 문제에 자주 적용되는데, 이 두 주제는 이 서신에서 당시 바울의 관심과는 상관이 없다).
- 성경을 믿는다고 주장하지만, 분명히 성경과 모순될 때조차도 비성경적인 믿음을 고수하기를 주장한다(예를 들어, 성경을 최종적인 권위로 고수한다고 주장하지만, 히브리서 9:27["한번 죽는 것은 사람에게 정해진 것이요 그 후에는 심판이 있으리니"—개역개정]를 연구한 후에도 환생에 대해 믿기를 계속하는 사람들).
- 대중적인 교사들이나 소설가들이 가르치는 것을 성경이 가르치는 것보다 더 무게를 두거나 관심을 표현한다(예를 들어, 나의 학생들 가운데 놀랍게도 많은 수가 악과 마귀에 대한 그들의 신념을 성경보다 대중적인 기독교 소설에서 더욱 얻는다).
- 주장된 예언, 즉 "지식의 말"이나 다른 은사적인 "계시"를 무비판적으로 수용하고 그것을 성경에 비추어 검증하지 않는다(살전 5:20-21의 현대적 의미를 보라).
- 성경의 일부분이나 가르침을 다른 성경을 배제하고서 강조한다(예를 들어, 그리스도가 죄, 회개, 거룩한 삶에 관해서 말씀하신 것은 소홀히 하면서 사랑과 용납에 관한 예수의 가르침에만 집중하는 것).
- 성경에 기초하였다고 주장하고서 새로운 개념이나 용어를 만들어, 성경의 다른 부분들을 제쳐두거나 뒤집어엎는 것으로 그것을 사용한다(예를 들어, 한 교파의 위원회가 소위 "정의-사랑"이라 불리는 개념을 만들고서, 성적 도덕성이 "정의-사랑"에 일치하기 않기 때문에, 그것의 성경적 표준을 제쳐두어야 할 것을 주장하려고 그 용어를 사용했다).
- 우리는 성경에서 가르치고자 하는 것보다 우리가 믿기를 원하는 것을 믿는다(예를 들어, 어떤 사람이 나에게 말했던 것처럼, "나는 환난 전에 신자들의 휴거를 믿습니다. 나는 그런 끔직한 일을 겪어야 한다는 것을 생각하기를 원치 않기 때문입니다"). 이런 점에서 바울이 디모데에게 경각시켰던 것에 대한 많은 사례들을 우리 시대에 발견하는 것은 그다지 어렵지 않다: "때가 이르리니 사람이 바른 교훈을 받지 아니하며 귀가 가려워서 자기의 사욕을 따를 스승을 많이 두고 또 그 귀를 진리에서 돌이켜 허탄한 이야기를 따르리

라" —개역개정).

• 성경의 문화에서 상황들이 아주 단순하기 때문에 성경이 현대적인 이슈와 관련이 없다고 주장한다(예를 들어, 성경이 어떤 문제에 대해서 아주 적게 말하고 있으므로, 그 문제에 관한 현대 교회의 논쟁을 해결하기 위해서 또는 그 문제의 현대적인 복합성을 대응하기 위해서 성경에 요청할 수는 없다고 주장한다).

이런 사례 목록이 아주 불완전하고 부족하지만, 우리가 성경을 확고하게 붙들지 못하는 많은 방식들에 관한 개념에 대해 전해 주기를 나는 바란다. 우리가 성경을 확고하게 붙들지 못하는 실패로 인한 결과는 데살로니가인들처럼 우리가 너무 자주 "쉽게 마음이 흔들리거나 두려워"한다(살후 2:2)는 것이다. 우리는 너무 쉽게 "사람의 속임수와 간사한 유혹에 빠져 온갖 교훈의 풍조에 밀려 요동"(엡 4:14, 개역개정)한다. J. I. 패커가 말한 것처럼, "서방 기독교는 피상적이고 얕다: 우리는 성경에 우리 자신을 침잠할 시간을 주지 않고 성경에 대한 과소평가를 포함하는 영적인 성장에 방해를 받고 있다. 그것은 불행한 결과를 낳는다."[27]

우리는 성경을 확고하게 붙드는 것을 필요로 한다. 패커가 지적한 것처럼, "마찬가지로 과거에 그리스도를 통해 대부분 이루어졌던 성경을 먹었던 크리스천이 있었던 것처럼, 장래에 우리 주 예수 그리스도에게서 대체로 이루어질 수 있는 성경을 규칙적으로 먹는 크리스천들이 있다." 패커는 "먹다"로 의미하는 것을 옛 영국의 공동기도서를 가지고 설명한다.

> 모든 거룩한 성경들을 우리의 지식을 위해 쓰여 지게 하셨던 복되신 주여, 그러한 현명함으로 우리가 그 말씀들을 듣게 하시고, 읽게 하시며, 찾게 하시고, 배우게 하시며, 내적으로 그것을 소화할 수 있게 하시옵소서. 또한 인내함으로 거룩한 말씀의 위로로, 그대가 우리 구세주 예수 그리스도 안에서 우리에게 주셨던 영원한 생명의 복되신 소망을 우리가 품고 확고히 붙들 수 있게 하소서.[28]

성경을 "읽고, 찾고, 배우고, 내적으로 소화하라": 이 말들이 전달하고 있는 성

---

27. J. I. Packer, "Our Lifeline," *CT* 40(October 28, 1996): 25.
28. Ibid., 23, 25.

경에 대한 활동적인 참여를 주목하라. 성경을 세심하게 읽고, 배우고 암기하며, 기도함으로 그것을 묵상하고 반성하며, 개인적으로 또 공동체적으로 그것을 적용하는 것은 성경을 확고하게 붙드는 것과 관련한 활동들이다. 그리고 우리가 성경을 확고하게 붙들 때, 다른 이들이 불안해하고 두려워하며 또는 속임을 당할 때조차도, 바울이 우리에게 명하는 것처럼 우리는 부딪히는 도전과 곤란에 직면해서도 "확고히 설" 수 있다.

데살로니가후서 3:6-18

6 형제들아 우리 주 예수 그리스도의 이름으로
너희를 명하노니 게으르게 행하고 우리에게
서 받은 전통대로 행하지 아니하는 모든 형
제에게서 떠나라
7 어떻게 우리를 본받아야 할지를 너희가 스스
로 아나니 우리가 너희 가운데서 무질서하게
행하지 아니하며
8 누구에게서든지 음식을 값없이 먹지 않고 오
직 수고하고 애써 주야로 일함은 너희 아무
에게도 폐를 끼치지 아니하려 함이니
9 우리에게 권리가 없는 것이 아니요 오직 스
스로 너희에게 본을 보여 우리를 본받게 하
려 함이니라
10 우리가 너희와 함께 있을 때에도 너희에게
명하기를 누구든지 일하기 싫어하거든 먹지
도 말게 하라 하였더니
11 우리가 들은즉 너희 가운데 게으르게 행하여
도무지 일하지 아니하고 일을 만들기만 하는
자들이 있다 하니
12 이런 자들에게 우리가 명하고 주 예수 그리
스도 안에서 권하기를 조용히 일하여 자기
양식을 먹으라 하노라
13 형제들아 너희는 선을 행하다가 낙심하지
말라
14 누가 이 편지에 한 우리 말을 순종하지 아니
하거든 그 사람을 지목하여 사귀지 말고 그
로 하여금 부끄럽게 하라
15 그러나 원수와 같이 생각하지 말고 형제 같
이 권면하라
16 평강의 주께서 친히 때마다 일마다 너희에게
평강을 주시고 주께서 너희 모든 사람과 함
께 하시기를 원하노라
17 나 바울은 친필로 문안하노니 이는 편지마다
표시로서 이렇게 쓰노라
18 우리 주 예수 그리스도의 은혜가 너희 무리
에게 있을지어다

원 의미

3:6-15에서 바울의 권면하는 논조는 데살로니가전후서에서 가장 노골적으로 권위적이다. 전체로서의 공동체와 문제의 근원이 된 사람들이 바울의 가르침을 순종하도록(참조. 3:14) "주 예수의 이름으로" 명백하게 명령을 하고(3:6; 참조. 12절), 이 명령을 따르지 않는 벌이 설명된다. 분명히 이런 상황은 바울이 진지하게 접근했던 문제와 관련이 있다.

이전의 항목(2:13-3:5)과 달리 이 항목은 매우 집약적이다. 바울의 관심이 회중에서(3:6) 사도의 모범과 가르침으로(3:7-10) 회중 내에 일부 멤버들에게로(3:11-12) 그리고 회중에게로 다시 돌아갈지라도(3:13-15), 전체 단락은 단일한 문제에 초점이 맞추어져 있다. '아타크토스'(이 용어의 의미에 대해서는 추후에 확정함-옮긴이)하게 살고 있는 사람들의 문제와 공동체가 그 문제를 다루는 방법. 그러나 그 문제를 정의하기보다는 그 문제를 분별하는 것이 더 쉬어 보인다.

3:16이 이전 항목(3:6-15)을 결론으로 가져오는지, 아니면 전체 서신의 끝부분인지에 관해서는 상당한 불일치가 있다.[1] 한편으로 이전 장(어떤 점에서는 2:16-17은 2:1-15을 결론으로 가져온다)의 구조와 유사성이 있다. 그것은 3:16이 이전(3:6-15)의 것과 연결시키고 있음을 암시하게 만든다. 다른 한편으로 3:16의 내용은 3:5-15의 구체적인 문제를 상당히 초월한다. 이 때문에 나는 3:16을 17-18절과 연관시키고, 이 세 구절들을 이 서신을 마감하는 것으로 간주한다.[2]

16절은 서신의 결론으로 기능할 수 있었던 축원의 형태를 취한다. 하지만 바울은 그의 친필로 다른 요지들을 추가한다(17절, 이름을 적은 후에 "추신"을 덧붙이는 것과 같은 종류). 이것이 서신을 끝맺는 적합한 방식은 아니었기 때문에 마지막 요소로서 두 번째 축원(18절)을 추가하는 것이 필요했다.

문제를 정의하기: 게으름이냐 무질서냐?

데살로니가후서 3:6-15은 예수의 임박한 재림에 대한 과도한 관심과 흥분이 파생시킨 상황에 대한 바울의 반응으로서 2:1-3에 비추어 자주 해석된다. 말하자면 예수의 임박한 재림이 일부 교인들로 하여금 자신들의 직업을 버리고 다른 이들의 관대함이나 지원에 의존하여 게으르게 살도록 했다는 것이다.[3] 하지만 이런 시나리오는 나타난 사실보다 과장된 것으로 보인다. 세 가지 사항들을 증거로 말할 수

1. 전자의 입장에 대해서는 E. J. Richard, *Thessalonians*, 385-87, 392; I. H. Marshall, *1 and 2 Thessalonians*, 230을 참조하고, 후자의 입장에 대해서는 C. A. Wanamaker, *Thessalonians*, 291; E. Best, *Thessalonians*, 345-46; L. Morris, *The First and Second Epistles to the Thessalonians*, 262; JeffreyA. D. Weima, *Neglected Endings: The Significance of the Pauline Letter Closings*(Sheffield: Sheffield Univ. Press, 1994), 187을 참조하라.
2. 여기서 수사적인 '페로라티오'나 요약을 발견하려는 시도들(예. R. Jewett, *Thessalonian Correspondence*, 87, 225)은 설득력이 없다. 이 항목은 단순히 서신의 주요한 주제들을 요약하고 있지 않기 때문이다(참조. C. A. Wanamaker, *Thessalonians*, 291).
3. 예. E. Best, *Thessalonians*, 331.

있다. (1) 바울이 예수의 재림을 소망하는 것과 일하기를 거부한 것을 서로 연관시킨 곳은 없다.[4] (2) 그것은 '아타크토스'를 "게으른"으로 아주 제한적으로 이해한 것에 의존한다(아래 본문에서 이 용어에 대한 논의를 보라). (3) 동일한 이슈가 이전에 데살로니가전서 4:11-12에 나타났을 때, 바울은 자신이 이미 그들에게 가르쳤던 것에 관심을 가질 것을 강조했다(참조. 4:11: "우리가 너희에게 말했던 것처럼"). 거의 확실히 이것은 공동체가 세워졌던 시기에 발생했다—다시 말해서 어떤 구체적인 종말론적인 문제나 오해가 발생하기 전이다.[5]

이전에 이런 과장에 대해 살펴보면서, 나는 이 단락을 해석하기 위한 적절한 문맥으로서 내가 보고 있는 것, 즉 데살로니가전서 4:11-12과 5:14과 관련해서 이미 나의 견해를 피력했다. 공동체가 처음에 세워졌을 때, 바울은 다른 사람들에 대한 관심보다 자기 자신에 대한 관심을 가질 것과 또한 다른 사람에게 의존하지 않고 스스로 생계를 꾸려나갈 것을 분명히 가르쳤다. 이런 교훈들은 다른 이들보다 일부 멤버들에게 영향을 미쳤을 것이다. 특히 패트론(후원자)에 의해서 지원을 받고 패트론의 일을 보살피는 일에 익숙했던 사람들(고객들[clients])은 그들의 통상적인 라이프스타일을 심각하게 방해를 받았을 것이다.

바울은 조용한(즉, 대중적이지 않은) 삶을 살고 영위하며 다른 사람들에게 의존하는 일을 삼갈 필요를 강조하면서, 그의 첫 서신에서 이 교훈들을 확증했다(살전 4:11-12). 또한 그는 회중들에게 "'아타크투스'를 경고할"(5:14) 것을 고무시켰다. 그러나 이 서신을 전달한 후에도 문제가 완화되지 않고 계속된 것으로 보인다.[6] 실로 그것은 공동체의 일부 사람들은 바울의 지시를 불순종하거나 무시하였음을 암시한다(참조. 살후 3:6b, 12, 14).[7] 어쨌든 바울은 다시 총론적인 주제를 취하여, 이번에는 더 상세하게, 더 활발하게, 그리고 '아타크토스'하게 살아가는 사람들의 행동에 구체적인 초점을 맞춘다.

---

4. 만약 있다면, 2:13-15(2:1-12와 3:6-15 사이에 다소 어색한 전환적인 항목)은 두 이슈들을 분리시키는 효과를 갖는다. 종말론적인 관심과 이 항목의 문제를 연관시키려는 아주 최근의 상당한 시도는 그 연관을 입증하기가 불가능하다는 것을 인식한다(M. J. J. Menken, "Paradise Regained or Still Lost? Eschatology and Disorderly Behavior in 2 Thessalonians," *NTS* 38 [1992]: 288).

5. 참조. R. Russell, "The Idle in 2 Thess 3:6-12: An Eschatological or aa Social Problem?" *NTS* 34(1988): 108.

6. 참조. J. E. Frame, *Thessalonians*, 297; E. Best, *Thessalonians*, 332; F. F. Bruce, *1 and 2 Thessalonians*, 205.

7. Ceslas Spicq, *Theological Lexicon of the New Testament*(3 vols.; Peabody, Mass.: Hendrickson, 1994), 1:223-26; R. Jewett, *Thessalonian Correspondence*, 104-5.

내가 지금까지 의도적으로 번역하지 않은 채로 남겨두었던 부사인 '아타크토스'를 정의하는 방식은 전체 단락의 해석에 중요하다. NIV의 번역인 "게으르게 삶으로써"(3:6), 또는 단순히 "게으르게"(3:11)는 여기서 바울의 어구와 데살로니가전서 2:12과 4:12의 평행적인 진술(또한 4:1을 참조하라) 사이에 형태의 유사성을 모호하게 만든다. 이 모든 구절들에서 바울은 부사에 동반되는 '페리파테오'(직역하면 "걷다"[walk]는 비유적으로는 "삶을 살다, 행동하다"이다) 동사를 사용한다.

살전 2:1	'페리파테오' + '악시오스', (하나님께) "합당하게 살다"
살전 4:12	'페리파테오' + '유쉬케모노스', (외부인들에 대해서) "책임 있게 살다"
살후 3:6, 11	'페리파테오' + '아타크토스', "'아타크토스'하게 살다"
살후 3:6	['페리파테오'] + '카타 텐 파라도신', "[전통에 따라 [살다]"

이런 유사성이 '아타크토스'의 의미에 관한 문제를 해결해 주지는 못하지만, 그것은 문제가 되고 있는 행동의 '특징'을 나타내준다. '아타크토스'로 살아가는 것은 바울의 생각에 분명히 부정적인 행동을 의미한다. 그것은 "하나님께 합당하게"와 "외부인들에 대해서 책임 있게" 살아가는 것과 대조되거나 긴장상태에 있다. 그러므로 그들은 분명히 바울과 그의 동료들로부터 받았던 "가르침을 따르지" '않고' 있다(살후 3:6).

'아타크토스'와 관련해서 3:7-8은 그 의미를 결정하는 열쇠로서 자주 간주된다. 거기서 바울은 관련된 동사인 '아타크테오'(3:7)를 '에르가조마이', "일하다"(3:8; 참조. 3:10)와 대조시킨다. 이런 대조에 비추어 볼 때, 문제가 게으름이나 나태라고 자주 결론지어지지만, 사실상 그 대조는 우리들에게 '아타크토스'가 무엇이 아니라고 말하면서 그 용어를 단지 부정적으로 정의하고 있을 뿐이다. "게으른"은 "일하다"에 대비될 수 있는 한 가지일 뿐이다—확실히 유일한 것은 아니다. 사실상 이 중요한 용어를 이해하는데 핵심적인 열쇠를 제공하는 것은 3:11이다. 거기서 바울은 일부 사람들이 "'아타크토스'하게 살아가고" 있다는 비난을 반복하며(3:6로부터), 언어유희를 사용하여 말한다: 그들은 '에르가조메누스', "일하는"(그가 3:7에서 만들었던 동일한 대조) 것이 아니라 '페리에르가조메누스', "노력을 낭비하고", "참견하기를 좋아하고", 또는 "다른 이들의 일을 간섭한다." 이것은 문제가 되고 있는 사람들이 "게으르거나" 나태한 것이 아니라 사실상 '활동적'이었다는 것을 그대로 나타낸다.[8]

다시 말해서 문제는 '비'활동적인 것에 있지 않고 잘못된 종류의 활동을 하고 있다는 것이다. 3:11에서 "일"(working, NIV는 "바쁜"[busy])에 관한 바울의 언급은 그가 비판하고 있는 사람들이 합법적인 "일"에 참여하고 있다고 주장하였음을 암시한다. 그러나 그것이 무엇이든 간에 그들이 하고 있었던 것은 바울이 관점에서 전혀 일이 아니라 위장된 일, 즉 공동체를 세워주기보다 방해하는 분주함이었다.[9] 여기서 이 용어에 대한 이런 이해는 다른 곳에서 '아타크테오'란 동사의 사용에 잘 들어맞는다: 주요한 강조가 게으름이나 나태함에 있는 것이 아니라, "일할 의무에 대한 무책임한 태도"에 있다.[10] 스스로 꾸려나가기 위해서 책임 있게 일하는 대신에 문제가 되고 있는 사람들은 다른 이들의 떡을 먹고 있었고(참조. 3:8, 12), 따라서 "무책임하게" 또는 "훈련되지 않은 방식으로" 살고('페리파테오') 있었다. 그것은 회중의 나머지 사람들에게 짐이 되었다. 다시 말해서 그들의 행동은 단순히 "게을렀다기"보다는 훈련되지 않았고, 파괴적이었거나 "무질서하였다"('아타크토스').[11]

사도의 명령과 모범(3:6-10)

바울의 관점에서 데살로니가인들에게[12] '아타크토스'("무질서한")한 신자들에게서 "멀리 떨어질" 것을 "명하는"('파랑켈로', 3:6; 이 동사에 대해서는 살전 4:11; 살후 3:4, 10, 12을 참조하라) 일은 필요하지 않았어야 했다. "그들이 스스로" 이 문제에 대해서 어떻게 해야 할지를 이미 알았기 때문이다. 하지만 데살로니가인들이 바울이 말하고 있는 것에 대해서 어떤 의심이 있었기에 바울은 3:10에서 그들에게 "너희가 우리로부터 받았던[13] 가르침"(3:6)의 구체적인 내용을 진술

---

8. 유사하게 J. E. Frame, *Thessalonians*, 305.
9. 문제가 되는 행동이 회중의 영역 내에서/바깥에서 발생했는지를 (정보의 부족 때문에) 결정할 수가 없다.
10. G. Delling, "ἄτακτος," *TDNT* 8:48.
11. 유사하게 E. J. Richard, *Thessalonians*, 379, 382, 388-90; C. A. Wanamaker, *Thessalonians*, 282, 286; B. R. Gaventa, *Thessalonians*, 81-82, 128-29.
12. 남성 구성원만이 아니라 전체 공동체를 포함하는 '아델포이'의 의미에 대해서는 살전 1:4의 언급을 보라.
13. 사본학적 증거는 이 지점에서 "그들이 받았다"(NRSV, NAB; C. A. Wanamaker, *Thessalonians*, 282; I.

한다: "누구든지 일하기 싫어하거든 먹지도 말게 하라"(개역개정). 이 번역은 바울의 문장에서 일하기를 '거부'하거나 마지못해하는 것에 강조를 두기를 시도하고 있다(예를 들어, CEV의 "너희가 일하지 않는다면, 너희는 먹지 못한다"가 대체로 놓치고 있는 요지).[14] 그것은 다소 어색한 구문을 또한 가지고 있다(공동체에 지시하는 명령법이 뒤따르는 조건문).

바울과 그의 동료들은 그들의 최초의 방문 동안에 가르쳤던 것(3:10, "우리가 너희와 함께 있었을 때, 이 규칙을 너희에게 주었다")을 스스로 실천했다. 즉 그들은 그들이 설교했던 대로 의식적으로 살았다. 사도로서 다른 이들에게서 지원을 받을 수 있는 권리가 있었을지라도(3:9),[15] 그들은 데살로니가인들이 따라야할 모범(3:6)이나 모델을 제공하기 위해서 이 권리를 행사하는 것을 자발적으로 거절했다(3:9; 참조. 빌 3:17). 즉, 그들은 "무책임하게 행동"하거나 "훈련되지 않은 방식으로 살지" 않았고(살후 3:7b; 바울은 여기서 '아타크테오' 동사를 사용한다), 또한 "돈을 지불하지 않고 다른 사람의 음식을 그냥 먹지" 않았다(3:8a; 이 두 요지에 관한 강조는 그가 3:11-12에서 제기하는 비판을 세워준다). 반면에 바울은 "애써 주야로 일함은 너희 아무에게도 폐를 끼치지 아니하려 함이니"(살후 3:8b)라고 강조한다(그가 살전 2:9에서 말한 것을 사실상 어구대로 반복하고 있다).

무질서한 자들에 대한 명령(3:11-12)

사도의 모범은 "무책임하게 행동함"(3:11; 3:6에서 처음 제기했던 비판을 반

H. Marshall, *1 and 2 Thessalonians*, 220; F. F. Bruce, *1 and 2 Thessalonians*, 203)와 "너희가 받았다"(NIV, NASB) 간에 첨예하게 둘로 나뉜다. 첫 번째 독법-문맥에서 덜 예상되므로 바뀔 가능성이 더욱 높았던-이 아마도 본래의 것이다.

14. L. Morris가 지적한 것처럼, "바울은 일을 찾지 못하거나 부상이나 병으로 인해 일할 수 없는 사람들에 대해서 말하고 있는 것이 아니라, 의도적으로 일하지 않을 것을 선택한 사람들을 말하고 있다"(*The First and Second Epistles to the Thessalonians*, 256).

15. 지원받을 사도적 권리에 관해서는 고전 9:4-18을 참조하라. 바울이 목회적이고 실천적인 이유 때문에 고린도에서 그 권리를 행사하지 않기로 결정한 것은 그가 데살로니가에서 취한 동일한 결정과 유사하다(참조. 살전 2:9). 여기서 지원을 받을 권리에 관한 언급은 아마도 지원을 받을 유사한 권리를 주장한 데살로니가의 어떤 사람에 반응해서 발생한 것은 아니다(반대로는 R. Jewett, *Thessalonian Correspondence*, 105). 오히려 그것은 이 전체 항목의 권위적인 분위기와 연관되어 있다. 바울은 적법한 힘을 가진 사도로서 그의 권위를 주장하고 있고, 어쨌든 지원을 받지 않기로 한 그의 결정이 그 권위를 손상시킬 수 있다고 사람들이 생각하지 않기를 원한다. 참조. 고후 12:5-12). 더 자세한 것은 J. M. Everts, "Financial Support," *DPL*, 295-300을 보라.

복하고 있다)으로써 회중의 나머지 사람들에게 부담이 되고 있는 데살로니가인들 중에 "일부 사람들"과 첨예하게 대조를 이룬다. 그러한 행동에 대한 바울의 견해는 단호하다(3:11b): "열심히 일하기"(working hard, '에르가조메누스')보다 그들은 "거의 일하고 있지 않다"(hardly working, '페리에르가조메누스'). 그것은 이 사람들이 비활동적이라기보다는 비생산적이고 무책임하거나 파괴적인 방식으로 활동하고 있다는 것이다. 이전에 제기했던 것처럼, 바울이 비판하고 있는 사람들은 자신들이 합법적인 "일"에 참여하고 있었다고 주장하였다. 그러나 바울의 관점에서 그것은 전혀 일이 아니라 위장된 일, 곧 회중의 나머지 사람들에게 혜택을 주는 것이 아니라 짐이 되고 방해하는 분주함이었다.[16]

바울은 3:12-15에서 이 문제에 대한 해결책을 설명한다. 3:6에서 그와 동료들은 "주 예수 그리스도의 이름으로" 회중에게 "명했다." 여기서 3:12에서 "무질서한" 자들은 유사하게 "주 예수 그리스도 안에서 "명령을 받고" "권면을 받는다" [살전 4:1, 10; 5:14에서처럼 '파라칼레오']. 주의 온전한 권위가 이 명령의 배후에 있다. 이것을 거부하는 것은 단순히 바울과 그의 동료들을 거부하는 것이 아니라 주님을 거부하는 것이다. 이 무질서한 자들에 대한 실제적인 명령은 "조용히 일하여['에르가조메노이') 자기 양식을 먹어야" 한다는 것이다(살후 3:12b).[17] 즉 잘못된 일이나 비생산적인 분주함이나 간섭('페리에르가조메노이', 3:11)으로 시간을 낭비하기보다, 그들은 사도의 모범을 따라서 생산적인 자급 활동에 참여해야 한다.

그들이 그렇게 "조용하게"('메타 헤쉬키아스') 하라는 교훈은 데살로니가전서 4:11을 반영한다: "조용히 자기 일을 하라"(즉, 대중적인 영역에서 분쟁과 사회적인 압력을 발생시키는 일을 피하고, 이웃 성도의 필요에 집중하라). 일하라는 요지—여기서 바울의 명령의 주요한 요지—는 그들이 "그들 자신의 떡을 먹어야" 즉 "그들이 스스로 생활비를 벌어야" 한다는 것이고, (의미상) 그것은 공동체의 나머지 사람들에게 불필요한 짐이 되는 것을 멈추어야 한다는 것이다.

---

16. 일해야 하는 살전 4:12에서 주어진 핵심적인 이유—외인들의 존중을 얻는 것—는 현재의 논의에서 언급되지 않는다; 참조. Bruce W. Winter, *Seek the Welfare of the City: Christians as Benefactors and Citizens*(Grand Rapids: Eerdmans, and Carlisle: Paternoster, 1994), 58.
17. NIV의 "그들의 먹는 빵을 해결하고 벌다"는 바울의 명령의 요지를 포착하기는 하지만, 바울의 문장의 구조와 데살로니가전후서의 다른 진술들에서 나오는 그 동사의 반향을 흐리게 만든다.

회중에 대한 교훈(3:13-15)

바울은 무질서한 자들에게 권위적으로 명령할 때조차도, 회중의 나머지 사람들에게[18] "옳은 일을 하다가 낙심하지 말 것"을 권면한다(3:13; 참조. 갈 6:9과 아주 유사한 평행). 여기서 우리는 무질서한 자들이 회중에게 미치고 있는 부정적인 영향을 엿볼 수 있다. 사도의 가르침을 따라 책임 있게 살아가는 사람들은 자신의 가족 그리고 합법적으로 도움을 받을 만한 사람들만이 아니라 일하기를 거부했던 사람들에게도 음식을 공급해야 할 부담으로 인해 아마도 지쳐 있었다.[19] 그러한 상황에서 우리는 "선한 일을 계속하라"는 바울의 권면에서 적어도 두 가지 요지를 알 수 있다. (1) 그것은 도움을 진정으로 필요로 하는 사람들을 돌보는 일을 계속하는 것을 의미한다.[20] 즉 다른 이들의 자비를 이용하는 몇몇 사람들 때문에 정당하게 도움을 요구하는 사람들이 도움을 받지 못해서는 안 된다. (2) 그것은 무질서한 사람들에 대해 징계적인 행위가 필요하다면, 기꺼이 할 수 있어야 함을 의미한다.

3:14-15의 교훈은 3:6 이래로 논의했던 모든 것을 고려하고 있다. 바울은 무질서한 자들이 그의 가르침에 자발적으로 순종하기를 분명히 소망한다. 그러나 만약 이런 순종이 발생하지 않는다면, 회중은 그것을 강화시키는 단계를 취해야 한다. 바울이 3:6에서 말했던 것("떠나라")이 본질적으로 여기서 반복된다: 불순종하는 자를 "지목하여"(참조. 롬 16:17), 그 사람과 관계하는 것을 피하라. 바울이 여기서 사용하고 있는 "관계하다"란 동사는 바울이 나중에 고린도전서 5:9, 11에서 사용하는 것과 동일하다. 그것은 본질적으로 그러한 사람과 접촉하는 것을 금할 것을 회중에게 요청하고, 따라서 그것은 후대에 "파문"이라 일컫는 일의 초기 사례에 상응한다.

접촉을 금해야 하는 정확한 범주는 불분명하다. 얼핏 보기에 3:14은 다소 폭넓어 보인다: 순종하지 않는 사람과 "사귀지 말라." 하지만 3:15은 3:14, 특히 그 후

18. 단지 남성 구성원들만이 아니라 전체 공동체를 포함하는 '아델포이'의 의미에 대해서는 살전 1:4의 주석을 보라.

19. 참조. B. W. Winter, *Seek the Welfare of the City*, 58["호의를 베푸는 자들이 다른 크리스천들에게서 다소 환멸을 느낄 수 있었다. 바울의 구체적인 사례와 가르침에도 불구하고 수혜자가 베푸는 자들을 계속 이용했기 때문이었다").

20. 참조. I. H. Marshall, *1 and 2 Thessalonians*, 226; B. W. Winter, *Seek the Welfare of the City*, 59; J. Calvin, *The Epistles of Paul the Apostle to the Romans and to the Thessalonians*, 420.

반부를 다소 수정하고 있는 것으로 보이고, "형제 같이 권면하라"는 가르침은 접촉의 어떤 제한된 접촉을 함축하고 있는 것으로 보인다(만약 바울이 이때에 주어진 권면을 징계가 부가된 것을 의미하지 않는다면). G. D. 피(Fee)는 3:14이 "개인적인 교제를 금지에 포함시키고 있지 않고 있음을 함축하고" 징계를 받은 사람은 "믿음의 공동체와 가까이 교제하는 것이 차단되었다"고 결론을 내린다.[21]

이 교제의 단절에 대한 의미는 분명히 설명된다: "그로 하여금 부끄럽게 하라." 당시의 지중해 문화에서 "수치"는 주로 평판의 문제였다. 바울은 "부끄러운" 사람(다시 말해서 그의 평판이 위험에 처해 있다)은 적절한 행위로 반응할 것으로 예상했다—이 경우에 회개와 바울의 가르침에 대한 순종. 진술되지 않은 목표가 사실상 회복이라는 것이 다음 문장에서 바울이 말하는 것에서 함축되어 있다(3:15): 바울의 지시를 따라서 데살로니가인들은 범법자를 "대적"(즉, "외인"—"공동체에서 완전히 분리되는 결과를 낳을 수 있는 행동의 과정"[22])으로 대하지 않아야 한다. 그 대신에 그들은 "그를 형제로서 경고해야[살전 5:14에서처럼 '누데테오'] 한다." 즉 그를 여전히 회중의 멤버인 "내부자"로 취급해야 한다.

요컨대 징계적인 행위는 개인의 회복을 분명히 의미하고 있다(바울의 일반적인 원리를 진술하고 있는 갈 6:1을 참조하라). 그러나 동시에 공동체를 보호하고 있음을 유념하라. 즉 회개가 발생하지 않는다면, 회중은 잠재적으로 부패적인 영향에서 벗어날 수 있을 것이다.

서신의 마감(3:16-18)

16-18절은 서신의 마감을 포괄한다. 3:16의 축원에서 "평강의 주"에 대한 언급("주"는 거의 확실히 예수시다)은 신약성경에서 유일하다(하지만 골 3:15의 "그리스도의 평강"을 참조하라). '주 예수'라는 단어는 마감(통상적인 어구는 살전 5:23에서처럼 "하나님의 평강"이다; 참조. 롬 15:33; 16:20; 고후 13:11; 빌 4:9)에서 보다 서신의 서두(이전의 1:2에서와 골로새서를 제외한 모든 바울서신에서처럼)에서 평강과 더 자주 연관된다. 실제 기도는 "평강"으로 특징지어지는 주 예수가 데살로니가인들에게 "때마다 일마다 평강"을 부여해달라는 것이다.

---

21. Gordon D. Fee, *The First Epistle to the Corinthians*(NICNT; Grand Rapids: Eerdmans, 1987), 226(고든 피가 살후 3장을 언급하는 p. 222에 관해서).
22. C. A. Wanamaker, *Thessalonians*, 290.

이 어구의 마지막 부분은 바울의 관심의 넓이를 나타내준다. 그는 (3:6-15에서 '아타크토이'의 문제에 의해 아마도 자극을 받았던) 교회 안의 성도나 (그들이 겪었던 박해와 고난에 비추어) 회중과 더 큰 공동체 사이에 갈등이 없는 상태를 단순히 고려하고 있는 것이 아니다(참조. 1:4). 바울에게서 평강—하나님과(참조. 롬 5:1; 살전 1:9), 성도들끼리 서로서로(참조. 살전 3:12; 4:9), 그리고 마지막으로, 할 수 있는 한, 공동체 바깥의 사람들과 더불어(참조. 롬 12:18; 살전 3:12)—은 화해된 관계로 특징지어지는 안정과 온전함의 상태를 모두 의미한다(참조. 롬 5:1-11). 편지를 구술하던 사람이 필사자로부터 펜을 취하여(사실상 서신을 쓰고 있었던 "비서"나 "서기"; 참조. 롬 16:22) 마지막 문장이나 두 문장을 직접 쓰는 것은 드문 일이 아니다.[23] 바울은 이것을 습관처럼 행했던 것으로 보인다(그는 "편지마다 표시로서"라고 말한다). 여기서 사용된 정확한 어구(직역하면, "나 바울은 친필로 문안하노니")는 고린도전서 16:21과 골로새서 4:18에서 나타나고, 그는 갈라디아서 6:11과 빌레몬서 19절에서도 자신이 직접 썼음을 언급한다.

그러나 바울이 직접 쓴 것을 명백하게 언급하지 않을 때조차도, 그가 그리했다는 것을 암시한다. 예를 들어, 데살로니가전서 5:27에서 복수대명사에서 단수대명사로 급격한 전환의 그럴듯한 설명은 바울이 직접 마지막 두 문장을 썼다는 것이다. "이렇게 쓰노라"는 바울의 확증(그가 썼던 내용보다도 그의 친필에 대한 언급)은 수령자들에게 권위의 표시(친필은 첫 번째 서신의 말미에 있었던 것과 일치할 것이다)를 제공한다. 하지만 이는 위조문서가 실제로 존재한다는 것을 염두에 두지 않는다는 전제이다(2:2의 주석을 보라). 사도의 친필은 3:6-15의 논조를 강화시키면서 권위의 논조를 빌려준다(참조. 또한 살전 5:27).[24]

3:18에서 마감하는 축원은 사실상 데살로니가전서 5:28과 동일하다(참조. 고전 16:23). 유일한 차이는 여기서 바울이 단순히 "너희"보다 "너희 모두"(고전 16:24에서처럼)라고 말하고 있다는 것이다. 데살로니가후서 3:16에서 핵심적인 용어들("평강의 주")과 3:18("은혜")은 바울의 서두 인사("은혜와 평강", 1:2)의 내용을 반영하고 있다. 그러므로 서신을 통합하는 인클루지오(포괄문)를 형성한다(데살로니가전서에서처럼). "주 예수 그리스도"란 어구와 "은혜"의 의미에 대해서

---

23. 서기의 산뜻하고 간결한 글에서부터 저자의 불규칙한 낙서에 이르는 변화가 두드러지게 나타나는 파피루스 서신의 사진에 대해서는 Everett Ferguson, *Backgrounds of Early Christianity*(2d ed., Grand Rapids: Eerdmans, 1993), 121(1st ed., p. 95)을 보라.

24. I. H. Marshall, *1 and 2 Thessalonians*, 232-33.

는 데살로니가전서 1:1의 논의를 보라.

상황잇기

바울이 데살로니가에서 직면했던 상황과 현대 세계 사이에 차이를 연결하기 위한 시도에서 우리는 적어도 두 가지 난제에 직면한다. (1) 첫 번째 난제(그리고 앞으로 보게 되는 것처럼, 실제보다 더 명백한 것)는 우리가 무엇이 문제였는지를 정확히 알지 못한다는 것이다. 이전의 논의에서 나는 3:6-15에서 언급된 문제의 정확한 본질과 관련한 논쟁의 범위를 보여주었다. 그것을 대략적으로 살펴보면, "게으름"(주의 날이 다가왔다는 생각으로 일을 하지 않는 것)이나 "무질서한 행위"(회중에게 짐이 되거나 해를 입히는 행위, 다른 교인들의 관대함에 의존하여 자신들의 생계를 이어가는데 필요한 일을 하지 않는 사람들)로 요약할 수 있다. 나는 두 번째 대안이 첫 번째 대안보다 더 설득력이 있는 이유를 제시했다.

전형적으로 이 두 대안들 사이에 어떤 결정을 하느냐가 현시대에 어느 부분을 받아들일지 결정하는데 중요하다. 상황에 대한 이해가 바울이 행하고 있는 지침이나 원리에 대한 추론과 결론을 자주 형성하기 때문이다. 하지만 현재의 경우에 우리는 상황으로부터 추론할 필요가 없다. 바울이 3:10에서 그의 주요한 원리를 확실하게 진술하고 있기 때문이다: "일하기 싫어하거든 먹지도 말게 하라"(개역개정). 따라서 바울이 직면하고 있는 문제의 정확한 본질을 결정할 수 없는데서 발생하는 난제는 이 단락의 구체적인 상황 때문에 실제보다 더 명백하다.

(2) 그러나 다른 난제는 아주 실제적이고 분명하다. 그 핵심에는 데살로니가 성도들의 상황과 대부분의 현대 미국 교회 회중들의 상황과는 중대한 차이가 있다는 것이다. 그 문제를 언급하면서 바울은 데살로니가의 상황에 대해 두 가지를 당연하게 여긴다. ⓐ 회중(또는 그 공동체 안의 어려운 이들을 위해 행동하는 교인들)은 도움이 필요한 교우들을 재정적으로 돕는 일을 하고 있었다. ⓑ 회중은 그 교인들을 징계할 능력을 갖고 있었다. 오늘날 많은 회중들은 첫 번째 것(궁핍한 교인들을 돕는 것)을 행하지 않고(심지어 행하기를 시도해보지도 않고), 또 두 번째 것(징계)을 행할 수 없다는 것은 우리 회중의 사회적 배경이 1세기의 사회적 배경과 얼마나 다른가를 보여준다.

"어떤 사람이 일하기를 싫어하면, 그 사람이 먹게 하지도 말라." 우리가 이 원리의 현대적 의미를 상고할 때, 바울이 여기서 정확히 누구를 염두에 두고 있는지를 유념하는 것이 중요하다(바울은 일할 수 있지만 그리 하지 않는 사람들을 염두에 두고 있다).[25] 실로 이 단락에서 바울은 교회가 어쩔 수 없는 사정으로 재정적으로 곤란한 와중에 있는 교인들을 도울 의미를 갖는 것을 당연히 여긴다(3:13; 참조. 또한 행 20:35; 엡 4:28; 딛 3:14). 클라인 스노드그라스가 말한 것처럼, "도움이 필요하다면, 공동체는 그 필요를 충족시킬 책임이 있다."[26]

데살로니가전서 4:11-12의 경우처럼, "무질서한 자"가 일하기를 거부하는 이유와 관련해서 어느 것도 언급되어 있지 않다. "주의 날이 임박하였다는 확신 때문이었을 수 있고…자신들의 영적인 우월함에 대한 믿음 때문일 수 있다. 말하자면 정직한 삶을 영위함으로써 일상적인 관심사에서 자신들을 면제시킬 수 있다고 생각했을 수 있다.…이런 저런 요인들의 조합 때문일 수 있다"[27]—사회적인 계급, 순서, 그리고 신분의 고려가 형성시킨 일에 대한 태도를 포함해서 말이다.[28] 그 이유가 무엇이든 간에, 일하지 않았던 "무질서한 자들"은 이런 이유들이 교회가 마땅히 공급해야할 타당한 "필요"를 형성시켰다고 분명히 생각했다. 게다가 여기서 바울의 논의에 의해 남겨진 인상은 이런 이유들이 근본적으로 관점에서 자기중심적이었다는 것이다. 즉 "무질서한 자들"은 회중의 필요와 관심보다는 자신들의 필요나 욕구에 주로 초점을 맞추었다.

그러나 바울은 이런 이유를 확신할 수 없었다. 아울러 그는 "필요"를 정의하는 방식에서 일하기를 싫어하는 사람들을 명백하게 구분시켰다. 그의 견해에 따르면, 일할 수 있는 사람이 일하기를 원치 않는 것은 "필요"에 대한 자격을 상실하는 것이다. 따라서 데살로니가인들에게 그가 강력하게 상기시키는 말은 "일하기 싫어하거든 먹지도 말게 하라"이다.

일할 수 있는 사람들은 일할 의무가 있다는 바울의 관점을 지원하는 것으로 적어도 네 가지 이유들을 식별할 수 있다. 첫째는 3:8에 암묵적으로 나타나는데, 그들은 회중의 다른 사람들에게 불필요한 짐이 되지 않아야 할 것이다(3:8, 12). 데살로니가전서 4:9-12에서 두 가지 다른 이유들이 합세한다: 외인들의 존경을 얻고(4:12), '필라델피아' 즉, 다른 이들을 사랑하는 것(4:9). 네 번째 이유는 에베소

25. 이전에 각주 14에서 L. Morris에 의한 인용을 보라; 유사하게 C. A. Wanamaker, *Thessalonians*, 285-86: "바울은 중요한 문제가 생계를 위해 일할 준비가 되어 있느냐임을 인식했다. 그러므로 그의 명령은 일할 수 없거나 일을 찾지 못한 사람들이 아니라, 일하기를 거부했던 사람들에게로 향해 있다."

26. Klyne Snodgrass, *Ephesians*(NIVAC: Grand Rapids: Zondervan, 1996), 258.

27. F. F. Bruce, *1 and 2 Thessalonians*, 209.

28. 로마 세계에서 사회적 부류, 질서, 그리고 신분에 대한 탁월한 소개에 대해서는 David P. Nystrom, *James*(NIVAC: Grand Rapids: Zondervan, 1997), 123-30을 보라.

서 4:28에서 명기된다: 궁핍한 사람들과 어떤 것을 나눌 수 있어야 한다(참조. 딛 3:14; 또한 행 20:35).

이 모든 네 가지 이유들은 타자 지향적이라는 것은 주목할 만한 가치가 있다. 이것은 크리스천의 행동은 근본적으로 자기 중심적이기보다 타자 중심적이라는 데살로니가 서신 전반의 의미심장한 강조에 잘 들어맞는다. 이 타자 지향적인 접근은 "무질서한 자들"의 보다 자기중심적인 관점과 명확하게 대조된다.

요약하면, 바울은 암묵적으로 또는 명시적으로 이 단락에서 두 요지를 확증한다: 회중은 필요한 사람들을 돌볼 의무가 있고, 일할 수 있는 사람들은 다른 이들에게 짐이 되지 않도록 일할 의무가 있다. 이 두 번째 요지는 바울에게서 사소한 문제가 아니다: 일하기를 거부하는 것은 징계를 받을 만한 심각하게 잘못된 행위다.

교회의 징계. 바울은 어디에서도 교회 징계의 원리와 실천에 대한 그의 견해를 충분하게 설명하지 않는다. 이 주제가 나타나는 주요한 단락은 여기서와 고린도전서 5장에서다.[29] 이 단락에 기초해서 우리는 다음과 같은 관찰을 할 수 있다. (1) 징계는 전반적으로 회중의 책임 하에 있는 것이지 일개인이나 몇몇 사람의 책임 하에 있지 않다(살후 3:6; 참조. 고전 5:4).

(2) 징계는 전체 공동체의 건강이나 행복에 영향을 미치는 문제에 대해서 일반적으로 주어져야 한다. 바울이 어떤 곳에서도 어떤 이가 징계를 받을 만한지를 열거하거나 정의하지는 않을지라도, 그것이 사적으로 다룰 수 있는 범죄가 아닌 것은 분명하다(마 18:15-17; 갈 6:1처럼). 스토트의 말에 의하면, 그것이 "공개적이고, 의도적이며, 일관된 불순종에서" 발생하는 문제에 한정된다. 유사하게 고든 피(Fee)는 공동체를 오염시킬 수 있는 "일관된 잘못된 행위"를 언급한다.[30]

(3) 징계의 행위는 사회적 배척과 관련이 있다(3:6, 14; 참조. 고전 5:11). 피의 말에 따르면, 징계를 받는 사람은 "믿음의 공동체와 가까이 교제할 수 있는 것이 차단[31]되어야" 한다(더 이상이 의도되고 있는지는 불분명하다; 이전의 원 의미 항목을 보라). 최소한 징계는 모인 공동체의 공식적인 활동에서 제외되는 것과 관련이 있었던 것으로 보인다.

---

29. 이 주제를 다루는 다른 단락들은 롬 16:17; 고전 16:22; 고후 13:1-2; 갈 6:1-5; 딤전 1:18-20; 5:19-22; 딛 3:10-11을 포함한다. T. E. Schmidt, "Discipline," *DPL*, 214-18을 보라.

30. J. R. W. Stott, *The Gospel and the End of Time*, 193; Gordon D. Fee, *The First Epistle to the Corinthians*, 228, 214.

31. Gordon D. Fee, *The First Epistle to the Corinthians*, 222.

(4) 징계 행위의 목적은 심판적이나 형벌적이 아니라 회복적이고 치료적이다. 징계를 실행하는 영은 그것을 반영해야 한다(3:14-15; 참조. 고전 5:5). 데살로니가후서 3:15에서 바울의 명령("원수와 같이 생각하지 말고 형제 같이 권면하라")이 이와 관련해서 특히 중요하다. 존 칼빈이 지적한 것처럼,

> 우리는 어떤 수단을 사용하여 그들이[징계를 받은 사람] 보다 덕스러운 삶으로 돌아오도록 그리고 교회의 교제와 연합으로 돌아올 수 있도록 힘써야 한다. 그러므로 사도는 "원수와 같이 생각하지 말고 형제 같이 권면하라"[살후 3:15]고 역시 가르치고 있다. 이런 온유함이 사적이고 공적인 견책에서 유지되지 않는다면, 곧 징계에서 살생으로 미끄러질 위험성이 있다.[32]

위의 관찰이나 그것이 기초하고 있는 두 단락들이 교회의 징계에 대한 우리의 모든 질문들에 답을 주지는 못한다. 하지만 그것은 징계를 실천하는 일에 있어서 기준이나 가이드라인을 설정해준다.

이 가이드라인을 시행하는 상황에 중요한 변화가 있는데, 우리는 오늘의 세계로 이 단락을 가져오는 일을 생각할 때 그것을 반드시 잘 살펴보아야 한다. 바울의 시대에 교회는 본질적으로 크리스천 교제의 유일한 근원이었고, 교회가 매우 적었으며 서로 거리도 멀었다. 아울러 크리스천 공동체에 속하는 일과 관련한 사회적 희생(관계성, 사회적 소외, 또는 심지어 박해와 같은 대가; 살전 1:6의 주석을 보라)이 일반적으로 높았다. 이것은 크리스천 운동에 합세한 사람들이 그 그룹에 매우 높은 인격적인 투자를 했다는 것을 의미했고, 그것은 일반적으로 그 교회와의 교제를 유지하기 위한 강력한 동기가 되었다. 그러한 상황에서 하나님의 백성들의 회중으로부터 축출될 수 있다는 위협은 강력한 징계적 도구였다.

오늘날 어떤 상황들에서, 특히 교회와 기독교가 일반적으로 문화나 사회의 소수파의 위치에 있는 경우에, 유사한 상황이 나타난다. 개인들은 거의 없거나 대안적인 것들이 없는 그룹과 연관을 유지하는 일에 매우 높은 인격적인 희생을 감수한다. 그러나 다시 말하지만, 상황이 매우 달라졌다. 사람들은 그룹에 적은 헌신을 갖는다. 다수의 대안이 있기 때문이다—단순히 다른 교회들만이 아니라 패라처치

---

32. Calvin, *Institutes of the Christian Religion*, ed. John T. McNeill, trans. *Ford Lewis Battles*(Philadelphia: Westminster, 1960), 4.12.10(이 편집에서는 2:1238).

그룹들과 여타 교제 그룹들이 있다. 따라서 그들은 한 특별한 그룹과 연관을 유지하는 일에 큰 동기를 갖지 못하고 설사 그 그룹을 떠난다 하더라도(개인적인 투자의 측면에서) 잃을 것이 별로 없다. 이런 환경에서는 데살로니가인들이 직면한 상황에서 그대로 적용하는 것은 의미가 없다.

징계와 관련한 바울의 가이드라인을 적용하는 시도에서 이런 폭넓은 상황의 변화가 있기 때문에 우리는 징계의 목적과 목표를 염두에 두는 것이 아주 중요하다. (1) 이전에 지적한 것처럼, 징계적인 행위의 목적은 징벌적이 아니라 구속적이다. (2) 잘못한 형제나 자매를 징계하는 목표—이 징계의 과정에서 그 사람은 적이 아니라 형제나 자매로 간주되어야 한다(3:15)—는 온전한 교제로 회복시키는 것이지 그 교제 그룹에서 제하려는 것이 아니다. 이런 목표를 이루기 위해서는 다양한 환경에 비추어, 필요로 하는 징계의 수단들을 수정하거나 융통성 있게 하는(포기하는 것은 아니다) 일이 필요할 것이다.[33]

현대적 의미

이 항목에서 가장 관심을 끄는 두 가지의 주요한 주제가 있다. 그것은 일과 교회의 징계다. 다른 두 가지 주제들에 관한 간단한 논의("선을 행하다가 낙심하지 말라"와 예수 그리스도의 중심성)는 우리를 이 서신의 마지막인 여기서 살펴보자(3:6과 3:14에서 나타난 요지인 사도의 증언과 가르침을 확고히 붙드는 일의 중요성에 대해서는 2:15의 상황잇기와 현대적 의미 항목을 보라).

일. 바울이 일할 수 있는 사람들은 그리할 책임이 있음을 명백하게 확증하였을지라도, 그는 교인들의 근본적인 재정적 필요를 충족시킬 회중의 책임을 당연하게 여긴다. 이런 식으로, 바울은 일할 수 있는 사람들이 "다른 사람들의 행위로 부당하게 살아갈 수 없고, 또 일할 수 없는 사람들은 여전히 그들의 근본적인 필요를 충족시킬 수 있다는 것을 확실히 한다."[34] 확증과 가정은 모두 일의 의미와 가치와 중요성을 묵상할 수 있는 기회를 제공해준다.

일하는 것과 먹는 것. 예수는 인간이 빵만으로 살 수 없음을 상기시키시지만(마 4:4; 참조. 신 8:3), 인간은 빵 없이도 살 수 없다. 일은 인간이 "빵", 즉 생명을 위

33. 바울의 원리에 대한 창조적인 적용의 사례는 Michael E. Phillips, "Creative Church Discipline," *Leadership* 7, no. 4(1986): 46-50을 보라.
34. Miroslav Volf, *Work in the Spirit. Toward a Theology of Work*(New York and Oxford: Oxford Univ. Press, 1991), 149.

한 필수품(음식, 옷, 은신처)을 획득할 수 있는 수단이다. 성경 전통에서 일할 수 있는 사람들은 자기 자신과 자기 가족이 살아갈 수 있는 것들을 공급하기 위해서 일을 해야 한다. 또한 인간은 어떤 이유로 인해 일할 수 없는 사람들을 공급하기 위해서 일한다(행 20:35; 엡 4:28). 실로 "성경과 1세기 기독교 전통에서 자기 자신의 필요와 공동체의 필요(특히 사회경제적으로 열악한 구성원들의 필요)를 공급하는 것은 분명히 일의 가장 중요한 목적이었다."[35]

이런 사실로부터 두 가지 관찰이 뒤따른다. (1) 일은 인간 삶의 근본적인 특징이다. 일은 생명을 지탱할 수 있는 수단을 제공하기 때문이다. 일이 없다면, 생명을 유지할 수가 없다. (2) 성경 전통에서 일에는 이타적인 양상이 있다. 일은 자기(즉 자기 자신과 자기 가족을 지원하는 것)만을 위한 것이 아니라 다른 이들(일할 수 없는 사람들을 지원하는 것)도 위한 것이다.

이런 관점에서 볼 때, 일하는 것을 "무질서하게" 거부하는 것은 두 가지 측면에 해당한다. (1) 그들은 자기 자신과 부양가족들을 위해 공급해야할 책임을 소홀히 하고 있었다. (2) 그들은 일하며 또한 일할 수 없는 사람들의 필요를 공급하였던 사람들의 부담을 더하고 있었다. 다시 말해서, 일하며 회중의 공동의 이익에 기여하는 대신에 일하기를 거부하여 일하는 사람의 부담을 더하고 있었다. 요컨대, 그들의 행동은 근본적으로 자기중심적이었다.

이전에 회상했던 것에 비추어, 3:10을 오늘날 어떻게 적용해야 하는가? 나는 도움을 받으려 하는 것과 일할 수 있는 사람의 편에서 일하려고 하는 것 사이에 연관이 있다는 것을 주장한다. 일할 수 있는 사람들의 일하려는 의지는 회중으로부터 재정적인 도움을 받을 수 있는 자격을 본질적으로 부여한다. (나는 "일"보다는 "일하려는 의지"라는 어구를 사용하기 원하는데, 일하려는 모든 사람들, 즉 일하기를 원하는 모든 사람들이 자주 본인이 통제할 수 있는 상황을 넘어서서 일할 것을 찾지 못하기 때문이다). "먹는 것"(즉, 생명의 필수품을 갖는 것)과 "일하는 것"(이 문맥에서는 일하려는 의지가 더 정확한 의미다)간에 연관을 유지함으로써 바울은 일에 대한 성경적 가르침의 중요한 요소를 강화시킨다.

일과 생존 간의 이런 연관은 현대 문화에서 여러 방향에서 공격을 받고 있다. 한편으로 실로 궁핍한 사람들에게 필요한 "사회 안전망"을 제공하기 위해 계획된 사회복지 정책들—도움을 받는 사람들의 물질적인 필요를 제공하는데 있어서 어

35. Ibid., 149.

느 정도 성공했던 정책들—은 구조와 일과의 관계를 상당히 약화시키는 방식으로 빈번하게 악영향을 끼쳤다. 개별적이고 사회적인 차원에서 이런 정책의 장기적인 부정적 결과는 널리 알려져 있다.

다른 한편으로 "오락" 문화, 경제적인 심사의 새로운 형태들, 그리고 도박의 양산은 "먹는 것"과 "일하는 것"간에 유대를 약화시키는데 역시 일조했다. 돈의 상당한 액수가 전통적인 일의 이해와는 거리가 없는 활동 등(예를 들어, 스포츠)에 참여하는 사람들에게 보통 지불된다. 게다가 이런 활동들의 많은 것들의 자격—예를 들어, 키, 민첩성, 음성, 또는 모양—이 대체로 신체적인 행운, 즉 가지고 태어나는 것의 문제다.

하지만 기대만큼 운이 따라주지 않는다면, 행운을 얻기 위해서 다른, 국가가 자주 인정하는, 방식들이 있다. 물론 나는 여기서 오늘날 미국과 여타 지역에서 폭넓게 존재하고 있는 도박을 언급하고 있다. 이런 전개의 결과는 "빵을 먹을" 능력이 일보다는 기회의 문제라는 문화적 환경을 양산한다는 사실이다. 몇 년 전에 나는 한 부부가 지불하지 못한 세금과 빚으로 높게 쌓아올린 청구서를 식탁에 높게 쌓아놓고 있는 모습과 함께 국가가 후원하는 복권에 대한 텔레비전 광고가 나오는 것을 상기할 수 있다. 이 부부가 안고 있는 문제에 대해 제기된 해결책은 무엇인가? 복권의 구입.

그러한 환경에서 바울이 "먹는 것"과 "일하는 것"간에 유지하고 있는 연관성은 지속적으로 강조하고 강화시킬 만한 가치가 있다.

일할 수 없는 사람들을 돕기. 미로슬라프 볼프는 "현대 사회에서 자기 이득을 추구하는 일에 대한 강조는 일에 대한 기독교 신학의 가장 본질적인 양상과 충돌한다. 기독교 신학은 다른 사람들과 공동체의 이익을, 자기 만족적인 활동의 부주의한 결과에 남겨두지 말고 의식적으로 직접적으로 다른 이들을 위해 일해야 한다고 주장한다"[36] 바울이 데살로니가서에서 사용한 용어들로 표현된(참조. 살전 4:9-12) 볼프의 요지는 일이란 자기 이득의 문제만이 아니라 이타주의, 즉 '필라델피아'(형제와 자매를 위한 사랑)의 문제라는 것이다.

바울에게서 "다른 이들을 위해 직접적으로 일하는 것"은 사회주의의 어떤 형태를 의미하지도 않는다. 또한 그는 모든 것을 공통으로 갖는 것(분명히 예루살렘에서 초대 기독교 공동체[행 2:44]와 쿰란 공동체가 그리했던 것처럼)을 그리고 있

---

36. Ibid., 189.

지도 않고, 자신의 재산을 스스로 나누어주는 것과 관련이 있지도 않다. 하지만 "바울이 사적인 재산의 폐지나 공동된 소유권으로의 변화를 요청하고 있는 것이 아니라면…역시 그는 자신의 재산에 대한 권리를 소유할 것을 사람들에게 권면하고 있지도 않다. 권리에 대한 개념은 바울에게서 낯설다. 그가 대변하고 있는 것은 그것이 아니다. 복음은 권리의 주장이 아니라, 있는 것을 드리는 것과 관계가 있다."[37]

바울이 생각하고 있는 것은 생명을 유지하기 위해 필요한 것 이상을 갖고 있는 신자들은 "현재의 풍성함"(고후 8:14, NRSV)이나 일로부터 얻은 돈을 자발적으로 나누는 것이다. 궁핍한 사람들과 이런 자발적인 나눔의 목표는 "'너희의 부족한 것을 보충하여 균등하게 하려 함이라 기록된 것 같이 많이 거둔 자도 남지 아니하였고 적게 거둔 자도 모자라지 아니하는"(고후 8:13, 15) 것이다. 이것이 회중이 재정적인 도움을 필요로 하는 교인들을 도와야 한다는 그의 신학적인 전제다.

"균등"의 이런 바울적인 개념은 개인주의의 나르시즘적 감정과 사회적 책임에 대한 소극적 태도로 특징지어지는 현대 문화와 첨예하게 대립된다.[38] 어떤 점에서 그것은 소비 윤리와 대비되는 다른 이들을 돌보는 원리에 관한 문제다. 이것은 데살로니가전서 4:9-12의 현대적 의미 항목에서 처음 논의하고 지적한 요지이다. 거기서 언급되었던 것이 현재 단락에도 역시 적용된다. 두 단락은 일과 부에 대한 태도가 다른 이들을 위한 관심이란 바울적 가치('필라델피아')보다 세속 문화적 가치로 형성되고 있는 현재의 상황을 평가할 수 있는 강력한 도전을 제공한다.

교회의 징계. (대부분을 아닐지라도) 많은 미국 교회들이 오늘날 교인들과 관련하여 징계에 대한 신약성경의 가르침을 포기했다. 징계의 실천이 아주 폭넓게 무시되고 있는 이유들은 소송에 관한 두려움,[39] 판단적이거나 보복적인 모습에 대한 우려, 갈등이나 혼란을 피하려는 바람, 그리고 (최근의 영화 '주홍글씨'에서 묘사

---

37. Robert Banks, *Paul's Idea of Community*(rev. ed.; Peabody, Mass: Hendrickson, 1994), 86. 더 자세한 것은 Ronald J. Sider, *Rich Christians in an Age of Hunger. A Biblical Study*, 2d ed. (Downers Grove, Ill.: InterVarsity, 1984)을 보라.

38. 이 문제에 관한 고전적인 묘사에 대해서는 Robert N. Bellah et al., *Habits of the Heart. Individualism and Commitment in American Life*(Berkeley and Los Angeles: Univ. of California Press, 1985); Christopher Lasch, *The Culture of Narcissism. American Life in an Age of Diminishing Expectations* (New York: Warner, 1979)을 보라.

39. 합법적이지만 두려워할 필요가 없는 관심. Karl F. Pansler, "Church Discipline and the Right of Privacy," in *Christian Ministries and the Law*, ed. H. Wayne House(Grand Rapids: Baker,1992), 65-78 이 제공한 지침을 보라.

된 것과 같은) 역사적이거나 전통적인 식상함을 피하려는 의도를 포함한다. 많은 교회들에서 징계와 관련한 노력들이 소용이 없거나 무의미한 것으로 보이기 때문일 수 있다(징계를 받는 사람이 징계의 효력을 피하려고 단순히 그 교회를 떠나서 다른 교회에 합세하는 때에 그렇게 해야할 이유가 있는가?). 또 상당수의 교회들은 어느 죄도 징계를 할 만큼 충분히 심각한 죄로 간주하지 않는다. 그러한 경우에 사람들은 고든 피의 지적에 공감하는 경향이 있다: "우리가 그러한 본문에서 배울 수 있는 가장 의미심장한 것은 성령의 역동성이 아주 실제적이어서 그러한 배제가 참으로 구속적인 행위일 수 있다는 교회의 관점을 지금 우리 많은 사람들이 공감하지 않는다는 것이다."[40]

징계를 실천하는 교회들에게서 상황잇기 항목에서 열거한 가이드라인은 정보를 제공해줄 수 있지만, 이 성경본문을 적용하는 데서 직면하는 한 가지 주요한 문제는 징계를 받을 행위가 무엇인지를 정의하는 일이다. 이전에 지적했던 것처럼, 바울은 징계의 이 마지막 단계에 어떤 일이 해당되는지를 열거하거나 정의하지 않는다. 그러나 우리는 영적인 건강이나 전반적으로 교회의 이익에 영향을 미치는 문제들로 한정할 수 있음을 관찰할 수 있다. 성경의 명확한 가이드가 없음으로 징계에 대한 적용은 회중과 지도부의 세심한 기도와 살핌이 필요하다.[41]

어쨌든 바울이 이 단락에서 논하고 있는 것은 교회 구성원들로서 우리의 행동에 서로 책임을 갖는 과정에서 첫 번째 단계가 아니라 마지막 단계를 대변하고 있다는 사실을 기억하는 것이 중요하다. 교회가 이전 단계에서 다루었던 방식, 특히 그 태도가 이 마지막 단계의 징계가 성공하느냐 실패하느냐를 결정할 것이다.

물론 이 과정을 얼마나 기도하며 신중하게 실행하느냐와 상관없이 징계를 받는 사람이 그런 상황에서 빠져나와 손쉬운 길을 택하는 일이 가능하다. 만약 이런 일이 일어났다 해도, 그러한 노력이 완전히 헛되게 된 것은 아니다. 잘못한 교인의 회복이 징계의 과정의 주요한 목표일지라도, 징계를 행사하는 유일한 이유는 아니다. 칼빈이 지적한 것처럼, 징계를 행하는 한 가지 중요한 목적은 "흔히 발생하는 것처럼, 끊임없는 악한 이들의 무리에 의해 선한 이들이 영향을 받아 부패되는 일

---

40. Gordon D. Fee, *The First Epistles to the Corinthians*, 214.

41. 더 자세한 것은 이 주제에 관한 다음의 유익한 책들을 보라: Thomas C. Oden, *Corrective Love: The Power of Communion Discipline*(St. Louis: Concordia, 1995); John White and Ken Blue, *Church Discipline That Heals: Putting Costly Love Into Action*(Downers Grove, Ill.: InterVarsity, 1985); J. Carl Laney, *A Guide to Church Discipline*(Minneapolis: Bethany, 1985).

이 일어나지 않게 하는 것이다. 나쁜 사례들에 의해 우리가 올바른 삶에서 미끄러지기가 아주 쉽다."[42] 토마스 오덴은 유사한 지적을 하고("전염병의 확산을 수축시키는 것처럼 지적하는 사랑이 공동체의 '다른 사람을 오염된 사람이 영향을 미치는 감염적인 과정을 막을 수 있게 한다'"), 추가적으로 생각할 만한 것을 던진다: "지적하는 사랑은 '진리를 빛으로 가져오고 기만적인 자기중심주의를 드러나게 한다.' 그것은 기만과 연합하기를 거부한다."[43]

잘못된 형제나 자매의 영적인 건강에 대한 사랑과 우려, 교회의 건강함에 대한 염려, 기만과 결탁하기를 거부하는 것(이전에 2:1-12에서 악의 기만에 대한 논의를 참조하라)은 바울이 교회의 징계에 관한 주제에 대해서 말했던 것을 진지하게 생각하기에 충분한 이유들이다.

"옳은 것을 행하다가 낙심하지 말라"(3:13). 기부자의 피로, 자원봉사자의 탈진. 기금조달자와 자원봉사자와 관련한 사람들은 이런 용어나 증상에 익숙해 있다. 한동안 어느 누구도 주목하지 않고, 관심을 기울이지 않는 것으로 보인다. 아무리 열심히 하더라도 어떤 변화가 나타나거나 그 상황에 영향을 미치지 못하는 것으로 보인다. 설상가상으로 도와주려고 애쓰고 있는 사람들이 그들의 노력을 인식하지도 않는다. 이런 상황에서 우리가 "선한 일을 하다가" 피곤을 느끼는 것(참조. 갈 6:9)은 놀랍지 않다.

이 구절에 관한 존 칼빈의 말은 그가 이런 문제에 익숙해 있었다는 것을 보여준다. 그는 우리의 반응이 이러해야 한다고 역시 주장한다.

> 특히 선을 행하는 일에 준비되어 있고 열심히 행했던 사람들이 목적 없이 그들의 호의를 베풀었음을 보는 것에 마음이 냉담해지는 일이 자주 발생한다. 그러므로 바울은 우리를 무시하는 많은 사람들과 우리의 관대함을 남용하는 사람들이 있을지라도, 이 때문에 우리의 도움을 필요로 하는 사람들을 돕는 일을 포기하지 않아야 한다고 조언한다—아무리 불평, 괴롭힘, 교만, 무례함, 다른 무가치한 행동이 우리를 괴롭히거나 낙심케 하고 혐오하게 할지라도, 선한 일을 하려는 우리의 의지를 포기하지 않도록 힘써야 한다.[44]

---

42. Calvin, *Institutes of the Christian Religion*, 4.12.5(2:1233 in McNeil/Battles edition).
43. Thomas C. Oden, *Corrective Love*, 84, 85.
44. Calvin, *The Epistles of Paul the Apostle to the Romans and to the Thessalonians*, 420.

바울이 "선한 일을 하다가 낙심하지" 말라는 이유를 이 단락에서 진술하고 있지는 않을지라도, 우리는 그의 서신의 다른 곳에서 그가 말하고 있는 것에서 그 이유를 추론해 볼 수 있다: "기쁜 마음으로 섬기기를 주께 하듯 하고 사람들에게 하듯 하지 말라 이는 각 사람이 무슨 선을 행하든지 종이나 자유인이나 주께로부터 그대로 받을 줄을 앎이라"(엡 6:7-8).[45]

바울의 마지막 말: 주 예수 그리스도의 중심성. 서신을 마감하는 구절들에서(3:16, 18) 바울은 그의 서두 구절들에서의 핵심적인 개념과 관념들을 반영한다(1:1-2). 그렇게 함으로써 그는 이 서신을 처음 시작했던 대로 끝맺는다—주 예수 그리스도에게 관심과 초점과 강조를 둔다. 이 서신의 과정에서 그는 데살로니가인들과 그들의 문제에 관해서 상당한 양을 할애하여 이야기했고, 또 악한 "무법한 자"에 관해서 언급했다. 하지만 결국에 그의 마지막 말은 예수에 관한 것이다. 예수는 우리를 사랑하신 분이시고(3:13), 그로부터 우리는 은혜와 평강을 받는다(1:2, 12; 3:16, 18). 그는 신실하시고 우리를 악한 것들에서 보호하시고 우리에게 능력을 주시는 분이시다(3:3). 그는 그의 백성들을 구원하실 때(1:7) 악한 것들의 대표자인 무법한 자를 멸망시키시고 파괴하실 것이다(2:8). 그때에 그의 백성들은 하나님 나라에 합당한 자로 간주되어(1:5) 그의 영광과 존귀를 나누게 될 것이다(1:10; 2:14).

요컨대, 우리의 장래는 메시아 주 예수를 통해 계시된 하나님의 능력과 신실하심에 전적으로 달려 있다. 그것은 이 서신을 시작할 수 있는 좋은 지점이었고, 또 이 서신을 끝맺을 수 있는 더 좋은 지점이기도 하다. 우리는 믿음으로 인내하고(1:4) 영원한 위로와 좋은 소망으로(2:16) 하늘로부터 주 예수께서 나타나심을 기다린다(1:7).

45. 이 단락에 관한 더 자세한 것은 Klyne Snodgrass, *Ephesians*(NIVAC; Grand Rapids: Zondervan, 1996), 328-29, 333을 보라.